みんなが欲しかった!

簿記の教科書

滝澤ななみ
Nanami Takizawa

日商2級

商業簿記

授業と書籍の強みを生かした最強の簿記の教科書

本書がばれるワケ

本書の特徴

1

授業で行う解説をコンパクトに再現

特に重要な項目や教科書を読んだだけではイメージしづらい内容については、授業中に解説するような、身近な例を用いた説明 これならわかる!! をつけました。

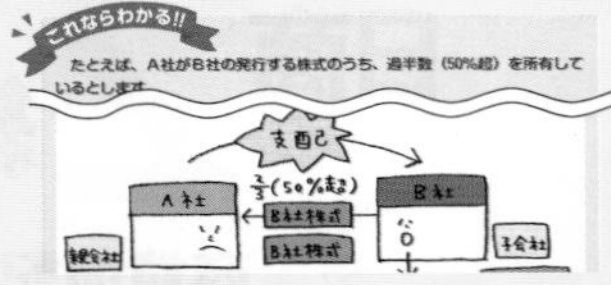

また、補助的な知識を説明した ひとこと でさらに理解が深まります。

ひとこと

株式会社では所有と経営が分離しているため、「株主から出資されたお金を使って、取締役が会社を運営する」という形を取ります。

人（株主）のお金を使って、会社を運営するわけですから、どのように運営したかを出資者（株主）に報告する必要があるのです。その報告のための場が株主総会です。

本書の特徴

2

授業の板書を図解に

本書を用いて講義をした場合の板書イメージをそのまま 図解 として載せました。図解 にはテキストの最重要ポイントがまとめられているので、試験直前に図解部分だけを流し読みすることも効果的です。

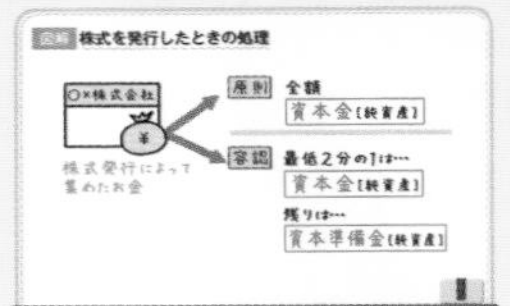

購入者特典

1 仕訳Webアプリ

簿記において仕訳は超重要課題。すき間時間を有効活用して、仕訳Webアプリ「受かる! 仕訳猛特訓」で毎日練習しましょう!

アクセス方法はP12参照

2 模擬試験プログラム

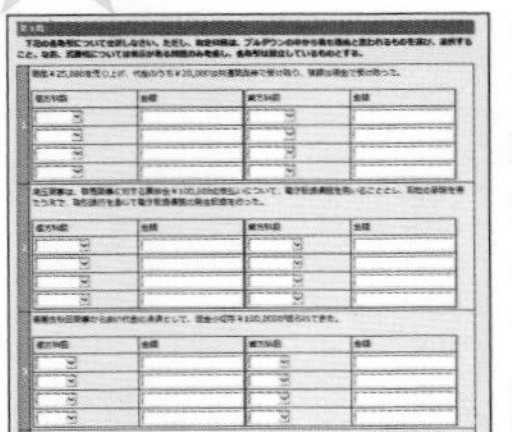

ネット試験対策用として、本試験タイプの問題1回分をWeb上で解くことができます。ネット試験を受ける方はぜひご利用ください。

アクセス方法はP12参照

本書は、授業と書籍の両方の強みを取り入れた、日商簿記検定受験用テキストです。
授業の強みはなんといっても、かみ砕いた、わかりやすい講師の解説です。また、書籍の強みはコンパクトさです。この、それぞれの強みをバランスよく配合して特徴づけ、さらにこだわりポイントを入れてパワーアップさせたのがこの本です。
そして、スマートフォンの普及により、本をベースに、もっとわかりやすく、もっと手軽に学習していただける環境が整い、さらには、ネット試験の導入により、パソコンを使って問題を解く練習をする必要も生じました。
これらの環境の変化に対応するため、本書ではさまざまな購入者特典をご用意しました。

さらに…こだわりポイント

❶ カラーアイコンで新出勘定科目を制覇

新しく出てきた勘定科目については、本文の左右横にアイコンで表記しました。

資　産	負　債	純資産	収　益	費　用	その他
New 満期保有目的債券	New リース債務	New 資本準備金	New 為替差益	New 棚卸減耗損	New 剰余金の配当

上記の分類により、それぞれのカラーで示してありますので、ひとめで把握できます。

❷ Reviewマーク付き

1度学習したテーマについては、Review を入れました。該当箇所に戻って確認してください。

❸ 勘定科目を一覧でチェック！

補助資料（巻末488ページ）は、勘定科目を一覧でまとめたものです。TAC出版書籍販売サイト・サイバーブックストアからダウンロードすることもできます。
https://bookstore.tac-school.co.jp/

本書の特徴 3
読んだらすぐ解く！ 基本問題

授業では、各項目を学習したあと、練習問題を解いたりすることもあります。そのため、本書では各CHAPTERの最後に「基本問題」をつけました。これによって、本書で学んだ内容をすぐに問題を解いて確認することができます。

本書の特徴 4
これが書籍の強み 別冊 SIWAKE-187

教科書で登場する仕訳を別冊のSIWAKE-187としてまとめました。切り離していつでもどこでも利用できます。

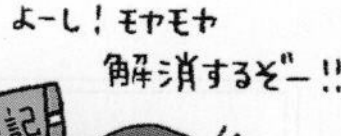

3 合格力をグンと上げる フォロー動画

学習スタートから合格まで、動画でもサポートしています。苦手になりやすい論点については、動画で確認して理解を深めましょう！

アクセス方法はP12参照

（免責事項）
（1）本アプリの利用にあたり、当社の故意または重大な過失によるもの以外で生じた損害、及び第三者から利用者に対してなされた損害賠償請求に基づく損害については一切の責任を負いません。
（2）利用者が使用する対応端末は、利用者の費用と責任において準備するものとし、当社は、通信環境の不備等による本アプリの使用障害については、一切サポートを行いません。
（3）当社は、本アプリの正確性、健全性、適用性、有用性、動作保証、対応端末への適合性、その他一切の事項について保証しません。
（4）各種本試験の申込、試験申込期間などは、必ず利用者自身で確認するものとし、いかなる損害が発生した場合であっても当社では一切の責任を負いません。

（推奨デバイス）スマートフォン※・PC・タブレット
※仕訳Webアプリのみ
（推奨ブラウザ）Microsoft Edge 最新版／Google Chrome 最新版／Safari最新版
詳細は、下記URLにてご確認ください。
https://shiwake.tac-school.co.jp/login/2
https://program.tac-school.co.jp/login/2

このような工夫をすることによって、授業と書籍の強みを活かした、最強の「簿記の教科書」ができたと自負しております。本書を活用し、皆様が日商簿記検定に合格されることを心よりお祈り申し上げます。

滝澤ななみ

受験申込みから合格までの流れ

ネット試験と統一試験の受験申込みから合格までの流れをまとめました。

ネット試験

2021年度に新設された試験方法です

STEP 1 受験申込み

簿記2級・3級テストセンターの全国統一申込サイトより、受験希望日時・会場・個人情報等を入力し、クレジットカード、コンビニ払い等により受験料を支払います。最短で3日後の予約が可能です。

申込サイト:
https://cbt-s.com/examinee/examination/jcci.html

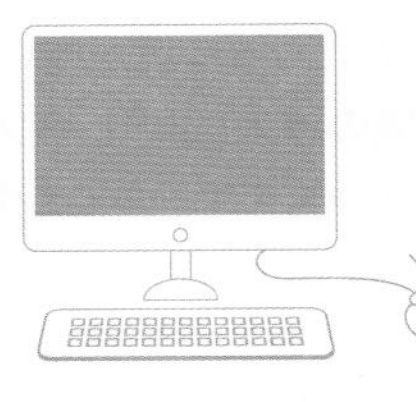

統一試験

STEP 1 受験申込み

試験の約2か月前から申込受付が開始されます。申込方法は、各商工会議所により異なりますので、受験地の商工会議所のホームページ等でご確認ください。

9,000万人の受験実績を誇る産業界の信頼ブランド
商工会議所の検定試験

トップ > 受験の申し込みの流れ > 日商簿記（統一試験）の申し込みの流れ（各商工会議所窓口）

日商簿記（統一試験）の申し込みの流れ（各商工会議所窓口）

各地商工会議所が受付の日商簿記（統一試験）の、申し込みから合否発表までの流れです。

STEP1：試験日と施行する商工会議所を確認

当ホームページで、試験を施行する商工会議所をご確認ください。

商工会議所検定試験情報検索

※お電話での確認も受け付けております。
商工会議所検定情報ダイヤル（ハローダイヤル）
050-5541-8600（9:00～20:00 年中無休）

STEP2：受験申込方法等を確認

試験日の2カ月前を目安に（一部地域で日程が若干異なる場合がございます。詳細は必ず受験希望地の商工会議所にお問合わせください）、受験希望地の商工会議所に受験申込方法、受験申込書の入手方法、受験料の支払方法等をご確認ください。
※受験申込受付は、原則として商工会議所の窓口で行いますが、郵送やインターネット等で受け付ける商工会議所もあります。
※受験申込書や受験申込受付期間は、商工会議所によって異なります。

団体試験 一部地域の商工会議所が

最新の情報は商工会議所の検定試験ホームページでご確認ください。

ネット試験と統一試験、どっちを選ぶ?

もしかしたらネット試験のほうがラクかも…

ネット試験も統一試験も合格の価値は同じです。問題のレベル、形式も同じとされています。入力のしやすさなどを考えると、ある程度パソコンの操作に慣れている方は、ネット試験で受けるのがよいでしょう。なお、ネット試験対策として模擬試験プログラムを用意していますので、活用してください（詳しくはP12参照）。

2024年度から変更になりました

試験日	テストセンターが定める日で随時	試験時間	3級:60分 2級:90分	合格基準点	70点以上	受験料	3級:3,300円 2級:5,500円	※別途事務手数料550円がかかります。

STEP 2 受験

申込日時に申込みをした会場で受験します。試験画面に受験者情報を入力してから試験を開始します。受験者ごとに異なる試験問題（ランダム組合せ）が受験者のパソコンに配信され、受験者はパソコン上で解答を入力します。計算用紙と筆記用具は配布されますが、試験終了後に回収されます。

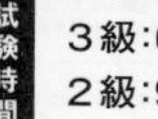

STEP 3 合格発表

試験終了後、即座に自動採点され、結果が画面に表示されます。合格者にはデジタル合格証が即日交付されます。

2021年度から変更になりました

2024年度から変更になりました

試験日	6月第2週、11月第3週、2月第4週の日曜日	試験時間	3級:60分 2級:90分	合格基準点	70点以上	受験料	3級:3,300円 2級:5,500円	※別途事務手数料がかかる場合があります。

STEP 2 受験票の送付

試験日の約2週間から1週間前に受験票が送付されます。

STEP 3 受験

指定された試験会場で受験します。試験方式は紙媒体（ペーパーテスト）で、試験回ごとに全員同一の問題が出題されます。試験終了後、問題用紙、答案用紙、計算用紙は回収されます。

STEP 4 合格発表

試験日の約2週間から1か月後に合否が発表されます。

不定期で実施している一般向け団体試験もあります。（詳しくは各商工会議所ホームページでご確認ください）

https://www.kentei.ne.jp

なにが出題される？ 2

第1問から第3問が商業簿記、第4問と第5問が工業簿記からの出題で全部で5問構成とされています。各問で出題が予想される内容は次のとおりです。

商業簿記

第1問

配点▷20点

第1問は仕訳問題が出題されます。
問題数は5問とされています。

ネット試験

勘定科目はプルダウン形式で与えられ、1つを選択。金額はテンキーで入力。

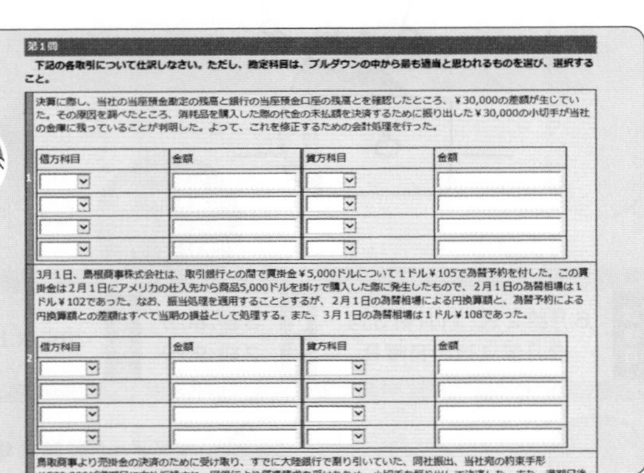
第1問

下記の各取引について仕訳しなさい。ただし、勘定科目は、プルダウンの中から最も適当と思われるものを選び、選択すること。

1 決算に際し、当社の当座預金勘定の残高と銀行の当座預金口座の残高とを確認したところ、￥30,000の差額が生じていた。その原因を調べたところ、消耗品を購入した際の代金の未払額を決済するために振り出した￥30,000の小切手が当社の金庫に残っていることが判明した。よって、これを修正するための会計処理を行った。

借方科目	金額	貸方科目	金額

2 3月1日、島根商事株式会社は、取引銀行との間で買掛金￥5,000ドルについて1ドル￥105で為替予約を付した。この買掛金は2月1日にアメリカの仕入先から商品5,000ドルを掛けで購入した際に発生したもので、2月1日の為替相場は1ドル￥102であった。なお、振当処理を適用することとするが、2月1日の為替相場による円換算額と、為替予約による円換算額との差額はすべて当期の損益として処理する。また、3月1日の為替相場は1ドル￥108であった。

借方科目	金額	貸方科目	金額

鳥取商事より売掛金の決済のために受け取り、すでに大陸銀行で割り引いていた、同社振出、当社宛の約束手形

仕訳問題（主に第1問・第4問(1)）では、同一勘定科目は借方と貸方でそれぞれ1回までしか使えない

本来、仕訳を行うにあたっては、下記の（A）、（B）のどちらでも正解ですが、試験においては（A）の形で答えなければなりません。

（A）正解　正解となる例：各勘定科目を借方または貸方で1回しか使用していない

借方		貸方	
勘定科目	金額	勘定科目	金額
（ウ）現　金	1,000	（オ）売　上	3,000
（カ）売掛金	2,000		

（B）不正解　不正解となる例：貸方で同じ勘定科目を2回使用している

借方		貸方	
勘定科目	金額	勘定科目	金額
（ウ）現　金	1,000	（オ）売　上	1,000
（カ）売掛金	2,000	（オ）売　上	2,000

問題に指示が記載されますが、問題集を解くときにも気にするようにしましょう。

試験時間は
90分

級編

※刊行時の日本商工会議所からの情報をもとに作成しています。出題内容は随時変更、追加されることが予想されます。

ネット試験の導入により、出題は、問題データベースからランダムに抽出されるので問題の質が均一となり、難易度のバラツキが解消されつつあります。「統一試験とネット試験では問題のレベル等に差異はない」とする以上、両者の問題の質はある程度、均一化されるはずです。標準的な問題が試験範囲全体からまんべんなく出題されるので、苦手を作らず、もれなく学習するようにしましょう。

第1問（20点）
　次の取引について仕訳しなさい。ただし、勘定科目は各取引の下の勘定科目の中からもっとも適当と思われるものを選び、記号で解答すること。

1．さきに立替払いしていた発送費の精算として、取引先から郵便為替証書¥12,400を受け取った。
　ア．現金　イ．当座預金　ウ．立替金　エ．前受金　オ．発送費　カ．仮払金

2．取引先秋田株式会社に貸し付けていた¥1,350,000（貸付期間：3か月、利率：年1％）について、本日、3か月分の利息とともに同社振り出しの小切手で返済を受けた。
　ア．受取利息　イ．貸付金　ウ．借入金　エ．当座預金　オ．支払利息　カ．現金

3．週末に用度係より、次のとおり1週間分の小口現金に関する支払報告を受けた。なお、当社は定額資金前渡制（インプレスト・システム）を採用しているが、用度係に対する小口現金は、週明けに普通預金口座から引き出して補給する。また、ICカードについては、チャージの報告時に旅費交通費勘定で処理している。
　ICカードチャージ　¥　10,000（全額電車・バス料金支払いのために使用している）
　ハガキ・切手代　¥　3,500
　事務用品・文房具代　¥　2,000
　収入印紙　¥　2,500
　ア．小口現金　イ．租税公課　ウ．雑費　エ．旅費交通費　オ．通信費　カ．損益　キ．消耗品費

問題用紙

統一試験

勘定科目は与えられたものの中から1つを選択して記号を記入。金額は数字を記入。

第1問（20点）

	仕		訳	
	借方科目	金額	貸方科目	金額
1				
2				
3				

答案用紙

仕訳のスピードを意識して

本試験では、じっくり見直しができる時間はありません。問題を読んで、一度で正確に解答できるよう、スピードが大変重要です。そのためにはどれだけ仕訳を、悩むことなく、素早くできるかがポイントとなります。2級は仕訳が合計8問（商業簿記で5問、工業簿記で3問）、出題されます。サクサク解けるように、仕訳Webアプリを用意していますので、活用して練習しておきましょう（詳しくはP12参照）。

なにが出題される？ 2級編

商業簿記

第2問

配点▷20点

第2問は個別問題、勘定記入、空欄補充、株主資本等変動計算書、連結会計（連結精算表、連結財務諸表）などから1問出題されます。

ネット試験

該当する項目にチェックしたり、プルダウンによる選択群から語句等を選択。金額はテンキーで入力。

第2問

沖縄商事株式会社がリース取引によって調達している備品の状況は、以下のとおりである。

名称	リース開始日	リース期間	リース料支払日	年額リース料	見積現金購入価額
備品	×6年4月1日	6年	毎年3月末日	¥600,000	¥3,240,000
備品	×6年12月1日	4年	毎年11月末日	¥720,000	¥2,640,000
C備品	×7年2月1日	5年	毎年1月末日	¥360,000	¥1,584,000

このうちA備品とC備品にかかるリース取引は、ファイナンス・リース取引と判定された。これらの備品の減価償却は、リース期間を耐用年数とする定額法で行う。

以上から、ファイナンス・リース取引の会計処理を（A）利子込み法で行った場合と、（B）利子抜き法で行った場合とに分けて、解答欄に示す×6年度（×6年4月1日から×7年3月31日）の財務諸表上の各金額を求めなさい。ただし、利子抜き法による場合、利息の期間配分は定額法によって行うこと。

【解答欄】　　（単位：円）

	（A）利子込み法	（B）利子抜き法
①リース資産（取得原価）		
②減価償却費		
③リース債務（未払利息を含む）		
④支払利息		

統一試験

該当する項目にチェックしたり、選択群から語句を選択。金額は数字を記入。

第2問（20点）

沖縄商事株式会社がリース取引によって調達している備品の状況は、以下のとおりである。

名称	リース開始日	リース期間	リース料支払日	年額リース料	見積現金購入価額
A備品	×6年4月1日	6年	毎年3月末日	¥600,000	¥3,240,000
B備品	×6年12月1日	4年	毎年11月末日	¥720,000	¥2,640,000
C備品	×7年2月1日	5年	毎年1月末日	¥360,000	¥1,584,000

このうちA備品とC備品にかかるリース取引は、ファイナンス・リース取引と判定された。これらの備品の減価償却は、リース期間を耐用年数とする定額法で行う。

以上から、ファイナンス・リース取引の会計処理を(1)利子込み法で行った場合と、(2)利子抜き法で行った場合とに分けて、答案用紙に示す×6年度（×6年4月1日から×7年3月31日）の財務諸表上の各金額を求めなさい。ただし、利子抜き法による場合、利息の期間配分は定額法によって行うこと。

問題用紙

答案用紙

第2問（20点）

（単位：円）

	(1)利子込み法	(2)利子抜き法
① リース資産（取得原価）		
② 減価償却費		
③ リース債務（未払利息を含む）		
④ 支払利息		
⑤ 支払リース料		

勘定記入は重要

第2問は勘定記入の出題が多く見受けられます。期首の記入、期中取引の記入、勘定の締め切りまで、一連の記入の仕方を理解しておくようにしましょう。

なお、試験では日付欄に配点がない場合もありますが、問題集を解くときには日付欄もしっかり記入するようにしましょう。

なにが出題される？ 2級編

商業簿記

第3問

配点▷20点

第3問は損益計算書や貸借対照表を作成する問題、本支店会計など、個別決算に関する問題が1問出題されます。

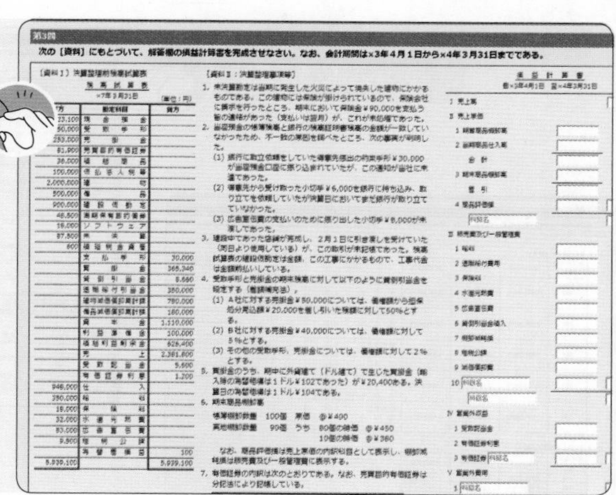
第3問

次の［資料］にもとづいて、解答欄の損益計算書を完成させなさい。なお、会計期間は×3年4月1日から×4年3月31日までである。

ネット試験

画面左側に資料、画面右側に解答欄が配置され、資料を見ながら解答できる構成。

金額は数字を入力。一部空欄となっている勘定科目は適切な勘定科目や語句をキーボードを使って入力。

第3問（20点）

次の［資料］にもとづいて、答案用紙の損益計算書を完成させなさい。なお、会計期間は×3年4月1日から×4年3月31日までである。

［資料Ⅰ：決算整理前残高試算表］

残高試算表
×4年3月31日
（単位：円）

借方	勘定科目	貸方
223,100	現金預金	
250,000	受取手形	
253,000	売掛金	
81,900	売買目的有価証券	
36,000	繰越商品	
100,000	仮払法人税等	
2,000,000	建物	
500,000	備品	
900,000	建設仮勘定	
48,500	満期保有目的債券	
18,000	ソフトウェア	

問題用紙

統一試験

金額は数字を記入。一部空欄となっている勘定科目は適切な勘定科目や語句を記入。

	（　）	
	（　）	
	（　）	（　）
売上総利益		（　）
Ⅲ 販売費及び一般管理費		
1 給料	（　）	
2 広告宣伝費	（　）	
3 支払家賃	（　）	
4 棚卸減耗損	（　）	
5 減価償却費	（　）	
6 ソフトウェア償却	（　）	
7 貸倒引当金繰入	（　）	（　）
営業利益		（　）
Ⅳ 営業外収益		
1 有価証券評価益		（　）

答案用紙

なにが出題される？ **2級編**

工業簿記

第4問

配点▷28点

第4問は（1）工業簿記の仕訳が3題と、（2）財務諸表作成、部門別原価計算、個別原価計算、総合原価計算、標準原価計算（勘定記入、損益計算書）の中から1問が出題されます。

ネット試験

第4問（1）

下記の各取引について仕訳しなさい。ただし、勘定科目は、プルダウンの中から最も適当と思われるものを選び、選択すること。

1 当月に消費した素材Xは1,800kgであった。なお、素材Xの月初有高は900,000円（@1,800円×500kg）であり、材料費は平均法によって計算している。

借方科目	金額	貸方科目	金額

2 当月に素材X3,000,000円（@2,000円×1,500kg）と補助材料H150,000円（@500円×300kg）を購入し、代金は掛けとした。

借方科目	金額	貸方科目	金額

3 当月の直接工の労務費を計上する。直接工の賃金の計算には、予定消費賃率@1,000円を用いており、当月の直接工の実際直接作業時間は3,200時間、実際間接作業時間は800時間であった。

借方科目	金額	貸方科目	金額

第4問（2）

当工場は実際個別原価計算を採用している。次の［資料］にもとづいて、解答欄に示した9月の仕掛品勘定と製品勘定を完成させなさい。な
とめて行っている。

1．9月末時点の原価計算表

製造指図書番号	直接材料費	直接労務費	製造間接費	備考
901	2,800,000円	3,600,000円	7,200,000円	製造着手日：8/7 完成日：8/31 引渡日：9/2
902	1,900,000円	3,300,000円	6,600,000円	製造着手日：8/30 完成日：9/5 引渡日：9/8
903	3,800,000円	2,400,000円	4,800,000円	製造着手日：8/29 完成日：9/20 引渡日：9/23
904	2,200,000円	2,850,000円	5,700,000円	製造着手日：9/10 完成日：9/30 引渡日：10/2予定
905	1,500,000円	1,200,000円	2,400,000円	製造着手日：9/24 完成日：10/15予定 引渡日：10/17予定

2．8月末時点の原価計算表

製造指図書番号	直接材料費	直接労務費	製造間接費
901	2,800,000円	3,600,000円	7,200,000円
902	1,900,000円	1,800,000円	3,600,000円
903	3,800,000円	400,000円	800,000円

［解答欄］

仕掛品

9/1 月初有高
30 直接材料費
〃 直接労務費
〃 製造間接費
9/30
〃

製品

9/1 月初有高
30 当月完成高
9/30
〃

統一試験

工業簿記

第4問（28点）

(1) 当月の次の取引について工場の仕訳を示しなさい。甲社は遠隔地に工場を持つことから、工場会計を独立させている。材料の倉庫は工場、製品の倉庫は本社に置き、材料の購入、給与および経費の支払いは本社が行っている。なお、勘定科目は、各取引の下の勘定科目の中から最も適当と思われるものを選び、記号で解答すること。

1．材料2,500個（購入価額900円/個）を掛けで購入し倉庫に搬入した。なお、購入に際して本社は引取運賃75,000円を現金で支払っている。
　ア．本社　イ．製造間接費　ウ．仕掛品　エ．材料　オ．工場　カ．買掛金　キ．現金

2．当月、工場での直接工および間接工による賃金の消費額を計上した。直接工の総就業時間の内訳は、直接作業時間1,500時間、間接作業時間130時間、手待時間20時間であった。当工場で適用する予定総平均賃率は1,800円である。また、間接工については、前月賃金未払高900,000円、当月賃金支払高4,080,000円、当月賃金未払高1,050,000円であった。
　ア．現金　イ．製造間接費　ウ．工場　エ．従業員賞与　オ．賃金　カ．本社　キ．仕掛品

3．製品製造に関わる当月分の特許権使用料は300,000円であり、小切手を振り出して支払った。
　ア．本社　イ．仕掛品　ウ．工場　エ．当座預金　オ．従業員賞与　カ．現金　キ．製造間接費

当工場は実際個別原価計算を採用している。次の［資料］にもとづいて、下記の各問に答えなさい。なお、仕訳と転記は月末にまとめて行っている。

［資　料］

1．9月末時点の原価計算表

製造指図書番号	直接材料費	直接労務費	製造間接費	備考
901	2,800,000円	3,600,000円	7,200,000円	製造着手日：8/7 完成日：8/31 引渡日：9/2
902	1,900,000円	3,300,000円	6,600,000円	製造着手日：8/10 完成日：9/5 引渡日：9/8
903	3,800,000円	2,400,000円	4,800,000円	製造着手日：8/29 完成日：9/20 引渡日：9/23
904	2,200,000円	2,850,000円	5,700,000円	製造着手日：9/10 完成日：9/30 引渡日：10/2予定
905	1,500,000円	1,200,000円	2,400,000円	製造着手日：9/24 完成日：10/15予定

問題用紙

答案用紙

第4問（28点）

問1

仕掛品

9/1 月初有高	(　　)		9/30 当月完成高	(　　)
30 直接材料費	(　　)		〃 月末有高	(　　)
〃 直接労務費	(　　)			
〃 製造間接費	(　　)			
	(　　)			(　　)

製品

9/1 月初有高	(　　)		9/30 売上原価	(　　)
30 当月完成高	(　　)		〃 月末有高	(　　)
	(　　)			(　　)

なにが出題される？ 2級編

工業簿記

第5問

配点▷12点

第5問は標準原価計算（差異分析）、直接原価計算、CVP分析の中から1問が出題されます。

ネット試験

第5問

製品Uを製造・販売している新潟産業㈱は、当期の実績にもとづいて次期の利益計画を策定している。次の［資料］にもとづいて、以下の各問に答えなさい。なお、期首および期末に仕掛品および製品の在庫はないものとする。

［資　料］当期の実績データ

売上高		@5,000円×10,000個
原　価：	変動製造原価	@2,500円×10,000個
	変動販売費	@ 500円×10,000個
	固定製造原価	5,000,000円
	固定販売費・一般管理費	7,000,000円

問1

当期の実績データにもとづいて、(1)貢献利益、(2)損益分岐点における販売量および売上高、(3)安全余裕率を求めなさい。なお、安全余裕率の計算にさいして端数が生じる場合は、小数点以下を切り捨てること。

(1)貢献利益　＿＿＿円
(2)販売量　＿＿＿個　売上高　＿＿＿円
(3)安全余裕率　＿＿＿%

問2

販売単価、製品１個あたりの変動費、期間固定費は当期と変わらないものとして、(1)営業利益7,500,000円を達成する販売量および売上高、(2)売上高営業利益率25%を達成する販売量および売上高を求めなさい。

(1)販売量　＿＿＿個　売上高　＿＿＿円

統一試験

問題用紙

第５問（12点）　製品Ｑを生産・販売する当社の正常操業圏は、月間生産量が2,800単位から4,300単位である。製品Ｑの販売単価は400円で、過去６カ月間の生産・販売量と総原価に関する資料は次のとおりである。

〔資　料〕

月	生産・販売量	原価発生額
１月	2,000単位	1,050,000円
２月	3,750単位	1,530,000円
３月	2,800単位	1,292,000円
４月	4,150単位	1,650,000円
５月	4,300単位	1,652,000円
６月	4,240単位	1,620,000円

問１　上記の資料にもとづいて、高低点法によって製品Ｑの総原価の原価分解を行い、製品１単位あたりの変動費と月間固定費を求めなさい。
問２　原価分解の結果を利用し、当社の月間損益分岐点売上高を計算しなさい。
問３　原価分解の結果を利用し、月間目標営業利益400,000円を達成する販売量を計算しなさい。
問４　原価分解の結果を利用し、目標営業利益率15%を達成する月間目標売上高を計算しなさい。

答案用紙

問１　製品１単位あたりの変動費　＿＿＿円/単位
　　　月間固定費　＿＿＿円
問２　＿＿＿円
問３　＿＿＿単位
問４　＿＿＿円

簿記の学習方法と

1 簿記の教科書をしっかりと読み込む

最低2回は読みましょう。実際に勘定科目を書きながら読み進めると効果的です。
また各CHAPTERの冒頭には、日商簿記2級商業簿記で学習する内容がひと目でわかる、フローチャートがついています。簿記を学習するうえで非常に重要なので、これを使って**「簿記の流れ」**を、しっかりと頭に入れて読み進めましょう。
あわせて動画（③ a.b）も確認しましょう。

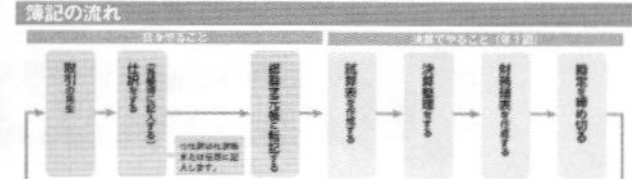

2 簿記の教科書の章末にある基本問題を繰り返し解く！

こちらも最低2回は解きましょう。1回目は教科書を見ながらでも構いません。2回目以降は何も見ずにスラスラ解けるようになるまで繰り返しましょう。

また、仕訳が素早く正確にできることは合格への一番の近道。教科書で登場する重要な仕訳をまとめた**SIWAKE-187（本書別冊部分）**や、仕訳Webアプリ（①）を使って、仕訳の特訓をするのもおすすめです。

特典を使いこなして合格へ近づこう！

①仕訳Webアプリ

「受かる！
仕訳猛特訓」

仕訳を制する者は、本試験を制するといっても過言ではありません。スキマ時間などを使い、仕訳を徹底的にマスターして本試験にのぞんでください！

②ネット試験の演習ができる

「模擬試験
プログラム」

ネット試験を受ける方は、ぜひこの模擬試験プログラムを使って、ネット試験を体験してみてください。

模擬試験プログラム&仕訳Webアプリへのアクセス方法

STEP 1 TAC出版 

STEP 2 

にアクセス

STEP 3 パスワードを入力

Start!

※本特典の提供期間は、本書の改訂版刊行月末日までです。

合格までのプロセス

3 簿記の問題集（別売り）の個別問題を解く

教科書の基本問題がすべて解けるようになったら、問題集にとりかかります。教科書で身につけた知識を、本試験で活用できるレベルまで上げていきます。わからないところは、教科書の関連CHAPTERに戻ってしっかりと復習したり、ワンポイントWeb解説（③c）を確認したりして、苦手な論点を克服しましょう。

4 簿記の問題集（別売り）の模擬試験を3回分解く！

本試験形式の問題を解くことで、1～3の知識がしっかり定着しているかを確認することができます。解き終わったら、解き方講義動画（③d）を見て、解けなかった問題や、総合問題の解き方などを把握してください。

また、ネット試験を受ける方は模擬試験プログラム（②）にもチャレンジしてみましょう。

さらに、本試験タイプの問題集※を解くこともオススメいたします。

※TAC出版刊行の本試験タイプの問題集：「合格するための本試験問題集」

★ 合格

本書購入の読者には、3つの特典をご用意しています。

③勉強のスタートから合格まで、徹底フォロー「フォロー動画」

a. 日商簿記2級 スタートアップ動画

日商簿記2級って、どんな試験？　どんな勉強をすればよいの？　日商簿記試験の試験概要・最近の傾向、おすすめの教材などを紹介します。

b. 合格するための勉強法紹介

本書を効果的に使うために、勉強の手順と合わせて、特典を使うタイミングも確認していきましょう。

c. ワンポイントWeb解説

苦手になりやすい論点をピックアップしてTACの講師が解説！イメージや解き方のコツをつかんで、試験に挑みましょう!!

d. 模擬試験の解き方講義動画（簿記の問題集・別売り）

姉妹書の「簿記の問題集（別売り）」に収載の模擬問題1回分の解き方を全問解説！　試験当日に慌てないためには、時間配分や本試験の解き方のコツもつかんでおきましょう。

簿記の教科書　日商２級　商業簿記

目　次

CHAPTER 24 参　考 —— 440

3級では小規模の株式会社を対象とした簿記を学習しましたが、2級ではそれより大きい株式会社(中小企業)を対象とした簿記を学習します。ここでは、新たにどんな内容を学習するのかザックリ見ていきましょう。

日商簿記2級(商業簿記)スタートアップ講義

日商簿記2級に合格すると

日商簿記2級は、企業が求める資格ランキングの上位にある資格の1つです。
日商簿記2級に合格すると、ビジネスパーソンが仕事で使う実務レベルの会計知識がひととおり身につき、就職・転職などにも役に立ちます。また、計数感覚も身につき、説得力のある企画書が作れたり、財務状況の判断などができるようになったりします。

2級の出題範囲

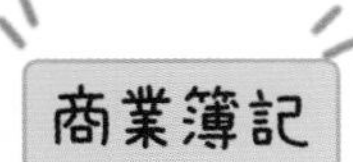

工業簿記

それでは、3級とは何が違うのか見ていきましょう。
2級の試験科目は3級から工業簿記という科目が増えて、商業簿記と工業簿記の2科目となります。

この本では、そのうち、商業簿記を見ていきます。

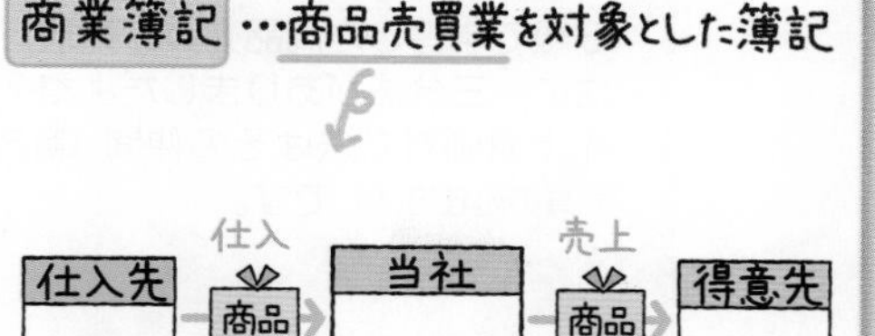

商業簿記は、３級でも学習しましたが、商品売買業を対象とした簿記です。
商品売買業とは、仕入先から仕入れた商品を、そのままの形で利益をくっつけて売る形態の業種です。

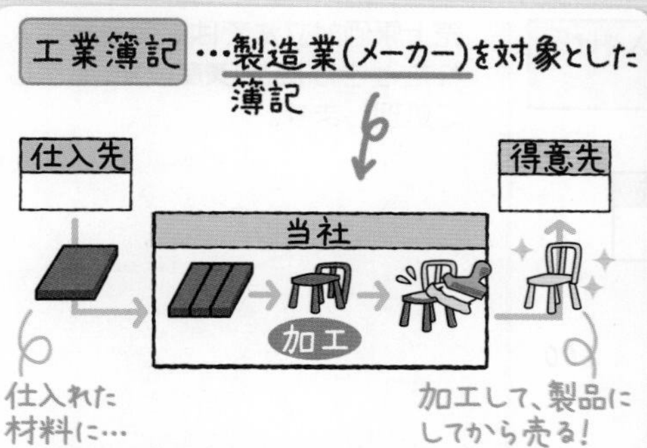

これに対して、工業簿記は、製造業（メーカー）を対象とした簿記です。製造業とは何か？　というと、たとえば、ある取引先から材料を仕入れてきて、自社工場で組み立てや塗装といった加工を施して製品を完成させ、完成した製品をお客さんに販売する業種をいいます。

2級で学習する内容(その1)

★２級新論点★　その１

★商品売買（売上原価対立法）

★引当金（その他の引当金）

それでは、２級で新たに加わる論点を見てみましょう。
「売上原価対立法」「引当金」などは、３級で学習した論点の応用となります。

売上原価対立法 …つづきはCHAPTER05へ

商品売買の処理方法

3級で学習

三分法

〃

売上原価対立法

まずは、売上原価対立法です。
3級で学習した商品売買の処理方法に、三分法がありましたよね？
売上原価対立法はその仲間（商品売買の処理方法）です。

たとえば、商品100円を掛けで仕入れたときの仕訳は…

(商　　　品)　100 (買　掛　金)　100

商品［資産］の増加

売上原価対立法では、商品を仕入れたときは**商品［資産］**の増加として処理します。

たとえば、商品90円(原価)を120円で掛けで売り上げたときの仕訳は…

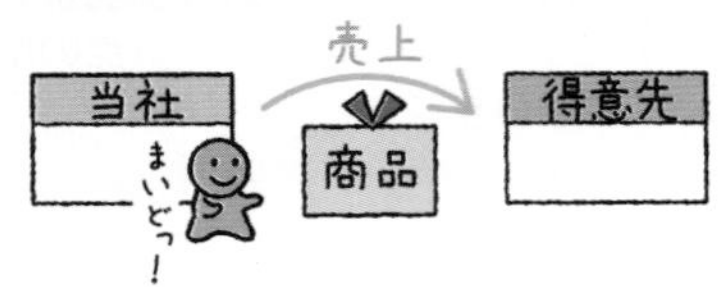

				売価
①(売　掛　金)	120	(売	上)	120
②(売上原価)	90	(商	品)	90
	原価			

そして、商品を売り上げたときは、売価で**売上［収益］**を計上します。これは三分法と同じですね。

同時に、商品の原価を**商品［資産］**から**売上原価［費用］**に振り替えます。

このように、売上に対応する原価を計上するから、売上原価対立法というんですね。

ちなみに、売上原価対立法では決算時の処理はありません。

売上時に売上原価を同時に計上していますから、決算で、あらためて売上原価を計上する仕訳をする必要がないのです。

引当金 …つづきはCHAPTER12・24へ

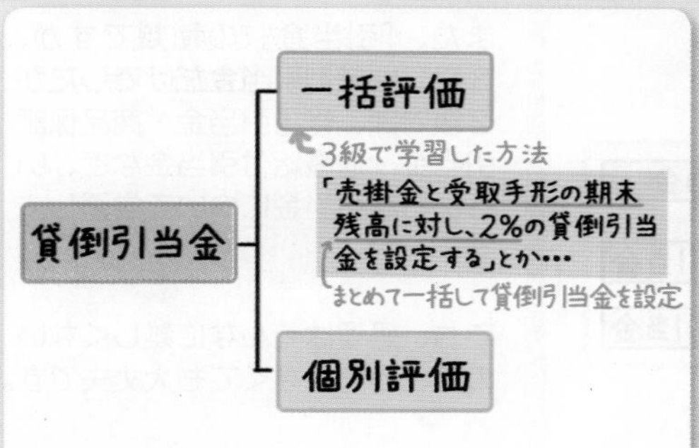

次に、引当金です。
３級では貸倒引当金の設定にあたって、「売掛金と受取手形の期末残高に対して２％」というように、一括して貸倒引当金を設定しました。

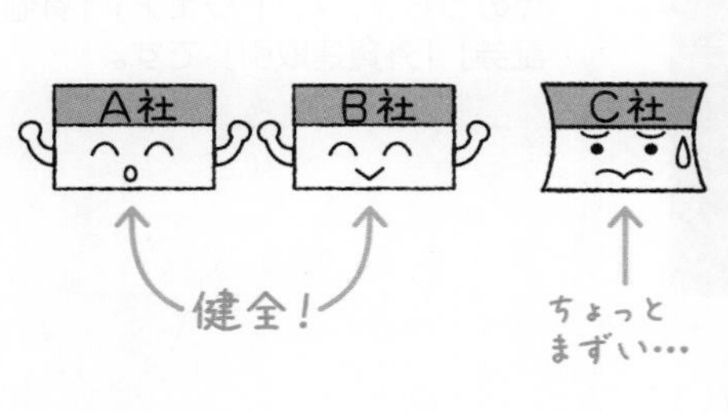

取引先（債務者）の財政状態が悪くなければ、「債権（売掛金や受取手形）は、まあ、ふつうに回収できるでしょう」として、一括して貸倒引当金を設定するのですが、なかには財政状態が非常に悪化している取引先もあるわけです。

一括評価

個別評価

2%で貸倒引当金を設定するか…

ヤバいよね…50%くらいかね？

そのような取引先に対する債権は、貸倒れの可能性が高いですよね？だから、そのような取引先に対する債権については、ほかのものとは別個に貸倒引当金を設定するのです。これが個別評価です。

当然、貸倒設定率もほかの取引先に比べて高くなります。

引当金のいろいろ

貸倒引当金

修繕引当金

商品保証引当金

賞与引当金

役員賞与引当金

退職給付引当金

追加

また、「引当金」の種類ですが、３級では貸倒引当金だけでしたが、２級では、修繕引当金・商品保証引当金・退職給付引当金など、いろいろな引当金について学習します。

でも、処理はそんなに難しくないので、心配しなくても大丈夫です。

2級で学習する内容（その2）

★２級新論点★ その２

★ ソフトウェア

★ 有価証券

★ 外貨建取引

続いて、２級で初めて学習する論点のうち、「ソフトウェア」「有価証券」「外貨建取引」です。

まずは、ソフトウェアです。「会計ソフト」とか「データベースソフト」とかいうものですね。ひとことで「ソフトウェア」といっても、自社で利用するために電器屋さんで買ってきたものもあれば、自社で販売するために制作しているものもあります。

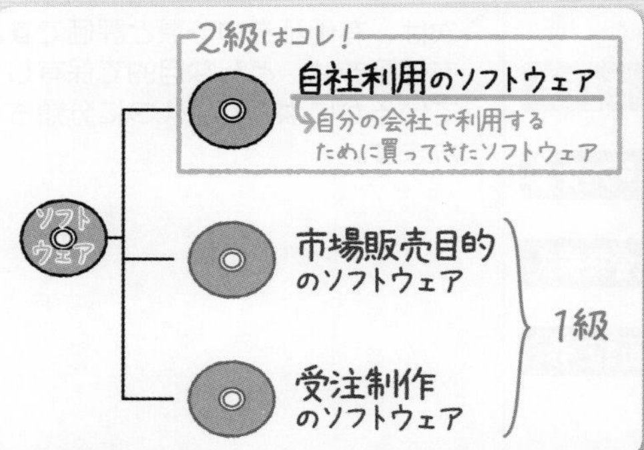

会計上、ソフトウェアは目的に応じて3つに分類されるのですが、このうち、2級では「自社で利用するために買ってきたソフトウェア（自社利用のソフトウェア）の処理」のみが範囲となっています。

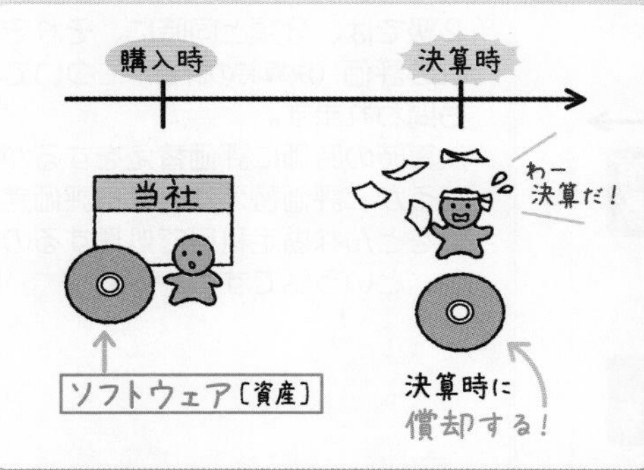

処理はいたって簡単で、ソフトウェアを買ってきたときには、「**ソフトウェア**」という資産の勘定科目で処理して、決算時に償却する…それだけです。

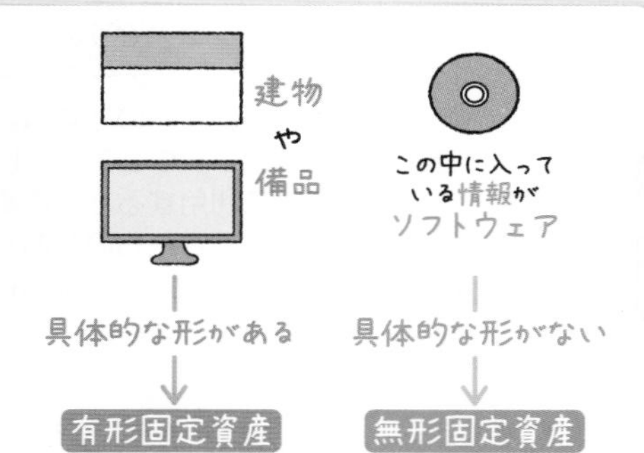

この「ソフトウェア」は資産なのですが、建物や備品のように具体的な形があるわけではないので、無形固定資産に分類されます。
無形固定資産には、ほかに「**のれん**」があり、のれんの償却とソフトウェアの償却は、処理が似ています。

有価証券の分類と評価 …つづきはCHAPTER11へ

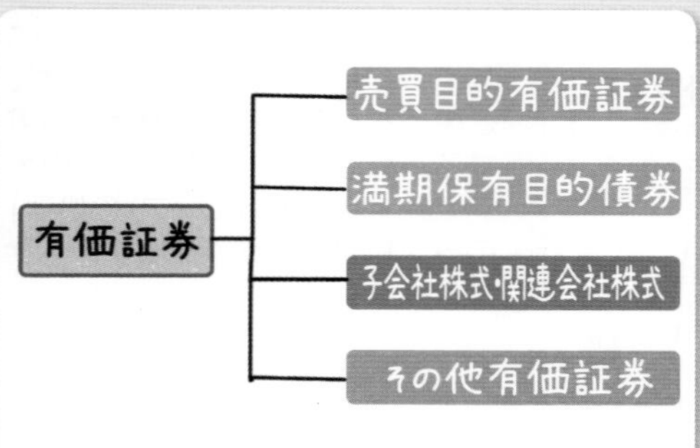

次は、有価証券の分類と評価です。
有価証券は、どんな目的で保有しているかによって、4つに分類されます。

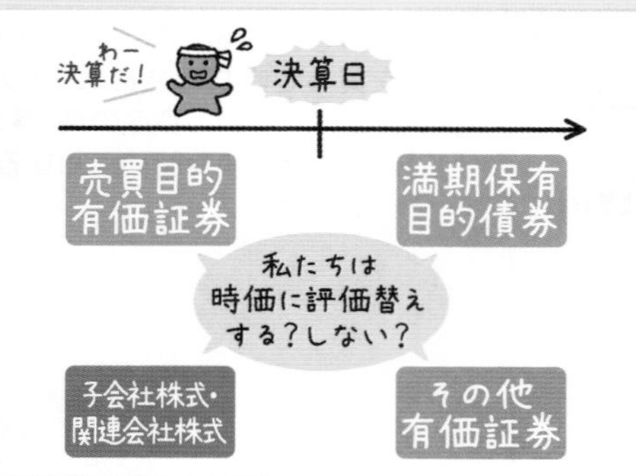

2級では、分類と同時に、それぞれの評価（決算時の評価）についても問われます。
決算時の時価に評価替えをするかどうか、評価替えするなら評価差額をどんな勘定科目で処理するのか、という話ですね。

	期末評価	差額の処理
売買目的有価証券	時価	有価証券評価損益
満期保有目的債券	原則は→原価 一定の場合は→償却原価法	- 有価証券利息
子会社株式・関連会社株式	原価	-
その他有価証券	時価	その他有価証券評価差額金

詳しくは、CHAPTER11で説明しますが、評価替えについてざっとまとめると、こんな感じです。

評価替えをしたり、しなかったり…。
選択問題や○×問題といった、いわゆる理論問題で、こういうところ、狙われそうですね…。

外貨建取引 …つづきはCHAPTER15へ

つづいて、外貨建取引です。

海外企業と取引をしているけど、どういうふうに（日本の）帳簿に記録するの？　という話です。

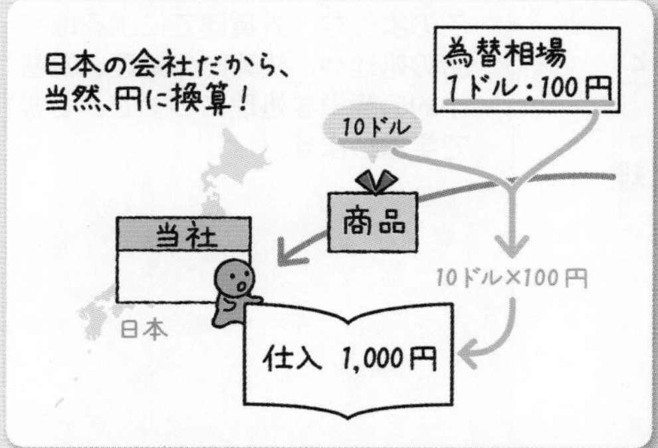

当然、取引したときの円相場で換算した金額で記録するわけですが、決算時に換算替えをしなければならないものもあります。

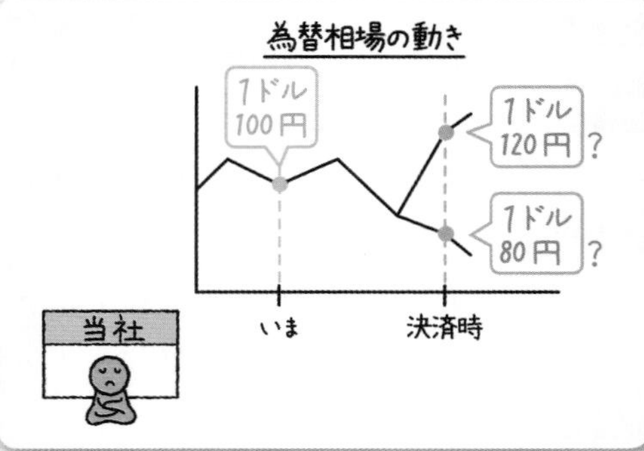

また、為替相場の変動によるリスクを回避するため、為替予約を付すこともあります。

「いまの為替相場は１ドル100円だけど、決済時（将来）の為替相場は１ドル120円になっているかもしれないし、１ドル80円かもしれない…」

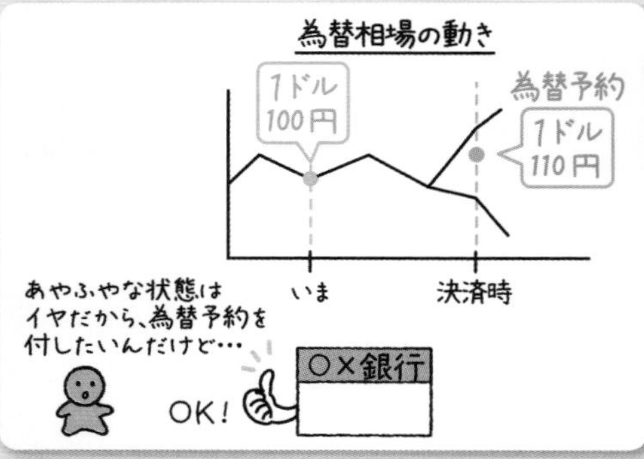

そんなあやふやな状態を回避するために、契約で「決済時の為替相場がいくらだろうと、１ドル110円で決済することにしましょう」と決めてしまうのです。

このように、将来の為替相場を契約で事前に決めてしまうことを**為替予約**といいます。

外貨建取引で学習すること

- 外貨建てによる取引の処理
- 決算時の処理（換算替え）
- 為替予約

↑簡単なものだけ

このような、外貨建てによる取引時の処理や、決算時の処理、為替予約の簡単な処理について、２級で学習します。

2級で学習する内容(その3)

★2級新論点★ その3

★サービス業の処理
★課税所得の算定＋税効果会計
★連結会計

最後に、2級で初めて学習する論点のうち、大物論点である「サービス業の処理」「課税所得の算定＋税効果会計」「連結会計」を見ていきましょう。

サービス業の処理 …つづきはCHAPTER13へ

商品売買業　　サービス業

↑
運送、飲食、
レジャー、教育など
いろいろある

まずは、サービス業の処理です。

これまでは、商業簿記といったら「商品売買業の簿記」でしたが、2級では、運送、飲食、レジャー、教育など「サービス業の簿記」も問われます。

収益は？

商品売買業　　サービス業

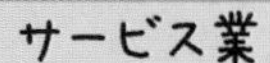

↓
役務収益
〔収益〕

商品売買業でもサービス業でも、商品やサービスをお客さんに提供したときは収益を計上しますが、勘定科目が異なります。
商品売買業では**売上[収益]**、サービス業では**役務収益[収益]**という勘定科目で処理します。

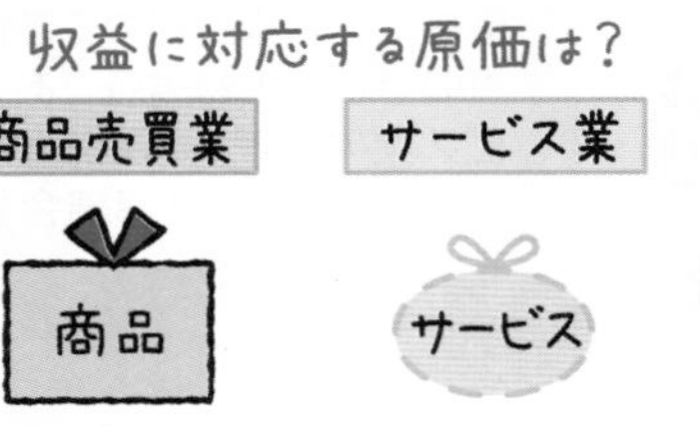

また、収益に対応する原価も計上しますが、こちらも勘定科目が異なります。
商品売買業では**売上原価**〔費用〕、サービス業では**役務原価**〔費用〕という勘定科目で処理します。

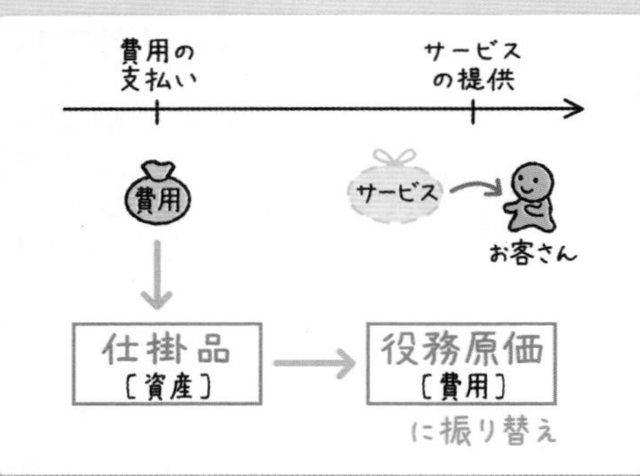

なお、さきに費用を支払ったけれども、それに関するサービスをまだ提供していない、という場合には、その費用を**仕掛品**〔資産〕という勘定科目で処理します。
これは商品売買業にはなかった処理ですね。

課税所得の算定＋税効果会計 …つづきはCHAPTER04・17へ

問題

⋮

(10)　税引前当期純利益に対して40%の法人税等を計上する。

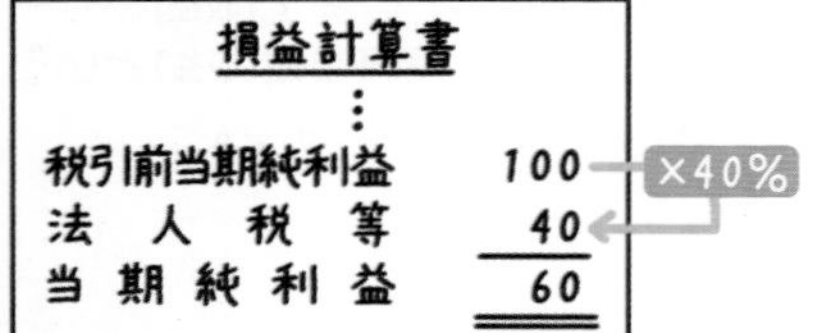

損益計算書

⋮

税引前当期純利益	100	×40%
法人税等	40	
当期純利益	60	

次に、課税所得の算定方法と税効果会計を見ていきます。

まずは、課税所得の算定方法ですが、法人税等を計算するとき、日商試験では、便宜上、会計上の利益（税引前当期純利益）に法人税等の税率を掛けて法人税等を計算することがあります。

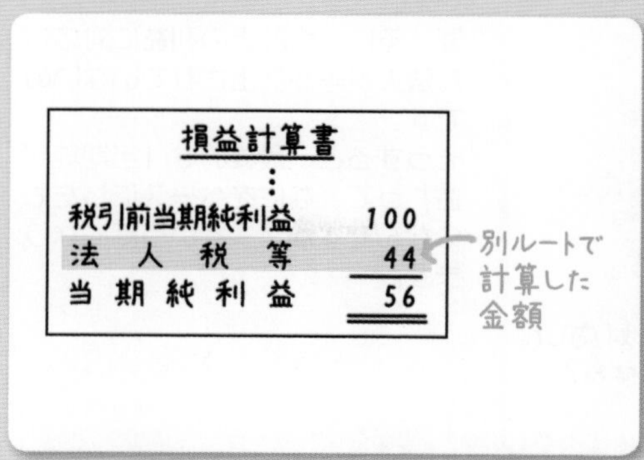

損益計算書	
⋮	
税引前当期純利益	100
法人税等	44
当期純利益	56

別ルートで計算した金額

でも、実は法人税等の金額って、会計上の利益（税引前当期純利益）に法人税等の税率を掛けて計算するのではなく、税法上の利益に法人税等の税率を掛けて計算するんですね。
この場合の、税法上の利益を課税所得といいます。

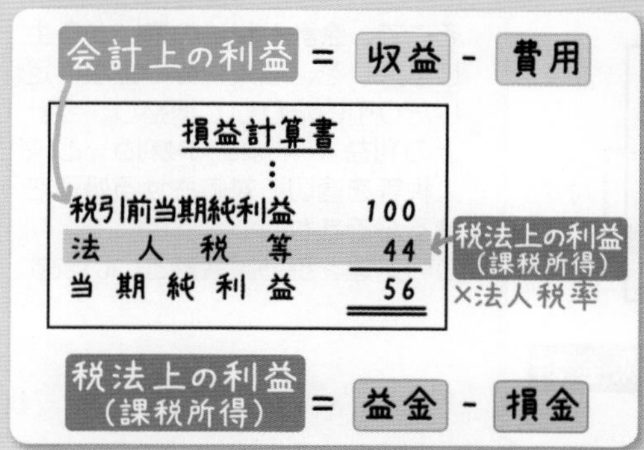

会計上の利益 ＝ 収益 － 費用

損益計算書	
⋮	
税引前当期純利益	100
法人税等	44
当期純利益	56

税法上の利益（課税所得）×法人税率

税法上の利益（課税所得） ＝ 益金 － 損金

会計上の利益は収益から費用を差し引いて計算するけど、税法上の利益は益金から損金を差し引いて計算する。そして、税法上の利益（課税所得）に法人税等の税率を掛けて法人税等の金額を計算する、という話です。

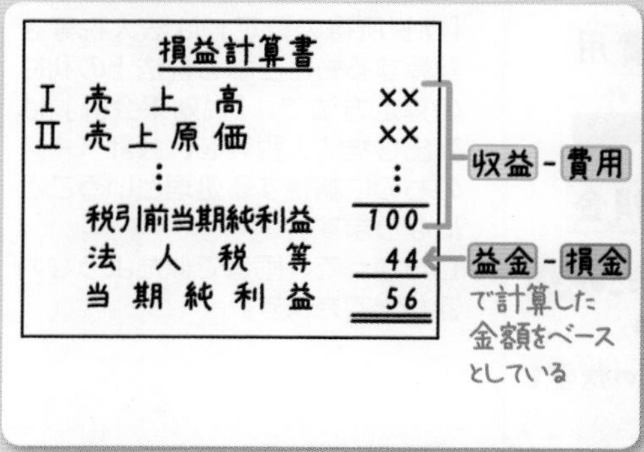

損益計算書	
Ⅰ 売上高	××
Ⅱ 売上原価	××
⋮	⋮
税引前当期純利益	100
法人税等	44
当期純利益	56

収益－費用

益金－損金で計算した金額をベースとしている

…ということは、損益計算書上、税引前当期純利益までは会計上の「収益－費用」で計算された金額で、そして法人税等は税法上の「益金－損金」で計算された金額をベースにした法人税等が計上されている、ということになります。

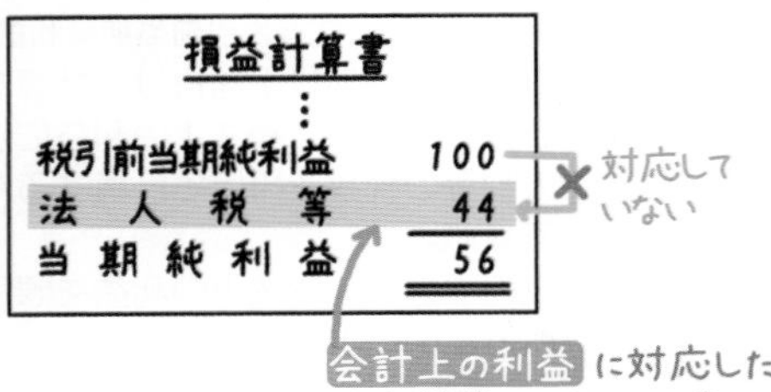

要するに、会計上の利益に対応した法人税等が計上されていないのです。
そうすると、最終的な「当期純利益」って、なにをベースにしたものなんですか？　という話になります。

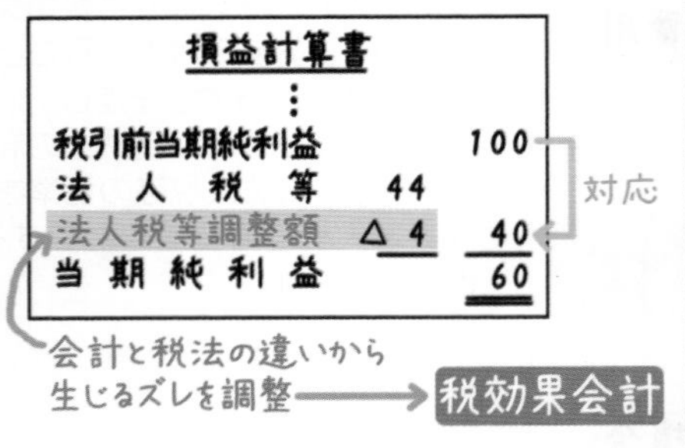

そこで、会計と税法の違いから生じるズレを、法人税等の金額に足したり引いたりして調整し、会計上の利益（税引前当期純利益）と法人税等を適切に対応させる処理をするんですね。
この処理を**税効果会計**といいます。

「課税所得の算定」は法人税等を計算するもととなる税法上の利益の算定方法で、「税効果会計」は算出した法人税等を、会計ベースのものに調整する処理ということになります。
したがって、両者で似たような内容が出てきます。

最後に連結会計。
これはちょっと横綱級の論点です。

もともと１級（のみ）の範囲でしたが、このうち応用的なものを１級に残し、それ以外が２級の範囲となりました。

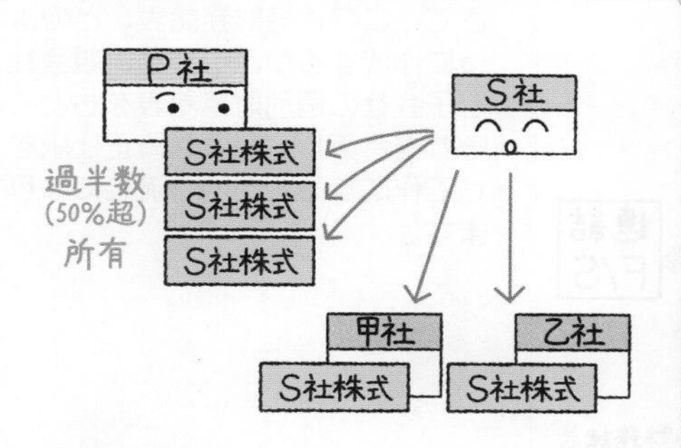

連結会計の基本的な用語に「親会社」と「子会社」があります。

たとえば、Ｐ社とＳ社があって、Ｐ社はＳ社の発行済株式の過半数を所有しているとします。
…過半数というのは、半分より多い、50%超ということです。

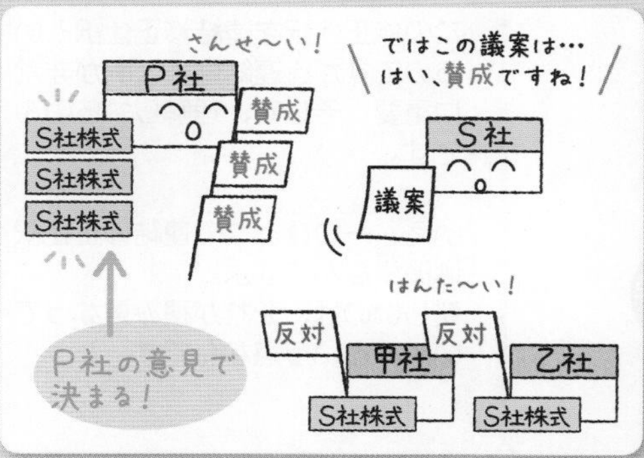

会社の基本的な事項は株主総会で決定されますが、このときの決議は「株式数に応じた多数決」で行われます。
「多数決」ということは、Ｓ社の株主総会では、Ｓ社の発行済株式の過半数を持っているＰ社の意見がほぼ通ってしまうということになります。

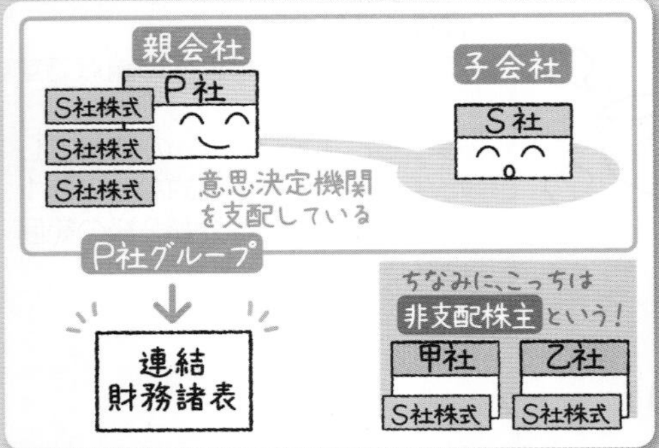

このような場合、「P社はS社の意思決定機関を支配している」といい、この場合のP社を親会社、S社を子会社というのです。
この、親会社と子会社からなる、グループ全体の財務諸表を連結財務諸表といい、連結財務諸表を作成するための手続きが連結会計です。

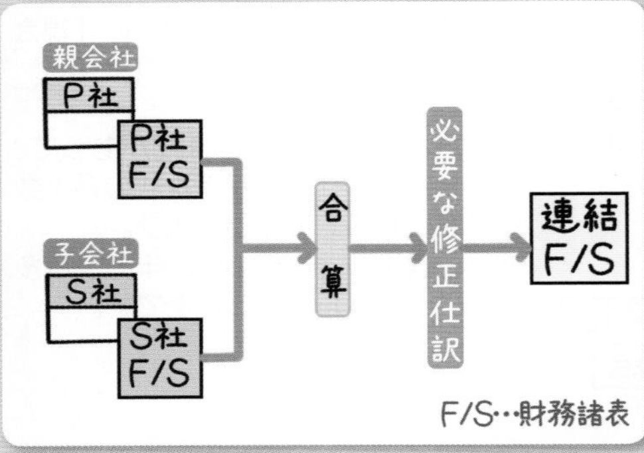

さて、この連結財務諸表、どのように作成するかというと、親会社と子会社の個別財務諸表をもとに、それを合算し、必要な修正仕訳をして作成する、という流れになります。

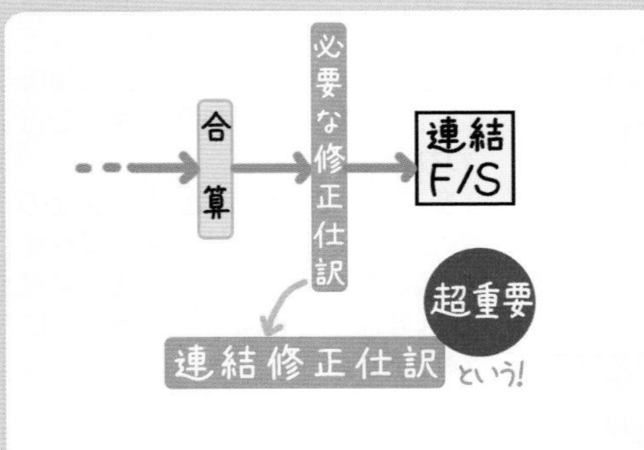

この修正仕訳を連結修正仕訳というのですが、連結修正仕訳が非常に重要…そして、理解しづらいんです。

いえ、一つひとつの連結修正仕訳は簡単なんですよ。
難しいのは、それが積み重なっていく、という点なんです。

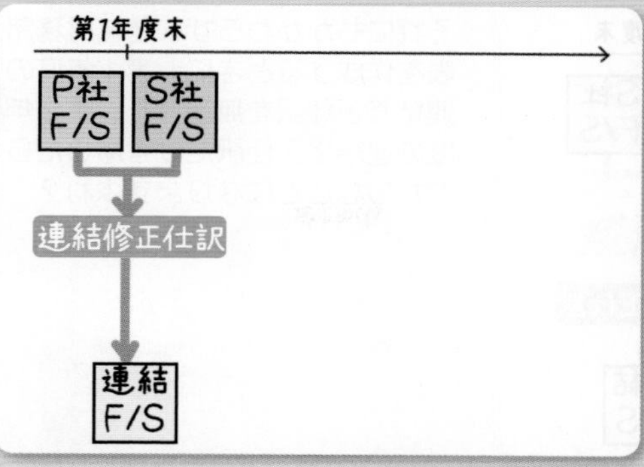

さきほど、「親会社と子会社の個別財務諸表をもとに…必要な修正仕訳をして連結財務諸表を作成する」といいました。

たとえば、連結第1年度だったら、第1年度の個別財務諸表を合算して、第1年度の連結修正仕訳をして、連結財務諸表を作成します。

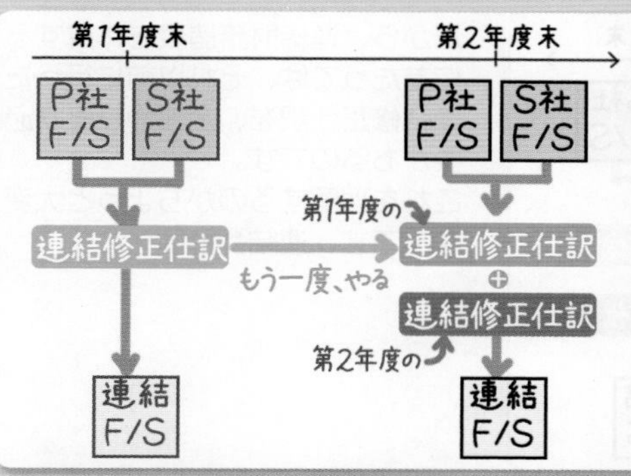

では、連結第2年度は…？

第2年度の個別財務諸表をもとにして、当然、第2年度の連結修正仕訳をするのですが、そのほかに、第1年度に行った連結修正仕訳を再度、行わなければならないのです。

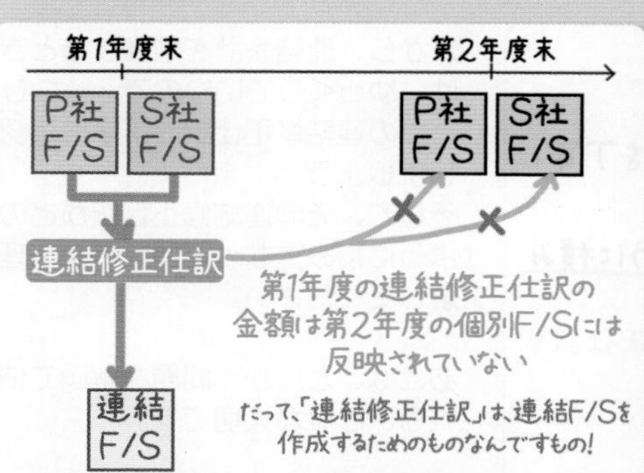

どうしてかというと、親会社と子会社が作成している個別財務諸表には、連結修正仕訳なんて反映されていません。

連結修正仕訳をするのは、あくまでも連結財務諸表を作成するときだけですからね。
…ということは、第2年度の個別財務諸表には、第1年度の連結修正仕訳なんて入っていないんです。

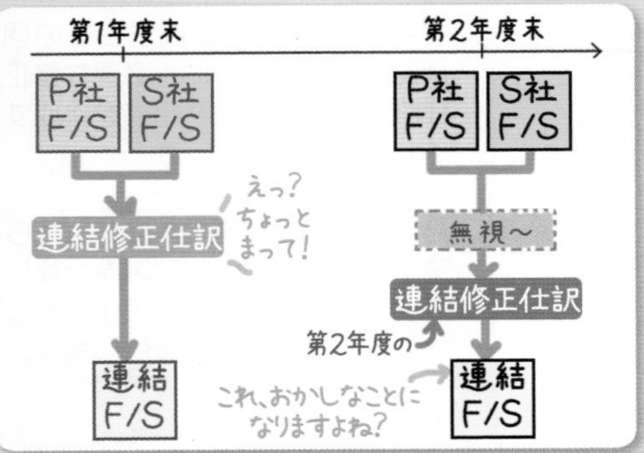

それにもかかわらず、連結財務諸表を作成するときに、第１年度の連結修正仕訳を無視して、第２年度の連結修正仕訳だけ考慮したら、おかしなことになりますよね？

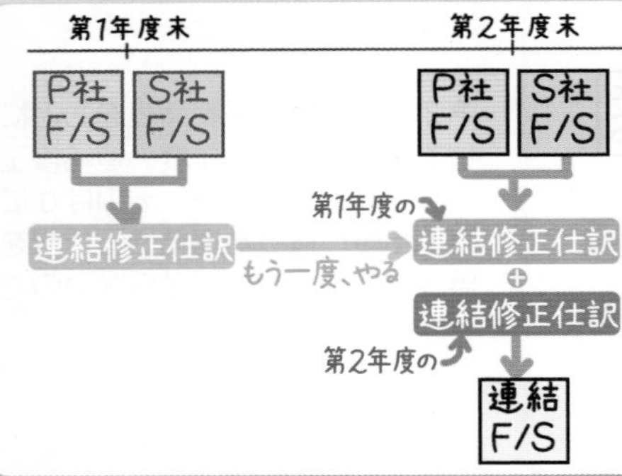

だから、連結財務諸表を作成するにあたっては、それ以前に行った連結修正仕訳を、全部やり直す必要があるのです。
これを理解するのがちょっと大変なんです、連結会計は…。

連結会計を勉強するときは…

- 一つひとつの 連結修正仕訳 を丁寧に確認していく
- その 連結修正仕訳 がどのように積み重なっていくのかを理解する
  前期末までの連結修正仕訳も考慮する!
- 問題を解いて慣れる!

だから、連結会計を勉強するときは、ゆっくりでいいので、一つひとつの連結修正仕訳を丁寧に確認しましょう。
そして、その連結修正仕訳がどのように積み重なっていくのかを理解してください。

あとは、とにかく問題を解いて慣れる、これが大切です。

学習の進め方

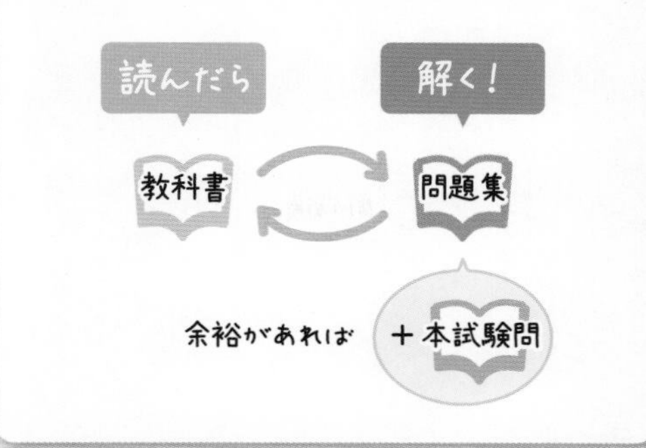

そのほかにも加わる論点はありますが、詳しくは、本編で見ていきましょう。
最後に、学習の進め方です。
論点学習では、インプットしたらすぐに基本問題を解いておくようにしましょう。
このとき、本試験タイプの問題まで見ておくと、その後の学習が楽になります。余裕があればがんばってみましょう。

① 時間を計って解くこと！

時間内に解けないと意味ないからね

② 復習すること！

とにかくやるべし！

直前対策では、本試験と同じように、１回分の問題を解いていくことになります。
この時のポイントは①時間を計ること②復習をすることです。
本試験までには、時間内に解き終われるように練習を重ねましょう。

基本を大切に！

あれ…？

○ よい例　　✕ ダメな例

合格のポイントは、まずは「基礎的な論点は落とさないこと！」です。
直前期になればなるほど難しい論点が気になると思いますが、基礎的な論点があやふやなままでは元も子もありません。
がんばっていきましょう！

日商2級 商業簿記

簿記の教科書

簿記の流れ

日々やること

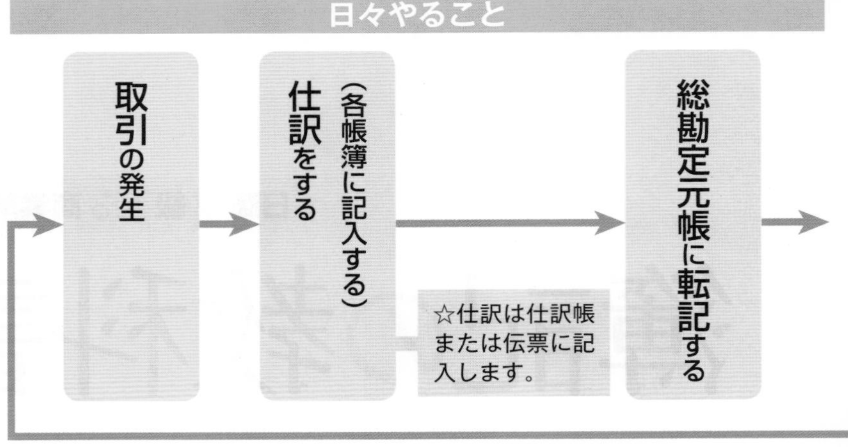

2級で学習する内容

取引と処理

株式会社特有の取引

- ✓株式の発行 ……… CHAPTER01
- ✓合　併 …………… CHAPTER01
- ✓剰余金の配当と処分 … CHAPTER02
- ✓株主資本の計数変動 … CHAPTER03
- ✓税金の処理 ……… CHAPTER04

商品売買取引

- ✓商品売買 ………… CHAPTER05

その他の取引

- ✓手　形 …………… CHAPTER06
- ✓電子記録債権(債務)… CHAPTER06
- ✓その他の債権の譲渡 CHAPTER06
- ✓銀行勘定調整表 … CHAPTER07
- ✓固定資産 ………… CHAPTER08
- ✓リース取引 ……… CHAPTER09
- ✓研究開発費 ……… CHAPTER10
- ✓無形固定資産 …… CHAPTER10
- ✓有価証券 ………… CHAPTER11
- ✓引当金 …………… CHAPTER12
- ✓サービス業の処理 … CHAPTER13
- ✓収益の認識基準 … CHAPTER14
- ✓外貨建取引 ……… CHAPTER15

決算でやること（年１回）

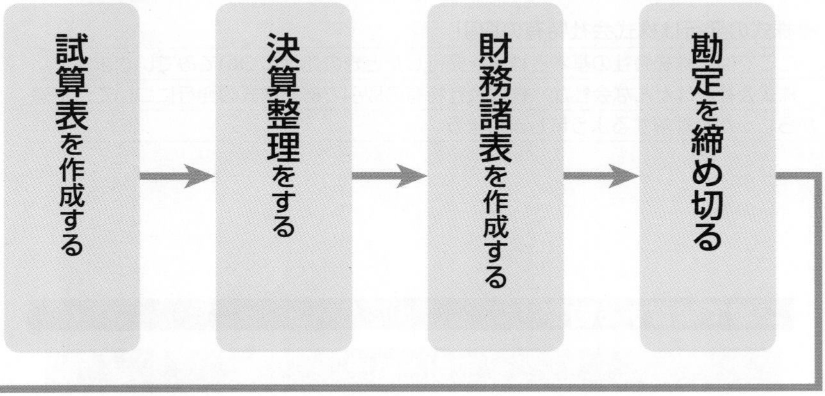

試算表を作成する → 決算整理をする → 財務諸表を作成する → 勘定を締め切る

決算、本支店会計、連結会計、製造業会計

決　　算

✓ 決算整理 …… CHAPTER04〜15
✓ 精算表の作成 …… CHAPTER16
✓ 財務諸表の作成 … CHAPTER16
✓ 税効果会計 ……… CHAPTER17
✓ 帳簿の締め切り … CHAPTER18

本支店会計

✓ 本支店会計 ……… CHAPTER19
✓ 本支店合併財務諸表の作成 ……………… CHAPTER19
✓ 本店と支店の帳簿の締め切り ……………… CHAPTER19

連結会計Ⅰ〜Ⅲ

✓ 投資と資本の相殺消去 ……………… CHAPTER20
✓ 支配獲得日の連結 … CHAPTER20
✓ 支配獲得日後１年目、２年目の連結 ……………… CHAPTER20
✓ 内部取引高と債権債務の相殺消去 ……………… CHAPTER21
✓ 貸倒引当金の修正… CHAPTER21
✓ 未実現利益の消去… CHAPTER21
✓ 連結財務諸表 …… CHAPTER22
✓ 連結精算表 ……… CHAPTER22
✓ 連結会計の総合問題の解き方 ……………… CHAPTER22

製造業会計

✓ 製造業の会計処理… CHAPTER23
✓ 製造業の財務諸表… CHAPTER23

CHAPTER 01

株式の発行

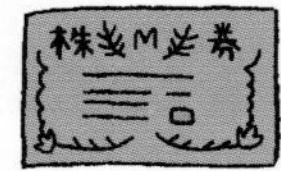

◆株式の発行は株式会社特有の取引

ここでは、株式会社の基本と株式を発行したときの処理についてみていきます。

株式会社とはどんな会社か、株式会社特有の取引である株式の発行について、基礎からしっかり理解するようにしましょう。

２級で学習する内容

取引と処理

株式会社特有の取引

- ✓株式の発行……CHAPTER 01
- ✓合　併……CHAPTER 01
- ✓剰余金の配当と処分……CHAPTER 02
- ✓株主資本の計数変動……CHAPTER 03
- ✓税金の処理……CHAPTER 04

その他の取引

商品売買取引

決算、本支店会計、連結会計、製造業会計

決　算

本支店会計

連結会計Ⅰ～Ⅲ

製造業会計

1 株式会社とは

I 株式会社とは

Review 3級

株式会社とは、**株式**を発行して多額の資金を調達する企業形態をいいます。

これならわかる!!

事業規模がそれほど大きくない場合（個人商店の場合）には、それほど多くの事業資金（元手）を必要としないので、店主個人の貯金を取り崩したり、身近な人から資金を提供してもらうことで事業資金（元手）を集めることができます。

しかし、事業規模が大きくなると、多くの事業資金（元手）が必要となります。たとえば10億円が必要な場合、ひとりで10億円をポンと出してくれる人はまずいません。

そこで、10億円をもっと細かい単位に分けて、少額ずつ大勢の人から出資してもらうのです。１株10万円なら10,000株、１株５万円なら20,000株の株式を発行し、それを大勢の人に買ってもらうことで10億円を集めるということです。

このように、株式を発行して多額の資金を調達する企業形態が株式会社なのです。

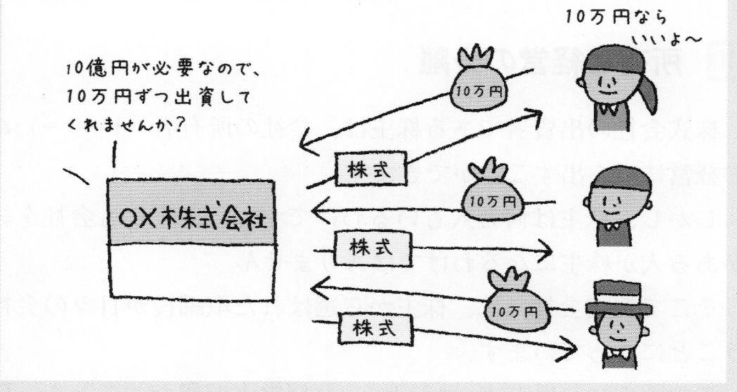

株式会社では、出資してくれた人（株式を買った人）を**株主**といいます。

Ⅱ 株主有限責任と配当

株式会社の特徴に、「株主の**有限責任**」と「**配当**」があります。

1 有限責任

有限責任とは、会社が倒産した場合、出資した金額は戻ってこないけれど、それ以上の責任を取る必要がないということです。

個人商店が倒産した場合には、個人財産を処分してでも借金を返済しなくてはなりません（**無限責任**といいます）が、これを株式会社の株主にも要求すると、安心して出資できないので、株式会社は思うように資金を調達することができなくなります。

株主の責任を有限責任とすることによって、安心して出資できるようにしている（＝会社が資金を調達しやすくしている）のです。

2 配当

株主は株式会社の出資者なので、会社が活動し、儲けが出たらその儲け（の一部）を**配当**として受け取ることができます。

一般的に儲けが多い会社のほうが配当が多くなります。

Ⅲ 所有と経営の分離

株式会社の出資者である株主は、会社の所有者（オーナー）なので、会社の経営に口を出すことができます。

しかし、株主は何万人もいるわけですし、必ずしも会社を経営する能力がある人が株主になるわけではありません。

そこで株式会社では、株主から選ばれた取締役が日々の会社の経営を行うことになっています。

このように、所有者（オーナー）と経営者が異なることを、**所有と経営の分離**といいます。

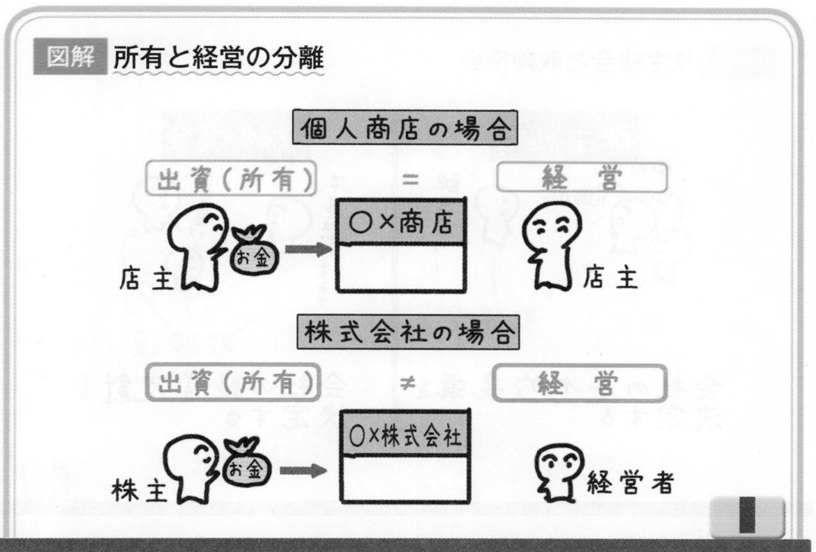

Ⅳ 株主総会と取締役会

株主総会とは、株主が会社の基本的事項を決定するための機関をいいます。株主総会では、取締役や監査役（取締役を監督する人）の選任や解任、配当金額の決定などを行います。

取締役会とは、取締役が集まって会社の経営方針を決定するための機関をいいます。取締役会で決定した経営方針にもとづいて取締役が会社を運営し、その運営結果は、最終的に財務諸表にまとめられ、株主総会で報告されます。

Ⅴ 会計期間

Review 3級

個人商店（お店）の場合、会計期間は１月１日から12月31日までの１年ですが、株式会社の場合、会計期間は会社が決めることができ、４月１日から３月31日までの１年や10月１日から９月30日までの１年などがあります。

図解 株主総会と取締役会

株主総会

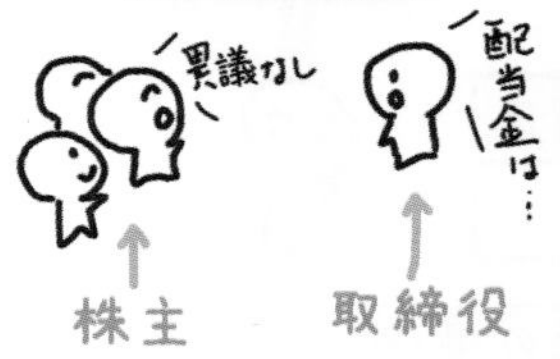

会社の基本的事項を決定する

取締役会

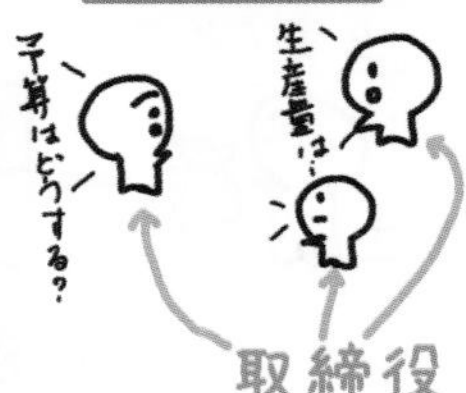

会社の経営方針を決定する

ひとこと

株式会社では所有と経営が分離しているため、「株主から出資されたお金を使って、取締役が会社を運営する」という形を取ります。

人（株主）のお金を使って、会社を運営するわけですから、どのように運営したかを出資者（株主）に報告する必要があるのです。その報告のための場が株主総会です。

ふむふむ…

2 株式会社の純資産項目

貸借対照表の資産と負債の差額が純資産です。

純資産は**株主資本**と**評価・換算差額等**に区分され、株主資本は株主からの出資金（元手）と、会社の儲けで構成されています。

株式会社の純資産項目をまとめると、次のとおりです。

●株式会社の純資産項目

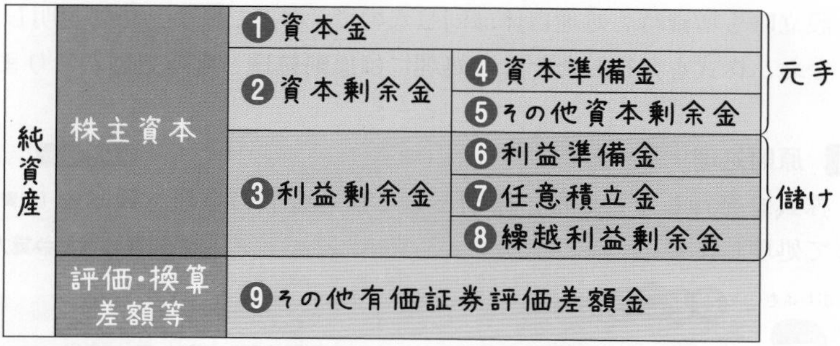

<table>
<tr><td rowspan="8">純資産</td><td rowspan="6">株主資本</td><td colspan="2">❶資本金</td><td rowspan="3">元手</td></tr>
<tr><td rowspan="2">❷資本剰余金</td><td>❹資本準備金</td></tr>
<tr><td>❺その他資本剰余金</td></tr>
<tr><td rowspan="3">❸利益剰余金</td><td>❻利益準備金</td><td rowspan="3">儲け</td></tr>
<tr><td>❼任意積立金</td></tr>
<tr><td>❽繰越利益剰余金</td></tr>
<tr><td>評価・換算差額等</td><td colspan="2">❾その他有価証券評価差額金</td><td></td></tr>
</table>

株主資本…純資産のうち、株主に帰属する部分

❶ 資本金：株式会社が最低限維持しなければならない金額
❷ 資本剰余金：株主からの払込金額のうち資本金以外のもの
❸ 利益剰余金：会社の利益から生じたもの
❹ 資本準備金：資本金を増加させる取引のうち、資本金としなかった金額
❺ その他資本剰余金：資本準備金以外の資本剰余金
❻ 利益準備金：会社法で積み立てが強制されている金額［CHAPTER 02で学習］
❼ 任意積立金：会社が任意で積み立てた金額［CHAPTER 02で学習］
❽ 繰越利益剰余金：配当、処分が決定していない利益（剰余金）［CHAPTER 02で学習］

評価・換算差額等…資産や負債を時価評価したさいに生じる換算差額等

❾ その他有価証券評価差額金：その他有価証券を時価評価したさいに生じる換算差額［CHAPTER 11で学習］

3 株式の発行

I 株式の発行

株式会社では、会社の設立時と設立後の増資（ぞうし）時に株式を発行します。

増資とは、会社設立後に株式を発行して、**資本金**［純資産］を増加させることをいいます。

II 株式を発行したとき

設立時も増資時も処理自体は同じなので、本書ではまとめて説明します。なお、株式を発行したときの処理には**原則処理**と**容認処理**があります。

1 原則処理

Review 3級

株式を発行したときは、原則として払込金額の全額を**資本金**［純資産］として処理します。

☞**純資産の増加⇒貸方（右）**

ひとこと

試験では、何も指示がつかなかったら原則処理で解答してください。

例1 ―――― 株式を発行したとき（設立時・原則処理）

Ａ株式会社は、会社の設立にあたり、株式100株を１株あたり500円で発行し、全株式の払い込みを受け、払込金額は普通預金とした。

例１の仕訳	（普通預金）	50,000	（資本金）	50,000*

＊ @500円×100株＝50,000円

例2 ―――― 株式を発行したとき（増資時・原則処理）

Ａ株式会社は、取締役会により増資を決議し、新たに株式20株を１株あたり600円で発行し、全株式の払い込みを受け、払込金額は当座預金とした。

例２の仕訳	（当座預金）	12,000	（資本金）	12,000*

＊ @600円×20株＝12,000円

2 容認処理

会社法（会社に関する決まりを定めた法律）では、払込金額のうち、２分の１以下の金額については資本金として処理しないことも容認されています。この場合、資本金として処理しなかった金額は**資本準備金**［純資産］として処理します。

☞純資産の増加⇒貸方（右）

ひとこと

容認処理を簡単にいうと、「払込金額のうち最低２分の１は**資本金**［純資産］として処理し、残りは**資本準備金**［純資産］として処理することができる」ということになります。

なお、試験で容認処理が出題される場合、「払込金額のうち『会社法』で認められている最低額を資本金として処理する」といった指示がつきます。このような指示がついた場合には、会社法で認められている最低額、つまり払込金額の２分の１を**資本金**［純資産］として処理し、残りは**資本準備金**［純資産］として処理します。

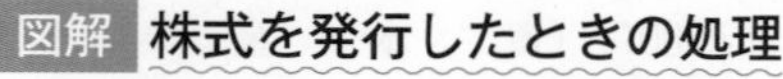

図解 株式を発行したときの処理

例3　株式を発行したとき（設立時・容認処理）

Ａ株式会社は、会社の設立にあたり、株式100株を１株あたり500円で発行し、全株式の払い込みを受け、払込金額は普通預金とした。なお、払込金額のうち「会社法」で認められる最低額を資本金として処理する。

例３の仕訳	（普 通 預 金）	50,000＊1	（資　本　金）	25,000＊2
			（資 本 準 備 金）	25,000＊3

＊1　@500円×100株＝50,000円

＊2　50,000円×$\frac{1}{2}$＝25,000円

＊3　50,000円－25,000円＝25,000円

例4　株式を発行したとき（増資時・容認処理）

Ａ株式会社は、取締役会により増資を決議し、新たに株式20株を１株あたり600円で発行し、全株式の払い込みを受け、払込金額は当座預金とした。なお、払込金額のうち「会社法」で認められる最低額を資本金として処理する。

例４の仕訳	（当 座 預 金）	12,000＊1	（資　本　金）	6,000＊2
			（資 本 準 備 金）	6,000＊3

＊1　@600円×20株＝12,000円

＊2　12,000円×$\frac{1}{2}$＝6,000円

＊3　12,000円－6,000円＝6,000円

Ⅲ 株式発行費用の処理

株式を発行するさい、証券会社に対する手数料や広告費といった株式発行費用が発生します。

株式発行費用の処理は、会社設立時も増資時も、原則として費用処理しますが、勘定科目が異なります。

1 会社設立時の株式発行費用

会社設立時にかかった株式発行費用は、会社を設立するためにかかった費用なので、**創立費**（そうりつひ）[原則：費用] で処理します。

なお、定款（ていかん）（会社の活動内容を定めた根本規則）作成費用や設立登記のための登録免許料など、会社の設立時にかかる費用はすべて**創立費**で処理します。

☞**費用の増加⇒借方（左）**

New 創立費

例5 ——— 株式発行費用の処理（設立時）

Ａ株式会社は、会社の設立にあたり、株式100株を１株あたり500円で発行し、全株式の払い込みを受け、払込金額は普通預金とした。なお、株式発行費用1,000円は現金で支払った。

例５の仕訳	（普通預金）	50,000	（資本金）	50,000*
	（創立費）	1,000	（現金）	1,000

＊　@500円×100株＝50,000円

2 増資時の株式発行費用

増資時にかかった株式発行費用は、**株式交付費** [原則：費用] で処理します。

☞**費用の増加⇒借方（左）**

New 株式交付費

例6 ——— 株式発行費用の処理（増資時）

Ａ株式会社は、取締役会により増資を決議し、新たに株式20株を１株あたり600円で発行し、全株式の払い込みを受け、払込金額は当座預金とした。なお、株式発行費用180円は現金で支払った。

例６の仕訳	（当座預金）	12,000	（資本金）	12,000*
	（株式交付費）	180	（現金）	180

＊　@600円×20株＝12,000円

図解 株式発行費用の処理

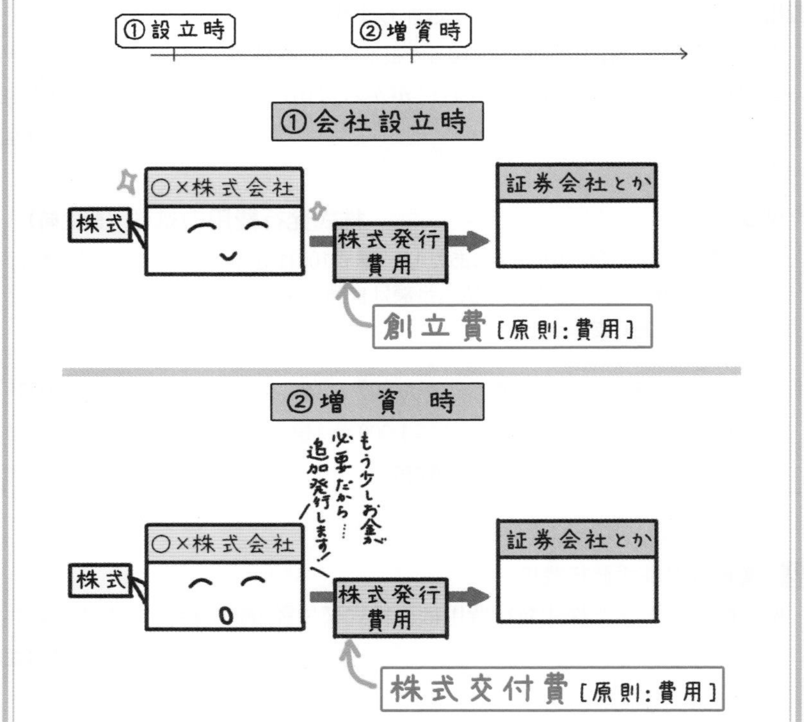

①設立時　②増資時

①会社設立時

株式 → ○×株式会社 → 株式発行費用 → 証券会社とか

創立費〔原則：費用〕

②増　資　時

もう少しお金が
必要だから…
追加発行します！

株式 → ○×株式会社 → 株式発行費用 → 証券会社とか

株式交付費〔原則：費用〕

ひとこと

会社の設立後、営業を開始するまでに要した費用は、開業費〔原則：**費用**〕で処理します。開業費については参考で説明しているので、余裕のある方はみておいてください。

4 新株発行（増資）の手続き

Ⅰ 新株発行（増資）の手続き

取締役会で新株の発行（増資）が決定したあと、株主の募集、株式の申し込み、株式の割り当てという流れを経て、払込期日の到来とともに増資の会計処理をします。

これならわかる!!

たとえば、A社が新株の発行をしようとする場合、新株発行（増資）の手続きは次のようになります。

❶ 株主の募集

A社は、取締役会で新株の発行を決定したら、発行する株式数などを公告して株主を募集します。

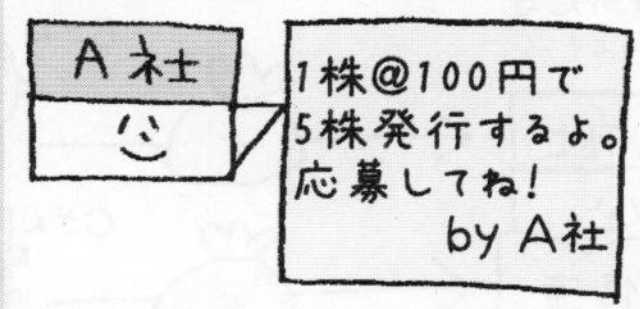

❷ 株式の申し込み

「この会社の株を買いたい！」と思った人（Bさん、Cさん、Dさん）は、応募し、申込証拠金をそえて、申し込みをします。

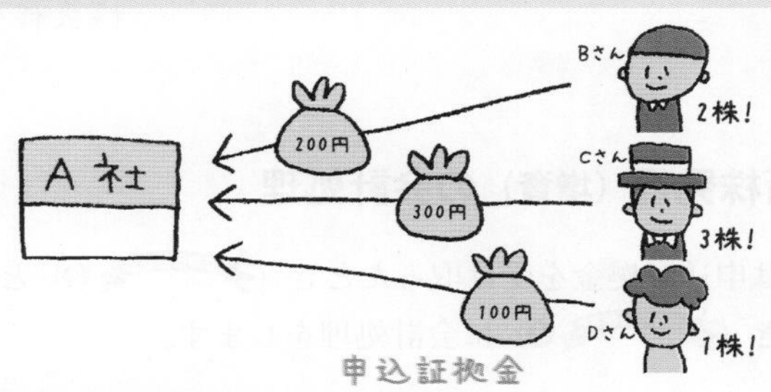

❸ 株式の割り当て

申込期日（株式申込の期限）がきたら、A社は誰に何株を割り当てるかを決定します。ここで、A社はBさんに2株、Cさんに3株、Dさんには割り当てないと決めたとしましょう。この場合、株主に当選したBさんとCさんには株式を割り当てますが、当選からもれたDさんには申込証拠金を返します。

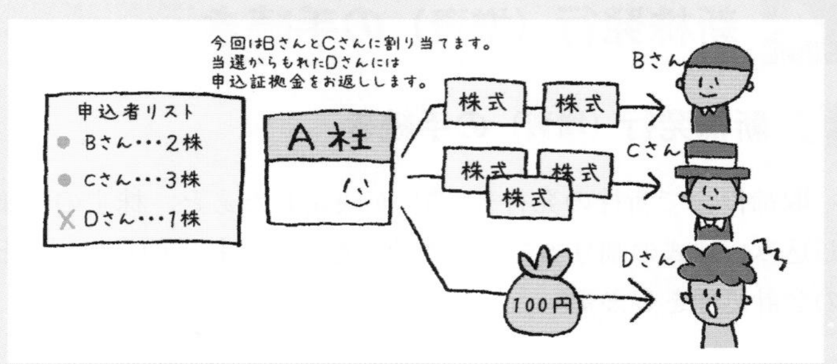

❹　払込期日の到来

株式を割り当てられたBさんとCさんは、払込期日（株式代金の支払期限）までに、株式代金（申込証拠金を超える金額）をA社に払い込みます。

ここで増資の手続きが完了するので、A社では増資の処理をします。

ちなみに、日本ではほとんどの場合、株式代金の全額が申込証拠金として支払われるため、「払込期日」というものの、実際には払い込みはあまり行われません。試験上は、「払込期日に増資の処理をする」ということだけを覚えておいてください。

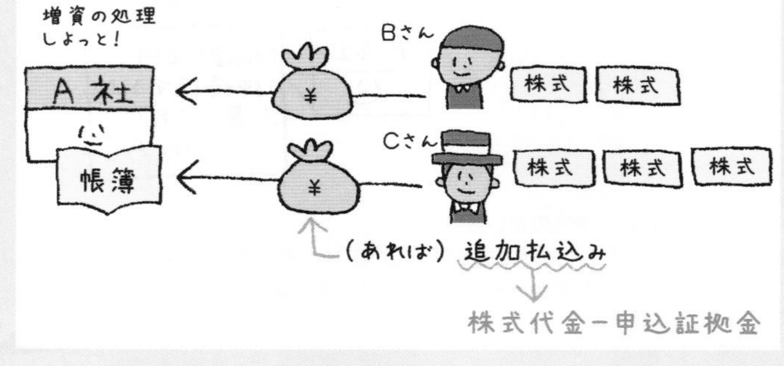

Ⅱ　新株発行（増資）の会計処理

会社は申込証拠金を受け取ったとき（これならわかる!! ❷）と、払込期日が到来したとき（これならわかる!! ❹）に会計処理をします。

1 申込証拠金を受け取ったとき…これならわかる!! ❷

株式の申込者から申し込みがあり、申込証拠金を受け取ったときは、**株式申込証拠金** [純資産] で処理します。 **☞純資産の増加⇒貸方（右）**

このとき受け取った現金や預金は、会社の資産である**現金** [資産] や**当座預金** [資産] とは区別し、**別段預金** [資産] で処理します。

☞資産の増加⇒借方（左）

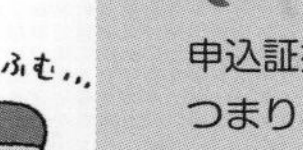

ひとこと

ふむふむ…

申込証拠金は、あとで割り当てにもれた申込者に返さなければなりません。

つまり、この段階ではまだ会社のお金ではないので、会社のお金（当座預金など）と分けて管理しておくのです。

例7 ―――― 申込証拠金を受け取ったとき

A株式会社は、取締役会の決議により、新たに株式20株を1株あたり600円で募集したところ、申込期日までに全株式が申し込まれ、払込金額の全額を申込証拠金として受け入れ、別段預金とした。

例7の仕訳	（別段預金）	12,000	（株式申込証拠金）	12,000*

＊ @600円×20株＝12,000円

2 払込期日が到来したとき…これならわかる!! ❹

払込期日が到来したら、**株式申込証拠金** [純資産] を**資本金** [純資産] に振り替えるとともに、**別段預金** [資産] を**当座預金** [資産] 等に振り替えます。

例8 ―――― 払込期日が到来したとき

払込期日となり、**例7**の申込証拠金12,000円を資本金に振り替え、同時に別段預金を当座預金とした。なお、払込金額のうち「会社法」で認められる最低額を資本金として処理する。

New 株式申込証拠金

New 別段預金

例8の仕訳	（株式申込証拠金）	12,000	（資　本　金）	6,000＊1
			（資本準備金）	6,000＊2
	（当　座　預　金）	12,000	（別　段　預　金）	12,000

＊1　12,000円×$\frac{1}{2}$＝6,000円

＊2　12,000円－6,000円＝6,000円

5 合　併

I 合併とは

合併（がっぺい）とは、2つ以上の会社が1つの会社に合体することをいいます。合併は、市場における占有率を拡大したり、会社組織の合理化を図るために行われます。

II 合併の形態

合併の形態には、**吸収合併**（きゅうしゅうがっぺい）と**新設合併**（しんせつがっぺい）があります。

吸収合併とは、ある会社（A社）がほかの会社（B社）を吸収してしまう合併形態をいいます。このとき、ほかの会社（B社）は消滅してなくなるため、ある会社（A社）を**存続会社**、ほかの会社（B社）を**消滅会社**といいます。

一方、新設合併とは、合併するすべての会社（A社とB社）が解散して、新たな会社（C社）を設立する合併形態をいいます。

日本ではほとんどの場合、吸収合併なので、本書では吸収合併を前提に説明します。

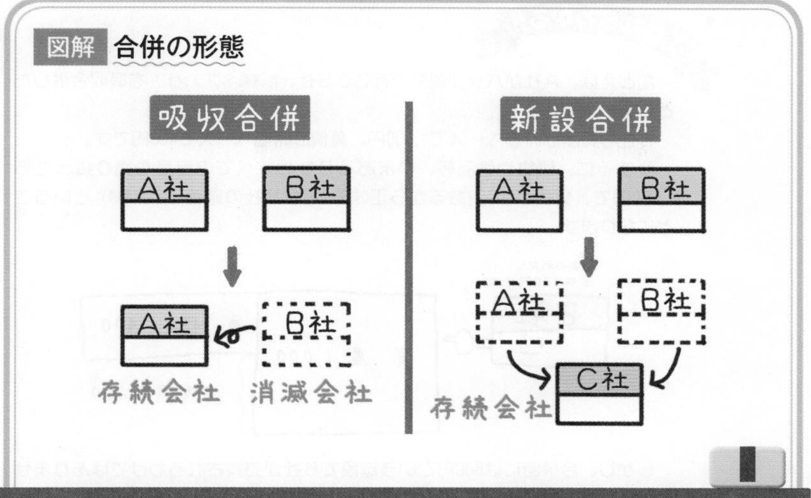

Ⅲ 吸収合併したとき

吸収合併をしたときは、存続会社が時価で消滅会社を購入したと考えて処理します。つまり、消滅会社の資産と負債を**時価**で受け入れる処理を行います。

☞**資産の増加⇒借方（左）**　☞**負債の増加⇒貸方（右）**

また、合併の対価として、消滅会社の株主に対し、存続会社の株式を発行するため、**資本金**［純資産］などの増加として処理します。

☞**純資産の増加⇒貸方（右）**

なお、合併対価（新たに発行される株式の価額）が受け入れた純資産（資産−負債）を上回る場合には、その差額を**のれん**［資産］として処理します。

☞**資産の増加⇒借方（左）**

New のれん

New 負ののれん発生益

反対に、合併対価が受け入れた純資産を下回る（差額が貸方に生じる場合）は**負ののれん発生益**［収益］で処理します。

これならわかる!!

たとえば、A社がバッグ製造で有名なB社（老舗有名ブランド）を吸収合併したとしましょう。

B社の資産は時価ベースで1,000円、負債は時価ベースで400円です。

要するに、建物や備品等、いまあるB社のすべての資産を売り払ったら1,000円で、負債が400円あるから正味600円がB社の価値（解散価値）ということになります。

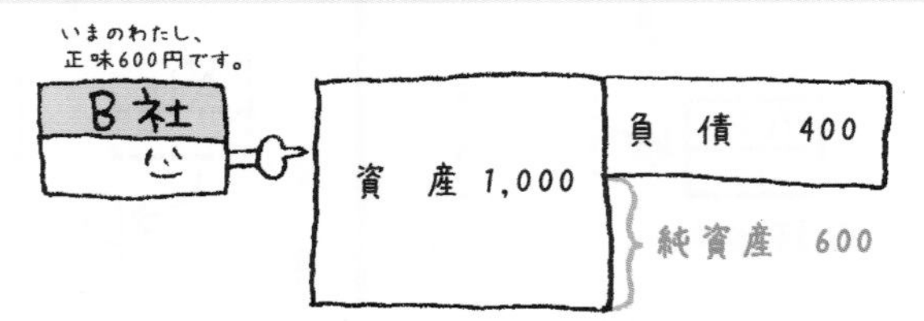

しかし、合併時には600円という値段でB社が売買されるわけではありません。

というのも、合併時の対価である株式の価格は、合併時のA社株式の時価にもとづいて決定されるからです。

仮に合併時のA社株式の時価が@80円であったとしましょう。そして、A社はB社を合併するにあたって、株式10株を（B社株主に対して）発行したとします。これは、A社が800円（@80円×10株）で、B社株主（B社の所有者）からB社を買ったということになります。

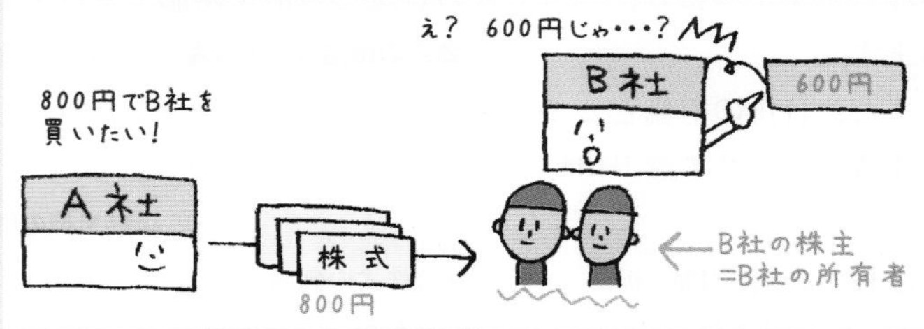

正味600円のはずのB社を、A社は800円で買ったのです。

この上乗せ分の200円は何でしょう？

実はこの200円分の価値は、B社のブランド力や技術力、固有の顧客といった帳簿上にあらわれない価値なのです。

同じ素材、同じデザインで作ったバッグでも、有名ブランドから販売されている場合と、無名のお店から販売されている場合では値段が違います。

当然、有名ブランドから販売されている場合のほうが高い価格で販売されますし、高い価格をつけてもお客さんに買ってもらえます。これがブランド力というものです。

このブランド力があることにより、他社より優位に立てるわけですから、ブランド力のある会社というのは当然、価値が高くなります。

しかし、建物や備品は帳簿上に記載されるのに対して、ブランド力や技術力等は帳簿上に記載されません。

合併時のB社の純資産額＝600円というのは、帳簿上に記載されたものに対する時価であり、A社が対価として支払った金額＝800円というのは、ブランド力等も含めてA社が認めた価値ということになるのです。

このブランド力や技術力、固有の顧客といった帳簿上にあらわれない価値（200円）を**のれん**［**資産**］というのです。

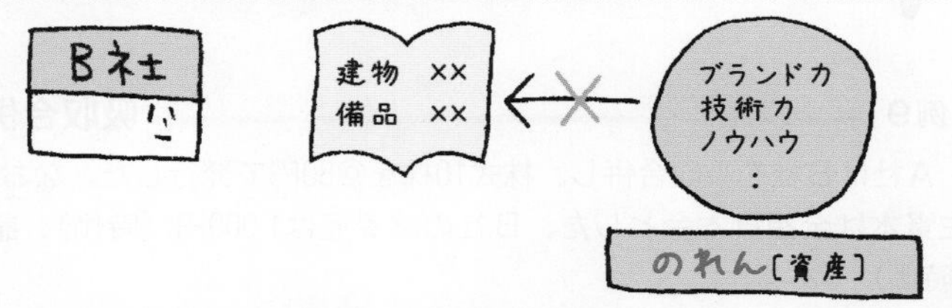

つづいて、合併の会計処理についてみておきましょう。

まず、A社はB社から資産1,000円と負債400円を受け入れる処理をします。ここで受け入れた純資産は600円（1,000円－400円）と計算することができます。

次に、A社は合併の対価として、株式10株を@80円で発行するので、**資本金**［**純資産**］が800円（@80円×10株）増加します。

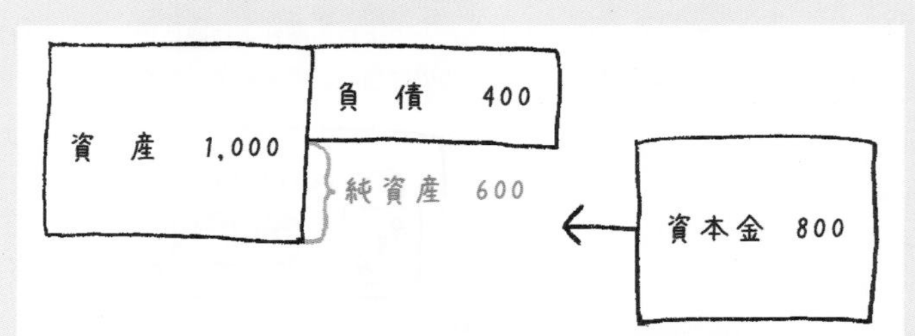

受け入れた純資産が600円、合併の対価が800円なので、受け入れた純資産より高い価額を支払っていることになります。この場合の超過する200円（800円−600円）は**のれん**【資産】で処理します。

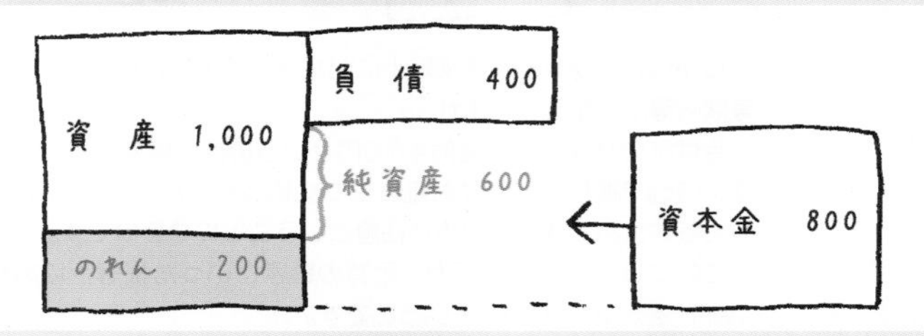

例9 吸収合併したとき

A社はB社を吸収合併し、株式10株を@80円で発行した。なお、増加する株主資本は全額資本金とした。B社の諸資産は1,000円（時価）、諸負債は400円（時価）である。

例9の仕訳				
	（諸 資 産）	1,000	（諸 負 債）	400
	（の れ ん）	200＊2	（資 本 金）	800＊1

＊1 @80円×10株＝800円
＊2 貸借差額

のれんが発生したときは、決算において償却します（のれんの償却についてはCHAPTER 10を参照してください）。

CHAPTER 01　株式の発行　基本問題

次の取引について仕訳しなさい。なお、勘定科目はそれぞれの［　］内に示すものの中から選ぶこと。

問1　**株式の発行**

［勘定科目：当座預金、普通預金、資本金、資本準備金］

(1)　青森産業株式会社は、会社の設立にあたり、株式1,000株を１株あたり5,000円で発行し、全株式の払い込みを受け、払込金額は普通預金とした。

(2)　岩手工業株式会社は、取締役会の決議により、新たに株式300株を１株あたり3,000円で発行し、全株式の払い込みを受け、払込金額は当座預金とした。なお、払込金額のうち「会社法」で認められる最低額を資本金として処理する。

問2　**株式発行費用の処理**

［勘定科目：現金、当座預金、普通預金、資本金、資本準備金、創立費、株式交付費］

(1)　秋田商会株式会社は、会社の設立にあたり、株式800株を１株あたり4,000円で発行し、全株式の払い込みを受け、払込金額は普通預金とした。なお、株式発行費用200,000円は現金で支払った。

(2)　秋田商会株式会社は、取締役会の決議により、新たに株式200株を１株あたり5,000円で発行し、全株式の払い込みを受け、払込金額は当座預金とした。なお、株式発行費用80,000円は現金で支払った。

問3 新株発行（増資）の手続き

［勘定科目：当座預金、別段預金、株式申込証拠金、資本金、資本準備金］

⑴ 宮城物産株式会社は、取締役会の決議により、新たに株式300株を１株あたり30,000円で募集したところ、申込期日までに全株式が申し込まれ、払込金額の全額を申込証拠金として受け入れ、別段預金とした。

⑵ 払込期日となり、⑴の申込証拠金を資本金に振り替え、同時に別段預金を当座預金とした。なお、払込金額のうち「会社法」で認められる最低額を資本金として処理する。

問4 合　併

［勘定科目：現金、当座預金、売掛金、建物、のれん、買掛金、借入金、資本金、資本準備金］

山形商事株式会社は、宮城水産株式会社を吸収合併し、株式600株を@8,000円で発行した。なお、増加する株主資本は全額資本金とした。宮城水産株式会社から受け入れた資産および負債は次のとおりである（すべて時価）。

現　金　1,000,000円　　売掛金　2,500,000円　　建　物　5,000,000円

買掛金　1,500,000円　　借入金　3,000,000円

解答

問1 株式の発行

	借方	金額	貸方	金額
(1)	(普通預金)	5,000,000	(資本金)	5,000,000＊1
(2)	(当座預金)	900,000＊2	(資本金)	450,000＊3
			(資本準備金)	450,000＊4

＊1　@5,000円×1,000株＝5,000,000円

＊2　@3,000円×300株＝900,000円

＊3　900,000円×$\frac{1}{2}$＝450,000円

＊4　900,000円－450,000円＝450,000円

問2 株式発行費用の処理

	借方	金額	貸方	金額
(1)	(普通預金)	3,200,000	(資本金)	3,200,000＊1
	(創立費)	200,000	(現金)	200,000
(2)	(当座預金)	1,000,000	(資本金)	1,000,000＊2
	(株式交付費)	80,000	(現金)	80,000

＊1　@4,000円×800株＝3,200,000円

＊2　@5,000円×200株＝1,000,000円

問3 新株発行（増資）の手続き

	借方	金額	貸方	金額
(1)	(別段預金)	9,000,000	(株式申込証拠金)	9,000,000＊1
(2)	(株式申込証拠金)	9,000,000	(資本金)	4,500,000＊2
			(資本準備金)	4,500,000＊3
	(当座預金)	9,000,000	(別段預金)	9,000,000

＊1　@30,000円×300株＝9,000,000円

＊2　9,000,000円×$\frac{1}{2}$＝4,500,000円

＊3　9,000,000円－4,500,000円＝4,500,000円

問4 合　併

借方	金額	貸方	金額
(現金)	1,000,000	(買掛金)	1,500,000
(売掛金)	2,500,000	(借入金)	3,000,000
(建物)	5,000,000	(資本金)	4,800,000＊1
(のれん)	800,000＊2		

＊1　@8,000円×600株＝4,800,000円

＊2　貸借差額

CHAPTER 02

剰余金の配当と処分

◆株式会社の儲けは株主のもの

株式会社の儲け（利益）は出資者である株主のものです。ですから、株主の承認なく、会社が勝手に儲け（利益）を使うことはできません。ここでは株式会社の儲け（利益）がどのように処分されるかについてみていきます。

２級で学習する内容

取引と処理

株式会社特有の取引

その他の取引

商品売買取引

決算、本支店会計、連結会計、製造業会計

決　算

本支店会計

連結会計Ⅰ～Ⅲ

製造業会計

1 剰余金の配当と処分とは

剰余金（じょうよきん）とは、会社が獲得したこれまでの利益のうち、まだ使い道が決まっていない金額をいいます。

株主からの出資があって、会社が活動できるわけですから、会社が獲得した利益は株主のものです。そこで、会社が獲得した利益は株主に還元されます。これを**剰余金の配当**といいます。

また、剰余金はすべて配当されるのではなく、一部は会社法の規定や会社の経営のため等により、会社内に留保されます。これを**剰余金の処分**といいます。

剰余金の処分には、**利益準備金の積み立て**や**任意積立金の積み立て**があります。

利益準備金と任意積立金はいずれも純資産の勘定科目で、意味は次のとおりです。

●利益準備金と任意積立金

利益準備金	会社法の規定により積み立てが強制されている準備金
任意積立金	会社が任意で会社内に留保した剰余金の一部 **新築積立金**［純資産］（建物を新築するための積立金）や**別途積立金**（べっとつみたてきん）［純資産］（特別な使用目的のない積立金）がある

New 新築積立金
New 別途積立金

剰余金の配当・処分の内容は、株主総会において決定します。

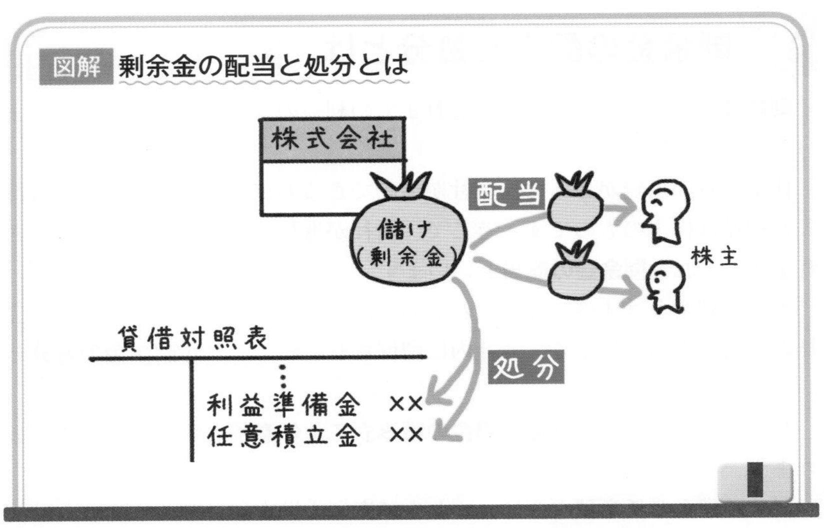

2 損益勘定からの振り替え

Review 3級

株式会社では、損益勘定で計算された当期純利益または当期純損失は**繰越利益剰余金**［純資産］に振り替えます。

ひとこと

これに対して、個人商店（お店）では、決算において損益勘定で計算された当期純利益または当期純損失は**資本金**［純資産］に振り替えます。

Ⅰ 当期純利益を計上したとき

当期純利益を計上したときは、**損益勘定**から**繰越利益剰余金勘定**の貸方に振り替えます。

☞純資産の増加⇒貸方（右）

例1 当期純利益を計上したとき

A株式会社は、決算において10,000円の当期純利益を計上した。

例１の仕訳　（損　　　　益）　10,000　（繰越利益剰余金）　10,000

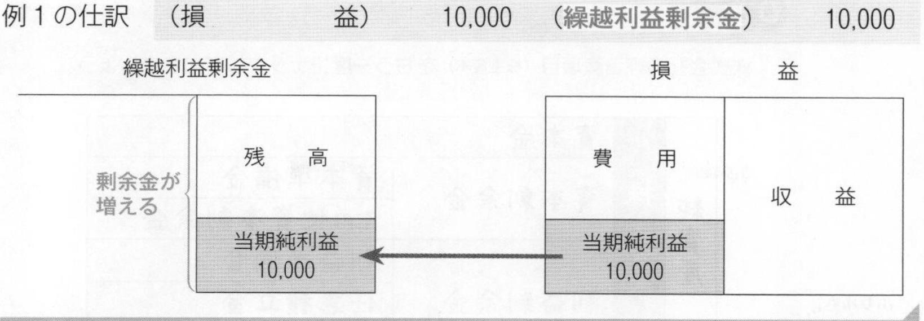

Ⅱ 当期純損失を計上したとき

当期純損失を計上したときは、**損益勘定**から**繰越利益剰余金勘定**の借方に振り替えます。

☞純資産の減少⇒借方（左）

例２　当期純損失を計上したとき

Ａ株式会社は、決算において5,000円の当期純損失を計上した。

例２の仕訳　（繰越利益剰余金）　5,000　（損　　　　益）　5,000

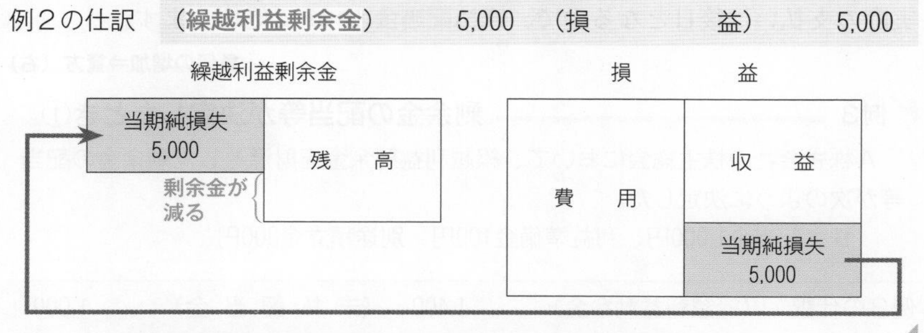

3 剰余金の配当と処分の処理

剰余金のうち、配当のもと（**配当財源**といいます）となるものには、**繰越利益剰余金**と**その他資本剰余金**があります。

ひとこと

株式会社の純資産項目（株主資本）をもう一度チェックしておきましょう。

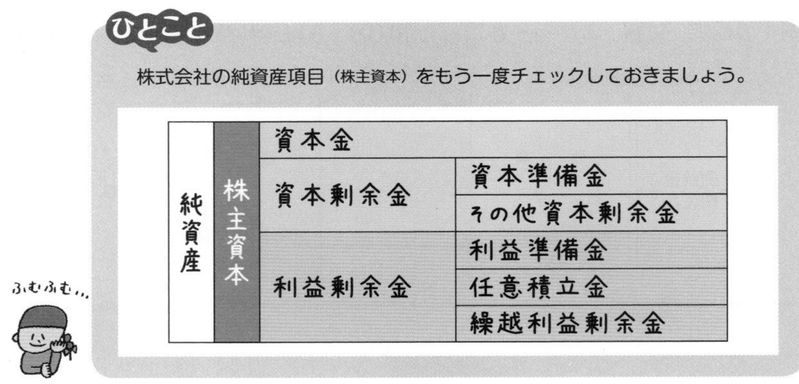

I　剰余金の配当等が決定したとき

株主総会で剰余金の配当等が決定したら、**繰越利益剰余金**［純資産］または**その他資本剰余金**［純資産］からそれぞれの勘定科目に振り替えます。

なお、株主配当金については、株主総会の場では金額が決定するだけで、実際の支払いは後日となるので、**未払配当金**［負債］で処理します。

☞**負債の増加⇒貸方（右）**

例3　剰余金の配当等が決定したとき①

Ａ株式会社の株主総会において、繰越利益剰余金を財源とした剰余金の配当等が次のように決定した。

株主配当金1,000円、利益準備金100円、別途積立金300円

例3の仕訳				
	（繰越利益剰余金）	1,400	（未払配当金）	1,000
			（利益準備金）	100
			（別途積立金）	300

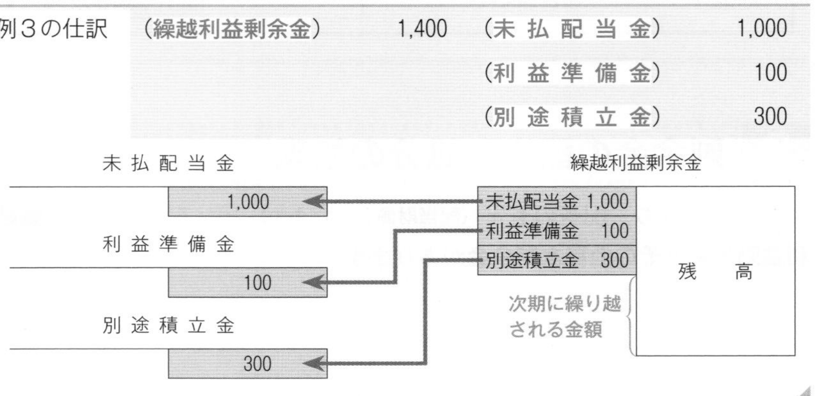

例4 　**剰余金の配当等が決定したとき②**

Ａ株式会社の株主総会において、その他資本剰余金を財源とした剰余金の配当等が次のように決定した。

株主配当金800円、資本準備金80円

例４の仕訳	（その他資本剰余金）	880	（未　払　配　当　金）	800
			（資　本　準　備　金）	80

未　払　配　当　金 800 ← その他資本剰余金：未払配当金 800

資　本　準　備　金 80 ← その他資本剰余金：資本準備金 80

その他資本剰余金：残　高（次期に繰り越される金額）

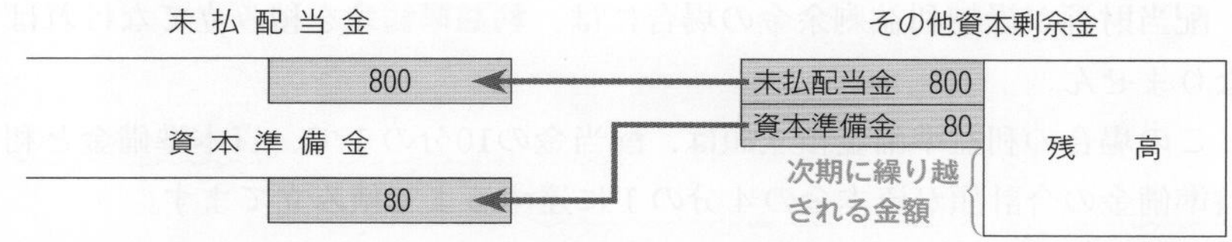

Ⅱ　配当金を支払ったとき

株主に配当金を支払ったときは、**未払配当金**［負債］が減少します。

☞負債の減少⇒借方（左）

例5 　**配当金を支払ったとき**

Ａ株式会社は、**例４**で決定した株主配当金800円を当座預金口座から支払った。

例５の仕訳	（未　払　配　当　金）	800	（当　座　預　金）	800

4 準備金積立額の計算

会社法では、剰余金を処分するさい、準備金（利益準備金や資本準備金）を積み立てることを強制しています。

Ⅰ 配当財源が繰越利益剰余金の場合

配当財源が繰越利益剰余金の場合には、**利益準備金**を積み立てなければなりません。

この場合の利益準備金積立額は、配当金の10分の１で、資本準備金と利益準備金の合計額が資本金の４分の１に達するまで積み立てます。

Ⅱ 配当財源がその他資本剰余金の場合

配当財源がその他資本剰余金の場合には、**資本準備金**を積み立てなければなりません。

この場合の資本準備金積立額は、配当金の10分の１で、資本準備金と利益準備金の合計額が資本金の４分の１に達するまで積み立てます。

準備金の積立額自体は、利益準備金の場合（配当財源が繰越利益剰余金の場合）も、資本準備金の場合（配当財源がその他資本剰余金の場合）も同じです。なにを積み立てるのか（利益準備金か資本準備金か）が違うだけです。

以上の規定を単純な式で表すと、次のとおりです。

図解 準備金（利益準備金、資本準備金）積立額の計算

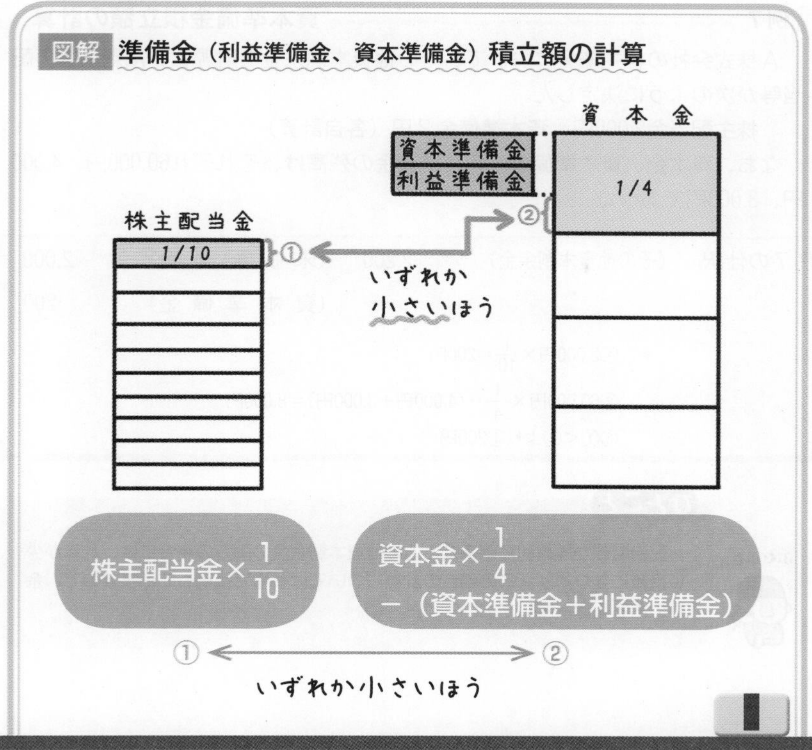

例6　利益準備金積立額の計算

Ａ株式会社の株主総会において、繰越利益剰余金を財源とした剰余金の配当等が次のように決定した。

株主配当金5,000円、利益準備金？円（各自計算）

なお、資本金、資本準備金、利益準備金の残高は、それぞれ60,000円、4,000円、3,000円であった。

例6の仕訳	（繰越利益剰余金）	5,500	（未 払 配 当 金）	5,000
			（利 益 準 備 金）	**500***

＊ ①5,000円×$\frac{1}{10}$＝500円

②60,000円×$\frac{1}{4}$−（4,000円＋3,000円）＝8,000円

③①＜②より①500円

例7　資本準備金積立額の計算

Ａ株式会社の株主総会において、その他資本剰余金を財源とした剰余金の配当等が次のように決定した。

株主配当金2,000円、資本準備金？円（各自計算）

なお、資本金、資本準備金、利益準備金の残高は、それぞれ60,000円、4,000円、3,000円であった。

例７の仕訳	（その他資本剰余金）	2,200	（未払配当金）	2,000
			（資本準備金）	200*

＊　①2,000円×$\frac{1}{10}$＝200円

②60,000円×$\frac{1}{4}$－（4,000円＋3,000円）＝8,000円

③①＜②より①200円

ひとこと

ふむふむ…

配当財源が繰越利益剰余金とその他資本剰余金の両方の場合には、計算が少し複雑になります。この場合の計算については参考で説明していますので、余裕のある人は一読しておいてください。

CHAPTER 02　剰余金の配当と処分　基本問題

次の取引について仕訳しなさい。なお、勘定科目は［　　］内に示すものの中から選ぶこと。

［勘定科目：当座預金、未払配当金、利益準備金、別途積立金、繰越利益剰余金、損益］

(1)　×3年３月31日　千葉産業株式会社は、決算において500,000円の当期純利益を計上した。

(2)　×3年６月20日　千葉産業株式会社の株主総会において、繰越利益剰余金を財源とした剰余金の配当等が次のように決定した。なお、資本金、資本準備金、利益準備金の残高は、それぞれ1,000,000円、50,000円、80,000円であった。

株主配当金　200,000円、利益準備金　？円（各自計算）、
別途積立金　100,000円

(3)　×3年６月25日　千葉産業株式会社は上記(2)の株主配当金を当座預金口座から支払った。

解答

	借方科目	金額	貸方科目	金額
(1)	（損　　　益）	500,000	（繰越利益剰余金）	500,000
(2)	（繰越利益剰余金）	320,000	（未 払 配 当 金）	200,000
			（利 益 準 備 金）	20,000＊
			（別 途 積 立 金）	100,000
(3)	（未 払 配 当 金）	200,000	（当　座　預　金）	200,000

＊　①200,000円 × $\frac{1}{10}$ = 20,000円

②1,000,000円 × $\frac{1}{4}$ −（50,000円 + 80,000円）= 120,000円

③①＜②より①20,000円

CHAPTER 03

株主資本の計数変動

◆内容はさほど難しくないので軽く目を通しておいて！

増資や配当によって純資産項目（株主資本）が変動しますが、それ以外にも、株主資本が変動する取引があります。

ここでは、株主資本の計数変動についてみていきます。

2級で学習する内容

取引と処理

株式会社特有の取引

その他の取引

商品売買取引

決算、本支店会計、連結会計、製造業会計

決　算

本支店会計

連結会計Ⅰ～Ⅲ

製造業会計

1 株主資本の計数変動

資本準備金を資本金に振り替えるなど、純資産項目（株主資本）内の金額の変動を**株主資本の計数変動**といいます。

株主資本の計数変動には、次のものがあります。

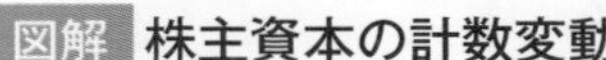

①資本取引に関する項目内での振り替え

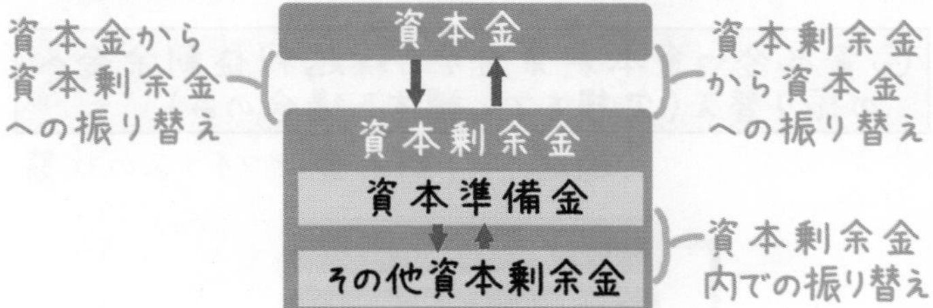

②損益取引に関する項目内での振り替え

利益剰余金内での振り替え

③利益剰余金から資本金への振り替え

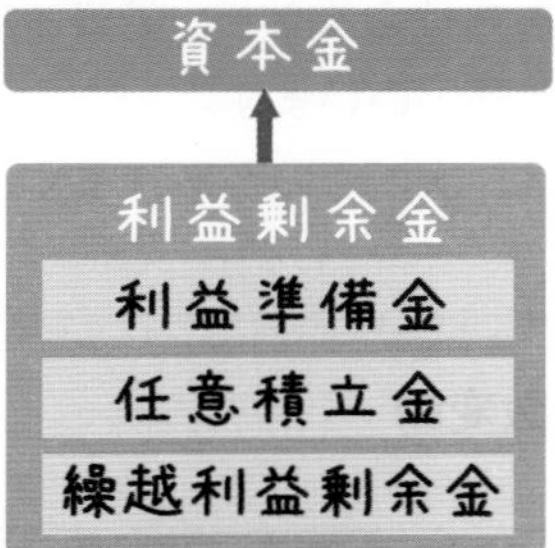

④資本金や資本剰余金から繰越利益剰余金への振り替え（欠損をてん補する場合のみ）

欠損：繰越利益剰余金がマイナスの状態

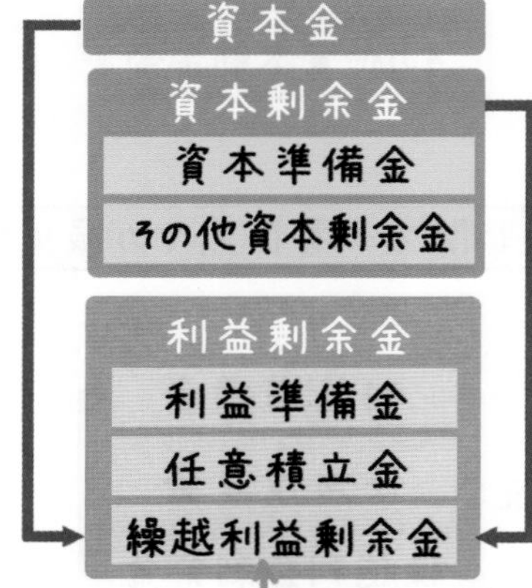

これがマイナスの場合のみ振り替えOK

例１　　　　　　　　　　　　　　　　　　　　　株主資本の計数変動

(1)　資本準備金1,000円を資本金に振り替えた。
(2)　利益準備金500円を取り崩して繰越利益剰余金に振り替えた。

例１の仕訳	（資本準備金）	1,000	（資本金）	1,000
	（利益準備金）	500	（繰越利益剰余金）	500

次の取引について仕訳しなさい。なお、勘定科目は［　　］内に示すものの中から選ぶこと。

［勘定科目：資本金、資本準備金、繰越利益剰余金、任意積立金］

(1)　資本金20,000円を資本準備金に振り替えた。

(2)　繰越利益剰余金10,000円を任意積立金に振り替えた。

解答

(1)	(資本金)	20,000	(資本準備金)	20,000
(2)	(繰越利益剰余金)	10,000	(任意積立金)	10,000

MEMO

CHAPTER 04

税　金

◆法人税等、課税所得の算定方法、消費税

個人が所得税や住民税を納めなければならないように、会社も税金を納めなければなりません。ここでは株式会社の税金として、法人税等（法人税、住民税及び事業税）と消費税の処理についてみていきます。

また、法人税等の額を算定するさいのもととなる課税所得（税法上の利益）についてもみていきましょう。

2級で学習する内容

取引と処理

株式会社特有の取引

- ✓株式の発行……CHAPTER 01
- ✓合　併……CHAPTER 01
- ✓剰余金の配当と処分……CHAPTER 02
- ✓株主資本の計数変動……CHAPTER 03
- ✓税金の処理……CHAPTER 04

その他の取引

商品売買取引

決算、本支店会計、連結会計、製造業会計

決　算

- ✓決算整理……CHAPTER 04～15
- ✓精算表の作成……CHAPTER 16
- ✓財務諸表の作成……CHAPTER 16
- ✓税効果会計……CHAPTER 17
- ✓帳簿の締め切り……CHAPTER 18

本支店会計

連結会計Ⅰ～Ⅲ

製造業会計

1 法人税等 Review 3級

I 法人税等とは

株式会社などの法人は個人と同様、さまざまな税金を納めます。法人が納める税金のうち、法人の利益に対して課される税金に、**法人税**、**住民税**、**事業税**があります。

法人税、住民税、事業税をまとめて**法人税等**といいます。

II 法人税等の処理

会社が法人税や住民税、事業税を納付したときは、**法人税、住民税及び事業税**［費用］で処理します。

法人税等は、決算において会社の利益が確定したあとに申告（**確定申告**といいます）し、納付しますが、決算が年１回の会社は、会計期間の途中で半年分の概算額を申告（**中間申告**といいます）し、納付します。

中間申告によって納付した法人税等はあくまでも概算額なので、法人税等の金額が確定するまで**仮払法人税等**［資産］で処理します。

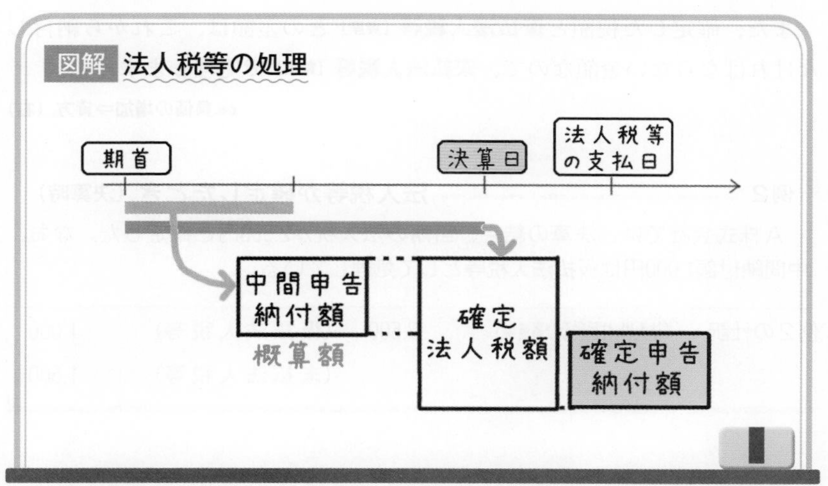

1 法人税等を中間申告、納付したとき

会計期間の途中で、法人税等を中間申告、納付したときは、**仮払法人税等**［資産］で処理します。

☞資産の増加⇒借方（左）

例1 法人税等を中間申告、納付したとき

Ａ株式会社（決算年１回、３月31日）は、法人税の中間申告を行い、税額1,000円を現金で納付した。

例１の仕訳	（仮払法人税等）	1,000	（現　　　　金）	1,000

2 法人税等が確定したとき（決算時）

決算において、当期の法人税等の金額が確定したときは、確定した税額を**法人税、住民税及び事業税**で処理します。

ひとこと

法人税等で処理することもあります。

なお、中間申告・納付時に計上した**仮払法人税等**［資産］を減少させます。

☞資産の減少⇒貸方（右）

また、確定した税額と**仮払法人税等**［資産］との差額は、これから納付しなければならない金額なので、**未払法人税等**［負債］で処理します。

☞負債の増加⇒貸方（右）

例2 法人税等が確定したとき（決算時）

Ａ株式会社では、決算の結果、当期の法人税が2,500円と確定した。なお、中間納付額1,000円は仮払法人税等として処理している。

例２の仕訳	（法人税、住民税及び事業税）	2,500	（仮払法人税等）	1,000
			（未払法人税等）	1,500

3 未払法人税等を納付したとき

決算において確定した法人税等の未払額を納付したときは、**未払法人税等**［負債］を減少させます。 ☞**負債の減少⇒借方（左）**

例3 ―――――――――――――――― **未払法人税等を納付したとき**

A株式会社は、未払法人税等1,500円を現金で納付した。

例3の仕訳	(未払法人税等)	1,500	(現　　　金)	1,500

2 課税所得の算定方法

I 課税所得とは

法人税等（法人税、住民税及び事業税）は、税法上の利益に税率を掛けて計算します。このときの、「税法上の利益」を**課税所得**（かぜいしょとく）といいます。

法人税等＝課税所得×税率

すでに学習したように、会計上の利益は収益から費用を差し引いて計算しますが、課税所得は**益金**（えききん）から**損金**（そんきん）を差し引いて計算します。

会計上の利益＝収益−費用

課税所得（税法上の利益）＝益金−損金

益金は「税法上の収益」、損金は「税法上の費用」だと思ってください。

Ⅱ 課税所得の計算プロセス

会計上の収益・費用と（法人）税法上の益金・損金の範囲はほとんど同じですが、なかには、会計上は費用であっても税法上は損金として認められないものなどがあります。

したがって、会計上の利益と課税所得（税法上の利益）は必ずしも一致するわけではありません。そこで、会計上の利益とは別に、課税所得を計算する必要があります。

法人税等は、「会計上の利益」ではなく、「課税所得（税法上の利益）」をもとに計算するからです。

ただし、「収益－費用」で会計上の利益を計算して、さらに「益金－損金」で課税所得（税法上の利益）を計算する、というわけではありません。これだと二度手間になるので、いったん算出した会計上の利益（税引前当期純利益）をもとに、これに調整を加えて、課税所得（税法上の利益）を計算します。

Ⅲ 損金（益金）不算入と損金（益金）算入

会計上の利益から課税所得（税法上の利益）を計算するには、会計上の収益・費用と税法上の益金・損金との違いを調整していきます。

たとえば、「会計上は費用を100円として計上した」けど、「税法上は損金は90円しか認められない」という場合だったら、その差額10円について、会計上の利益を調整して、税法上の利益を求めるのです。

1 損金（益金）不算入と損金（益金）算入とは

会計上の収益・費用と税法上の益金・損金との違いには次の４パターンがあります。

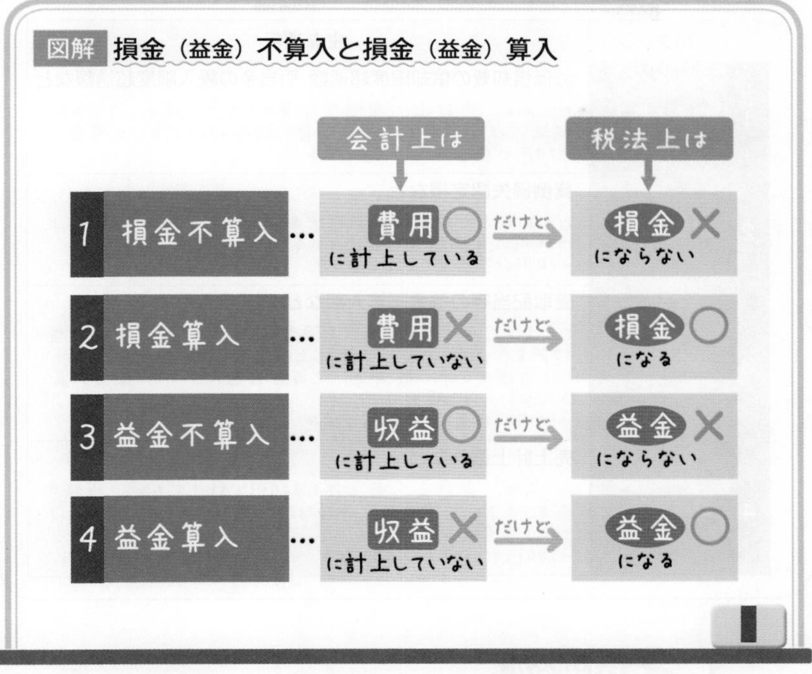

2 主な損金（益金）不算入項目と損金（益金）算入項目

主な損金不算入項目、損金算入項目、益金不算入項目、益金算入項目には次のようなものがあります。

●主な損金（益金）不算入項目と損金（益金）算入項目

	パターン	主な項目
1	損金不算入	減価償却費の償却限度超過額、引当金の繰入限度超過額など たとえば、会計上、減価償却費を100円で計上しているが、税法上は90円しか減価償却費が認められないという場合 →10円が損金不算入額となる
2	損金算入	貸倒損失認定損など たとえば、会計上は貸倒損失を計上していないが、税法上は20円の貸倒損失が認められるという場合 →20円が損金算入額となる
3	益金不算入	受取配当等の益金不算入額など たとえば、A社がB社株式を保有していて、B社から配当金10円を受け取ったとき、会計上は受取配当金（収益）10円として処理するが、税法上、この配当金については益金に算入しないという場合 →10円が益金不算入額となる
4	益金算入	売上計上漏れなど たとえば、会計上、売上高1,000円で計上したが、税務申告をするさい、実は売上高は1,100円であったことが発覚したという場合 →100円が益金算入額となる

これならわかる!!

会計上と税法上で、前記のような違いが生じるのは、会計と税法の目的が違うためです。

会計の目的は、株主など、会社を取り巻く人々に対して、経営成績や財政状態を報告することです。そのため、認められている範囲で、各会社の状況にあった会計処理を行うことが良いとされます。

一方、税法は、公平な課税を目的としています。つまり、同じ条件であれば、納めるべき税金が同額になるように課税所得を計算する必要があるのです。

たとえば、A社とB社で同じタイプの車両を営業車として使っていたとしましょう。税法では、同じタイプの車両であれば、同じ耐用年数で減価償却費の計算が行われます。したがって、この車両の税法上の耐用年数（**法定耐用年数**（ほうていたいようねんすう）といいます）が6年であった場合、法人税等を計算するさいには、A社もB社も耐用年数6年で減価償却費を計上しなければなりません。

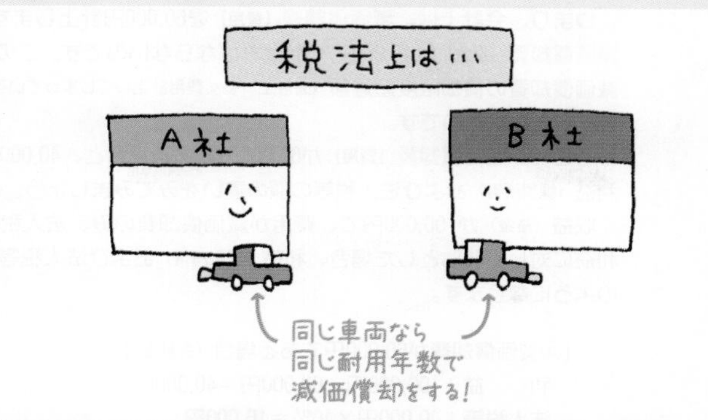

一方、会計上は、必ずしも法定耐用年数（6年）で減価償却を行う必要はありません。その車両を4年使うつもりなら耐用年数4年として減価償却費を計上することができるのです。

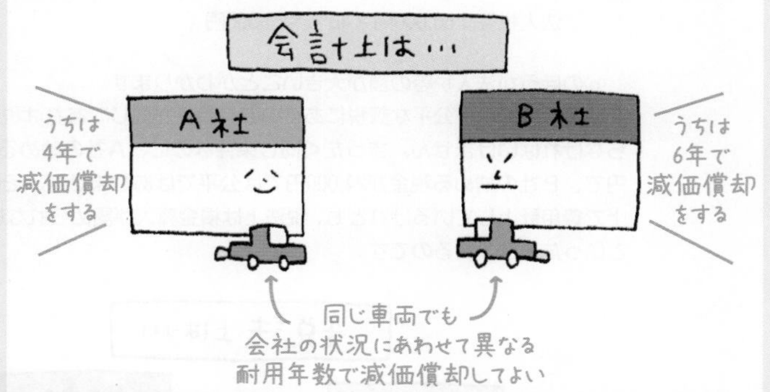

では、法定耐用年数が6年の車両を、耐用年数4年として計算した場合、減価償却費の違いはどのようになるでしょうか？

この車両の取得原価は240,000円、残存価額は0円の定額法、そして期首に取得したものであると仮定します。

まず、会計上、耐用年数を4年で計算した場合です。この場合の減価償却費は60,000円となります。

減価償却費（会計上）：240,000円÷4年＝60,000円

次に、法定耐用年数6年で計算した場合です。この場合の減価償却費は40,000円となります。

減価償却費（税法上）：240,000円÷6年＝40,000円

つまり、会計上は、**減価償却費**［費用］を60,000円計上しますが、税法上は、**減価償却費**［損金］は40,000円でなければならないのです。この差額20,000円が減価償却費の償却限度超過額（会計上、多く費用計上してしまっている分）として、損金不算入となるのです。

ここで、**減価償却費**［費用］が60,000円である場合と、40,000円である場合の利益（課税所得）および法人税等の額の違いをみてみましょう。

収益（益金）が100,000円で、費用が減価償却費のみ、法人税等の額は当期純利益に対して40%とした場合、利益（課税所得）および法人税等の額の違いは次のようになります。

［ⓐ減価償却費が60,000円である場合（会計上）］
利　　益：100,000円－60,000円＝40,000円
法人税等：40,000円×40%＝16,000円

［ⓑ減価償却費が40,000円である場合（税法上）］
利　　益：100,000円－40,000円＝60,000円
法人税等：60,000円×40%＝24,000円

ⓑのほうが法人税等の額が大きいことがわかります。

税法の目的は、公平な課税にあるので、条件が同じであれば税額が同じにならなければいけません。まったく同じ条件なのに、A社の納める税金が16,000円で、B社の納める税金が24,000円では公平ではありません。そのため、会計上で費用計上しているけれども、税法上は損金算入が認められない（損金不算入）といったことがあるのです。

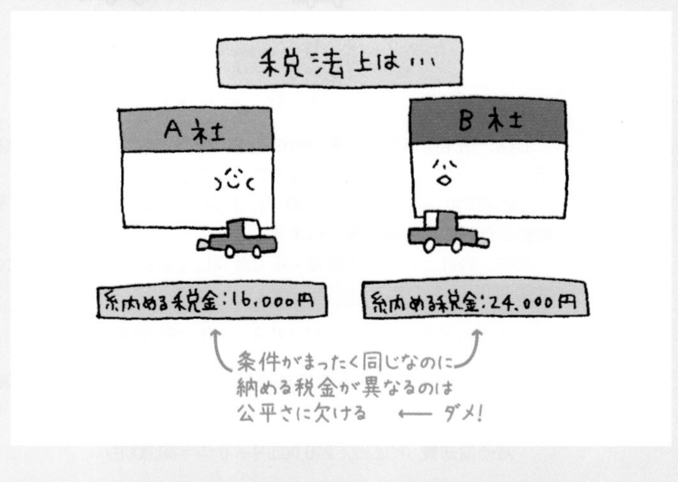

ちなみに、税法上の減価償却費は40,000円だけど、会計上、減価償却費を30,000円で計上したという場合（会計上の費用のほうが税法上の損金よりも少ない場合）には、会計上の減価償却費（30,000円）のまま、課税所得が計算されます（損金算入額10,000円とはなりません）。

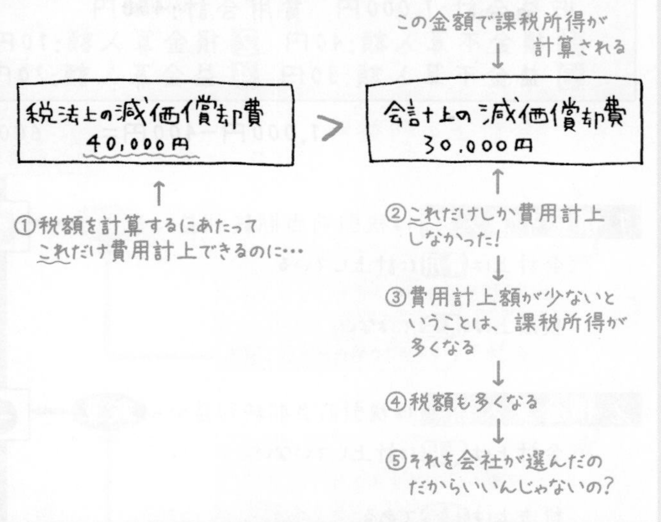

これは、減価償却費について、税法で「法定耐用年数で計算した額（40,000円）まで損金に算入できるが、会計上、減価償却費として処理した額（30,000円）が上限である」という決まりがあるからです。

Ⅳ 課税所得の計算

課税所得（税法上の利益）は、会計上の利益（税引前当期純利益）に、前記の４つのパターンの金額を調整して計算します。

調整の仕方は次のとおりです。

図解 課税所得の計算

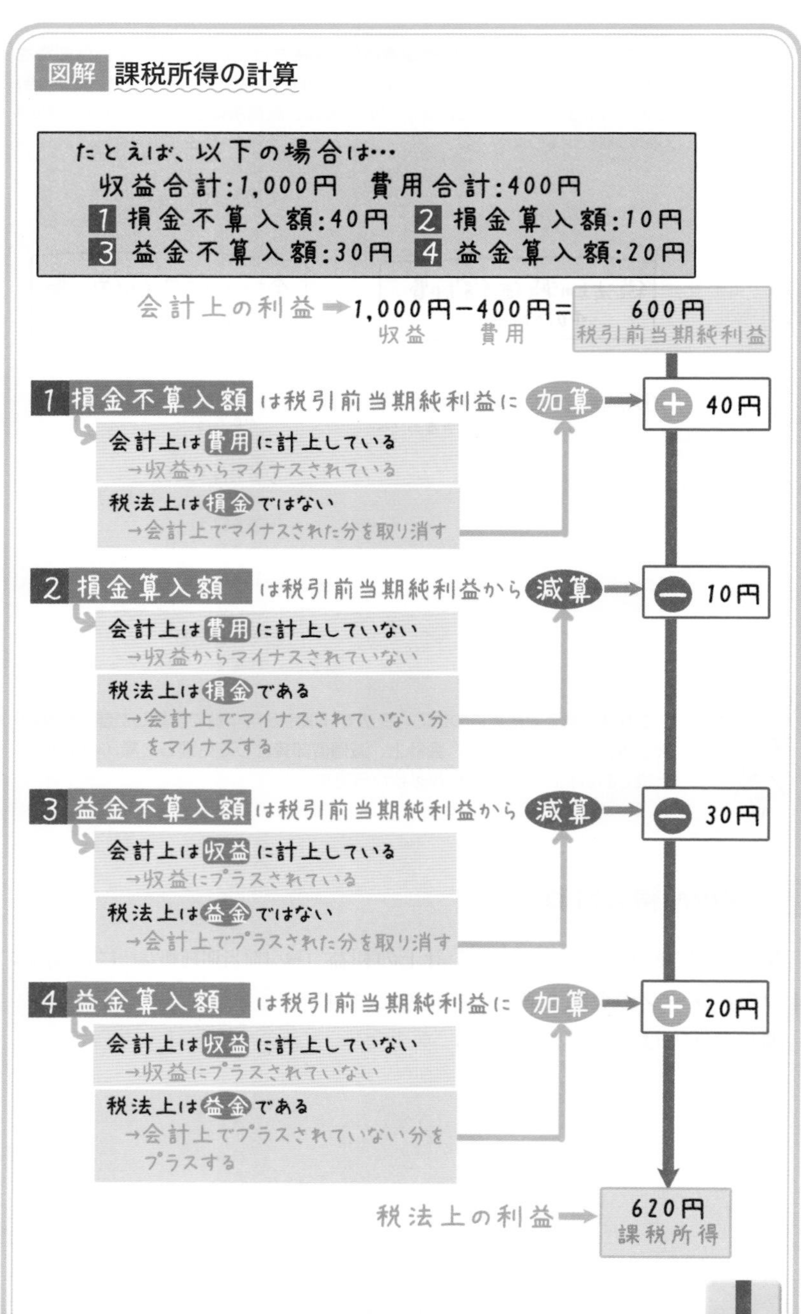

たとえば、以下の場合は…
収益合計:1,000円 費用合計:400円
1 損金不算入額:40円 2 損金算入額:10円
3 益金不算入額:30円 4 益金算入額:20円
会計上の利益→1,000円−400円=
収益 費用
600円
税引前当期純利益
1 損金不算入額 は税引前当期純利益に 加算
会計上は費用に計上している
→収益からマイナスされている
税法上は損金ではない
→会計上でマイナスされた分を取り消す
+ 40円
2 損金算入額 は税引前当期純利益から 減算
会計上は費用に計上していない
→収益からマイナスされていない
税法上は損金である
→会計上でマイナスされていない分をマイナスする
− 10円
3 益金不算入額 は税引前当期純利益から 減算
会計上は収益に計上している
→収益にプラスされている
税法上は益金ではない
→会計上でプラスされた分を取り消す
− 30円
4 益金算入額 は税引前当期純利益に 加算
会計上は収益に計上していない
→収益にプラスされていない
税法上は益金である
→会計上でプラスされていない分をプラスする
+ 20円
税法上の利益→
620円
課税所得

V 法人税等の計算

前記のようにして計算した課税所得に、法人税等の税率（**実効税率**）を掛けて法人税、住民税及び事業税の額を計算します。

法人税、住民税及び事業税＝課税所得×税率

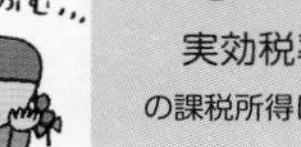

ひとこと

実効税率とは、法人の課税所得に対する実質的な税率（法人税、住民税、事業税の課税所得に対する税率）をいいます。

3 消費税

I 消費税とは

Review 3級

消費税は商品を販売したり、サービスを提供したさいに課される税金です。

会社は商品を仕入れたときに消費税を支払い、商品を売り上げたときに消費税を受け取ります。そして最終的に、受け取った消費税から支払った消費税を差し引いた金額を納付します。

これならわかる!!

A社はB社から商品100円を仕入れ、消費税10円を含めた110円を支払ったとします。

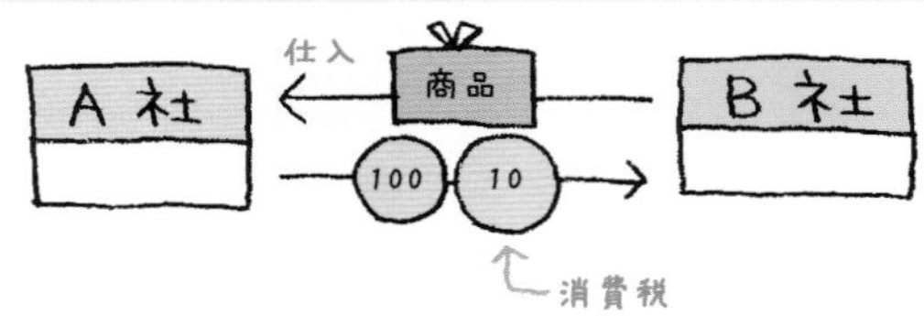

その後、A社はC社に商品300円を売り上げ、消費税30円を含めた330円を受け取ったとしましょう。

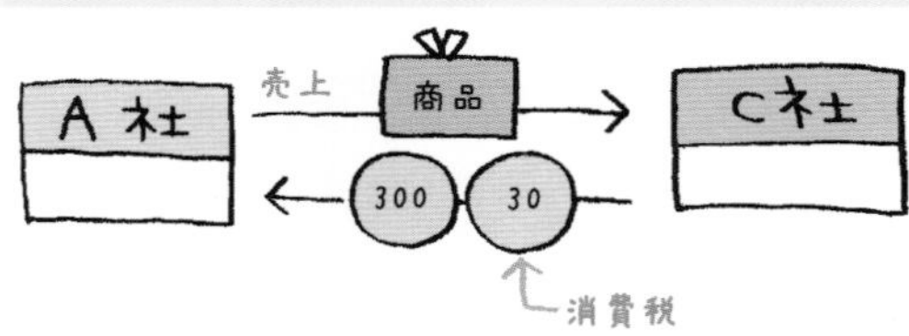

この場合、A社は受け取った消費税30円から支払った消費税10円を差し引いた20円を税務署に納付することになります。

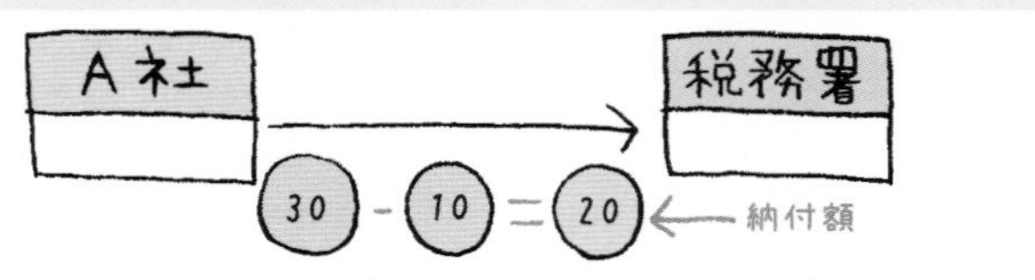

Ⅱ 消費税の処理（税抜方式）

Review 3級

1 商品を仕入れたとき

商品を仕入れたときは、仕入価額で**仕入**［費用］を計上するとともに、支払った消費税額を**仮払消費税**［資産］として処理します。この処理方法を税抜方式といいます。

☞**資産の増加⇒借方（左）**

例4 ―― 商品を仕入れたとき

商品110円（税込価額）を仕入れ、代金は現金で支払った。なお、消費税率は10%である。

例4の仕訳				
	（仕　　入）	100*1	（現　　金）	110
	（仮払消費税）	10*2		

＊1　仕入価額（税抜価額）：110円×$\frac{100\%}{100\%+10\%}$＝100円

＊2　支払った消費税額：100円×10%＝10円

2 商品を売り上げたとき

商品を売り上げたときは、売上価額で**売上**［収益］を計上するとともに、受け取った消費税額を**仮受消費税**［負債］として処理します。

☞**負債の増加⇒貸方（右）**

例5 ―― 商品を売り上げたとき

商品330円（税込価額）を売り上げ、代金は現金で受け取った。なお、消費税率は10%である。

例5の仕訳				
	（現　　金）	330	（売　　上）	300*1
			（仮受消費税）	30*2

＊1　売上価額（税抜価額）：330円×$\frac{100\%}{100\%+10\%}$＝300円

＊2　受け取った消費税額：300円×10%＝30円

3 決算時

決算において、**仮払消費税**［資産］と**仮受消費税**［負債］を相殺します。なお、**仮払消費税**［資産］よりも**仮受消費税**［負債］のほうが多かったときは差額を納付します。納付する消費税額は**未払消費税**［負債］で処理します。

☞負債の増加⇒貸方（右）

一方、**仮払消費税**［資産］よりも**仮受消費税**［負債］のほうが少なかったときは差額が還付されます。還付される消費税額は**未収還付消費税**［資産］で処理します。

☞資産の増加⇒借方（左）

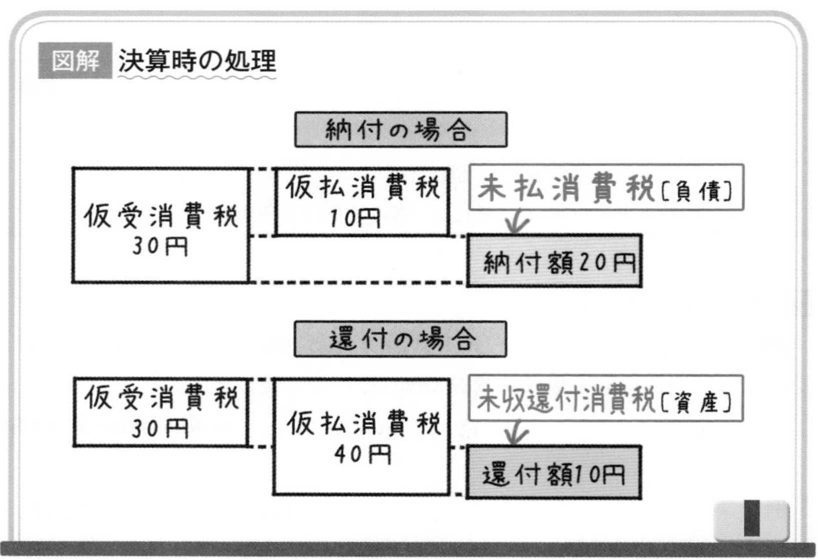

例6 決算時

決算において、消費税の納付額を計算する。なお、当期の取引は**例4**と**例5**のみである。

例6の仕訳	（仮受消費税）	30	（仮払消費税）	10
			（未払消費税）	20*

＊ 消費税の納付額：30円－10円＝20円

4 未払消費税を納付したとき

未払消費税を納付したときは、**未払消費税**［負債］を減少させます。

☞**負債の減少⇒借方（左）**

例7 ―― **未払消費税を納付したとき**

未払消費税20円を現金で納付した。

例7の仕訳	（未払消費税）	20	（現　　金）	20

CHAPTER 04　税　金　基本問題

次の取引について仕訳しなさい。なお、勘定科目はそれぞれ［　　］内に示すものの中から選ぶこと。

問1　法人税等

［勘定科目：現金、仮払法人税等、未払法人税等、法人税、住民税及び事業税］

⑴　株式会社埼玉商事（決算年１回、３月31日）は、法人税の中間申告を行い、税額250,000円を現金で納付した。

⑵　株式会社埼玉商事では、決算の結果、当期の法人税が600,000円と確定した。なお、中間納付額250,000円は仮払法人税等として処理している。

⑶　株式会社埼玉商事は、⑵の未払法人税等を現金で納付した。

問2　課税所得の算定方法ーⅠ

次の［資料］にもとづいて、課税所得の金額を計算しなさい。

［資　料］

⑴　損益計算書の税引前当期純利益は80,000円であった。

⑵　会計上、費用計上した減価償却費のうち、200円については税法上損金不算入とされる。

問3　課税所得の算定方法ーⅡ

次の取引について仕訳しなさい。なお、勘定科目は［　　］内に示すものの中から選ぶこと。

［勘定科目：未払法人税等、法人税、住民税及び事業税］

当期の決算において、税引前当期純利益は100,000円であった。しかし、損金不算入額20,000円がある。当期の法人税、住民税及び事業税の実効税率を40％として未払法人税等を計上する。

問4　消費税－Ⅰ

［勘定科目：現金、売掛金、仮払消費税、買掛金、未払消費税、仮受消費税、
売上、仕入］

※　消費税の処理は税抜方式（消費税率は10%）によること。

(1)　商品600,000円（税抜価額）を仕入れ、代金は掛けとした。

(2)　商品800,000円（税抜価額）を売り上げ、代金は掛けとした。

(3)　決算において、消費税の納付額を計算する。なお、当期の取引は(1)と(2)のみである。

(4)　(3)の未払消費税を現金で納付した。

問5　消費税－Ⅱ

［勘定科目：現金、売掛金、仮払消費税、買掛金、未払消費税、仮受消費税、
売上、仕入］

※　消費税の処理は税抜方式（消費税率は10%）によること。

(1)　商品330,000円（税込価額）を仕入れ、代金は掛けとした。

(2)　商品770,000円（税込価額）を売り上げ、代金は掛けとした。

(3)　決算において、消費税の納付額を計算する。なお、当期の取引は(1)と(2)のみである。

(4)　(3)の未払消費税を現金で納付した。

解答

問1 法人税等

	借方科目	金額	貸方科目	金額
(1)	(仮払法人税等)	250,000	(現金)	250,000
(2)	(法人税、住民税及び事業税)	600,000	(仮払法人税等)	250,000
			(未払法人税等)	350,000
(3)	(未払法人税等)	350,000	(現金)	350,000

問2 課税所得の算定方法－Ⅰ

課税所得の金額：80,200円*

＊ 200円は損金不算入であるため、税引前当期純利益に加算します。
課税所得の金額：80,000円＋200円＝80,200円

問3 課税所得の算定方法－Ⅱ

借方科目	金額	貸方科目	金額
(法人税、住民税及び事業税)	48,000*	(未払法人税等)	48,000

＊ ①課税所得：100,000円＋20,000円＝120,000円
②法人税、住民税及び事業税：120,000円×40％＝48,000円

問4 消費税－Ⅰ

	借方科目	金額	貸方科目	金額
(1)	(仕入)	600,000	(買掛金)	660,000
	(仮払消費税)	60,000*1		
(2)	(売掛金)	880,000	(売上)	800,000
			(仮受消費税)	80,000*2
(3)	(仮受消費税)	80,000	(仮払消費税)	60,000
			(未払消費税)	20,000*3
(4)	(未払消費税)	20,000	(現金)	20,000

＊1 支払った消費税額：600,000円×10％＝60,000円
＊2 受け取った消費税額：800,000円×10％＝80,000円
＊3 納付する消費税額：80,000円－60,000円＝20,000円

問5　消費税－Ⅱ

	借方科目	金額	貸方科目	金額
(1)	(仕　　入)	300,000*1	(買　掛　金)	330,000
	(仮払消費税)	30,000*2		
(2)	(売　掛　金)	770,000	(売　　上)	700,000*3
			(仮受消費税)	70,000*4
(3)	(仮受消費税)	70,000	(仮払消費税)	30,000
			(未払消費税)	40,000*5
(4)	(未払消費税)	40,000	(現　　金)	40,000

＊1　仕　　入（税抜価額）：$330{,}000円 \times \frac{100\%}{100\% + 10\%} = 300{,}000円$

＊2　支払った消費税額：300,000円×10%＝30,000円

＊3　売　　上（税抜価額）：$770{,}000円 \times \frac{100\%}{100\% + 10\%} = 700{,}000円$

＊4　受け取った消費税額：700,000円×10%＝70,000円

＊5　納付する消費税額：70,000円－30,000円＝40,000円

CHAPTER 05

商品売買

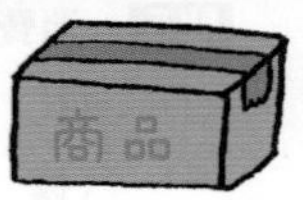

◆期末商品の評価はボックス図で！

ここでは商品売買の処理のうち、２級で学習する売上原価対立法、割戻し、期末商品の評価についてみていきます。期末商品の評価は、毎回、第３問で決算整理事項の一つとして問われます。

期末商品の評価については、ボックス図を使って解くようにしましょう。

２級で学習する内容

取引と処理

株式会社特有の取引

その他の取引

商品売買取引

✓商品売買……CHAPTER 05

決算、本支店会計、連結会計、製造業会計

決　　算

✓決算整理……CHAPTER 04〜15
✓精算表の作成……CHAPTER 16
✓財務諸表の作成……CHAPTER 16
✓税効果会計……CHAPTER 17
✓帳簿の締め切り……CHAPTER 18

本支店会計

連結会計Ⅰ〜Ⅲ

製造業会計

1 三分法、売上原価対立法

商品売買の処理方法には、**三分法**や**売上原価対立法**(うりあげげんかたいりつほう)があります。

ひとこと

三分法は3級で学習済みですね。ここではサラッとおさらいしておきましょう。

Ⅰ 三分法

Review 3級

三分法とは、商品の売買について**仕入**[費用]、**売上**[収益]、**繰越商品**[資産]の3つの勘定で処理する方法をいいます。

図解 三分法

仕入時	商品1,000円を仕入れ、代金は掛けとした。

(仕　　入) 1,000 (買 掛 金) 1,000

売上時	商品(原価900円、売価1,500円)を売り上げ、代金は掛けとした。

(売 掛 金) 1,500 (売　　上) 1,500

決算時	決算日を迎えた。期首商品棚卸高は100円、期末商品棚卸高は200円であった。

(仕　　入) 100 (繰越商品) 100
(繰越商品) 200 (仕　　入) 200

ひとこと

三分法では、仕入勘定で売上原価が算定されます。上記の例では仕入勘定の残高が900円(1,000円+100円−200円)となるので、売上原価は900円ということになります。

Ⅱ 売上原価対立法

売上原価対立法とは、商品を仕入れたときに**商品**［資産］の増加で処理（原価で記入）し、商品を売り上げたときに、売価で**売上**［収益］を計上するとともに、その商品の原価を**商品**［資産］から**売上原価**［費用］に振り替える方法をいいます。

ふむふむ…

売上原価対立法は、「販売のつど売上原価を商品勘定から売上原価勘定に振り替える方法」です。

図解 売上原価対立法

仕入時	商品1,000円を仕入れ、代金は掛けとした。

（商　　品）1,000（買　掛　金）1,000

商品は原価で処理

売上時	商品（原価900円、売価1,500円）を売り上げ、代金は掛けとした。

三分法と同じ！

売価で売上を計上

①（売　掛　金）1,500（売　　上）1,500
②（売上原価）　900（商　　品）　900

販売した商品の原価を
商品から売上原価に振り替える

決算時	決算日を迎えた。期首商品棚卸高は100円、期末商品棚卸高は200円であった。

仕訳なし

売上原価対立法では、売上時に、売上原価（900円）が計上されます。

例1 ―――― **売上原価対立法**

次の一連の取引について、売上原価対立法によって仕訳しなさい。

(1) 商品2,000円を掛けで仕入れた。
(2) 商品（売価2,100円、原価1,500円）を掛けで売り上げた。
(3) 決算日を迎えた。

例1の仕訳				
(1)	（商品）	2,000	（買掛金）	2,000
(2)	（売掛金）	2,100	（売上）	2,100
	（売上原価）	1,500	（商品）	1,500
(3)	仕訳なし			

商品売買の方法には、三分法と売上原価対立法がありますが、以下、本書では三分法を前提として説明していきます。

2 割戻し

Ⅰ 割戻しとは

一定期間に大量に商品を仕入れてくれた取引先に対して、リベートとして代金の一部を還元することがあります。これを**割戻し**といいます。

Ⅱ 仕入割戻しの処理

仕入側が割戻しを受けたときは、**仕入**［費用］を取り消す処理をします。

☞費用の減少⇒貸方（右）

例2 仕入割戻しを受けたとき

仕入先から10円の割戻しを受け、買掛金と相殺した。

例2の仕訳	（買　掛　金）	10	（仕　　入）	10

ひとこと

売上側の割戻しの処理については、収益認識基準の適用による処理となるため、CHAPTER 14の「収益の認識基準」で説明します。

3 クレジット売掛金

I クレジット売掛金とは

Review 3級

商品を売り上げ、代金の支払いがクレジット・カードで行われたときは、（クレジットによる）あとで代金を受け取る権利が発生します。この（クレジットによる）あとで代金を受け取る権利を**クレジット売掛金**［資産］といいます。

ひとこと

ふつうの掛け売上の場合は、お客さんに対して代金を受け取る権利が発生します。この権利は**売掛金**［資産］で処理します。

クレジットによる売上の場合、会社とお客さんとの間に信販会社が入り、お金のやりとりは会社と信販会社、お客さんと信販会社で行われます。そのため、クレジットによる売上の場合、会社はお客さんではなく、信販会社に対して代金を受け取る権利を有します。この、信販会社に対する代金を受け取る権利は、ふつうの**売掛金**［資産］と区別して、**クレジット売掛金**［資産］で処理します。

Ⅱ クレジット売掛金の処理

1 商品を売り上げたとき

商品を売り上げ、代金の支払いがクレジット・カードで行われたときは、（クレジットによる）あとで代金を受け取る権利を**クレジット売掛金［資産］**で処理します。

☞**資産の増加⇒借方（左）**

なお、代金の支払いがクレジット・カードで行われる場合、会社は信販会社に決済手数料を支払います。この決済手数料は**支払手数料［費用］**で処理します。

☞**費用の増加⇒借方（左）**

ひとこと

決済手数料を計上するタイミングには、❶商品を売り上げたときと❷決済時がありますが、本書では❶商品を売り上げたときに計上する方法で説明します。

商品を売り上げたときに決済手数料を計上する場合、商品代金から決済手数料を差し引いた金額を**クレジット売掛金［資産］**として処理します。

ひとこと

商品代金から決済手数料が差し引かれた金額が、会社の銀行口座等に入金されるので、銀行口座等に入金される額（純額）を**クレジット売掛金［資産］**として処理するのです。

例3 ―――――― クレジット売掛金（商品を売り上げたとき）

商品1,000円をクレジット払いの条件で販売した。なお、信販会社への手数料（販売代金の２％）は販売時に計上する。

例３の仕訳				
	（支払手数料）	20*1	（売　上）	1,000
	（クレジット売掛金）	980*2		

＊1　1,000円×２％＝20円
＊2　1,000円－20円＝980円

2 代金が入金されたとき

後日、信販会社から商品代金が入金されたときには、**クレジット売掛金**［資産］を減少させます。 ☞**資産の減少⇒貸方（右）**

例４ ―――― クレジット売掛金（代金が入金されたとき）

信販会社より決済手数料を差し引かれた残額980円が当座預金口座へ入金された。

例４の仕訳	（当　座　預　金）	980	（クレジット売掛金）	980

4 売上原価の算定と期末商品の評価

Ⅰ 売上原価とは

Review 3級

売上原価とは、当期の売上高に対応する商品の原価をいいます。

三分法における売上原価を算定する計算式および売上原価を算定するための決算整理仕訳は以下のとおりです。

売上原価＝期首商品棚卸高＋当期商品仕入高－期末商品棚卸高
（期首在庫）（仕入）（期末在庫）

〈決算整理仕訳〉

期首商品：	（仕　　　　入）	××	（繰　越　商　品）	××
期末商品：	（繰　越　商　品）	××	（仕　　　　入）	××

Ⅱ 棚卸減耗損の計上

会社は、決算において商品の棚卸（たなおろし）しを行い、**実地棚卸数量**（実際にある商品の数量）を把握します。

実地棚卸数量に対して、帳簿上の在庫量を**帳簿棚卸数量**といいますが、商品の保管や運搬、入出庫のさいに紛失等により数量が減少し、帳簿棚卸数量よりも実地棚卸数量が少ないことがあります。この場合の商品の減少を**棚卸減耗**（たなおろしげんもう）といいます。

棚卸減耗が生じたときは、減耗した商品の金額を**棚卸減耗損**［費用］として処理するとともに、**繰越商品**［資産］を減額します。

☞費用の増加⇒借方（左）　☞資産の減少⇒貸方（右）

ひとこと

ふむふむ…

「棚卸減耗損」ではなく、「棚卸減耗費」という勘定科目で処理することもあります。

棚卸減耗損を算定する計算式は次のとおりです。

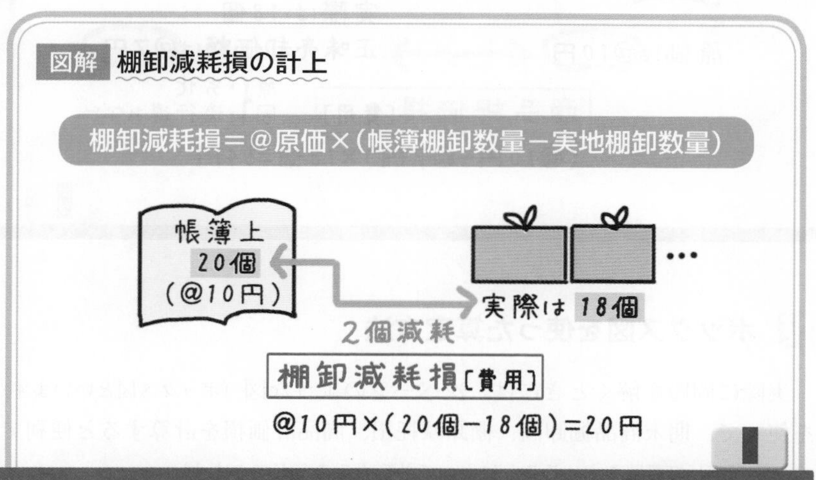

Ⅲ 商品評価損の計上

商品の期末時価（**正味売却価額**（しょうみばいきゃくかがく））が原価を下回った場合、商品の帳簿価額の切り下げを行わなければなりません。この場合の帳簿価額の切下額（価値の下落額）を**商品評価損**といいます。

商品評価損が生じたときは、価値の下落額を**商品評価損**［費用］として処

理するとともに、**繰越商品**［資産］を減額します。

☞**費用の増加⇒借方（左）**　☞**資産の減少⇒貸方（右）**

商品評価損を算定する計算式は次のとおりです。

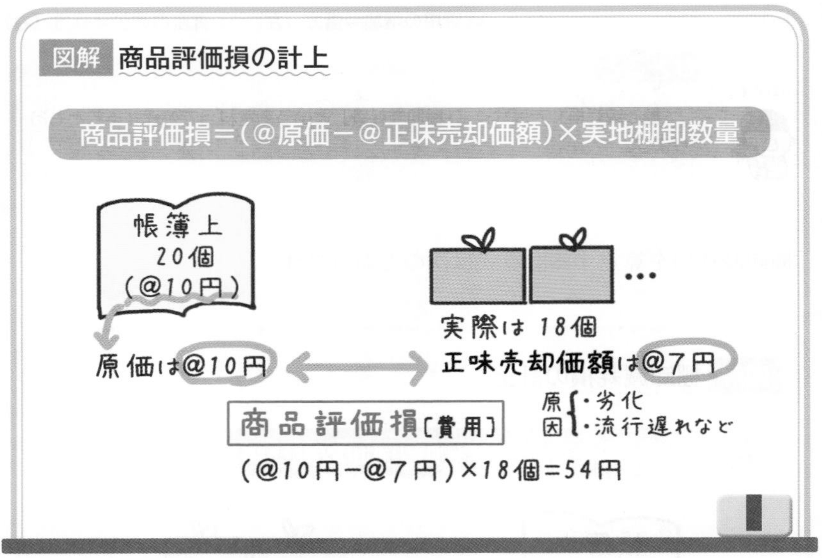

Ⅳ ボックス図を使った算定方法

実際に問題を解くときには、次ページのような図（ボックス図といいます）を使って、期末商品棚卸高、棚卸減耗損、商品評価損を計算すると便利です（それぞれの面積を求めることによって計算することができます）。

図解 ボックス図を使った算定方法

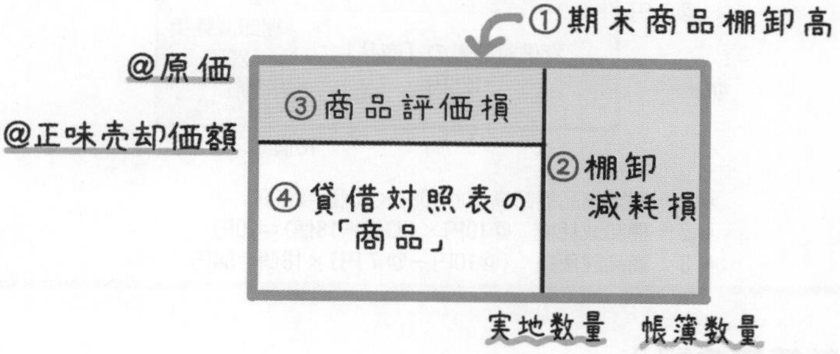

①期末商品棚卸高：@原価×帳簿数量
②棚卸減耗損：@原価×（帳簿数量－実地数量）
③商品評価損：（@原価－@正味売却価額）×実地数量
④貸借対照表の「商品」：@正味売却価額×実地数量

例5 棚卸減耗損と商品評価損の計算

決算日を迎えた。期首商品棚卸高は100円、期末商品棚卸高に関する資料は次のとおりである。期末商品棚卸高、棚卸減耗損、商品評価損を計算しなさい。

帳簿棚卸高：数量　20個　　原価　@10円
実地棚卸高：数量　18個　　正味売却価額　@７円

例５の解答

期末商品棚卸高：200円*1
棚卸減耗損：20円*2
商品評価損：54円*3

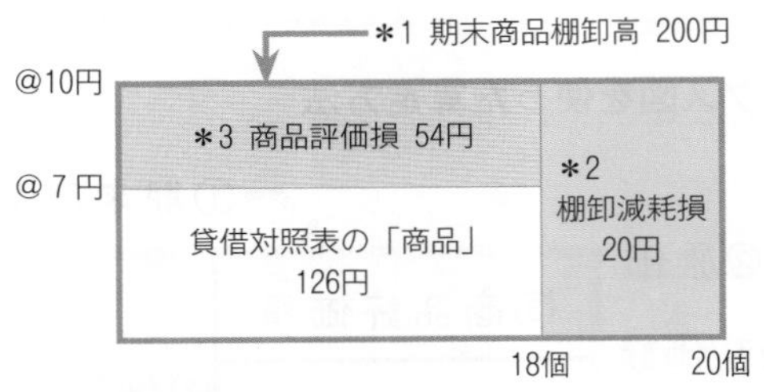

＊１　期末商品棚卸高：@10円×20個＝200円
＊２　棚卸減耗損：@10円×（20個－18個）＝20円
＊３　商品評価損：（@10円－@７円）×18個＝54円

V 精算表の記入

損益計算書上、棚卸減耗損は売上原価または販売費および一般管理費に表示します。また、商品評価損は通常、売上原価に表示します（損益計算書の表示については、CHAPTER 16を参照してください）。

棚卸減耗損や商品評価損を売上原価に表示する場合、精算表上はいったん計上した棚卸減耗損や商品評価損を仕入勘定に振り替えることになります。

ただし、試験では「棚卸減耗損や商品評価損は、精算表上、独立の科目として表示する」と指示がつくことがあります。

この指示がついた場合には、仕入勘定への振り替えは不要です。

例６　　精算表の記入①

決算において、売上原価を算定する。期首商品棚卸高は100円、期末商品棚卸高は200円、棚卸減耗損は20円、商品評価損は54円であり、売上原価は「仕入」の行で算定する。なお、棚卸減耗損および商品評価損は売上原価に含めるものとする。

例6の仕訳	(仕　　　入)	100	(繰越商品)	100
	(繰越商品)	200	(仕　　　入)	200
	(棚卸減耗損)	20	(繰越商品)	20
	(仕　　　入)	20	(棚卸減耗損)	20
	(商品評価損)	54	(繰越商品)	54
	(仕　　　入)	54	(商品評価損)	54

精算表の記入

精　算　表

勘定科目	試算表		修正記入		損益計算書		貸借対照表	
	借方	貸方	借方	貸方	借方	貸方	借方	貸方
繰越商品	100		⊕ 200	⊖ 100			126	
				20				
				54				
仕　　入	1,000		⊕ 100	⊖ 200	974			
			20					
			54					
棚卸減耗損			20	20				
商品評価損			54	54				

例7　精算表の記入②

決算において、売上原価を算定する。期首商品棚卸高は100円、期末商品棚卸高は200円、棚卸減耗損は20円、商品評価損は54円であり、売上原価は「仕入」の行で算定する。なお、棚卸減耗損および商品評価損は、精算表上、独立の科目として表示する。

例7の仕訳	(仕　　　入)	100	(繰越商品)	100
	(繰越商品)	200	(仕　　　入)	200
	(棚卸減耗損)	20	(繰越商品)	20
	(商品評価損)	54	(繰越商品)	54

精算表の記入

精　算　表

勘定科目	試算表		修正記入		損益計算書		貸借対照表	
	借方	貸方	借方	貸方	借方	貸方	借方	貸方
繰越商品	100		⊕ 200	⊖ 100			126	
				20				
				54				
仕入	1,000		⊕ 100	⊖ 200	900			
棚卸減耗損			20		20			
商品評価損			54		54			

ひとこと

例7は三分法で処理している場合の仕訳ですが、売上原価対立法で処理している場合には、決算において、棚卸減耗損と商品評価損を計上する仕訳だけ行います（売上原価を算定する仕訳は、期中の売上計上時に処理済みです）。

（棚卸減耗損）	20	（商品）	20
（商品評価損）	54	（商品）	54

5 商品の払出単価の計算

Ⅰ 商品の払出単価の計算

同じ商品でも、仕入先や仕入時期の違いによって仕入単価が異なるため、商品を売り上げた（払い出した）ときに、どの単価（払出単価といいます）をつけるのかが問題となります。

商品の払出単価の計算方法には、**先入先出法**（さきいれさきだしほう）、**移動平均法**（いどうへいきんほう）、**総平均法**（そうへいきんほう）があります。

先入先出法と移動平均法は３級で学習したので、ここでは総平均法についてみておきましょう。

Ⅱ 総平均法

総平均法は、一定期間における平均単価を計算し、この平均単価を払出単価とする方法です。

$$\text{平均単価} = \frac{\text{期首商品棚卸高} + \text{当期商品仕入高}}{\text{期首在庫} + \text{当期商品仕入数量}}$$

ひとこと

平均単価の計算方法は移動平均法と同じです（平均単価を計算するタイミングが商品の受け入れのつどか、一定期間ごとかが違うだけです）。

例8 ―― **総平均法**

次の資料にもとづき、総平均法により当月の売上原価を計算しなさい。

前月繰越　20個　@100円
当月仕入　40個　@130円
当月売上　30個　@400円（売価）

例8の解答　当月の売上原価：**3,600円***

$$* \frac{@100円 \times 20個 + @130円 \times 40個}{20個 + 40個} = @120円$$

@120円×30個＝3,600円

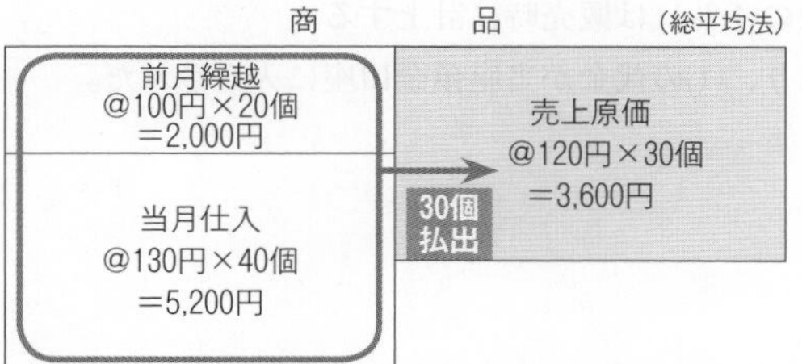

CHAPTER 05　商品売買　基本問題

問1　売上原価対立法

次の取引について、売上原価対立法（販売のつど商品勘定から売上原価勘定に振り替える方法）によって仕訳しなさい。なお、勘定科目はそれぞれ［　　］内に示すものの中から選ぶこと。

［勘定科目：売掛金、商品、買掛金、売上、仕入、売上原価］

(1)　商品1,500円を仕入れ、代金は掛けとした。

(2)　商品（原価1,000円、売価1,300円）を売り上げ、代金は掛けとした。

問2　仕入割戻し

次の取引について仕訳しなさい。なお、勘定科目は［　　］内に示すものの中から選ぶこと。

［勘定科目：現金、売掛金、買掛金、仕入、売上］

(1)　商品20,000円を仕入れ、代金は掛けとした。

(2)　仕入先から500円の割戻しを受け、買掛金と相殺した。

問3　クレジット売掛金

次の一連の取引について仕訳しなさい。なお、勘定科目はそれぞれ［　　］内に示すものの中から選ぶこと。

［勘定科目：当座預金、クレジット売掛金、売上、支払手数料］

(1)　商品2,000円をクレジット払いの条件で販売した。なお、信販会社への手数料（販売代金の４％）は販売時に計上する。

(2)　信販会社より、(1)の代金が当座預金口座に入金された。

問4　売上原価の算定と期末商品の評価　解答用紙あり

次の決算整理事項と解答用紙の精算表（一部）にもとづいて、⑴決算整理仕訳を示すとともに、⑵解答用紙の精算表（一部）に記入しなさい。なお、売上原価の算定は「仕入」の行で行う。ただし、棚卸減耗損と商品評価損は精算表上、独立の勘定科目として表示すること。

[決算整理事項]

期末商品棚卸高は次のとおりである。

帳簿棚卸高：数量	100個	原　　　価	@80円
実地棚卸高：数量	90個	正味売却価額	@78円

解答

問1　売上原価対立法

(1)	(商　品)	1,500	(買　掛　金)	1,500
(2)	(売　掛　金)	1,300	(売　上)	1,300
	(売上原価)	1,000	(商　品)	1,000

問2　仕入割戻し

(1)	(仕　入)	20,000	(買　掛　金)	20,000
(2)	(買　掛　金)	500	(仕　入)	500

問3　クレジット売掛金

(1)	(支払手数料)	80＊1	(売　上)	2,000
	(クレジット売掛金)	1,920＊2		
(2)	(当座預金)	1,920	(クレジット売掛金)	1,920

＊1　2,000円×4％＝80円
＊2　2,000円－80円＝1,920円

問4　売上原価の算定と期末商品の評価

(1)	決算整理仕訳	(仕　入)	9,000	(繰越商品)	9,000
		(繰越商品)	8,000＊1	(仕　入)	8,000
		(棚卸減耗損)	800＊2	(繰越商品)	800
		(商品評価損)	180＊3	(繰越商品)	180

(2) 精算表

精　算　表

勘定科目	試算表		修正記入		損益計算書		貸借対照表	
	借方	貸方	借方	貸方	借方	貸方	借方	貸方
繰越商品	9,000		8,000	9,000			7,020	
				800				
				180				
仕入	80,000		9,000	8,000	81,000			
棚卸減耗損			800		800			
商品評価損			180		180			

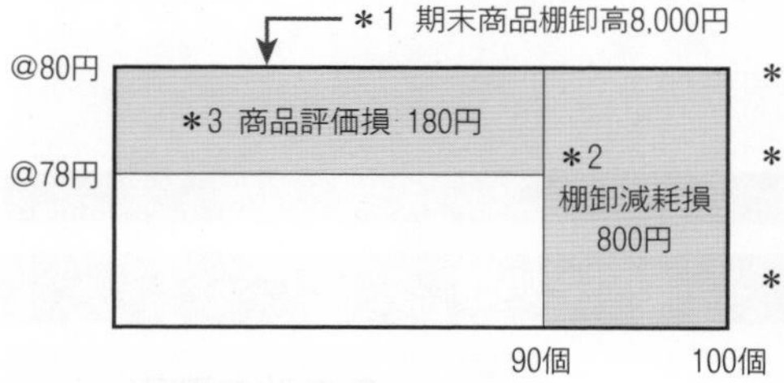

*1 期末商品棚卸高8,000円

@80円

*3 商品評価損 180円

@78円

*2
棚卸減耗損
800円

90個　100個

*1　期末商品棚卸高：
@80円×100個=8,000円

*2　棚卸減耗損：
@80円×(100個−90個)
=800円

*3　商品評価損：
(@80円−@78円)×90個
=180円

CHAPTER 06

手形と電子記録債権（債務）等

◆手形と電子記録債権（債務）等の処理

ここでは手形と電子記録債権（債務）等の取引について学習します。

電子記録債権（債務）や約束手形の基本的な処理は３級で学習しましたが、２級では手形の裏書き、割引き、不渡手形についてみていきます。また、その他の債権（売掛金）の譲渡についても学習します。

２級で学習する内容

取引と処理

株式会社特有の取引

商品売買取引

その他の取引

決算、本支店会計、連結会計、製造業会計

決　算

本支店会計

連結会計Ⅰ～Ⅲ

製造業会計

1 手形の裏書き

Ⅰ 手形の裏書きとは

手形は、支払期日前にほかの企業に渡して、商品代金や買掛金などの支払いに充てることができます。所有する手形の裏面に必要事項を記入してから、ほかの企業に渡すため、これを**手形の裏書き**(うらがき)(または**手形の裏書譲渡**(うらがきじょうと))といいます。

これならわかる!!

たとえば、得意先C社が振り出した約束手形があなた(A社)の手許にあったとしましょう。そして、仕入先B社から商品を仕入れたとします。このとき、持っている(C社振出の)約束手形の裏面に必要事項を記入し、B社に渡すことによって、B社に対する仕入代金を決済することができるのです。これが手形の裏書きです。

約束手形の代金は最初の振出人(C社)から、最後に所有している人(B社)に支払われます。

Ⅱ 手形の裏書きの処理

手形の裏書きの処理には、手形を裏書きして譲渡した側と、裏書きされた手形を受け取った側の処理があります。

1 手形を裏書きしたとき(＝A社の処理)

手形を受け取ったとき、**受取手形**[資産]で処理しているので、これを裏書きして、ほかの企業に渡したときは、**受取手形**[資産]の減少として処理

します。 ☞資産の減少⇒貸方（右）

例1 **手形を裏書きしたとき**

Ａ社はＢ社より商品100円を仕入れ、代金は以前にＣ社から受け取っていた約束手形を裏書きして渡した。

例１の仕訳	（仕　　入）	100	（受 取 手 形）	100

2 裏書きされた手形を受け取ったとき（＝Ｂ社の処理）

裏書きされた手形を受け取ったときは、手形代金を受け取ることができるので、**受取手形**［資産］で処理します。 ☞資産の増加⇒借方（左）

例2 **裏書きされた手形を受け取ったとき**

Ｂ社はＡ社に商品100円を売り上げ、代金はＣ社振出、Ａ社宛の約束手形を裏書譲渡された。

例２の仕訳	（受 取 手 形）	100	（売　　上）	100

2 手形の割引き

I 手形の割引きとは

所有する手形は、支払期日前に銀行等に買い取ってもらうことができます。これを**手形の割引き**（わりびき）といいます。

手形を割り引くことによって、支払期日前に手形代金を受け取ることができますが、割引きのさい、銀行等に手数料や利息を支払うため、実際に受け取れる金額は手形金額よりも少なくなります。

この場合の銀行等に支払う手数料や利息を**割引料**（わりびきりょう）といいます。

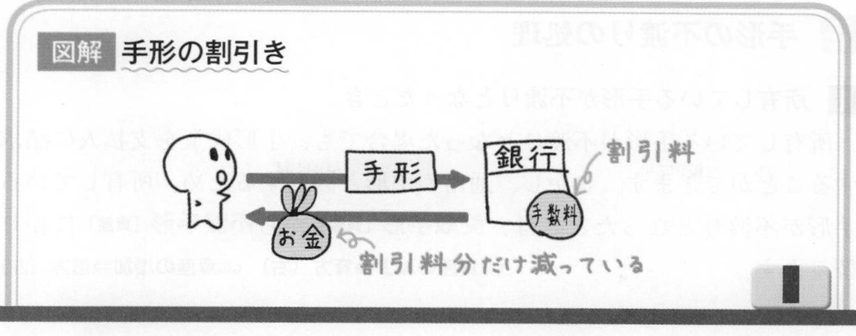

Ⅱ 手形の割引きの処理

手形を割り引いたときは、所有する手形を銀行等に渡してしまうため、**受取手形**［資産］の減少として処理します。 ☞**資産の減少⇒貸方（右）**

また、割引きのさいにかかった割引料（手形金額と入金額との差額）は**手形売却損**［費用］で処理します。 ☞**費用の増加⇒借方（左）**

New 手形売却損

例３　手形を割り引いたとき

Ａ社は所有するＣ社振出の約束手形100円を銀行で割り引き、割引料10円を差し引かれた残額（90円）を当座預金口座に入金した。

例３の仕訳	（手 形 売 却 損）	10	（受 取 手 形）	100
	（当 座 預 金）	90		

3 手形の不渡り

Ⅰ 手形の不渡りとは

手形の不渡り（ふわたり）とは、手形の満期日に手形代金の支払いがされないことをいいます。

Ⅱ 手形の不渡りの処理

1 所有している手形が不渡りとなったとき

所有している手形が不渡りとなった場合でも、手形代金を支払人に請求することができます。しかし、通常の手形と区別するため、所有している手形が不渡りとなったときは、**受取手形**［資産］から**不渡手形**［資産］に振り替えます。

New 不渡手形

☞資産の減少⇒貸方（右） ☞資産の増加⇒借方（左）

例4 ―――― 所有している手形が不渡りとなったとき

所有する手形（得意先B社から受け取ったB社振出の約束手形）1,000円が不渡りとなった。

例4の仕訳	（不　渡　手　形）	1,000	（受　取　手　形）	1,000

2 不渡りとなった手形の代金を回収したとき

不渡りとなった手形の代金を後日回収したときは、**不渡手形**［資産］の減少として処理します。

☞資産の減少⇒貸方（右）

例5 ―――― 不渡りとなった手形の代金を回収したとき

例4で不渡りとなった手形の代金（1,000円）を現金で回収した。

例5の仕訳	（現　　　　金）	1,000	（不　渡　手　形）	1,000

3 不渡りとなった手形の代金を回収できなかったとき

不渡りとなった手形の代金が回収できなかったときは、貸倒れの処理をします。

●**貸倒れの処理** Review 3級

◆当期に発生した売掛金や受取手形が貸し倒れたとき
　→全額、**貸倒損失**［費用］で処理
◆前期以前に発生した売掛金や受取手形が貸し倒れたとき
　→まずは設定している**貸倒引当金**を取り崩し、これを超える額は**貸倒損失**［費用］で処理

例6 ――― 不渡りとなった手形の代金を回収できなかったとき

例4で不渡りとなった手形の代金（1,000円）が回収不能となった。なお、貸倒引当金の残高は０円である。

例6の仕訳	(貸倒損失)	1,000	(不渡手形)	1,000

ひとこと

ふむふむ…

手形の処理には、ここで学習した項目以外に「手形の更改」がありますが、重要性が低いため、参考としました。学習に余裕がある人のみ、巻末の参考を読んでおいてください。

4 電子記録債権（債務） Review 3級

I 電子記録債権とは

電子記録債権は、手形（や売掛金）の問題点を克服した新しい金銭債権です。

ひとこと

手形の問題点は次のとおりです。

・紛失等のリスクがある
・手形振出しの事務処理の手間がかかる
・印紙を添付しなければならないので、印紙代がかかる　など

電子記録債権は、ペーパーレスなので紛失等のリスクはありませんし、事務処理の手間も大幅に省けます。また、印紙の添付も不要です。そのため、近年は手形に代えて電子記録債権が普及しています。

電子記録債権は、電子債権記録機関が管理する記録原簿（登記簿のようなもの）に必要事項を登録することによって権利が発生します。

ひとこと

電子記録債権の発生方式には、次の２つがあります。

❶債務者請求方式…債務者側（買掛金等がある側）が発生記録の請求を行うことによって電子記録債権が発生する方式
❷債権者請求方式…債権者側（売掛金等がある側）が発生記録の請求を行うことによって電子記録債権が発生する方式。この場合には一定期間内に債務者の承諾が必要

本書では、❶債務者請求方式にもとづいて説明していきます。

Ⅱ　電子記録債権（債務）の処理（発生と消滅）

1　電子記録債権（債務）が発生したとき

電子記録債権が発生すると、債権者には、（電子記録による）あとで債権金額を受け取れる権利が発生します。この権利は**電子記録債権**［資産］で処理します。

☞**資産の増加⇒借方（左）**

一方、電子記録債務の発生により、債務者には、（電子記録による）支払義務が発生します。この義務は**電子記録債務**［負債］で処理します。

☞**負債の増加⇒貸方（右）**

図解 電子記録債権（債務）の処理

たとえば、A社はB社から商品を仕入れていて、B社に対する買掛金があったとする。逆にB社にはA社に対する売掛金があったとすると…

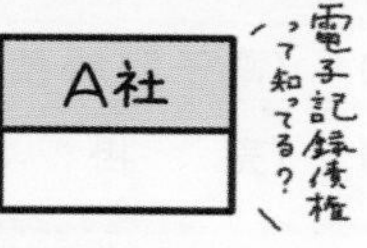

この買掛金について、A社が電子記録債務による決済をしようとする場合は…

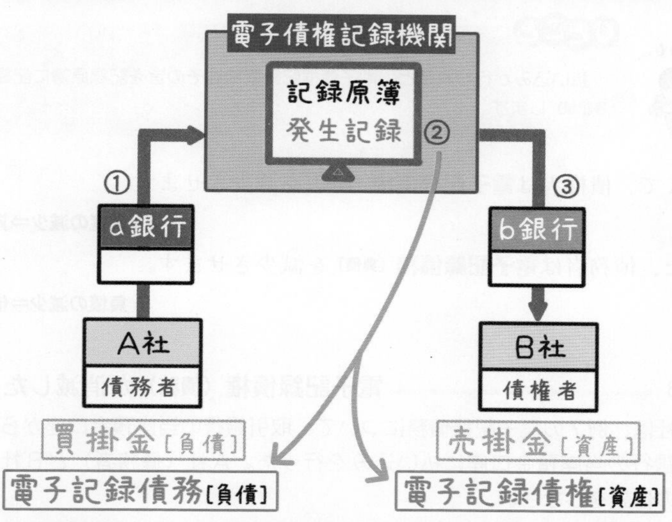

① 債務者(A社)は、取引銀行(a銀行)を通じて、**発生記録請求**をする
→電子債権記録機関の記録原簿に発生記録を行うことを請求すること

② 電子債権記録機関は、記録原簿に発生記録を行う ← この時点で電子記録債権が発生する

③ 電子債権記録機関は、債権者(B社)に対し、取引銀行(b銀行)を通じて、発生記録の通知をする

例7　電子記録債権（債務）が発生したとき

Ａ社は、Ｂ社に対する買掛金1,000円の支払いに電子記録債務を用いることとし、取引銀行を通じて債務の発生記録を行った。また、Ｂ社（Ａ社に対する売掛金がある）は取引銀行よりその通知を受けた。Ａ社（債務者）とＢ社（債権者）の仕訳をしなさい。

例７の仕訳	Ａ社	（買　掛　金）	1,000	（電子記録債務）	1,000
	Ｂ社	（電子記録債権）	1,000	（売　掛　金）	1,000

2 電子記録債権（債務）が消滅したとき

債務者の口座から債権者の口座に払い込み（支払い）が行われると、電子記録債権（債務）が消滅します。

ひとこと

払い込みが行われると、電子債権記録機関はその旨を記録原簿に記録（支払等記録）します。

そこで、債権者は**電子記録債権**［資産］を減少させます。

☞**資産の減少⇒貸方（右）**

また、債務者は**電子記録債務**［負債］を減少させます。

☞**負債の減少⇒借方（左）**

例8　電子記録債権（債務）が消滅したとき

Ａ社は、**例７**の電子記録債務について、取引銀行の当座預金口座からＢ社の取引銀行の当座預金口座に払い込みを行った。Ａ社（債務者）とＢ社（債権者）の仕訳をしなさい。

例８の仕訳	Ａ社	（電子記録債務）	1,000	（当　座　預　金）	1,000
	Ｂ社	（当　座　預　金）	1,000	（電子記録債権）	1,000

Ⅲ 電子記録債権を譲渡したときの処理①

手形の裏書譲渡と同様、電子記録債権も他人に譲渡することができます。

電子記録債権を他人に譲渡するときには、債権者が取引銀行を通じて、譲渡記録請求（電子債権記録機関の記録原簿に譲渡記録の請求をすること）をします。

電子記録債権を譲渡したとき（譲渡人）は、**電子記録債権**［資産］を減少させます。

☞**資産の減少⇒貸方（右）**

また、電子記録債権の譲渡を受けたとき（譲受人）は、**電子記録債権**［資産］で処理します。

☞**資産の増加⇒借方（左）**

例9　電子記録債権を譲渡したときの処理①

B社はC社に対する買掛金の決済のため、所有する電子記録債権1,000円を譲渡することとし、取引銀行を通じて譲渡記録を行った。B社（譲渡人）とC社（譲受人）の仕訳をしなさい。

例9の仕訳					
	B社	（買　掛　金）	1,000	（電子記録債権）	1,000
	C社	（電子記録債権）	1,000	（売　掛　金）	1,000

Ⅳ 電子記録債権を譲渡したときの処理②

New 電子記録債権売却損

電子記録債権の債権金額と譲渡金額が異なるときは、その差額を**電子記録債権売却損**［費用］で処理します。

☞**費用の増加⇒借方（左）**

例10　電子記録債権を譲渡したときの処理②

B社は所有する電子記録債権1,000円を取引先に950円で譲渡し、代金は当座預金口座に入金された。

例10の仕訳				
	（当　座　預　金）	950	（電子記録債権）	1,000
	（電子記録債権売却損）	50*		

＊　1,000円－950円＝50円

5 その他の債権の譲渡

I その他の債権の譲渡

手形債権（受取手形）や電子記録債権だけでなく、売掛金などその他の債権も他人に譲渡することができます。

ひとこと

債権を譲渡するときは、債権の譲渡人から債務者へ、債権を譲渡する旨の通知、または債権を譲渡することについての債務者の承諾が必要です。

II 売掛金（その他の債権）を譲渡したときの処理①

売掛金を譲渡したときは、**売掛金**［資産］を減少させます。

☞**資産の減少⇒貸方（右）**

例11 ―― 売掛金（その他の債権）を譲渡したときの処理①

Ａ社はＣ社に対する買掛金1,000円を支払うため、Ｂ社に対する売掛金1,000円を、Ｂ社の承諾を得て、Ｃ社に譲渡した。

例11の仕訳	（買　掛　金）	1,000	（売　掛　金）	1,000

III 売掛金（その他の債権）を譲渡したときの処理②

売掛金の譲渡金額（売却価額）が、帳簿価額よりも低いときは、その差額を**債権売却損**［費用］で処理します。

☞**費用の増加⇒借方（左）**

New 債権売却損

例12 ―――― 売掛金（その他の債権）を譲渡したときの処理②

Ａ社はＢ社に対する売掛金1,000円を、Ｂ社の承諾を得て、Ｄ社に950円で譲渡し、代金は普通預金口座に入金された。

例12の仕訳	（普通預金）	950	（売掛金）	1,000
	（債権売却損）	50*		

* 1,000円－950円＝50円

問1　手形の裏書き

次の取引について仕訳しなさい。なお、勘定科目はそれぞれ［　　］内に示すものの中から選ぶこと。

［勘定科目：現金、当座預金、受取手形、売掛金、支払手形、買掛金］

(1)　東京商事㈱は、青森商事㈱に対する買掛金10,000円を支払うため、以前に受け取っていた大分商事㈱振出の約束手形10,000円を裏書譲渡した。

(2)　青森商事㈱は、東京商事㈱に対する売掛金10,000円の回収として、大分商事㈱振出、東京商事㈱受取の約束手形を受け取った。

問2　手形の割引き

次の取引について仕訳しなさい。なお、勘定科目はそれぞれ［　　］内に示すものの中から選ぶこと。

［勘定科目：現金、当座預金、受取手形、売掛金、支払手形、買掛金、手形売却損］

(1)　東京商事㈱は、以前に受け取っていた鳥取商事㈱振出の約束手形20,000円を銀行で割り引き、割引料200円を差し引かれた残額を当座預金口座に入金した。

(2)　埼玉商事㈱は、以前に受け取っていた群馬商事㈱振出の約束手形50,000円を銀行で割り引き、割引料を差し引かれた残額47,500円を当座預金口座に入金した。

問3　手形の不渡り

次の取引について仕訳しなさい。なお、勘定科目はそれぞれ［　　］内に示すものの中から選ぶこと。

［勘定科目：当座預金、受取手形、不渡手形、貸倒引当金、貸倒損失］

(1)　所有する手形（得意先岡山商事㈱から受け取った岡山商事㈱振出の約束手形）40,000円が不渡りとなった。

(2)　(1)で不渡りとなった手形の代金（40,000円）を回収し、当座預金とした。

(3)　不渡手形50,000円が貸し倒れた。なお、貸倒引当金の残額は０円である。

問4 電子記録債権（債務）の処理

次の取引について、A社、B社、C社の仕訳をしなさい。なお、勘定科目はそれぞれ［　　］内に示すものの中から選ぶこと。

［勘定科目：当座預金、仕入、売上、売掛金、電子記録債権、買掛金、電子記録債務］

(1) A社は、B社から商品3,000円を掛けで仕入れた。

(2) A社およびB社は、(1)の掛け代金3,000円について、取引銀行を通じて電子記録債権の発生記録を行った。

(3) B社はC社に対する買掛金3,000円の決済のため、(2)の電子記録債権をC社に譲渡し、電子記録債権の譲渡記録を行った。

(4) 支払期限が到来したので、A社は上記の電子記録債務を当座預金口座を通じて決済した（C社の当座預金口座に入金された）。

問5 電子記録債権の譲渡

次の取引について仕訳しなさい。なお、勘定科目はそれぞれ［　　］内に示すものの中から選ぶこと。

［勘定科目：当座預金、売掛金、電子記録債権、買掛金、電子記録債務、電子記録債権売却損］

(1) A社はB社に対する買掛金の決済のため、所有する電子記録債権2,000円をB社に譲渡することとし、取引銀行を通じて譲渡記録を行った。

(2) (1)について、B社（A社に対する売掛金2,000円がある）の仕訳をしなさい。

(3) C社は所有する電子記録債権4,000円をD社に3,800円で譲渡し、譲渡記録を行った。なお、譲渡代金3,800円は当座預金口座に入金された。

問6 その他の債権（売掛金）の譲渡

次の取引について仕訳しなさい。なお、勘定科目はそれぞれ［　　］内に示すものの中から選ぶこと。

［勘定科目：普通預金、売掛金、買掛金、債権売却損］

(1) 埼玉商事㈱は群馬商会㈱に対する買掛金3,000円を支払うため、茨城商事㈱に対する売掛金3,000円を、茨城商事㈱の承諾を得て、群馬商会㈱に譲渡した。

(2) 新潟物産㈱は石川商事㈱に対する売掛金5,000円を、石川商事㈱の承諾を得て、福井商会㈱に4,600円で譲渡し、代金は普通預金口座に入金された。

解答

問1　手形の裏書き

	借方	金額	貸方	金額
(1)	(買　掛　金)	10,000	(受 取 手 形)	10,000
(2)	(受 取 手 形)	10,000	(売　掛　金)	10,000

問2　手形の割引き

	借方	金額	貸方	金額
(1)	(手形売却損)	200	(受 取 手 形)	20,000
	(当 座 預 金)	19,800		
(2)	(手形売却損)	2,500*	(受 取 手 形)	50,000
	(当 座 預 金)	47,500		

＊　50,000円－47,500円＝2,500円

問3　手形の不渡り

	借方	金額	貸方	金額
(1)	(不 渡 手 形)	40,000	(受 取 手 形)	40,000
(2)	(当 座 預 金)	40,000	(不 渡 手 形)	40,000
(3)	(貸 倒 損 失)	50,000	(不 渡 手 形)	50,000

問4　電子記録債権（債務）の処理

		借方	金額	貸方	金額
(1)	A社：	(仕　　入)	3,000	(買　掛　金)	3,000
	B社：	(売　掛　金)	3,000	(売　　上)	3,000
	C社：	仕訳なし			
(2)	A社：	(買　掛　金)	3,000	(電子記録債務)	3,000
	B社：	(電子記録債権)	3,000	(売　掛　金)	3,000
	C社：	仕訳なし			
(3)	A社：	仕訳なし			
	B社：	(買　掛　金)	3,000	(電子記録債権)	3,000
	C社：	(電子記録債権)	3,000	(売　掛　金)	3,000
(4)	A社：	(電子記録債務)	3,000	(当 座 預 金)	3,000
	B社：	仕訳なし			
	C社：	(当 座 預 金)	3,000	(電子記録債権)	3,000

問5 電子記録債権の譲渡

(1)	(買掛金)	2,000	(電子記録債権)	2,000
(2)	(電子記録債権)	2,000	(売掛金)	2,000
(3)	(当座預金)	3,800	(電子記録債権)	4,000
	(電子記録債権売却損)	200		

問6 その他の債権(売掛金)の譲渡

(1)	(買掛金)	3,000	(売掛金)	3,000
(2)	(普通預金)	4,600	(売掛金)	5,000
	(債権売却損)	400		

CHAPTER 07

銀行勘定調整表

◆企業側の修正事項のみ、修正仕訳をする

ここでは銀行勘定調整表について学習します。

銀行勘定調整表は、当座預金の帳簿残高と銀行残高が一致しない場合に作成する表ですが、試験で、「銀行勘定調整表を作成しなさい」という問題が出題されることはほとんどありません。しかし、当座預金の帳簿残高と銀行残高が一致しない場合に必要な修正仕訳はよく出題されるので、どんな場合に修正仕訳が必要かをしっかりおさえましょう。

２級で学習する内容

取引と処理

株式会社特有の取引

商品売買取引

その他の取引

✓手　形……CHAPTER 06
✓電子記録債権（債務）…CHAPTER 06
✓その他の債権の譲渡……CHAPTER 06
✓銀行勘定調整表……CHAPTER 07
✓固定資産……CHAPTER 08
✓リース取引……CHAPTER 09
✓研究開発費……CHAPTER 10
✓無形固定資産……CHAPTER 10
✓有価証券……CHAPTER 11
✓引当金……CHAPTER 12
✓サービス業の処理……CHAPTER 13
✓収益の認識基準……CHAPTER 14
✓外貨建取引……CHAPTER 15

決算、本支店会計、連結会計、製造業会計

決　算

✓決算整理……CHAPTER 04～15
✓精算表の作成……CHAPTER 16
✓財務諸表の作成……CHAPTER 16
✓税効果会計……CHAPTER 17
✓帳簿の締め切り……CHAPTER 18

本支店会計

連結会計Ⅰ～Ⅲ

製造業会計

1 銀行勘定調整表とは

企業は、決算日や月末に、銀行から当座預金の残高証明書を発行してもらい、これと帳簿上の当座預金の残高を照合します。

これらの残高が一致していないときには、その不一致の原因を明らかにするため、**銀行勘定調整表**（ぎんこうかんじょうちょうせいひょう）を作成します。

2 不一致が生じる原因

企業側の帳簿上の残高（帳簿残高）と、銀行残高証明書の残高（銀行残高）が不一致となる原因には、以下のようなものがあります。

なお、企業側で修正仕訳が必要なものと、修正仕訳が不要なものがあるので、どの場合に修正仕訳が必要なのかをしっかりとおさえてください。

Ⅰ 時間外預入

時間外預入とは、企業が銀行の営業時間後に夜間金庫などに現金を預け入れることをいいます。

企業側は現金を預け入れたときに**当座預金**［資産］の増加として処理しますが、銀行側では翌日に処理するので、預け入れた日における両者の残高は一致しなくなります。

しかし、翌日になって銀行側で処理がなされると不一致が解消するため、時間外預入については、修正仕訳は不要です。

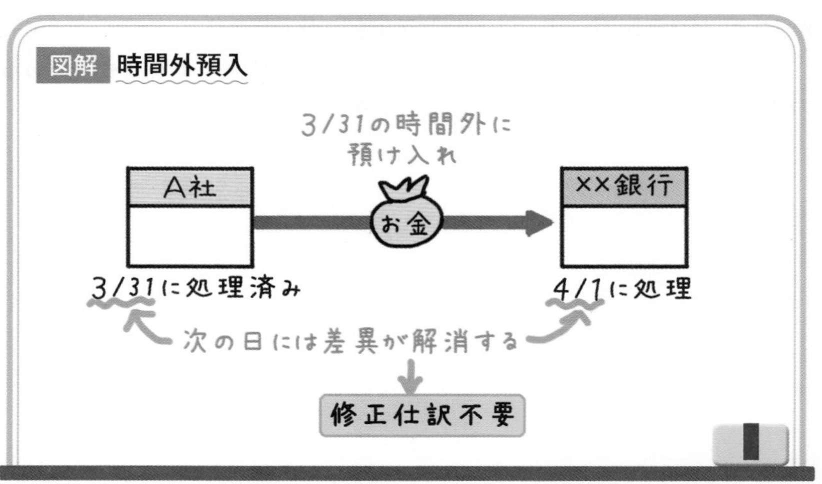

例1 時間外預入

決算日に、現金100円を当座預金口座に預け入れたが、営業時間外のため銀行で翌日付けの入金として処理された。

例1の仕訳	仕訳なし

Ⅱ 未取立小切手

未取立小切手(みとりたてこぎって)とは、他人振出の小切手を銀行に預け入れ、その取り立てを依頼したにもかかわらず、まだ銀行が取り立てていない場合の小切手をいいます。

企業側では銀行に小切手を預け入れたときに**当座預金**［資産］の増加として処理していますが、銀行側ではまだ取り立てていないため、両者の残高に不一致が生じます。

しかし、銀行が取り立てを行えば不一致が解消する（企業は正しい処理をしている）ため、未取立小切手については、修正仕訳は不要です。

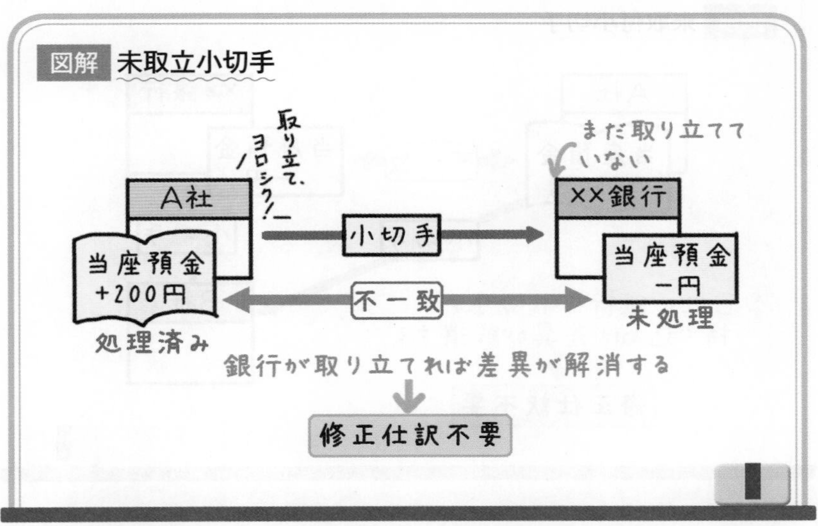

例2 ——— **未取立小切手**

得意先C社から受け取った小切手200円を銀行に持ち込み、取り立てを依頼していたが、決算日において、まだ銀行が取り立てを行っていなかった。

例2の仕訳	仕訳なし

Ⅲ 未取付小切手

未取付小切手(みとりつけこぎって)とは、小切手を振り出し、取引先に渡したにもかかわらず、まだ取引先が銀行に持ち込んでいない小切手をいいます。

企業側では小切手を振り出したときに**当座預金**〔資産〕の減少として処理していますが、まだ銀行には持ち込まれていないため、銀行側では処理をしていません。そのため、両者の残高に不一致が生じます。

しかし、取引先が銀行に小切手を持ち込めば不一致が解消する（企業は正しい処理をしている）ため、未取付小切手については、修正仕訳は不要です。

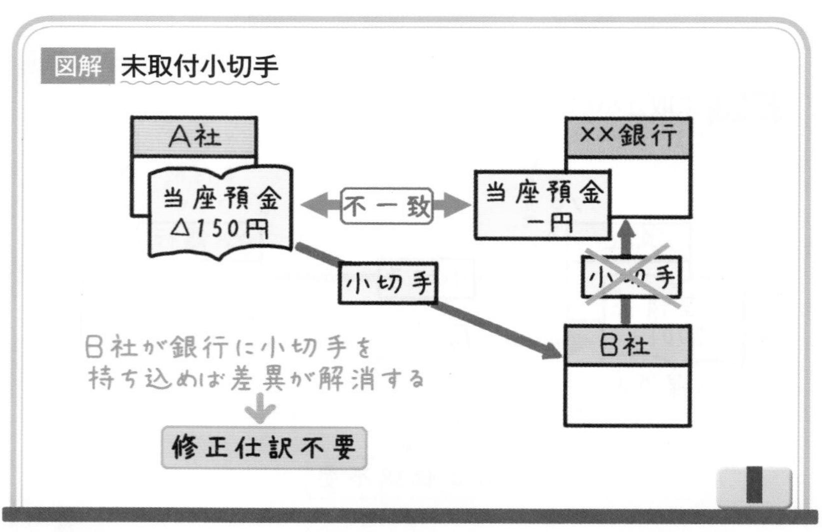

例3 **未取付小切手**

仕入先B社に振り出した小切手150円が、決算日において、まだ銀行に呈示されていなかった。

例3の仕訳	仕訳なし

Ⅳ 連絡未通知

連絡未通知とは、当座振込や当座引落しがあったにもかかわらず、銀行からの連絡が企業に未達である状態をいいます。

この場合、銀行側では処理済みですが、企業側ではまだ処理をしていないので、両者の残高に不一致が生じます。

連絡未通知は、企業側で未処理のため、修正仕訳が必要です。

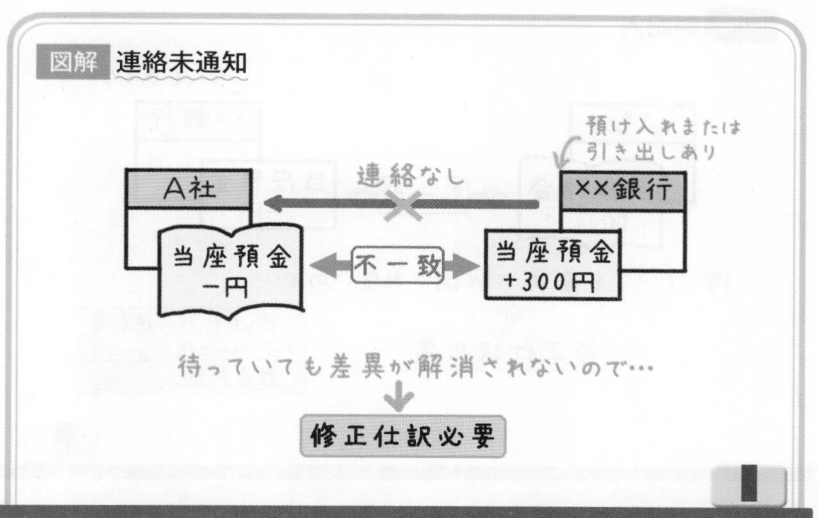

例4 ―――――― **連絡未通知**

決算日において、得意先C社から売掛金300円について当座預金口座に振り込みがあったが、この通知が当社に未達であった。

例4の仕訳	（当座預金）	300	（売掛金）	300

V 誤記入

企業側が誤った仕訳をした場合、当然、企業側の残高と銀行側の残高は異なります。

この場合、企業側は誤った仕訳を正しい仕訳になおすための修正仕訳が必要です。

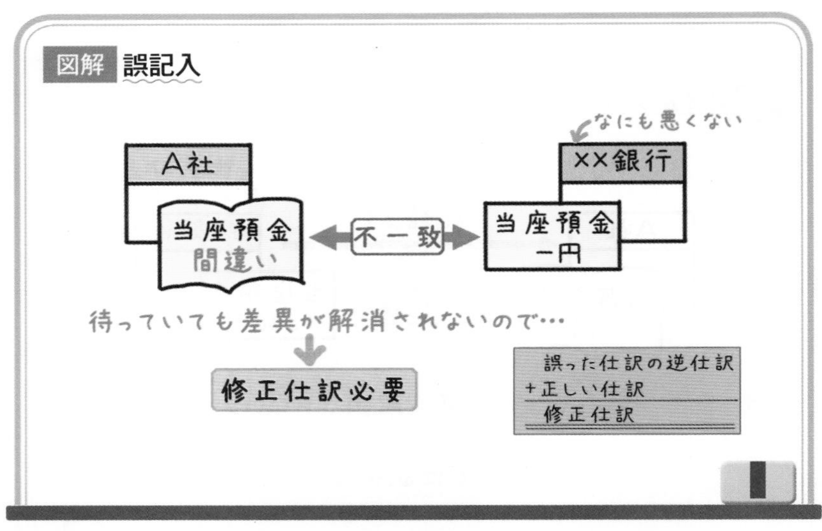

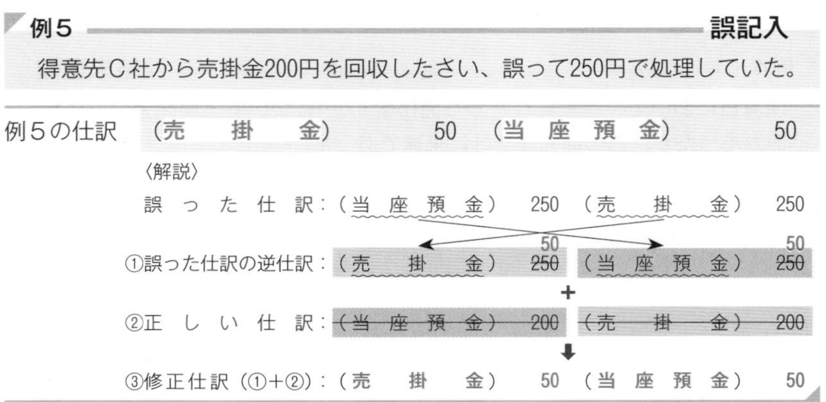

例5 誤記入

得意先C社から売掛金200円を回収したさい、誤って250円で処理していた。

例5の仕訳	（売　掛　金）	50	（当　座　預　金）	50

〈解説〉

誤った仕訳：	（当座預金）	250	（売　掛　金）	250
①誤った仕訳の逆仕訳：	（売　掛　金）	~~250~~ 50	（当座預金）	~~250~~ 50
②正しい仕訳：	~~（当座預金）~~	~~200~~	~~（売　掛　金）~~	~~200~~
③修正仕訳（①+②）：	（売　掛　金）	50	（当座預金）	50

Ⅵ 未渡小切手

未渡小切手（みわたしこぎって）とは、取引先に渡すつもりで作成し、すでに**当座預金**［資産］の減少として処理しているにもかかわらず、まだ取引先に渡していない（手許に残っている）小切手をいいます。

企業側では小切手を作成したときに**当座預金**［資産］の減少として処理していますが、まだ取引先に渡していないため、銀行側では当然処理をしていません。そのため、両者の残高に不一致が生じます。

小切手を取引先に渡していないので、企業側では**当座預金**［資産］の減少を取り消すための修正仕訳が必要です。

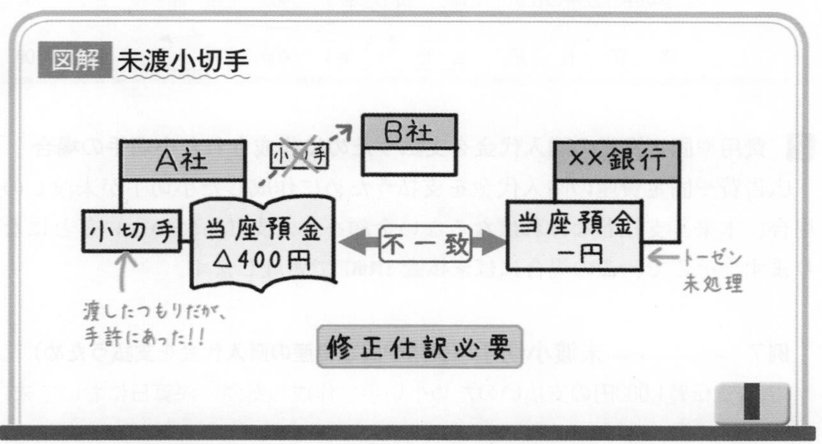

なお、未渡小切手の修正仕訳は、その小切手が、負債を決済するために作成されたものなのか、費用や固定資産の購入代金を支払うために作成されたものなのかによって、貸方科目が異なります。

1 負債を決済するために作成された小切手の場合

買掛金［負債］を決済するために作成した小切手が未渡しの場合、まだ**買掛金**［負債］が減少していないので、**買掛金**［負債］の減少を取り消します。

例6 ―――― **未渡小切手（負債の決済のため）**

買掛金400円の支払いのため小切手を作成したが、決算日において未渡しであった。

例6の仕訳　（当 座 預 金）　400　（買　掛　金）　400

〈解説〉

小切手作成時の仕訳：（買　掛　金）　400　（当 座 預 金）　400

修　正　仕　訳：（当 座 預 金）　400　（買　掛　金）　400

2 費用や固定資産の購入代金を支払うために作成された小切手の場合

広告費や固定資産の購入代金を支払うために作成した小切手が未渡しの場合、本来、支払わなければならない金額をまだ支払っていないことになります。そこで、この場合には**未払金**［負債］で処理します。

例7 ―――― **未渡小切手（費用や固定資産の購入代金を支払うため）**

広告宣伝費1,000円の支払いのため小切手を作成したが、決算日において未渡しであった。

例7の仕訳　（当 座 預 金）　1,000　（未　払　金）　1,000

〈解説〉

小切手作成時の仕訳：（広 告 宣 伝 費）1,000　（当 座 預 金）1,000

修　正　仕　訳：（当 座 預 金）1,000　（未　払　金）1,000

Ⅶ 修正仕訳が必要な項目と不要な項目

修正仕訳が必要な項目と不要な項目をまとめると、次のとおりです。

●修正仕訳が必要な項目と不要な項目

修正仕訳が必要な項目	連絡未通知、誤記入、未渡小切手
修正仕訳が不要な項目	時間外預入、未取立小切手、未取付小切手

3 銀行勘定調整表の作成

銀行勘定調整表とは、企業の当座預金残高（帳簿残高）と銀行が発行する残高証明書の残高（銀行残高）との不一致原因を明らかにするための表をいいます。

銀行勘定調整表の作成方法には、**両者区分調整法**(りょうしゃくぶんちょうせいほう)、**企業残高基準法**(きぎょうざんだかきじゅんほう)、**銀行残高基準法**(ぎんこうざんだかきじゅんほう)の３つがありますが、ここでは最も基本的な両者区分調整法について説明します。

企業残高基準法と銀行残高基準法については巻末の参考で説明していますので、余裕のある方は読んでおいてください。

両者区分調整法は、帳簿残高と銀行残高の両方に不一致原因を加減して、最終的に正しい残高を求める方法です。

具体的には、修正仕訳が必要な項目については帳簿残高（企業残高）に加減し、修正仕訳が不要な項目については銀行残高に加減します。

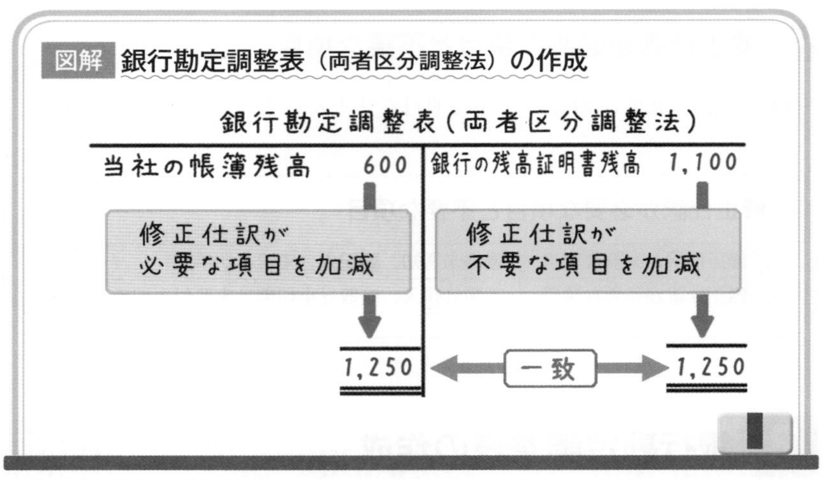

例8 銀行勘定調整表（両者区分調整法）の作成

当社の当座預金の帳簿残高は600円、銀行の残高証明書の残高は1,100円であった。不一致の原因を調べたところ、次のことが判明した。

(1) 時間外預入　100円
(2) 未取立小切手　200円
(3) 未取付小切手　150円
(4) 連絡未通知（売掛金の当座振込）　300円
(5) 誤記入（売掛金の振込額200円を250円として記入）
(6) 未渡小切手　400円

例8の解答

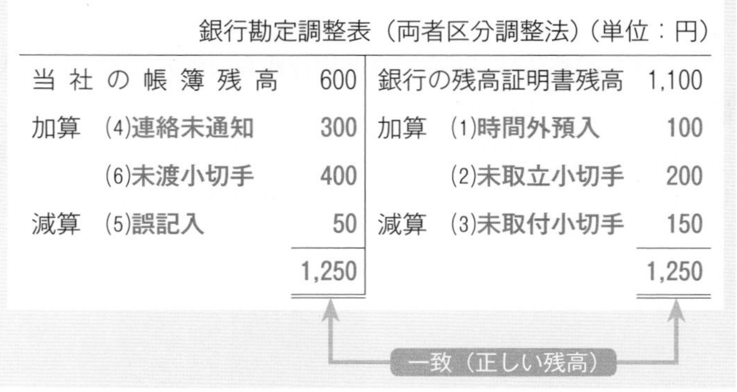

銀行勘定調整表（両者区分調整法）（単位：円）

当社の帳簿残高		600	銀行の残高証明書残高		1,100
加算	(4)連絡未通知	300	加算	(1)時間外預入	100
	(6)未渡小切手	400		(2)未取立小切手	200
減算	(5)誤記入	50	減算	(3)未取付小切手	150
		1,250			1,250

〈解説〉

(1)　**時間外預入…修正仕訳が不要な項目→銀行残高に加算**

　当座預金口座への預け入れによって当座預金の残高が増加するため、銀行残高に加算

(2)　**未取立小切手…修正仕訳が不要な項目→銀行残高に加算**

　銀行が取り立てを行うことによって当座預金の残高が増加するため、銀行残高に加算

(3)　**未取付小切手…修正仕訳が不要な項目→銀行残高から減算**

　取引先が銀行に小切手を持ち込むことによって当座預金の残高が減少するため、銀行残高から減算

(4)　**連絡未通知…修正仕訳が必要な項目→帳簿残高に加減算**

　当座預金口座への預け入れが未通知の場合には帳簿残高に加算し、当座預金口座からの引き落しが未通知の場合には帳簿残高から減算

(5)　**誤記入…修正仕訳が必要な項目→帳簿残高に加減算**

　修正仕訳によって、**当座預金**〔資産〕が増加する場合には帳簿残高に加算し、**当座預金**〔資産〕が減少する場合には帳簿残高から減算

(6)　**未渡小切手…修正仕訳が必要な項目→帳簿残高に加算**

　取引先にまだ小切手を渡していないため、すでに処理した**当座預金**〔資産〕の減少を取り消す（帳簿残高に加算）

CHAPTER 07　銀行勘定調整表　基本問題

次の資料にもとづいて、修正仕訳をしなさい。なお、仕訳が不要の場合は「仕訳なし」と記入すること。

［資　料］

(1)　決算日に現金30,000円を当座預金口座に預け入れたが、営業時間外のため、銀行で翌日付けの入金として処理された。

(2)　得意先熊本商事㈱から受け取った小切手50,000円を銀行に持ち込み、取り立てを依頼していたが、決算日において、まだ銀行が取り立てを行っていなかった。

(3)　仕入先長崎商事㈱に振り出した小切手70,000円が、決算日において、まだ銀行に呈示されていなかった。

(4)　決算日に、得意先鹿児島商事㈱から売掛金60,000円について当座預金口座に振り込みがあったが、この通知が当社に未達であった。

(5)　当社が振り出した約束手形20,000円が満期日を迎え、当座預金口座から支払われたが、誤って2,000円で処理していた。

(6)　買掛金50,000円の支払いのため小切手を作成したが、決算日において未渡しであった。

(7)　備品の購入代金120,000円を支払うため小切手を作成したが、決算日において未渡しであった。

解答

	借方科目	金額	貸方科目	金額
(1)	仕訳なし			
(2)	仕訳なし			
(3)	仕訳なし			
(4)	(当　座　預　金)	60,000	(売　　掛　　金)	60,000
(5)	(支　払　手　形)	18,000	(当　座　預　金)	18,000
(6)	(当　座　預　金)	50,000	(買　　掛　　金)	50,000
(7)	(当　座　預　金)	120,000	(未　　払　　金)	120,000

〈解説〉

(5)について、修正仕訳を示すと次のとおりです。

	借方科目	金額	貸方科目	金額
誤った仕訳：	(支　払　手　形)	2,000	(当　座　預　金)	2,000
誤った仕訳の逆仕訳：	~~(当　座　預　金)~~	~~2,000~~	~~(支　払　手　形)~~	~~2,000~~
		18,000 ＋		18,000
正しい仕訳：	(支　払　手　形)	~~20,000~~	(当　座　預　金)	~~20,000~~
修正仕訳：	(支　払　手　形)	18,000	(当　座　預　金)	18,000

CHAPTER 08

固定資産

◆定率法は第３問で毎回出る！

ここでは固定資産について学習します。

３級で学習した現金等による固定資産の購入、売却、減価償却のほか、２級では手形による固定資産の購入、割賦購入、建設仮勘定、固定資産の除却・廃棄・滅失・買換えについてみていきます。また、２級で新たに出てくる減価償却方法として定率法と生産高比例法、そして2017年度から出題範囲に加わった圧縮記帳についてもみていきます。

２級で学習する内容

取引と処理

株式会社特有の取引

商品売買取引

その他の取引

決算、本支店会計、連結会計、製造業会計

決　　算

本支店会計

連結会計Ⅰ〜Ⅲ

製造業会計

1 固定資産とは

固定資産とは、企業が活動するために長期にわたって使用する資産をいい、**有形固定資産**、**無形固定資産**、**投資その他の資産**に分類されます。

●固定資産の分類

有形固定資産	建物、備品、車両運搬具、土地など、長期にわたって使用する資産で、具体的な形があるもの
無形固定資産	のれん、特許権、著作権など長期にわたって使用する資産で、具体的な形がないもの（CHAPTER 10で学習します）
投資その他の資産	長期貸付金など

このうち、CHAPTER 08では有形固定資産についてみていきます。

2 固定資産の購入

I 固定資産の購入時の処理

Review 3級

固定資産を購入したときは、固定資産の本体価格（**購入代価**）に、不動産会社に支払った仲介手数料や登記料、備品の設置費用などの**付随費用**を加算した**取得原価**で計上します。

図解 固定資産の購入時の処理

固定資産の取得原価 ＝ 購入代価 ＋ 付随費用

取得原価
- 付随費用 ← 仲介手数料、登記料、設置費用など
- 購入代価 ← 固定資産の本体価格

Ⅱ 手形による固定資産の購入と売却

New 営業外支払手形

New 営業外受取手形

固定資産（商品以外のもの）を購入して、手形を振り出したときには、**営業外支払手形**［負債］で処理します。 ☞負債の増加⇒貸方（右）

また、固定資産（商品以外のもの）を売却して、代金を手形で受け取ったときには、**営業外受取手形**［資産］で処理します。 ☞資産の増加⇒借方（左）

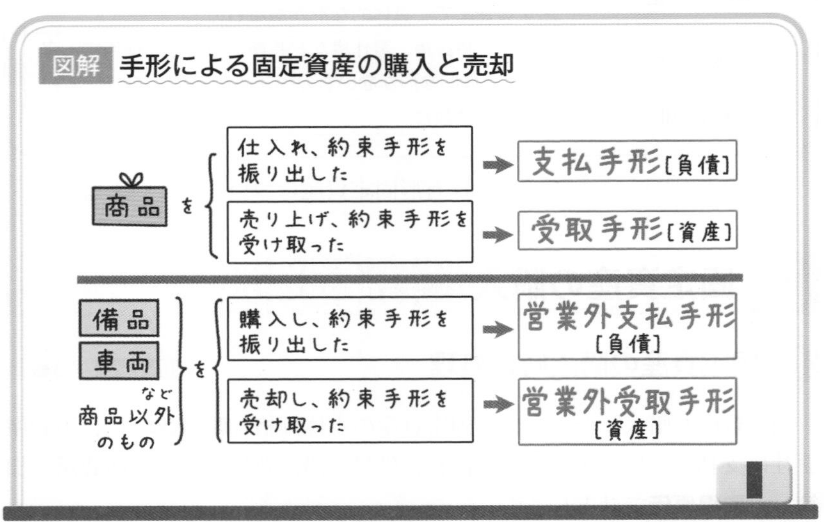

例1 手形による固定資産の購入

Ａ社は、Ｂ社から備品850円を購入し、代金は約束手形を振り出して支払った。

例１の仕訳	（備　　品）	850	（営業外支払手形）	850

例2　手形による固定資産の売却

B社は、A社に備品（帳簿価額800円、直接法で記帳）を850円で売却し、代金は約束手形で受け取った。

例2の仕訳	（営業外受取手形）	850	（備　　　品）	800
			（固定資産売却益）	50

Ⅲ 固定資産の割賦購入

固定資産を割賦（分割払い）で購入する場合、取得原価（購入代価＋付随費用）のほか、割賦購入に関する利息がかかってきます。

ひとこと

割賦購入とは、先に品物を受け取り、代金は後で分割して支払う購入形態をいいます。

たとえば、30万円の家電を購入して、クレジットカードで支払う場合、1回払いであれば支払金額は30万円ですが、3回払いや5回払いなどの場合には、30万円よりも総支払金額が大きくなりますよね？　その差額分が割賦購入に関する利息（および代金回収のための費用）です。

この、割賦購入に関する利息は**支払利息**［費用］で処理します。

1 固定資産を割賦で購入したとき

固定資産を割賦で購入したときは、原則として、現金で購入した場合の価格（現金正価）を取得原価として処理し、利息分は**前払利息**［資産］で処理します。

ひとこと

割賦期間が長期にわたる場合（決算日の翌日から1年を超える場合）には、**長期前払利息**［資産］で処理することもあります。

また、購入時に計上する利息分について**前払利息**［資産］や**長期前払利息**［資産］で処理する方法のほか、**支払利息**［費用］で処理する方法もあります。

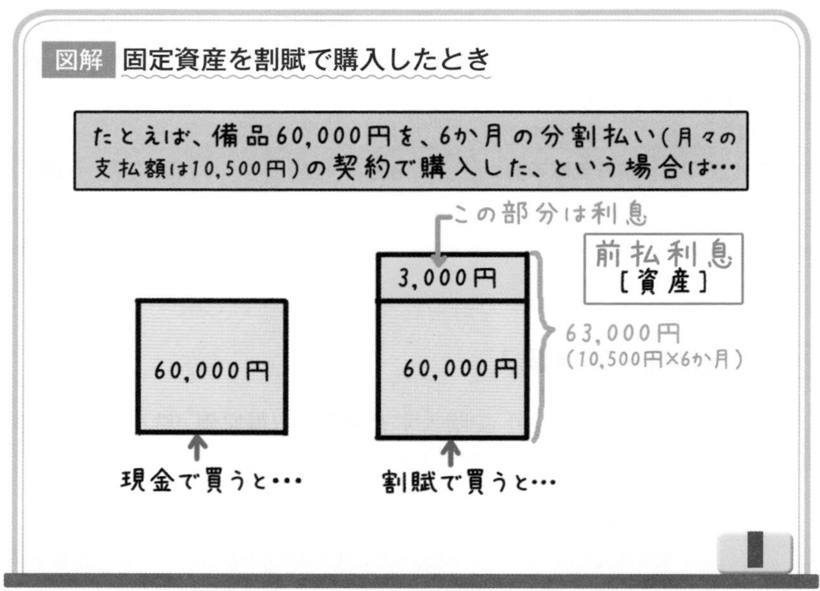

例3　固定資産を割賦で購入したとき

備品60,000円を6か月の分割払い（月々の支払額は10,500円）の契約で購入した。なお、利息分については前払利息で処理する。

例3の仕訳	(備　　品)	60,000	(未　払　金)	63,000＊1
	(前 払 利 息)	3,000＊2		

＊1　10,500円×6か月＝63,000円
＊2　63,000円－60,000円＝3,000円

2 割賦金を支払ったとき

月々の返済時には、未払金等の負債を減少させます。

また、支払った分に対応する利息を**前払利息**［資産］から**支払利息**［費用］に振り替えます。

このときの利息の計算方法には、定額法や利息法などがありますが、2級では**定額法**（利息総額を期間で均分する方法）で処理します。

図解 割賦金を支払ったときの利息の処理

前提：期中に備品60,000円を、6か月の分割払い（月々の支払額は10,500円）の契約で購入した

このときの仕訳

（備　品）	60,000	（未払金）	63,000
（前払利息）	3,000		

6か月分の金額。これについて、支払った分（1か月分）だけ支払利息［費用］に振り替える

総利息3,000円

現金正価60,000円

次回以降分は前払利息［資産］

1か月分の利息：3,000円÷6か月＝500円（支払利息）

例4　割賦金を支払ったとき

例3で購入した備品（現金正価60,000円、6か月の分割払い。月々の支払額は10,500円）について、第1回目の割賦金10,500円を銀行の普通預金口座から支払った。なお、前払利息は定額法により配分する。

例4の仕訳				
	（未　払　金）	10,500	（普　通　預　金）	10,500
	（支　払　利　息）	500*	（前　払　利　息）	500

＊　①総利息：10,500円×6か月－60,000円＝3,000円
　　②支払った分の利息：3,000円÷6か月＝500円

ひとこと

前払利息［資産］から**支払利息**［費用］への振り替えは決算時に行うこともあります。

また、購入時において利息分を**支払利息**［費用］で処理した場合には、決算において、次期以降の利息（未経過分の利息）を**支払利息**［費用］から**前払利息**［資産］に振り替えます。

利息の処理について、まとめると以下のようになります。

❶ 購入時に「前払利息」で処理する方法

購入時	（備　　品）	60,000	（未 払 金）	63,000
	（前 払 利 息）	3,000		
割賦金の支払時	（未 払 金）	10,500	（普 通 預 金）	10,500
	（支 払 利 息）	500 支払った分の利息 （当期の利息）	（前 払 利 息）	500
	この仕訳は決算時に行うこともある			

❷ 購入時に「支払利息」で処理する方法

購入時	（備　　品）	60,000	（未 払 金）	63,000
	（支 払 利 息）	3,000		
割賦金の支払時	（未 払 金）	10,500	（普 通 預 金）	10,500
決算時	（前 払 利 息）	2,500 次期以降の利息	（支 払 利 息）	2,500

3 固定資産の減価償却

Ⅰ 減価償却とは

建物、備品、車両などの固定資産は、使用することによって年々価値が減っていきます。そこで、決算において当期中に生じた価値の減少分を見積り、その分だけ固定資産の帳簿価額を減少させるとともに、同額を費用として計上していきます。この手続きを**減価償却**(げんかしょうきゃく)といい、減価償却によって費用計上される金額を**減価償却費**［費用］といいます。

減価償却方法には**定額法**、**定率法**(ていりつほう)、**生産高比例法**(せいさんだかひれいほう)などがあります。

ひとこと

固定資産の減価償却のうち、定額法については３級ですでに学習したため、ここでは定率法と生産高比例法について説明します。

なお、定額法について、ポイントをまとめると次のとおりです。

◎**定額法** Review 3級

✓ 定額法…固定資産の耐用期間中、毎期同額の減価償却費を計上する方法

１年分の減価償却費 ＝（取得原価 － 残存価額）÷ 耐用年数

※　残存価額が取得原価の10%である場合には、耐用期間中に、取得原価の90%を減価償却するということになるので、「取得原価－残存価額」を「取得原価×0.9」としても求めることができます（慣れてくるとこちらのほうが速く計算することができます）。

１年分の減価償却費 ＝（取得原価 × 0.9）÷ 耐用年数

ふむふむ…

✓ 会計期間の途中で取得した固定資産については、当期に使用した期間分の減価償却費を月割りで計上

Ⅱ 減価償却費の記帳方法

減価償却費の記帳方法（仕訳の仕方）には、直接法と間接法があります。

1 直接法

直接法は、計上した**減価償却費**［費用］と同額だけ、直接**固定資産**の金額を減少させる方法です。

☞**資産の減少⇒貸方（右）**

（減価償却費）	××	（建　　物）	××

例5 　**直接法による減価償却**

決算において、当期首に購入した建物（取得原価10,000円、残存価額は０円、耐用年数20年）について、定額法により減価償却を行う。なお、記帳方法は直接法である。

例５の仕訳	（減価償却費）	500*	（建　　物）	500

＊　(10,000円－0円)÷20年＝500円

2 間接法

Review　3級

間接法は、固定資産の金額を直接減らさず、貸方を**減価償却累計額**で処理する方法です。減価償却累計額は資産のマイナスを表す勘定科目で、固定資産の名称をつけ、**建物減価償却累計額**や**備品減価償却累計額**とすることもあります。

☞**資産のマイナスを表す勘定科目⇒貸方（右）**

（減価償却費）	××	（建物減価償却累計額）	××

例6 　**間接法による減価償却**

決算において、前期首に購入した建物（取得原価10,000円、残存価額は０円、耐用年数20年）について、定額法により減価償却を行う。なお、記帳方法は間接法である。

例６の仕訳	（減価償却費）	500*	（建物減価償却累計額）	500

＊　(10,000円－0円)÷20年＝500円

Ⅲ 定率法

1 定率法とは

定率法とは、期首時点の未償却残高（取得原価－期首減価償却累計額）に、一定の償却率を掛けて減価償却費を計上する方法です。

定率法の計算式は次のとおりです。

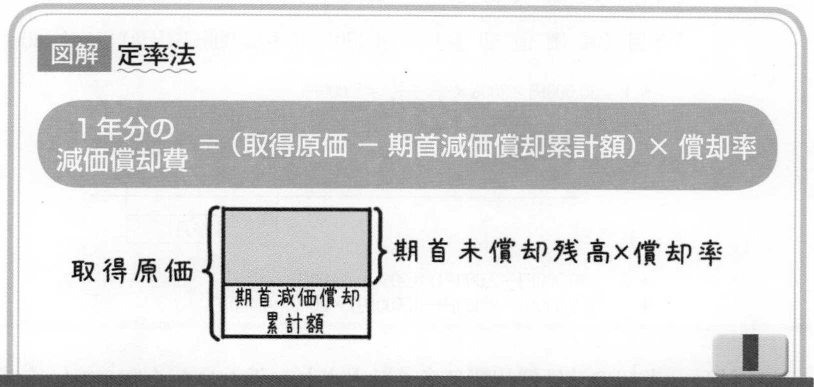

なお、会計期間の途中で取得した固定資産については、当期に使用した期間（取得後、使用を開始した日から決算日までの月数）分の減価償却費を月割りで計上します。

例7　　**定率法**

決算において、当期の12月１日に購入した備品（取得原価30,000円）について、定率法（償却率20%）により減価償却を行う。取得後１年目、２年目、３年目の決算整理仕訳をしなさい。なお、決算日は３月31日、記帳方法は間接法である。

例７の仕訳					
	１年目	（減価償却費）	2,000*[1]	（備品減価償却累計額）	2,000
	２年目	（減価償却費）	5,600*[2]	（備品減価償却累計額）	5,600
	３年目	（減価償却費）	4,480*[3]	（備品減価償却累計額）	4,480

＊１　30,000円×20%×$\frac{4か月}{12か月}$＝2,000円

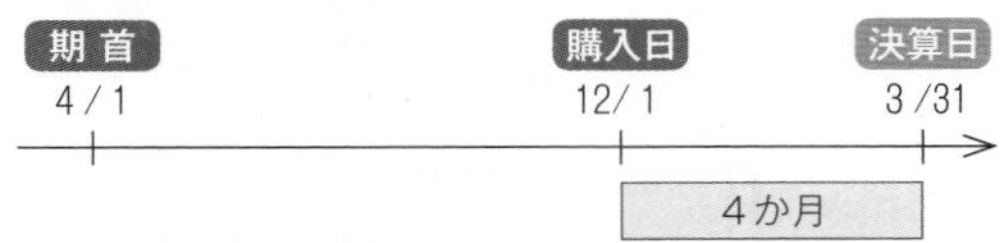

＊２　（30,000円－2,000円）×20%＝5,600円
＊３　（30,000円－2,000円－5,600円）×20%＝4,480円

定率法は、当初の減価償却費は多く計上され、年々少なくなっていく減価償却方法です。

ひとこと

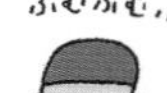

例７では２年目の減価償却費は5,600円でしたが、３年目の減価償却費は4,480円に減少しています。

１年目は会計期間の途中で取得しているため、減価償却費が2,000円と少なくなっていますが、これは４か月分の減価償却費です。

１年分で計算しなおすと、

30,000円×20%＝6,000円

となり、１年目の減価償却費がもっとも多くなります。

2 定率法の償却率と200%定率法

平成24年4月1日以後に取得する固定資産について適用する定率法の償却率は、以下の計算式で求めます。

$$\text{定率法の償却率} = \frac{1}{\text{定額法の耐用年数}} \times 200\%$$

ひとこと

たとえば、定額法の耐用年数が10年の場合、定率法の償却率は0.2となります。

$$\text{定率法の償却率}：\frac{1}{10\text{年}} \times 200\% = 0.2$$

そのため、これを**200%定率法**といいます。

ひとこと

ふむふむ…

試験では、問題文に償却率が与えられることが多いですが、200%定率法によって自分で定率法の償却率を計算しなければならない場合も考えられますので、余裕がある人は覚えておいてください。

ふむふむ…

200%定率法の場合、期首帳簿価額に償却率を掛けて減価償却費を計算するため、いつまでたっても帳簿価額が０円となりません。そこで、あるタイミングで償却の仕方を切り替えます。この切り替えのタイミングについては巻末の参考で説明していますので、余裕がある方は確認しておいてください（この内容はかなり細かい内容なので、２級では学習不要とも思いますが、日商のサンプル問題に掲載されていたため、念のため参考扱いで載せてあります）。

Ⅳ 生産高比例法

生産高比例法とは、固定資産の耐用期間中、その資産の利用度に比例した減価償却費を計上する方法で、減価償却費は次の計算式によって求めます。

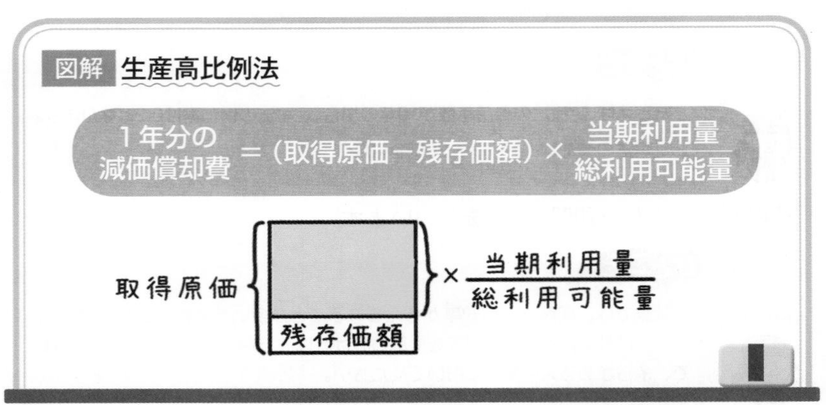

ひとこと

生産高比例法の適用は、航空機や自動車など、総利用可能量を確定できる資産に限られます。

生産高比例法は利用度に比例して減価償却費を計上する方法なので、会計期間の途中で取得した固定資産でも、減価償却費は月割計算しません。

例8 **生産高比例法**

決算において、当期の10月１日に購入した車両（取得原価200,000円）について、生産高比例法（残存価額は取得原価の10％、総走行可能距離は10,000km）により減価償却を行う。なお、当期の走行距離は1,000km、決算日は３月31日、記帳方法は間接法である。

例８の仕訳	（減価償却費）	18,000*	（車両運搬具減価償却累計額）	18,000

＊ $200,000円 \times 0.9 \times \frac{1,000km}{10,000km} = 18,000円$

ひとこと

定額法や定率法は時の経過による減価分を減価償却費として計上する方法なので、会計期間の途中で取得した固定資産については月割計算しますが、生産高比例法は利用度に比例して減価償却費を計上する方法なので、そもそも月割計算という考え方はありません。

4 固定資産の売却

Review 3級

固定資産を売却したときは、売却価額と売却時の帳簿価額との差額を**固定資産売却損**［費用］または**固定資産売却益**［収益］で処理します。なお、帳簿価額とは、取得原価から減価償却累計額を差し引いた金額をいいます。

Ⅰ 売却価額<帳簿価額の場合

固定資産の帳簿価額よりも低い金額で売却することとなったときは、損失が生じることになります。この場合の損失は**固定資産売却損**［費用］で処理します。

Ⅱ 売却価額>帳簿価額の場合

固定資産の帳簿価額よりも高い金額で売却できたときは、儲けが生じることになります。この場合の儲けは**固定資産売却益**［収益］で処理します。

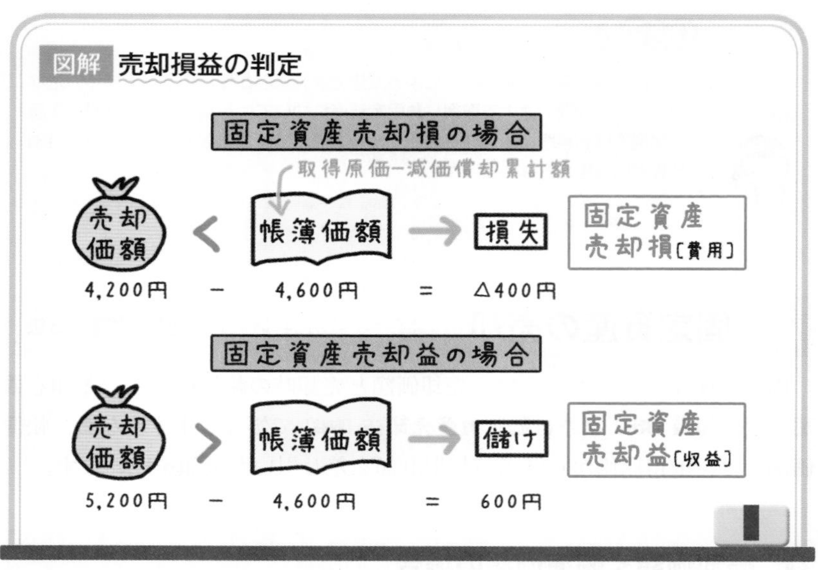

Ⅲ 固定資産を期中に売却したとき

固定資産を期中に売却したときは、期首から売却時までの減価償却費を月割りで計上します。この場合の売却時の帳簿価額は次のように計算します。

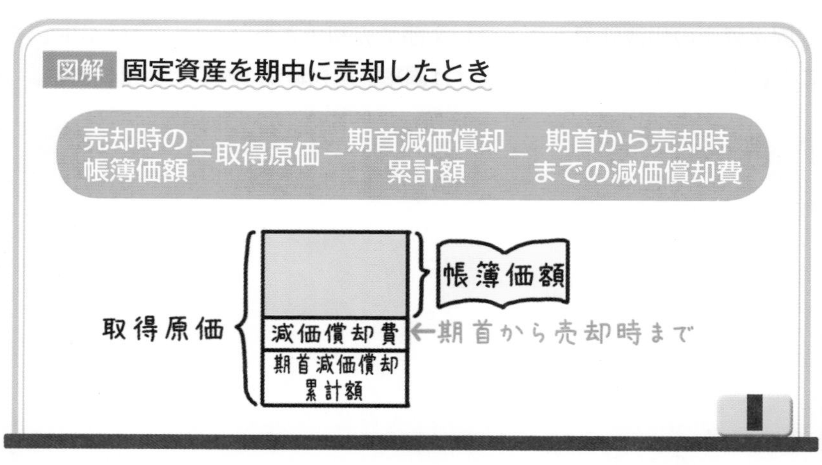

ひとこと

固定資産を期末に売却したときには、１年分の減価償却費を計上することになります。

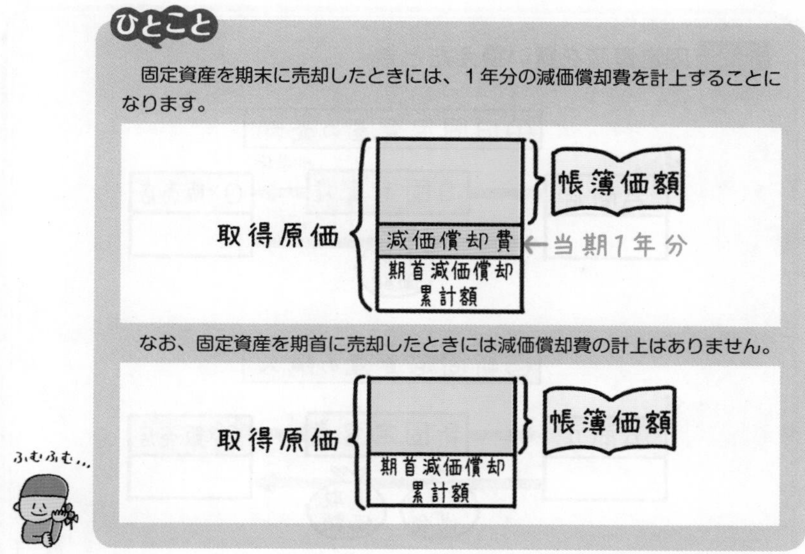

なお、固定資産を期首に売却したときには減価償却費の計上はありません。

5 固定資産の買換え

Ⅰ 固定資産の買換えとは

固定資産の**買換え**とは、いままで使用していた旧固定資産を下取りに出し、新たに固定資産を購入することをいいます。

Ⅱ 固定資産を買い換えたとき

固定資産を買い換えたときは、旧固定資産を下取価額で売却し、その売却した代金を新固定資産の購入代金（の一部）に充てたと考えて処理します。

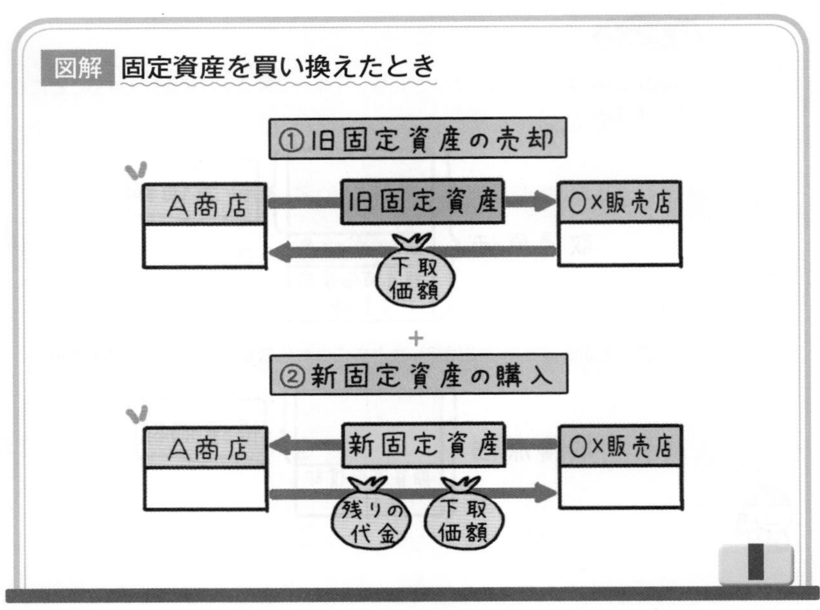

なお、売却価額（下取価額）と買換時の帳簿価額との差額は**固定資産売却損**［費用］または**固定資産売却益**［収益］で処理します。

例９ 固定資産を買い換えたとき

当期首において、車両（取得原価200,000円、期首減価償却累計額108,000円、記帳方法は間接法）を下取りに出し、新車両300,000円を購入した。旧車両の下取価額は85,000円であり、新車両の購入価額との差額は翌月末に支払うことにした。

例９の仕訳

（車両運搬具）	300,000	（車両運搬具）	200,000
（車両運搬具減価償却累計額）	108,000	（未払金）	215,000
（固定資産売却損）	7,000		

〈解説〉

① 旧車両の売却

（車両運搬具減価償却累計額）	108,000	（車両運搬具）	200,000
（現金）	85,000		
（固定資産売却損）	7,000*2		

＊１　下取価額は現金で受け取ったとして処理します。
＊２　貸借差額

＋

② 新車両の購入

（車両運搬具）	300,000	（現金）	85,000
		（未払金）	215,000*4

＊３　下取価額を新車両の購入代金に充当します。
＊４　300,000円－85,000円＝215,000円

⬇

③ 解答の仕訳

（車両運搬具）	300,000*5	（車両運搬具）	200,000*6
（車両運搬具減価償却累計額）	108,000	（未払金）	215,000
（固定資産売却損）	7,000		

＊５　新車両の取得原価
＊６　旧車両の取得原価

6 固定資産の除却・廃棄

I 固定資産の除却・廃棄とは

除却(じょきゃく)とは、固定資産を業務用として使用するのをやめることをいいます。また、**廃棄**(はいき)とは、固定資産を捨てることをいいます。

II 固定資産を除却したとき

固定資産を除却したときは、スクラップとしての価値（処分価額＝売却価額）を見積り、**貯蔵品**［資産］として処理します。　☞資産の増加⇒借方（左）

New 固定資産除却損

また、見積処分価額と除却時の帳簿価額との差額は、**固定資産除却損**［費用］で処理します。　☞費用の増加⇒借方（左）

例10　固定資産を除却したとき

当期首において、不用となった備品（取得原価60,000円、期首減価償却累計額36,000円、記帳方法は間接法）を除却した。なお、除却資産の見積処分価額は18,000円である。

例10の仕訳	（備品減価償却累計額）	36,000	（備　品）	60,000
	（貯　蔵　品）	18,000		
	（固定資産除却損）	6,000*		

＊　貸借差額

III 固定資産を廃棄したとき

New 固定資産廃棄損

固定資産を廃棄したときは、廃棄した固定資産の帳簿価額を**固定資産廃棄損**［費用］で処理します。　☞費用の増加⇒借方（左）

なお、固定資産を廃棄するさいに費用がかかった場合は、その廃棄費用は**固定資産廃棄損**［費用］に含めて処理します。

ひとこと

廃棄の場合には、（捨ててしまうので）スクラップとしての価値はありません。

例11 **固定資産を廃棄したとき**

当期首において、不用となった備品（取得原価60,000円、期首減価償却累計額36,000円、記帳方法は間接法）を廃棄した。なお、廃棄費用500円を現金で支払った。

例11の仕訳	（備品減価償却累計額）	36,000	（備　　　品）	60,000
	（固定資産廃棄損）	24,500*	（現　　　金）	500

＊ 貸借差額

7 建設仮勘定

I 建設仮勘定とは

New 建設仮勘定

ビルや工場などの建設は、契約から完成までの期間が長いため、完成前に工事代金の一部を手付金として支払うことがあります。この場合、建設中に支払った手付金は**建設仮勘定**（けんせつかりかんじょう）**[資産]**で処理します。

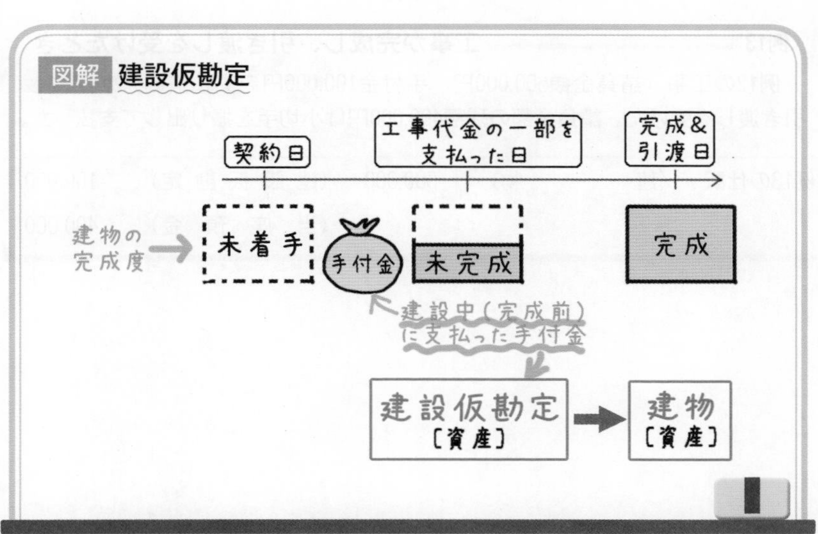

II 建設仮勘定の処理

1 手付金を支払ったとき

手付金を支払ったときは、**建設仮勘定**［資産］で処理します。

☞資産の増加⇒借方（左）

例12 手付金を支払ったとき

本社ビルの新築のため、建設会社と請負契約（請負金額500,000円）を結び、手付金として100,000円を小切手を振り出して支払った。

例12の仕訳	（建設仮勘定）	100,000	（当座預金）	100,000

2 工事が完成し、引き渡しを受けたとき

工事が完成し、引き渡しを受けたときは、**建設仮勘定**［資産］を減少させ、新たに請負価額で**建物**［資産］を計上します。

☞資産の減少⇒貸方（右）　☞資産の増加⇒借方（左）

例13 工事が完成し、引き渡しを受けたとき

例12の工事（請負金額500,000円、手付金100,000円を支払済み）が完成し、引き渡しを受けた。請負金額の残額400,000円は小切手を振り出して支払った。

例13の仕訳	（建物）	500,000	（建設仮勘定）	100,000
			（当座預金）	400,000

8 固定資産の改良・修繕

Ⅰ 改良・修繕とは

改良(かいりょう)とは、従来の建物に非常階段を設置したり、建物の構造を防火・防音にするなど、固定資産の価値を高めたり、固定資産の耐用年数を延長させるための工事をいい、この場合の支出を**資本的支出**といいます。

一方、**修繕**とは、壁のひび割れを直したり、雨漏りを修復するなど、固定資産を元の状態にすることをいい、この場合の支出を**収益的支出**といいます。

Ⅱ 改良・修繕の処理

1 固定資産を改良したとき

固定資産を改良したときは、改良にかかった金額を固定資産の取得原価に加算します。

例14 ―― **固定資産を改良したとき**

建物の改良を行い、50,000円を現金で支払った。

例14の仕訳	（建　　物）	50,000	（現　　金）	50,000

2 固定資産を修繕したとき

固定資産を修繕したときは、修繕にかかった金額を**修繕費**［費用］で処理します。

☞費用の増加⇒借方（左）

例15 ―― **固定資産を修繕したとき**

建物の修繕を行い、20,000円を現金で支払った。

例15の仕訳	（修　繕　費）	20,000	（現　　金）	20,000

図解 改良・修繕の処理

改良 = 資本的支出	修繕 = 収益的支出
↓ 取得原価に含める	↓ 修繕費〔費用〕
固定資産の価値を高めたり、耐用年数を延長させること	固定資産を元の状態に戻すこと
例 ・非常階段の設置 ・壁を防火・防音にする	例 ・壁のひび割れを直す ・雨漏りの修復

9 固定資産の滅失

I 滅失とは

滅失（めっしつ）とは、災害等で固定資産が失われることをいいます。

固定資産が滅失したときは、その価値を減額する処理をしますが、固定資産に保険を掛けているかどうかにより、処理が異なります。

以下では、火災によって固定資産が滅失した場合の処理について説明します。

II 保険を掛けていない場合の処理

保険を掛けていない固定資産が火災により焼失した場合は、焼失した固定資産の帳簿価額を**火災損失**〔費用〕で処理します。 ☞**費用の増加⇒借方（左）**

New 火災損失

New 災害損失

ひとこと

地震などの災害によって固定資産が滅失したときは、「**災害損失**」という勘定科目で処理します。

例16 ——— **火災が発生したとき（保険を掛けていない場合）**

当期首において、建物（取得原価300,000円、期首減価償却累計額162,000円、記帳方法は間接法）が火災により焼失した。なお、この建物には保険を掛けていない。

例16の仕訳	（建物減価償却累計額）	162,000	（建　　　　物）	300,000
	（火　災　損　失）	138,000		

III 保険を掛けている場合の処理

保険を掛けている固定資産が火災により焼失した場合は、火災が発生したとき、保険金額が確定したとき、保険金を受け取ったときに処理を行います。

1 火災が発生したとき

保険を掛けている場合、保険会社から支払われる保険金額が確定するまでは、損失額が確定しません。そこで、火災が発生したときは、焼失した固定資産の帳簿価額を**未決算**［資産］という仮勘定で処理しておきます。

☞資産の増加⇒借方（左）

New 未決算
New 火災未決算

ひとこと

「**未決算**」は、「**火災未決算**」という勘定科目で処理することもあります。

例17 ——— **火災が発生したとき（保険を掛けている場合）**

当期首において、建物（取得原価300,000円、期首減価償却累計額162,000円、記帳方法は間接法）が火災により焼失した。なお、この建物には200,000円の保険を掛けているため、ただちに保険会社に連絡をした。

例17の仕訳	（建物減価償却累計額）	162,000	（建　　　　物）	300,000
	（未　　決　　算）	138,000		

2 保険金額が確定したとき

後日、保険会社から支払われる保険金額の連絡があったら、確定した金額を**未収入金**［資産］で処理し、焼失時に計上した**未決算**［資産］を減少させます。

☞資産の増加⇒借方（左）　☞資産の減少⇒貸方（右）

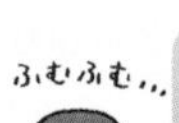

この時点では、保険会社から保険金額の連絡があっただけで、支払いは後日となるので、確定した保険金額を**未収入金**［資産］で処理するのです。

また、確定した保険金額と**未決算**［資産］との差額は、**火災損失**［費用］または**保険差益**［収益］で処理します。

New 保険差益

☞費用の増加⇒借方（左）　☞収益の増加⇒貸方（右）

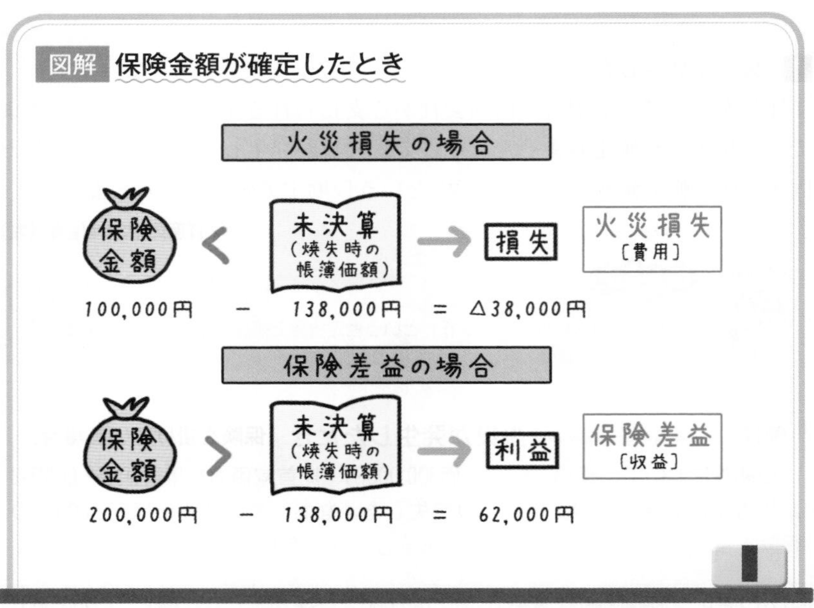

例18 ―――― **保険金額が確定したとき（保険金額<未決算の場合）**

例17の火災について、保険金100,000円を支払う旨の連絡が保険会社からあった。なお、固定資産の焼失時に未決算138,000円を計上している。

例18の仕訳	（未収入金）	100,000	（未決算）	138,000
	（火災損失）	38,000		

例19 ―――― **保険金額が確定したとき（保険金額>未決算の場合）**

例17の火災について、保険金200,000円を支払う旨の連絡が保険会社からあった。なお、固定資産の焼失時に未決算138,000円を計上している。

例19の仕訳	（未収入金）	200,000	（未決算）	138,000
			（保険差益）	62,000

3 保険会社から保険金を受け取ったとき

保険会社から保険金を受け取ったときは、**未収入金**［資産］を減少させます。

☞**資産の減少⇒貸方（右）**

例20 ―――― **保険金を受け取ったとき**

例17の火災について、保険会社から保険金200,000円が当座預金口座に入金された。

例20の仕訳	（当座預金）	200,000	（未収入金）	200,000

10 圧縮記帳

I 圧縮記帳とは

地球温暖化防止のためなど、ある政策のために固定資産を取得するさい、国や地方公共団体から補助金（**国庫補助金**(こっこほじょきん)）を受け取ることがあります。また、電力やガスなどの公共事業を営む企業が、その利用者から施設や設備の建設資金（**工事負担金**）を受け取ることがあります。

国庫補助金や工事負担金によって、固定資産を取得した場合には、その金額だけ固定資産の取得原価を減額（圧縮）する処理をします。これを**圧縮記帳**といいます。

Ⅱ 圧縮記帳の処理

1 国庫補助金や工事負担金を受け取ったとき

New 国庫補助金受贈益

New 工事負担金受贈益

国庫補助金や工事負担金を受け取ったときは、**国庫補助金受贈益**［収益］や**工事負担金受贈益**［収益］で処理します。　☞収益の増加⇒貸方（右）

例21　国庫補助金や工事負担金を受け取ったとき

Ａ社は、国から国庫補助金5,000円を受け取り、当座預金口座に入金した。

例21の仕訳	（当座預金）	5,000	（国庫補助金受贈益）	5,000

2 固定資産を取得したとき

New 固定資産圧縮損

固定資産を取得したときは、いったん購入価額を取得原価として記帳します。そして、受け取った国庫補助金の金額（工事負担金の金額）だけ、固定資産の取得原価を減額するとともに、相手科目（借方科目）は**固定資産圧縮損**［費用］で処理します。　☞資産の減少⇒貸方（右）　☞費用の増加⇒借方（左）

例22　固定資産を取得したとき

Ａ社は、**例21**で受け取った国庫補助金5,000円に自己資金10,000円を加えて建物15,000円を購入し、代金は当座預金口座から支払った。なお、この建物については補助金に相当する額の圧縮記帳（直接減額方式）を行った。

例22の仕訳	（建物）	15,000	（当座預金）	15,000
	（固定資産圧縮損）	5,000	（建物）	5,000

ひとこと

ふむふむ…

前記の仕訳をすることにより、建物の帳簿価額（取得原価）が受け入れた国庫補助金の分（5,000円）だけ減額（圧縮）されます。だから、この処理を圧縮記帳というのです。

圧縮記帳前の帳簿価額：15,000円
圧縮記帳後の帳簿価額：15,000円－5,000円＝10,000円

ひとこと

ふむふむ…

圧縮記帳の方法には、前記のように固定資産の取得原価を直接減らす方法（直接減額方式）と、固定資産の取得原価を直接減らさない方法（積立金方式）がありますが、２級では直接減額方式のみが試験範囲なので、直接減額方式だけおさえておいてください。

これならわかる!!

モヤモヤ解消

例21のように、国庫補助金を受け入れたときには、**国庫補助金受贈益［収益］**として処理します。でも、収益のままにしておくと、その収益には税金がかかるので、せっかく国庫補助金をもらったのに、使えるお金が減ってしまいます。

そこで、固定資産を取得したときに、国庫補助金受入額を**固定資産圧縮損［費用］**として処理することにより、受け入れた時点では国庫補助金に税金がかからないようにしているのです（「収益5,000円－費用5,000円＝利益０円」となるので、受け入れた時点では国庫補助金に税金がかからなくなるのです）。

3 圧縮記帳をした固定資産の減価償却

決算において、固定資産について減価償却をしますが、圧縮記帳をした固定資産の減価償却費は、圧縮記帳後の帳簿価額をもとに計算します。

例23　　　　　　圧縮記帳をした固定資産の減価償却

決算において、Ａ社は当期首に取得した**例22**の建物（購入価額15,000円、圧縮記帳額5,000円、直接減額方式）について、定額法（耐用年数20年、残存価額は０円、間接法で記帳）により減価償却を行う。

例23の仕訳	（減価償却費）	500*	（建物減価償却累計額）	500

＊　①圧縮記帳後の帳簿価額：15,000円－5,000円＝10,000円
　　②減価償却費：10,000円÷20年＝500円

11 固定資産（管理）台帳

固定資産（管理）台帳は、所有する固定資産の状況を管理するために作成する補助簿です。

固定資産（管理）台帳には、次のような内容が記載されます。

取得日	名称	期末数量	償却方法	耐用年数	❶ 取得原価	❷ 期首減価償却累計額	❸ 差引期首帳簿価額	❹ 当期減価償却費	❺ 期末帳簿価額
01年4月1日	備品A	2	定率法	5年	400,000	160,000	240,000	96,000	144,000
02年10月1日	備品B	4	定率法	8年	1,200,000	150,000	1,050,000	262,500	787,500

❶ 取得原価を記入します。
❷ 期首における減価償却累計額を記入します。
❸ 期首における帳簿価額（❶－❷）を記入します。
❹ 当期の減価償却費を記入します。
❺ 期末における帳簿価額（❸－❹）を記入します。

CHAPTER 08　固定資産　基本問題

次の取引について仕訳しなさい。なお、勘定科目はそれぞれ［　］内に示すものの中から選ぶこと。

問1　固定資産の購入

［勘定科目：当座預金、受取手形、営業外受取手形、備品、支払手形、営業外支払手形、未払金］

(1)　A社は、備品6,000円を購入し、据付費用200円とともに当月末に支払うこととした。

(2)　B社は、備品5,000円を購入し、代金は約束手形を振り出して支払った。

問2　固定資産の割賦購入

［勘定科目：当座預金、前払利息、備品、未払金、支払利息］

(1)　当期首において、備品36,000円を、6か月の分割払い（月々の支払額は6,060円）の契約で購入した。なお、利息分については前払利息で処理する。

(2)　(1)の割賦金について、第1回目の支払いを当座預金口座を通じて行った。なお、支払い分に対応する利息を定額法により前払利息から支払利息に振り替える。

問3 固定資産の減価償却

[勘定科目：建物、備品、車両運搬具、建物減価償却累計額、備品減価償却累計額、車両運搬具減価償却累計額、減価償却費]

(1) 決算において、当期の11月1日に購入した建物（取得原価540,000円）について、定額法（残存価額はゼロ、耐用年数30年）により減価償却を行う。なお、決算日は3月31日、記帳方法は直接法である。

(2) 決算において、×1年9月1日に購入した備品（取得原価300,000円）について、定率法（償却率20%）により減価償却を行う。なお、当期の決算日は×2年3月31日であり、記帳方法は間接法である。

(3) (2)の備品について、購入後2期目（決算日は×3年3月31日）の決算整理仕訳をしなさい。

(4) 決算において、当期の10月1日に購入した車両（取得原価600,000円）について、生産高比例法（残存価額は取得原価の10%、総走行可能距離は27,000km）により減価償却を行う。この車両の当期の走行距離は5,000kmであった。なお、決算日は3月31日、記帳方法は間接法である。

問4 固定資産の売却

[勘定科目：未収入金、備品、備品減価償却累計額、固定資産売却益、減価償却費、固定資産売却損]

(1) 当期首において、備品（取得原価200,000円、減価償却累計額120,000円）を70,000円で売却し、代金は月末に受け取ることとした。なお、決算日は3月31日、記帳方法は直接法である。

(2) ×4年8月31日に、備品（×1年4月1日に取得、取得原価300,000円）を120,000円で売却し、代金は翌月末に受け取ることとした。この備品は定額法（残存価額は取得原価の10%、耐用年数は5年）により減価償却しており、当期の減価償却費は月割計上する。なお、決算日は3月31日であり、記帳方法は間接法による。

問5 固定資産の買換え・除却・廃棄

[勘定科目：現金、貯蔵品、備品、車両運搬具、未払金、減価償却費、備品減価償却累計額、車両運搬具減価償却累計額、固定資産売却益、固定資産売却損、固定資産除却損、固定資産廃棄損]

(1) 当期首において、車両（取得原価400,000円、期首減価償却累計額270,000円、記帳方法は間接法）を下取りに出し、新車両550,000円を購入した。旧車両の下取価額は140,000円であり、新車両の購入価額との差額は翌月末に支払うこととした。

(2) 当期首において、不用となった備品（取得原価180,000円、期首減価償却累計額129,600円、記帳方法は間接法）を除却した。なお、除却資産の見積処分価額は30,000円である。

(3) 当期首（×4年４月１日）において、不用となった備品（×1年４月１日に購入、取得原価120,000円、記帳方法は間接法）を廃棄し、廃棄費用10,000円を現金で支払った。なお、この備品は定額法（残存価額は取得原価の10%、耐用年数５年）で減価償却を行っている。

問6 建設仮勘定

[勘定科目：当座預金、建物、建設仮勘定]

(1) 本社ビルの新築のため、建設会社と請負契約（請負金額800,000円）を結び、手付金として100,000円を小切手を振り出して支払った。

(2) (1)の工事が完成し、引き渡しを受けた。請負金額の残額は小切手を振り出して支払った。

問7 固定資産の改良・修繕・滅失

[勘定科目：当座預金、未収入金、建物、建物減価償却累計額、修繕費、火災損失、保険差益、未決算]

(1) 建物の改修工事を行い、300,000円を小切手を振り出して支払った。このうち、40％は資本的支出で、残額は収益的支出である。

(2) 当期首において、建物（取得原価600,000円、期首減価償却累計額324,000円、記帳方法は間接法）が火災により焼失した。なお、この建物には保険を掛けていない。

(3) 当期首において、建物（取得原価800,000円、期首減価償却累計額528,000円、記帳方法は間接法）が火災により焼失した。なお、この建物には400,000円の保険を掛けているため、ただちに保険会社に連絡をした。

(4) (3)の火災について、保険金300,000円を支払う旨の連絡が保険会社からあった。

問8 圧縮記帳

[勘定科目：当座預金、国庫補助金受贈益、建物、減価償却費、建物減価償却累計額、固定資産圧縮損]

(1) ×1年4月1日　A社は、国から国庫補助金40,000円を受け取り、当座預金口座に入金した。

(2) ×1年8月1日　A社は、(1)で受け取った国庫補助金40,000円に自己資金60,000円を加えて建物100,000円を購入し、代金は当座預金口座から支払った。なお、この建物については補助金に相当する額の圧縮記帳（直接減額方式）を行った。

(3) ×2年3月31日　決算において、A社は当期に取得した(2)の建物について、定額法（耐用年数20年、残存価額は0円、間接法で記帳）により月割りで減価償却を行う。なお、当期は×1年4月1日から×2年3月31日までの1年である。

解答

問1　固定資産の購入

	借方科目	金額	貸方科目	金額
(1)	(備品)	6,200*	(未払金)	6,200
(2)	(備品)	5,000	(営業外支払手形)	5,000

＊　6,000円＋200円＝6,200円

問2　固定資産の割賦購入

	借方科目	金額	貸方科目	金額
(1)	(備品)	36,000	(未払金)	36,360＊1
	(前払利息)	360＊2		
(2)	(未払金)	6,060	(当座預金)	6,060
	(支払利息)	60＊3	(前払利息)	60

＊1　6,060円×6か月＝36,360円

＊2　36,360円－36,000円＝360円

＊3　360円÷6か月＝60円

問3　固定資産の減価償却

	借方科目	金額	貸方科目	金額
(1)	(減価償却費)	7,500＊1	(建物)	7,500
(2)	(減価償却費)	35,000＊2	(備品減価償却累計額)	35,000
(3)	(減価償却費)	53,000＊3	(備品減価償却累計額)	53,000
(4)	(減価償却費)	100,000＊4	(車両運搬具減価償却累計額)	100,000

＊1　$540{,}000円 \div 30年 \times \frac{5か月}{12か月} = 7{,}500円$

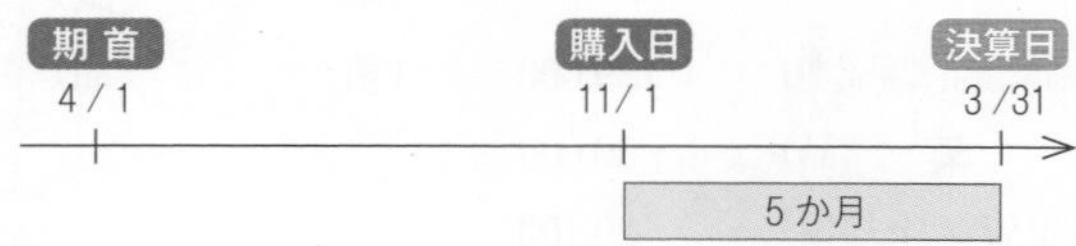

＊2　$300{,}000円 \times 20\% \times \frac{7か月}{12か月} = 35{,}000円$

＊3　$(300{,}000円 - 35{,}000円) \times 20\% = 53{,}000円$

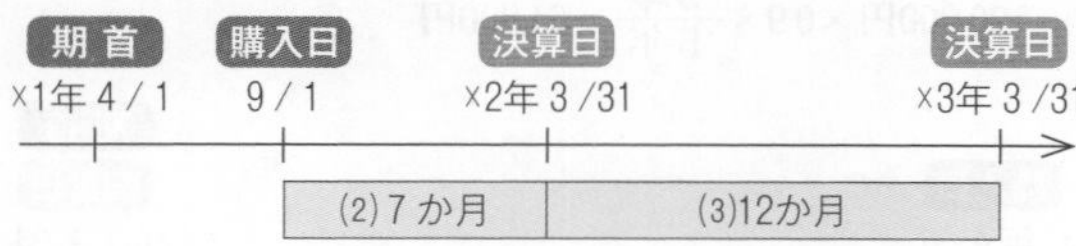

＊4　$600{,}000円 \times 0.9 \times \frac{5{,}000km}{27{,}000km} = 100{,}000円$

問4 固定資産の売却

	借方		貸方	
(1)	(未収入金)	70,000	(備品)	80,000＊1
	(固定資産売却損)	10,000＊2		
(2)	(備品減価償却累計額)	162,000＊3	(備品)	300,000
	(減価償却費)	22,500＊4	(固定資産売却益)	4,500＊5
	(未収入金)	120,000		

＊1　200,000円－120,000円＝80,000円

＊2　貸借差額

＊3　$300{,}000円 \times 0.9 \times \frac{3年}{5年} = 162{,}000円$

＊4　$300{,}000円 \times 0.9 \div 5年 \times \frac{5か月}{12か月} = 22{,}500円$

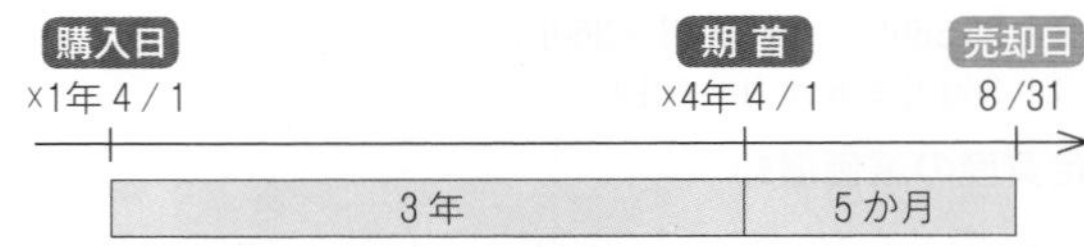

＊5　貸借差額

問5 固定資産の買換え・除却・廃棄

	借方		貸方	
(1)	(車両運搬具)	550,000	(車両運搬具)	400,000
	(車両運搬具減価償却累計額)	270,000	(固定資産売却益)	10,000
			(未払金)	410,000
(2)	(備品減価償却累計額)	129,600	(備品)	180,000
	(貯蔵品)	30,000		
	(固定資産除却損)	20,400		
(3)	(備品減価償却累計額)	64,800＊	(備品)	120,000
	(固定資産廃棄損)	65,200	(現金)	10,000

＊　$120{,}000円 \times 0.9 \times \frac{3年}{5年} = 64{,}800円$

〈解説〉

(1)について

	借方科目	金額	貸方科目	金額
旧車両の売却：	(車両運搬具減価償却累計額)	270,000	(車両運搬具)	400,000
	~~(現金)~~	~~140,000~~	(固定資産売却益)	10,000
＋				
新車両の購入：	(車両運搬具)	550,000	~~(現金)~~	~~140,000~~
			(未払金)	410,000
↓				
解答の仕訳：	(車両運搬具)	550,000	(車両運搬具)	400,000
	(車両運搬具減価償却累計額)	270,000	(固定資産売却益)	10,000
			(未払金)	410,000

問6 建設仮勘定

	借方科目	金額	貸方科目	金額
(1)	(建設仮勘定)	100,000	(当座預金)	100,000
(2)	(建物)	800,000	(建設仮勘定)	100,000
			(当座預金)	700,000

問7 固定資産の改良・修繕・滅失

	借方科目	金額	貸方科目	金額
(1)	(建物)	120,000＊1	(当座預金)	300,000
	(修繕費)	180,000＊2		
(2)	(建物減価償却累計額)	324,000	(建物)	600,000
	(火災損失)	276,000		
(3)	(建物減価償却累計額)	528,000	(建物)	800,000
	(未決算)	272,000		
(4)	(未収入金)	300,000	(未決算)	272,000
			(保険差益)	28,000

＊1　300,000円×40％＝120,000円

＊2　300,000円×60％＝180,000円

問8 圧縮記帳

	借方科目	金額	貸方科目	金額
(1)	(当座預金)	40,000	(国庫補助金受贈益)	40,000
(2)	(建物)	100,000	(当座預金)	100,000
	(固定資産圧縮損)	40,000	(建物)	40,000
(3)	(減価償却費)	2,000＊	(建物減価償却累計額)	2,000

＊　$(100{,}000円-40{,}000円)\div 20年\times\dfrac{8か月(×1年8/1〜×2年3/31)}{12か月}$

$=2{,}000円$

CHAPTER 09

リース取引

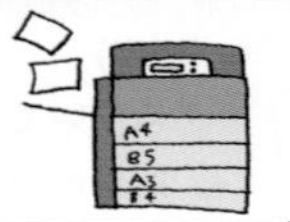

◆借手側の基本的＆簡便的な処理をみておこう！

ここではリース取引についてみていきます。

リース取引の具体的な処理（原則的な処理）は１級の学習範囲ですが、簡便的な処理（例外的な処理）は２級の試験範囲です。

２級で学習する内容

取引と処理

株式会社特有の取引

商品売買取引

その他の取引

- ✓手　形……CHAPTER 06
- ✓電子記録債権（債務）……CHAPTER 06
- ✓その他の債権の譲渡……CHAPTER 06
- ✓銀行勘定調整表……CHAPTER 07
- ✓固定資産……CHAPTER 08
- ✓リース取引……CHAPTER 09
- ✓研究開発費……CHAPTER 10
- ✓無形固定資産……CHAPTER 10
- ✓有価証券……CHAPTER 11
- ✓引当金……CHAPTER 12
- ✓サービス業の処理……CHAPTER 13
- ✓収益の認識基準……CHAPTER 14
- ✓外貨建取引……CHAPTER 15

決算、本支店会計、連結会計、製造業会計

決　算

- ✓決算整理……CHAPTER 04〜15
- ✓精算表の作成……CHAPTER 16
- ✓財務諸表の作成……CHAPTER 16
- ✓税効果会計……CHAPTER 17
- ✓帳簿の締め切り……CHAPTER 18

本支店会計

連結会計Ⅰ〜Ⅲ

製造業会計

1 リース取引とは

リース取引とは、パソコンやファックスなど、事業を行うのに必要な固定資産（**リース物件**）をあらかじめ決められた期間（**リース期間**）にわたって借りる契約を結び、借手（**レッシー**）が貸手（**レッサー**）に使用料を支払う取引をいいます。

図解 リース取引とは

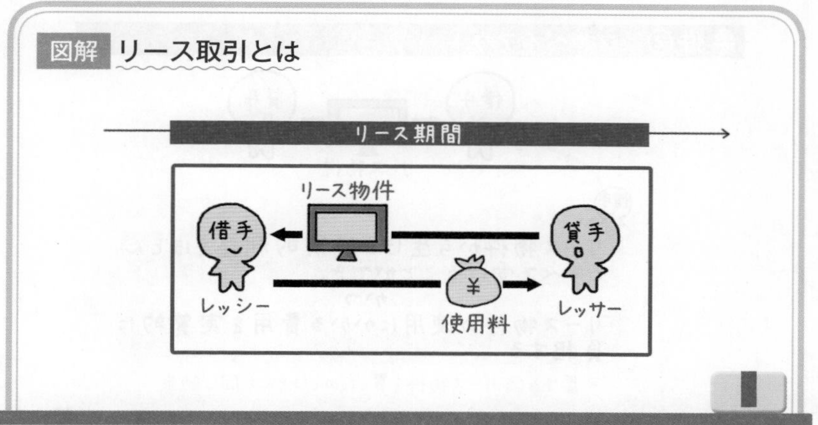

2 リース取引の分類

リース取引は、**ファイナンス・リース取引**と**オペレーティング・リース取引**に分類されます。

Ⅰ ファイナンス・リース取引

ファイナンス・リース取引とは、リース取引のうち、❶**解約不能**（ノンキャンセラブル）、❷**フルペイアウト**の２要件を満たす取引をいいます。

図解 ファイナンス・リース取引の要件

要件① 解約不能

契約期間の中途で解約することができないリース取引であること

→ 実質的に解約ができないリース取引も含む

要件② フルペイアウト

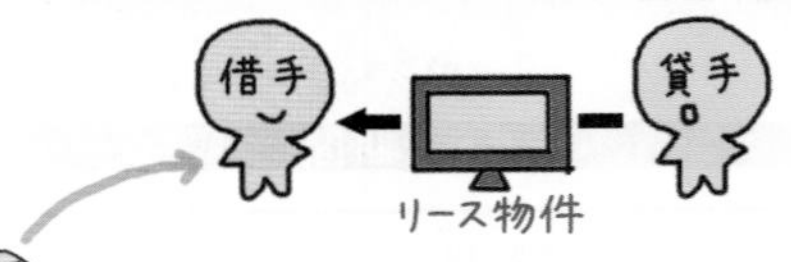

借手が

・リース物件から生じる経済的利益をほとんどすべて受けることができ、

かつ

・リース物件の使用にかかる費用を実質的に負担する

→ 要するに、リース物件を買ったのとほとんど同じ効果

II オペレーティング・リース取引

オペレーティング・リース取引とは、ファイナンス・リース取引以外のリース取引をいいます。

3 ファイナンス・リース取引の処理

ファイナンス・リース取引では、通常の売買取引（固定資産の購入）と同様の処理を行います。

ひとこと

ここでは、ファイナンス・リース取引の処理のうち、２級の試験範囲のもののみを学習します。なお、２級では借手側の処理だけ学習します。

Ⅰ 利息相当額の処理（原則と例外）

借手が貸手に支払うリース料（リース物件の使用料）の中には、利息相当額が含まれますが、この利息相当額の処理については、原則（1級で学習）と例外（2級で学習）があります。

図解 利息相当額の処理（原則と例外）

■原則■ ←1級で学習
利息法
☆ 所有権移転ファイナンス・リース取引については必ず利息法
（リース期間が終了したあと、リース物件の所有権が自動的に借手に移転する取引）

■例外■ ←2級で学習
所有権移転外ファイナンス・リース取引で、重要性が乏しい場合には下記の①または②のいずれかを選択できる
（リース期間が終了したあと、リース物件の所有権が借手に移転しない取引）

① 利子込み法
② 利子抜き法（利息相当額を定額法により配分する方法）

ふむふむ…

ひとこと
2級では例外の処理についてみていきます。

Ⅱ 利子込み法と利子抜き法

New リース資産　New リース債務

リース取引を開始したときは、リース物件を購入し、代金を分割で後払いにした場合と同様の処理をします。

具体的には、**リース資産**［資産］を計上するとともに、**リース債務**［負債］を計上します。

ひとこと

備品を購入し、代金は分割で後払いとしたとき、**備品**〔資産〕を計上するとともに、**未払金**〔負債〕を計上しますよね？　これと同様の処理で、勘定科目が**リース資産**〔資産〕と**リース債務**〔負債〕となるだけです。なお、「リース資産」は「備品」や「車両」などで処理することもあるので、試験では問題文の指示にしたがって解答してください。

なお、**リース資産**〔資産〕として計上する価額は、**利子込み法**と**利子抜き法**で異なります。

図解　リース資産として計上する価額

1　利子込み法

利息相当額を含んだリース料総額をリース資産の価額として計上

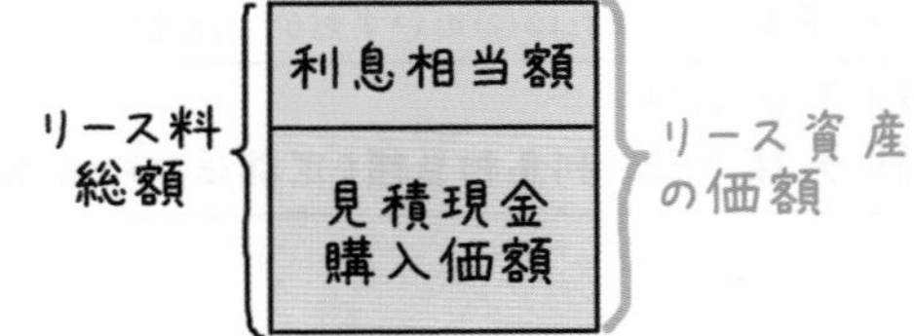

2　利子抜き法

リース料総額から利息相当額部分を除いた金額(見積現金購入価額)をリース資産の価額として計上

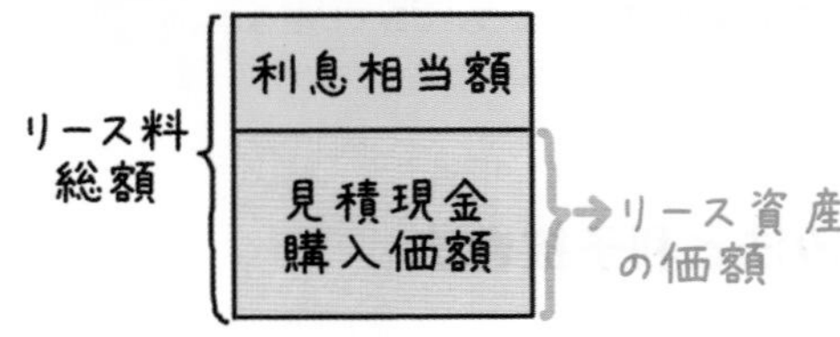

ひとこと

本書では、利子抜き法の場合におけるリース資産の価額は、見積現金購入価額を前提とします。なお、貸手の購入価額と問題文に与えられる場合などもあります。ただし試験では、リース資産の価額（利息相当額を含まない価額）がどの金額かを明示されると考えられますので、その場合は問題文の指示にしたがってください。

Ⅲ 利子込み法の場合

まず、利子込み法の場合の処理です。

1 リース取引を開始したとき

利子込み法において、リース取引を開始したときは、利息相当額を含んだリース料総額で、**リース資産**［資産］を計上するとともに、**リース債務**［負債］を計上します。 **☞資産の増加⇒借方（左）** **☞負債の増加⇒貸方（右）**

図解 リース取引を開始したとき（利子込み法）

たとえば、×1年4月1日（期首）に下記の内容で備品についてリース契約を結んだ場合には・・・

リース期間：5年
見積現金購入価額：8,800円
年間リース料：2,000円（毎年3月31日に後払い）

リース料総額 10,000円 ←2,000円×5年
- 利息相当額 1,200円 ←10,000円－8,800円
- 見積現金購入価額 8,800円

→リース資産の価額 10,000円

（リース資産） 10,000 （リース債務） 10,000

2 リース料を支払ったとき

リース料を支払ったときは、支払ったリース料の分だけ**リース債務**［負債］を減少させます。 ☞**負債の減少⇒借方（左）**

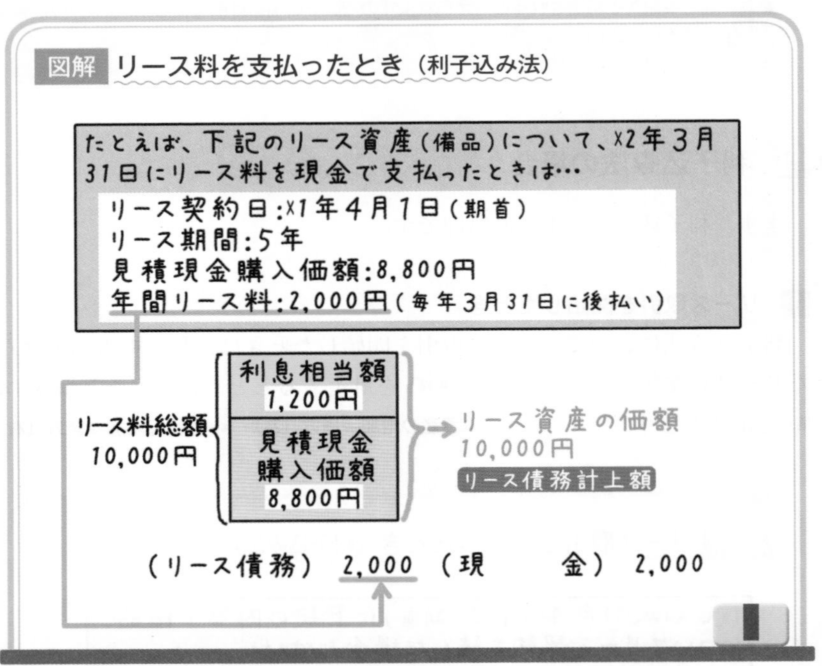

3 決算時

決算時には、リース資産の計上価額をもとに、耐用年数をリース期間、残存価額を0円として減価償却を行います。

残存価額や耐用年数については、問題文の指示にしたがって解答してください。

図解 決算時　減価償却費の計上（利子込み法）

たとえば、下記のリース資産（備品）について、×2年3月31日（決算日）に定額法（残存価額は0円、耐用年数はリース期間、記帳方法は間接法）によって減価償却を行う場合は…

リース契約日：×1年4月1日（期首）
リース期間：5年
リース資産の計上価額：10,000円（利子込み法）

減価償却費：10,000円÷5年＝2,000円

（減価償却費）　2,000　（リース資産減価償却累計額）　2,000

ちなみに！　期中にリース契約を結んだ場合には、減価償却費は月割計上する

たとえば！　上記のリース契約日が×1年7月1日だった場合は…

×1年7/1～×2年3/31

減価償却費：10,000円÷5年×$\frac{9か月}{12か月}$＝1,500円

Ⅳ 利子抜き法の場合

つづいて、利子抜き法の場合の処理です。

1 リース取引を開始したとき

利子抜き法において、リース取引を開始したときは、リース料総額から利息相当額を控除した金額（見積現金購入価額）で、**リース資産**［資産］を計上するとともに、**リース債務**［負債］を計上します。

☞資産の増加⇒借方（左）　☞負債の増加⇒貸方（右）

図解 リース取引を開始したとき（利子抜き法）

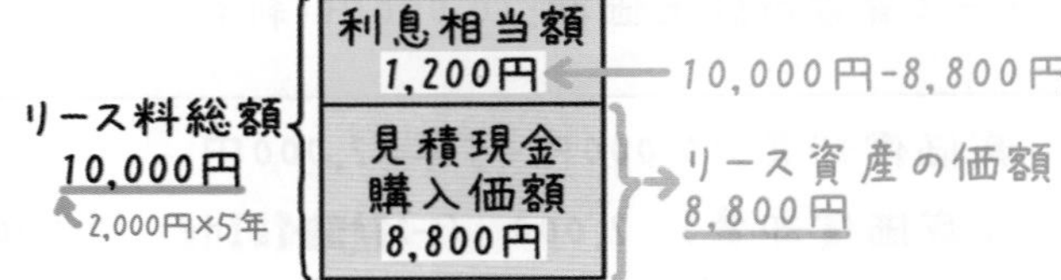

（リース資産） 8,800 （リース債務） 8,800

2 リース料を支払ったとき

リース料を支払ったときは、支払ったリース料（利息相当額を除いた額）の分だけ**リース債務**［負債］を減少させます。 ☞**負債の減少⇒借方（左）**

また、利子抜き法で処理している場合には、リース料総額に含まれる利息相当額を**支払利息**［費用］として計上します。 ☞**費用の増加⇒借方（左）**

この場合の利息相当額（支払ったリース料に含まれる利息相当額）は、**定額法**（毎回、均等額が発生しているとして処理する方法）によって計算します。

図解 リース料を支払ったとき（利子抜き法）

たとえば、下記のリース資産（備品）について、×2年3月31日にリース料を現金で支払ったときは…

リース契約日：×1年4月1日（期首）
リース期間：5年
見積現金購入価額：8,800円
年間リース料：2,000円（毎年3月31日に後払い）

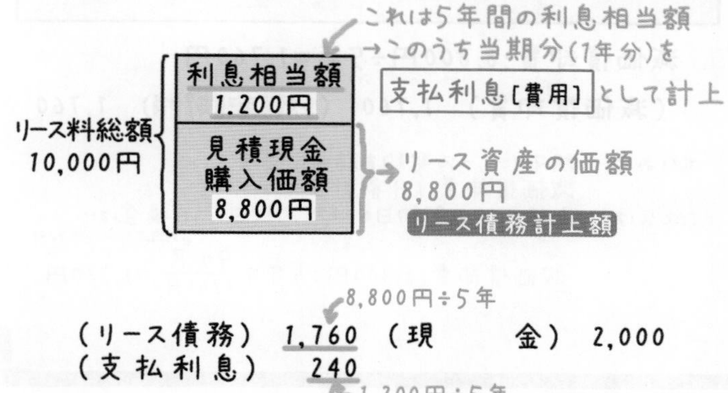

3 決算時①

決算時には、リース資産の計上価額をもとに、耐用年数をリース期間、残存価額を0円として減価償却を行います。

図解 決算時① 減価償却費の計上（利子抜き法）

たとえば、下記のリース資産（備品）について、×2年3月31日（決算日）に定額法（残存価額は0円、耐用年数はリース期間、記帳方法は間接法）によって減価償却を行う場合は…

リース契約日：×1年4月1日（期首）
リース期間：5年
リース資産の計上価額：8,800円（利子抜き法）

減価償却費：8,800円÷5年＝1,760円

（減価償却費）　1,760　（リース資産減価償却累計額）　1,760

ちなみに！　期中にリース契約を結んだ場合には、減価償却費は月割計上する

たとえば！　上記のリース契約日が×1年7月1日だった場合は…

減価償却費：8,800円÷5年×9か月/12か月＝1,320円（9か月：×1年7/1～×2年3/31）

4 決算時②

リース料の支払日と決算日が異なる場合には、当期に発生している利息相当額のうち、まだ支払っていない分について利息の未払計上を行います。

この場合の貸方科目（未払利息）は**リース債務**［負債］で処理することもあります。

図解 決算時② 利息の未払計上（利子抜き法）

たとえば、下記のリース資産（備品）について、×2年3月31日（決算日）に利息相当額の未払計上を行うときは…

リース契約日：×1年7月1日
リース期間：5年
見積現金購入価額：8,800円
年間リース料：2,000円（毎年6月30日に後払い）

リース料総額 10,000円
- 利息相当額 1,200円
- 見積現金購入価額 8,800円 → リース資産の価額 8,800円

期首 ×1年4/1
リース契約日 7/1
決算日 ×2年3/31
リース料支払日 6/30
リース期間終了日 ×6年6/30

当期
9か月分の利息

（支払利息） 180 （未払利息） 180

「リース債務」で処理することもある！

$1{,}200円 \div 5年 \times \frac{9か月}{12か月}$

5 翌期首

決算日において、支払利息の未払計上を行った場合は、翌期首において再振替仕訳をします。

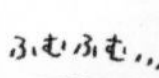

ひとこと

再振替仕訳は決算日に行った仕訳の逆仕訳です。３級で学習した内容なので、自信のない人は３級の教科書で確認を！

利子込み法と利子抜き法の処理をまとめると、次のとおりです。

図解 利子込み法と利子抜き法の処理のまとめ

①リース取引を開始したとき

利子込み法	(リース資産) 10,000 (リース債務) 10,000 ☆ リース資産の計上価額は利息相当額を含んだ金額
利子抜き法	(リース資産) 8,800 (リース債務) 8,800 ☆ リース資産の計上価額は利息相当額を含まない金額

②リース料を支払ったとき

利子込み法	(リース債務) 2,000 (現金など) 2,000 ☆ 支払利息の計上はない
利子抜き法	(リース債務) 1,760 (現金など) 2,000 (支払利息) 240 ☆ 支払利息の計上がある

③決算時① 減価償却費の計上

利子込み法	(減価償却費) 2,000 (リース資産減価償却累計額) 2,000
利子抜き法	(減価償却費) 1,760 (リース資産減価償却累計額) 1,760

☆ リース資産の計上価額をもとに、残存価額を0円、耐用年数をリース期間として減価償却費を計算

☆ 期中にリース取引を開始したときは減価償却費は月割計上

④決算時② 決算日とリース料支払日がずれている場合

利子込み法	仕訳なし ☆ 支払利息の未払計上はなし
利子抜き法	(支払利息) 180 (未払利息) 180 ☆ 支払利息の未払計上あり ☆ 翌期首において再振替仕訳をする

例1　利子込み法の処理

以下の条件で契約したリース取引（ファイナンス・リース取引に該当）について、利子込み法（利息相当額を控除しない方法）によって、下記の(1)〜(4)の日付の仕訳をしなさい。なお、決算日は毎年３月31日である。

［条　件］
リース契約日：×1年７月１日
リース期間：５年
見積現金購入価額：8,800円
年間リース料：2,000円（毎年６月30日に現金で後払い）
減価償却：残存価額を０円、耐用年数をリース期間とした定額法により行う。記帳方法は間接法

(1)　×1年７月１日（リース契約日）の仕訳
(2)　×2年３月31日（決算日）の仕訳
(3)　×2年４月１日（翌期首）の仕訳
(4)　×2年６月30日（リース料支払日）の仕訳

例1の仕訳				
(1)	（リース資産）	10,000[*1]	（リース債務）	10,000
(2)	（減価償却費）	1,500[*2]	（リース資産減価償却累計額）	1,500
(3)	仕訳なし			
(4)	（リース債務）	2,000	（現　　　金）	2,000

＊1　2,000円×５年＝10,000円

＊2　10,000円÷５年×$\frac{9か月（×1年7/1〜×2年3/31）}{12か月}$＝1,500円

例2　利子抜き法の処理

以下の条件で契約したリース取引（ファイナンス・リース取引に該当）について、利子抜き法（利息相当額を定額法で配分する方法）によって、下記の(1)〜(4)の日付の仕訳をしなさい。なお、決算日は毎年３月31日である。

［条　件］
リース契約日：×1年７月１日
リース期間：５年
見積現金購入価額：8,800円
年間リース料：2,000円（毎年６月30日に現金で後払い）
減価償却：残存価額を０円、耐用年数をリース期間とした定額法により行う。記帳方法は間接法

(1) ×1年7月1日（リース契約日）の仕訳
(2) ×2年3月31日（決算日）の仕訳
(3) ×2年4月1日（翌期首）の仕訳
(4) ×2年6月30日（リース料支払日）の仕訳

例2の仕訳	借方科目	金額	貸方科目	金額
(1)	（リース資産）	8,800*1	（リース債務）	8,800
(2)	（減価償却費）	1,320*2	（リース資産減価償却累計額）	1,320
	（支払利息）	180*3	（未払利息）	180
(3)	（未払利息）	180	（支払利息）	180
(4)	（リース債務）	1,760*4	（現金）	2,000
	（支払利息）	240*5		

＊1　見積現金購入価額

＊2　$8{,}800\text{円} \div 5\text{年} \times \dfrac{9\text{か月}(\times1\text{年}7/1\sim\times2\text{年}3/31)}{12\text{か月}} = 1{,}320\text{円}$

＊3　①リース料総額：2,000円×5年＝10,000円

②支払利息総額：10,000円－8,800円＝1,200円

③当期分の支払利息：

$$1{,}200\text{円} \div 5\text{年} \times \dfrac{9\text{か月}(\times1\text{年}7/1\sim\times2\text{年}3/31)}{12\text{か月}} = 180\text{円}$$

＊4　8,800円÷5年＝1,760円

＊5　1,200円÷5年＝240円

4 オペレーティング・リース取引の処理

オペレーティング・リース取引では、通常の賃貸借取引（固定資産を借りたとき）に準じた処理を行います。

I リース取引を開始したとき

オペレーティング・リース取引を開始したときには、なんの処理もしません。

ふむふむ…

ひとこと

借りた・貸したという契約が生じただけなので、会計処理はありません。

例3　**リース取引を開始したとき**

×1年4月1日（期首）において、リース契約（オペレーティング・リース取引に該当）を締結し、リース期間5年、年間リース料2,000円（毎年3月31日に後払い）で備品を取得した。

例3の仕訳	仕訳なし

Ⅱ リース料を支払ったとき

リース料を支払ったときは、支払ったリース料を**支払リース料**［費用］として計上します。

☞**費用の増加⇒借方（左）**

例4　**リース料を支払ったとき**

例3のリース契約について、×2年3月31日において、リース料2,000円を現金で支払った。

例4の仕訳	（支払リース料）	2,000	（現　　　　金）	2,000

Ⅲ 決算時

リース料の支払日と決算日が異なる場合には、当期に発生しているリース料（賃借料）のうち、まだ支払っていない分についてリース料の未払計上を行います。

ひとこと

事務所を借りている場合の、家賃の未払計上と同じです。事務所を借りている場合には、賃借料（家賃）の支払いはありますが、減価償却費の計上はしませんよね？　オペレーティング・リース取引（賃貸借処理）も同じです。

例5 **決算時**

×2年3月31日（決算日）において、×1年7月1日に締結したリース契約（オペレーティング・リース取引に該当）について、リース料の未払計上を行った。なお、リース期間は5年、年間リース料は2,000円（毎年6月30日に後払い）である。

例5の仕訳	（支払リース料）	1,500*	（未払リース料）	1,500

＊　2,000円×$\frac{\text{9か月（×1年7/1〜×2年3/31）}}{\text{12か月}}$＝1,500円

Ⅳ 翌期首

リース料の未払計上を行った場合には、翌期首において再振替仕訳をします。

例6 **翌期首**

×2年4月1日（翌期首）において、**例5**で行ったリース料の未払計上の再振替仕訳を行う。

例6の仕訳	（未払リース料）	1,500	（支払リース料）	1,500

CHAPTER 09　リース取引　基本問題

次の各問に答えなさい。

問1　**ファイナンス・リース取引**

以下の条件で契約したリース取引（ファイナンス・リース取引に該当）について、（A）利子込み法（利息相当額を控除しない方法）と（B）利子抜き法（利息相当額を控除する方法）によって、下記の日付の仕訳をしなさい。なお、利子抜き法の場合には、利息相当額を定額法で配分するものとする。また、決算日は毎年３月31日である。勘定科目は［　　］内に示すものの中から選ぶこと。

［勘定科目：現金、リース資産、未払利息、リース債務、減価償却費、支払利息、
　　　　　リース資産減価償却累計額］

［条　件］

リース契約日：×1年10月１日

リース期間：５年

見積現金購入価額：132,000円

年間リース料：30,000円（毎年９月30日に現金で後払い）

減価償却：残存価額を０円、耐用年数をリース期間とした定額法により行う。
　　　　　記帳方法は間接法

⑴　×1年10月１日（リース契約日）の仕訳

⑵　×2年３月31日（決算日）の仕訳

⑶　×2年４月１日（翌期首）の仕訳

⑷　×2年９月30日（リース料支払日）の仕訳

問2 **オペレーティング・リース取引**

×1年８月１日において、リース契約（オペレーティング・リース取引に該当）を締結し、リース期間５年、年間リース料48,000円（毎年７月31日に現金で後払い）で備品を取得した。この場合における下記の日付の仕訳をしなさい。なお、決算日は毎年３月31日である。勘定科目は［　　］内に示すものの中から選ぶこと。

［勘定科目：現金、未払リース料、支払リース料］

⑴　×1年８月１日（リース契約日）の仕訳

⑵　×2年３月31日（決算日）の仕訳

⑶　×2年４月１日（翌期首）の仕訳

⑷　×2年７月31日（リース料支払日）の仕訳

解答

問1 ファイナンス・リース取引

（A）利子込み法の場合

	借方	金額	貸方	金額
(1)	(リース資産)	150,000*1	(リース債務)	150,000
(2)	(減価償却費)	15,000*2	(リース資産減価償却累計額)	15,000
(3)	仕訳なし			
(4)	(リース債務)	30,000	(現金)	30,000

（B）利子抜き法の場合

	借方	金額	貸方	金額
(1)	(リース資産)	132,000*3	(リース債務)	132,000
(2)	(減価償却費)	13,200*4	(リース資産減価償却累計額)	13,200
	(支払利息)	1,800*5	(未払利息)	1,800
(3)	(未払利息)	1,800	(支払利息)	1,800
(4)	(リース債務)	26,400*6	(現金)	30,000
	(支払利息)	3,600*7		

＊1　30,000円×５年＝150,000円

＊2　$150,000円÷5年×\frac{6か月（×1年10/1〜×2年3/31）}{12か月}=15,000円$

＊3　見積現金購入価額

＊4　$132,000円÷5年×\frac{6か月（×1年10/1〜×2年3/31）}{12か月}=13,200円$

＊5　①リース料総額：30,000円×５年＝150,000円
②支払利息総額：150,000円－132,000円＝18,000円
③当期分の支払利息：

$$18,000円÷5年×\frac{6か月（×1年10/1〜×2年3/31）}{12か月}=1,800円$$

＊6　132,000円÷５年＝26,400円

＊7　18,000円÷５年＝3,600円

問2 オペレーティング・リース取引

	借方	金額	貸方	金額
(1)	仕訳なし			
(2)	(支払リース料)	32,000*	(未払リース料)	32,000
(3)	(未払リース料)	32,000	(支払リース料)	32,000
(4)	(支払リース料)	48,000	(現金)	48,000

＊　$48,000円×\frac{8か月（×1年8/1〜×2年3/31）}{12か月}=32,000円$

CHAPTER 10

研究開発費と無形固定資産

◆具体的な形はないが、価値はある

ここでは、研究開発費と無形固定資産について学習します。研究開発費は費用ですが、無形固定資産は資産です。

無形固定資産については、特に、のれん、特許権、ソフトウェアの処理をくわしくみておきましょう。

2級で学習する内容

取引と処理

株式会社特有の取引

商品売買取引

その他の取引

✓手　形……CHAPTER 06
✓電子記録債権（債務）…CHAPTER 06
✓その他の債権の譲渡……CHAPTER 06
✓銀行勘定調整表……CHAPTER 07
✓固定資産……CHAPTER 08
✓リース取引……CHAPTER 09
✓研究開発費……CHAPTER 10
✓無形固定資産……CHAPTER 10
✓有価証券……CHAPTER 11
✓引当金……CHAPTER 12
✓サービス業の処理……CHAPTER 13
✓収益の認識基準……CHAPTER 14
✓外貨建取引……CHAPTER 15

決算、本支店会計、連結会計、製造業会計

決　算

✓決算整理……CHAPTER 04〜15
✓精算表の作成……CHAPTER 16
✓財務諸表の作成……CHAPTER 16
✓税効果会計……CHAPTER 17
✓帳簿の締め切り……CHAPTER 18

本支店会計

連結会計Ⅰ〜Ⅲ

製造業会計

1 研究開発費

Ⅰ 研究開発費とは

研究開発費とは、新技術や新製品の発見、発明を目的とした研究・開発に支出した費用をいいます。

Ⅱ 研究開発費の処理

New 研究開発費

研究開発費は、支出をしたときに全額を**研究開発費**［費用］で処理します。

☞費用の増加⇒借方（左）

例1　研究開発費を支出したとき

研究開発目的にのみ使用する実験装置10,000円を購入し、代金は小切手を振り出して支払った。

例1の仕訳	（研究開発費）	10,000	（当座預金）	10,000

2 無形固定資産

Ⅰ 無形固定資産とは

無形固定資産とは、長期にわたって使用する資産で、具体的な形がないものをいいます。

無形固定資産には次のようなものがあります。

●無形固定資産の種類

◆法律上の権利
特許権：新規の発明を独占的に使用できる権利
商標権：商標を独占的に使用できる権利
※　ほかに、実用新案権、借地権など

◆経済的な価値
のれん：合併や買収で取得したブランド力など、ほかの会社に対して優位になるもの（超過収益力）
ソフトウェア：後述

Ⅱ 無形固定資産（ソフトウェア以外）の処理

1 無形固定資産を取得したとき

New 特許権

無形固定資産を取得したときは、その取得に要した支出額で**特許権**［資産］などで処理します。
☞**資産の増加⇒借方（左）**

例2　　無形固定資産を取得したとき

特許権を8,000円で取得し、代金は小切手を振り出して支払った。

例2の仕訳	（特　許　権）	8,000	（当　座　預　金）	8,000

2 決算時

無形固定資産は有形固定資産と同様、決算において償却します。償却方法は、残存価額をゼロとした定額法で、記帳方法は直接法です。

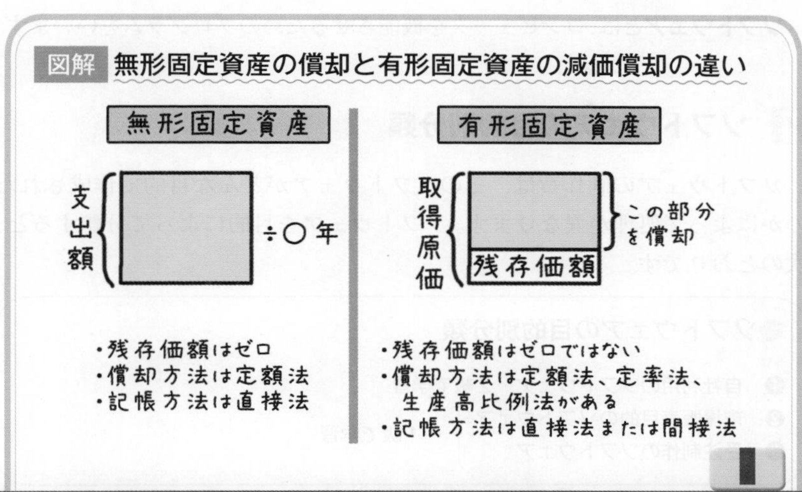

なお、のれんについては、会計基準により取得後20年以内に、定額法によって償却することが定められています。

無形固定資産の償却額は、**特許権償却**［費用］や**のれん償却**［費用］などで処理します。

☞費用の増加⇒借方（左）

New 特許権償却 New のれん償却

例3 決算時

決算において、当期首に発生した特許権8,000円（償却期間８年）とのれん20,000円（償却期間10年）を償却する。

例３の仕訳	（特許権償却）	1,000＊[1]	（特許権）	1,000
	（のれん償却）	2,000＊[2]	（のれん）	2,000

＊１　8,000円÷８年＝1,000円
＊２　20,000円÷10年＝2,000円

3 ソフトウェア

Ⅰ ソフトウェアとは

ソフトウェアとは、コンピュータを機能させるためのプログラムをいいます。

Ⅱ ソフトウェアの目的別分類

ソフトウェアの制作費は、そのソフトウェアがどんな目的で作成されたのかによって処理が異なります。ソフトウェアを目的によって分類すると、次のとおりです。

●ソフトウェアの目的別分類

❶ 自社利用のソフトウェア…２級で学習
❷ 市場販売目的のソフトウェア
❸ 受注制作のソフトウェア
（❷❸）…１級で学習

ひとこと

以下、２級の試験範囲である❶自社利用のソフトウェアについて学習します。

Ⅲ 自社利用のソフトウェアの処理

自社利用のソフトウェアとは、自分の会社で利用するために制作したソフトウェアや、自社で利用するために購入したソフトウェアをいいます。

1 自社利用のソフトウェアを制作、購入したとき

New ソフトウェア

自分の会社で利用するために制作したソフトウェアの制作費や、自社で利用するために購入したソフトウェアの購入費は、それを利用することによって将来の収益獲得が確実な場合（または費用の削減が確実な場合）には、**ソフトウェア**［資産］で処理します。　☞**資産の増加⇒借方（左）**

ふむふむ…

ひとこと

会社の役に立つなら、資産計上するよ、ということです。

ただし、ソフトウェア開発費のうち、研究開発部分に関する費用は**研究開発費**［費用］で処理します。

☞**費用の増加⇒借方（左）**

例4 ―――― 自社利用のソフトウェアを制作、購入したとき

Ａ社は、当期首において、自社利用のソフトウェアを10,000円で購入し、代金は現金で支払った。

例４の仕訳	（ソフトウェア）	10,000	（現　　　金）	10,000

New ソフトウェア仮勘定

なお、制作途中のソフトウェアの制作費は**ソフトウェア仮勘定**［資産］で処理しておき、完成したときに**ソフトウェア仮勘定**［資産］から**ソフトウェア**［資産］に振り替えます。

2 決算時

New ソフトウェア償却

自社利用のソフトウェアの取得原価は、利用可能期間（原則として５年以内）にわたって、残存価額をゼロとした定額法で償却します。記帳方法は直接法です。また、ソフトウェアの償却額は、**ソフトウェア償却**［費用］で処理します。

☞**費用の増加⇒借方（左）**

例5 ―――― 決算時

決算において、当期首に購入した**例４**のソフトウェア（購入原価10,000円）を利用可能期間５年で償却する。

例５の仕訳	（ソフトウェア償却）	2,000*	（ソフトウェア）	2,000

＊　10,000円÷５年＝2,000円

ふむふむ…

ひとこと

決算において、ソフトウェアの償却を行うことによって、当期末のソフトウェアの帳簿価額は8,000円（10,000円－2,000円）となります。

CHAPTER 10　研究開発費と無形固定資産　基本問題

次の取引について仕訳しなさい。なお、勘定科目はそれぞれ［　　］内に示すものの中から選ぶこと。

問1　**研究開発費と無形固定資産**

［勘定科目：現金、諸資産、のれん、諸負債、資本金、研究開発費、のれん償却］

(1)　もっぱら研究・開発のために使用する器具を10,000円で購入し、代金は現金で支払った。

(2)　当期首に岩手産業株式会社は秋田商事株式会社を吸収合併し、株式40株を@5,500円で発行した。なお、秋田商事株式会社の諸資産は800,000円（時価）、諸負債は600,000円（時価）である。

(3)　決算において、(2)で発生したのれんを20年で償却する。

問2　**ソフトウェア**

［勘定科目：現金、ソフトウェア、ソフトウェア償却］

(1)　当期首において、自社利用のソフトウェア20,000円を購入し、代金は現金で支払った。

(2)　決算において、(1)のソフトウェアを利用可能期間５年で償却する。

(3)　前期首において、自社利用のソフトウェアを購入し、ソフトウェア（無形固定資産）として計上していた。当期首における帳簿残高（未償却残高）は8,000円である。このとき、当期の決算時について仕訳しなさい。なお、このソフトウェアの前期首における利用可能期間は５年である。

解答

問1　研究開発費と無形固定資産

(1)	(研究開発費)	10,000	(現金)	10,000
(2)	(諸資産)	800,000	(諸負債)	600,000
	(のれん)	20,000＊2	(資本金)	220,000＊1
(3)	(のれん償却)	1,000＊3	(のれん)	1,000

＊1　@5,500円×40株＝220,000円
＊2　貸借差額
＊3　20,000円÷20年＝1,000円

問2　ソフトウェア

(1)	(ソフトウェア)	20,000	(現金)	20,000
(2)	(ソフトウェア償却)	4,000＊	(ソフトウェア)	4,000
(3)	(ソフトウェア償却)	2,000	(ソフトウェア)	2,000

＊　20,000円÷５年＝4,000円

〈解説〉

(3)について

前期に取得しているため、前期末において１年分の償却がされています。そのため、当期首における帳簿残高を４年（５年－１年）で償却します。

ソフトウェア償却：8,000円÷４年＝2,000円

CHAPTER 11

有価証券

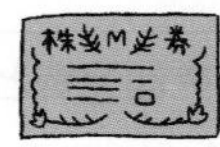

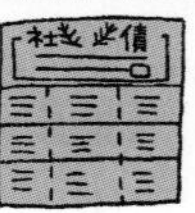

◆保有目的によって処理が異なる

ここでは、有価証券について学習します。

有価証券は保有目的によって４つに分類されます。それぞれの内容と処理についてしっかり理解しましょう。

２級で学習する内容

取引と処理

株式会社特有の取引

商品売買取引

その他の取引

✓手　形……CHAPTER 06
✓電子記録債権（債務）…CHAPTER 06
✓その他の債権の譲渡……CHAPTER 06
✓銀行勘定調整表……CHAPTER 07
✓固定資産……CHAPTER 08
✓リース取引……CHAPTER 09
✓研究開発費……CHAPTER 10
✓無形固定資産……CHAPTER 10
✓有価証券……CHAPTER 11
✓引当金……CHAPTER 12
✓サービス業の処理……CHAPTER 13
✓収益の認識基準……CHAPTER 14
✓外貨建取引……CHAPTER 15

決算、本支店会計、連結会計、製造業会計

決　　算

✓決算整理……CHAPTER 04〜15
✓精算表の作成……CHAPTER 16
✓財務諸表の作成……CHAPTER 16
✓税効果会計……CHAPTER 17
✓帳簿の締め切り……CHAPTER 18

本支店会計

連結会計Ⅰ〜Ⅲ

製造業会計

1 有価証券の分類

I 有価証券とは

有価証券とは、株式会社が発行する**株式**や**社債**(しゃさい)、国が発行する**国債**、地方自治体が発行する**地方債**などをいいます。また、国債、地方債、社債をまとめて**公社債**(こうしゃさい)といいます。

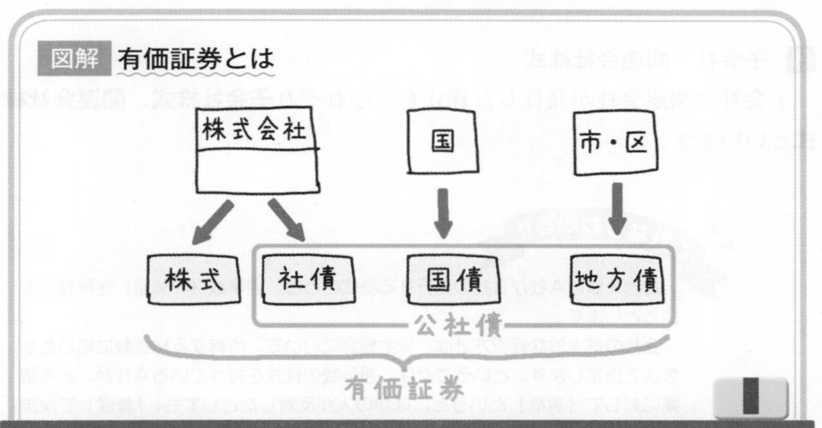

ひとこと

有価証券は、株式会社や国、地方自治体が、資金を集めるために発行します。株式会社等が株式等を発行し、これを一般の人やほかの企業が買うことによって、株式会社等は資金を集めることができるのです。

ただし、何の見返りもなく、株式等を買う人はいないので、株式会社等は購入者に対して配当金や利息を支払います。

また、株式等は時価（そのときの価額）で売買することができ、売却することによってお金に換えることができます。つまり、「お金に換えられる、価値の有る証券（紙片）」なのです。だから、「有価証券」というのです。

II 有価証券の分類

有価証券は、保有目的により、次のように分類されます。

1 売買目的有価証券

売買目的有価証券とは、価格が低いときに購入し、価格が上がったときに売却することによって、その差額分の儲けを得ることを目的として保有している有価証券のことをいいます。

2 満期保有目的債券

満期保有目的債券(まんきほゆうもくてきさいけん)とは、利息を受け取ることを目的として、満期まで所有するつもりで保有している公社債のことをいいます。

3 子会社・関連会社株式

子会社や関連会社が発行した株式を、それぞれ**子会社株式**、**関連会社株式**といいます。

これならわかる!!

たとえば、A社がB社の発行する株式のうち、過半数(50%超)を所有しているとします。

会社の基本的な経営方針は、株主総会において、所有する株式数に応じた多数決で決定します。ということは、過半数の株式を持っているA社が、ある議案に対して「賛成」というと、ほかの人が反対したとしても、「賛成」で決まります。

このように、ある会社(A社)が他の会社(B社)の意思決定機関(株主総会など)を支配している場合の、ある会社(A社)を**親会社**、他の会社(B社)を**子会社**といいます。

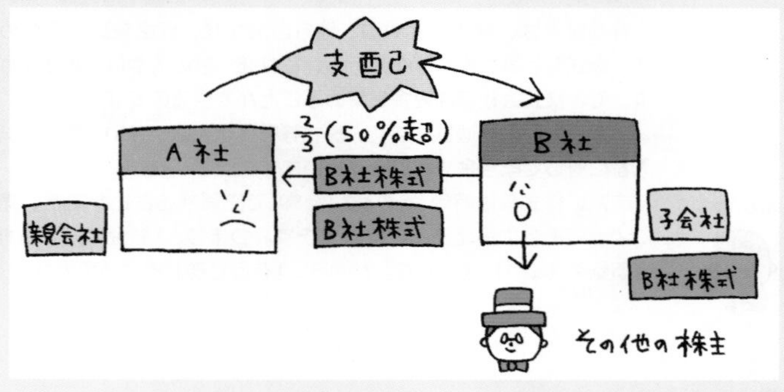

また、意思決定機関を支配しているとまではいえないけれども、他の企業の意思決定に重要な影響を与えることができる場合の、他の会社を**関連会社**といいます。

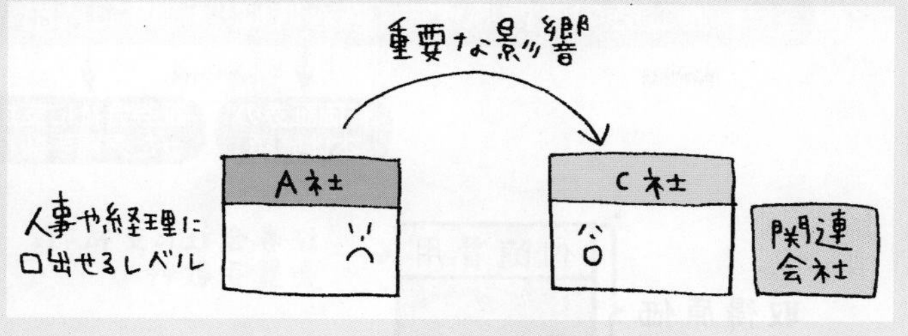

4 その他有価証券

前記の**1**から**3**のどの分類にもあてはまらない有価証券を**その他有価証券**といいます。

2 有価証券の購入と売却

I 有価証券を購入したとき

有価証券を購入したときは、保有目的に応じて**売買目的有価証券**［資産］、**満期保有目的債券**［資産］、**子会社株式**［資産］、**関連会社株式**［資産］、**その他有価証券**［資産］で処理します。

☞**資産の増加⇒借方（左）**

この場合の計上価額は、有価証券を購入するために支払った金額（**取得原価**といいます）で、取得原価は有価証券の価額（**購入代価**といいます）に、証券会社に支払った売買手数料（**付随費用**といいます）を加算した金額です。

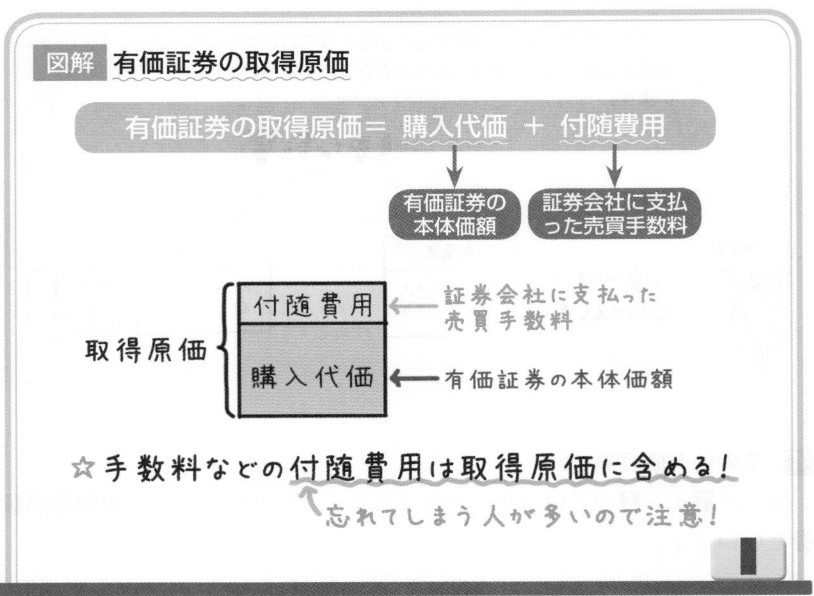

1 株式を購入したとき

株式を購入したときは、１株あたりの購入単価（株価）に購入株数を掛けて購入代価を計算します。

> 株式の取得原価 ＝ 購入単価（１株あたり） × 購入株数 ＋付随費用
>
> （購入単価 × 購入株数 ＝ 購入代価）

2 公社債を購入したとき

株式は１株、２株と数えるのに対し、公社債は１口、２口と数えます。

公社債を購入したときは、１口あたりの購入単価に購入口数を掛けて購入代価を計算します。なお、公社債の場合、額面総額（公社債の券面に記載されている金額）から以下のようにして購入口数を計算します（１口あたりの額面金額は100円を前提としています）。

購入代価

公社債の取得原価 ＝ 購入単価（１口あたり） × 購入口数 ＋付随費用

$$\text{購入口数} = \frac{\text{公社債の額面総額}}{100\text{円}}$$

例１　有価証券を購入したとき

⑴　売買目的で、Ａ社株式10株を@100円で購入し、代金は購入手数料100円とともに３営業日後に支払うこととした。

⑵　満期保有目的で、Ｂ社社債（額面総額1,000円）を額面100円につき96円で購入し、代金は売買手数料30円とともに普通預金口座から支払った。

⑶　Ｃ社株式80株を@50円で購入し、購入手数料100円とともに普通預金口座から支払った。なお、C社の発行済株式総数は100株である。

⑷　Ｄ社株式（その他有価証券）10株を@200円で購入し、代金は購入手数料100円とともに３営業日後に支払うこととした。

例１の仕訳⑴	（売買目的有価証券）	1,100＊1	（未　払　金）	1,100
⑵	（満期保有目的債券）	990＊2	（普　通　預　金）	990
⑶	（子 会 社 株 式）	4,100＊3	（普　通　預　金）	4,100
⑷	（その他有価証券）	2,100＊4	（未　払　金）	2,100

＊１　@100円×10株＋100円＝1,100円

＊２　$96\text{円}\times\frac{1{,}000\text{円}}{100\text{円}}+30\text{円}=990\text{円}$

＊３　C社の発行済株式100株のうち80株（過半数）を取得しているので、子会社株式に分類される。
@50円×80株＋100円＝4,100円

＊４　@200円×10株＋100円＝2,100円

New 有価証券売却益

New 有価証券売却損

Ⅱ　有価証券を売却したとき

有価証券を売却したときは、売却した有価証券の帳簿価額（帳簿に記載されている金額）だけ、**有価証券**［資産］を減少させます。 ☞**資産の減少⇒貸方（右）**

また、売却価額と帳簿価額との差額は、**有価証券売却益**［収益］または**有価証券売却損**［費用］で処理します。

1 売却益が生じる場合（売却価額＞帳簿価額の場合）

有価証券の帳簿価額よりも高い価額で売却できたときには、儲けが生じます。この儲けは**有価証券売却益**［収益］で処理します。

☞収益の増加⇒貸方（右）

例2 ―――――― **有価証券を売却したとき（売却益の場合）**

売買目的で保有するX社株式10株（帳簿価額2,100円）を１株あたり230円で売却し、代金は現金で受け取った。

例２の仕訳	（現　　金）	2,300*1	（売買目的有価証券）	2,100
			（有価証券売却益）	200*2

＊１　@230円×10株＝2,300円
＊２　2,300円－2,100円＝200円
売却価額＞帳簿価額 →売却益

2 売却損が生じる場合（売却価額＜帳簿価額の場合）

有価証券の帳簿価額よりも低い価額でしか売却できなかったときには、損失が生じます。この損失は**有価証券売却損**［費用］で処理します。

☞費用の増加⇒借方（左）

例3 ―――――― **有価証券を売却したとき（売却損の場合）**

売買目的で保有するY社社債（額面総額1,000円、帳簿価額970円）を額面100円につき95円で売却し、代金は現金で受け取った。

例３の仕訳	（現　　金）	950*1	（売買目的有価証券）	970
	（有価証券売却損）	20*2		

＊１　$95円 \times \frac{1{,}000円}{100円} = 950円$
＊２　950円－970円＝△20円
売却価額＜帳簿価額→売却損

3 同一銘柄の有価証券を複数回に分けて購入し、これを売却した場合

同一銘柄の有価証券を複数回に分けて購入し、これを売却したときは、売却した有価証券の帳簿価額は**平均原価法**によって計算します。

平均原価法の計算式は次のとおりです（ここでは株式の場合に限定していますが、公社債の場合も同様です）。

$$平均単価 = \frac{1回目の取得原価+2回目の取得原価+\cdots}{1回目の取得株式数+2回目の取得株式数+\cdots}$$

$$売却した株式の帳簿価額 = 平均単価 \times 売却株式数$$

有価証券を売却するときに証券会社に支払う手数料の処理については、巻末の参考で説明しています。

例4 ―――― 有価証券を売却したとき

当期中に2回にわたって売買目的で購入したZ社株式200株のうち、150株を1株あたり525円で売却し、代金は月末に受け取ることとした。なお、Z社株式は1回目に1株あたり500円で100株を、2回目に1株あたり520円で100株を購入している。当社は平均原価法で記帳している。

例4の仕訳	（未　収　入　金）	78,750*1	（売買目的有価証券）	76,500*2
			（有価証券売却益）	2,250*3

＊1　@525円×150株＝78,750円

＊2　平均単価：$\frac{@500円 \times 100株 + @520円 \times 100株}{100株 + 100株} = @510円$

売却株式の帳簿価額：@510円×150株＝76,500円

＊3　貸借差額

3 配当金・利息の受け取り

Ⅰ 配当金を受け取ったとき

株式を所有していると、株式の発行会社から利益の分配として配当金を受け取ることがあります。

New 受取配当金

所有する株式について、配当金を受け取ったときは、**受取配当金** [収益] で処理します。

☞収益の増加⇒貸方（右）

株主総会で配当金額が決定すると、株主のもとに配当金領収証が送付され、株主はそれを金融機関に持ち込むことによって現金等を受け取ります。そのため配当金領収証は、簿記上、**現金** [資産] で処理します。

☞資産の増加⇒借方（左）

例5　配当金を受け取ったとき

保有するX社株式について、配当金領収証100円を受け取った。

例５の仕訳	（現　　　　金）	100	（受 取 配 当 金）	100

Ⅱ 利息を受け取ったとき

New 有価証券利息

所有する公社債について、利息を受け取ったときは、**有価証券利息** [収益] で処理します。

☞収益の増加⇒貸方（右）

公社債の利息は、公社債の発行者から受け取っている利札のうち、支払期限が経過したものを金融機関に持ち込むことによって現金等を受け取ります。そのため、期限到来済みの公社債利札は簿記上、**現金** [資産] で処理します。

☞資産の増加⇒借方（左）

ひとこと

期限が到来する前の公社債利札は、「現金」で処理してはいけません。期限が到来していないので、その利札を金融機関に持ち込んだところで現金を受け取ることができないからです。

例6　利息を受け取ったとき

保有するＹ社社債について、半年分の利息100円の利払日が到来した。

例６の仕訳	（現　　　金）	100	（有価証券利息）	100

ひとこと

配当金領収証や期限到来後の公社債利札は**現金**［資産］として処理します。

4 端数利息の処理

Ⅰ 端数利息とは

公社債の利息は、利払日に、その時点の所有者に対して支払われます。

そこで、利払日以外の日に公社債を売買した場合、買主は売主に、前回の利払日の翌日から売買日までの利息を支払います。この場合の利息（前回の利払日の翌日から売買日までの利息）を**端数利息**（はすうりそく）といいます。

これならわかる!!

Ａさんは Y 社が発行した社債を持っていたとしましょう。このＹ社社債は「利払日は年２回、６月末日と12月末日」という条件で発行されたもので、半年分の利息は1,800円とします。

このＹ社社債を８月10日にＢさんに売却した場合を考えてみましょう。

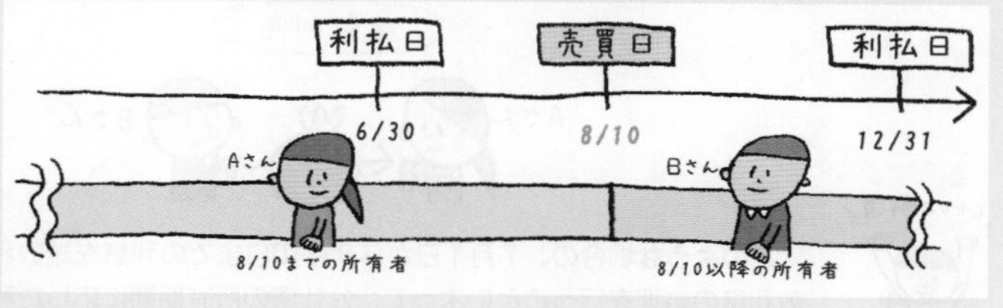

まず、6月30日時点のＹ社社債の所有者はＡさんなので、6月30日にＡさんは半年分の利息1,800円をＹ社から受け取ります。

次に12月31日時点ですが、この時点のＹ社社債の所有者はＢさんです。ですから、12月31日にＢさんは半年分の利息1,800円をＹ社から受け取ります。

12月31日にＢさんが受け取る利息は、7月1日から12月31日までの半年分ですが、このうち7月1日から8月10日まではＡさんが所有者なので、本来、Ａさんに支払われるべきです。それにもかかわらず、この分も含めて12月31日にＢさんが受け取ってしまうわけです。

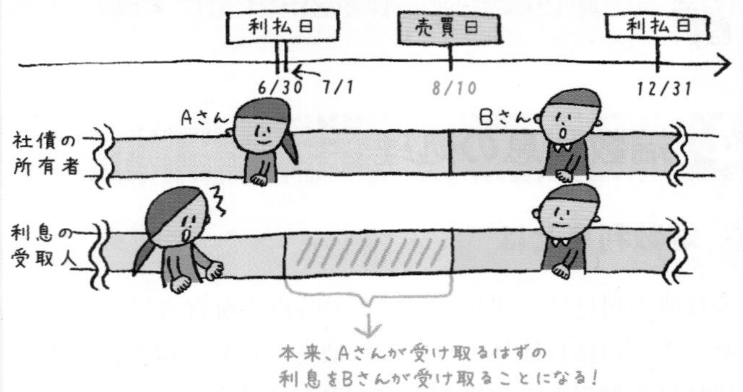

そこで、売買日（8月10日）に、買主であるＢさんが、売主であるＡさんに対して、7月1日から8月10日までの利息（Ａさんが受け取るべき利息）を支払うのです。本来ならばＹ社がＡさんに支払うべきところ、Ｙ社に代わってＢさんが支払っておき、あとで（12月31日に）Ｙ社からその分も含めて受け取るのです。

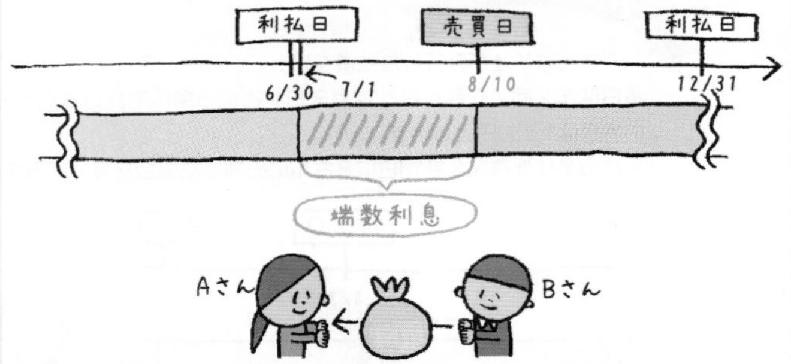

このような場合の、7月1日から8月10日までの利息を端数利息といい、端数利息の処理を行うことによって、公社債の所有期間に応じた利息の受け払いができるのです。

Ⅱ 端数利息の計算

端数利息は、次の計算式によって求めます。

$$端数利息 = 額面金額 \times 年利率 \times \frac{前回の利払日の翌日から売買日までの日数}{365日}$$

Ⅲ 端数利息の処理

1 売主の処理

売主は公社債の売却日に、前回の利払日の翌日から売却日までの利息（端数利息）を買主から受け取ります。

例7 端数利息を受け取ったとき

×1年８月10日　Ａ社は売買目的で購入したＹ社社債（額面金額50,000円、年利率7.3%、利払日は６月末日と12月末日、帳簿価額48,000円）を、額面100円につき97円でＢ社に売却し、代金は端数利息とともに現金で受け取った。

例７の仕訳	(現　　金)	48,910	(売買目的有価証券)	48,000
			(有価証券売却益)	500
			(有価証券利息)	410

〈解説〉

有価証券の売却と端数利息の受け取りに分けて考えると、次のようになります。

① 有価証券の売却

(現　　金)	48,500*1	(売買目的有価証券)	48,000
		(有価証券売却益)	500

＋

② 端数利息の受け取り

(現　　金)	410	(有価証券利息)	410*2

⬇

③ 解答の仕訳

(現　　金)	48,910	(売買目的有価証券)	48,000
		(有価証券売却益)	500
		(有価証券利息)	410

＊1　$50,000円 \times \frac{97円}{100円} = 48,500円$

＊2　$50,000円 \times 7.3\% \times \frac{41日}{365日} = 410円$

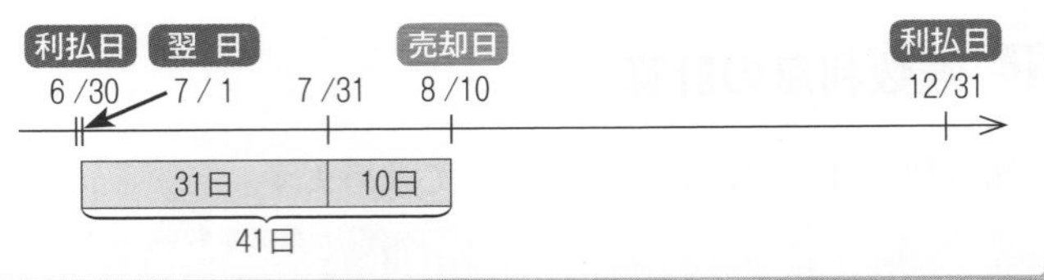

2 買主の処理

買主は公社債の購入日に、前回の利払日の翌日から購入日までの利息（端数利息）を、公社債の発行者に代わって売主に立替払いします。

なお、次の利払日に公社債の発行者から受け取る利息には、端数利息分も含まれているため、購入時には立替払いした端数利息を**有価証券利息**［収益］の減少として処理します。　**☞収益の減少⇒借方（左）**

例8　端数利息を支払ったとき

×1年８月10日　Ｂ社はＡ社から売買目的でＹ社社債（額面金額50,000円、年利率7.3%、利払日は６月末日と12月末日）を、額面100円につき97円で購入し、代金は端数利息とともに現金で支払った。

例８の仕訳	（売買目的有価証券）	48,500	（現　　金）	48,910
	（有価証券利息）	410		

〈解説〉

有価証券の購入と端数利息の支払いに分けて考えると、次のようになります。

① 有価証券の購入

（売買目的有価証券）	48,500＊1	（現　　金）	48,500

＋

② 端数利息の支払い

（有価証券利息）	410＊2	（現　　金）	410

⬇

③ 解答の仕訳

（売買目的有価証券）	48,500	（現　　金）	48,910
（有価証券利息）	410		

＊1　$50,000円 \times \frac{97円}{100円} = 48,500円$

＊2　$50,000円 \times 7.3\% \times \frac{41日}{365日} = 410円$

5 売買目的有価証券の評価替え

Ⅰ 売買目的有価証券の評価替えとは

売買目的で所有している有価証券については、時価を反映させるため、決算において帳簿価額を時価に修正します（**時価法**）。これを**有価証券の評価替え**といいます。

Ⅱ 売買目的有価証券の評価替えの処理

有価証券の評価替えにおいて生じた帳簿価額と時価との差額は、**有価証券評価損**［費用］または**有価証券評価益**［収益］で処理します。

New **有価証券評価損**

New **有価証券評価益**

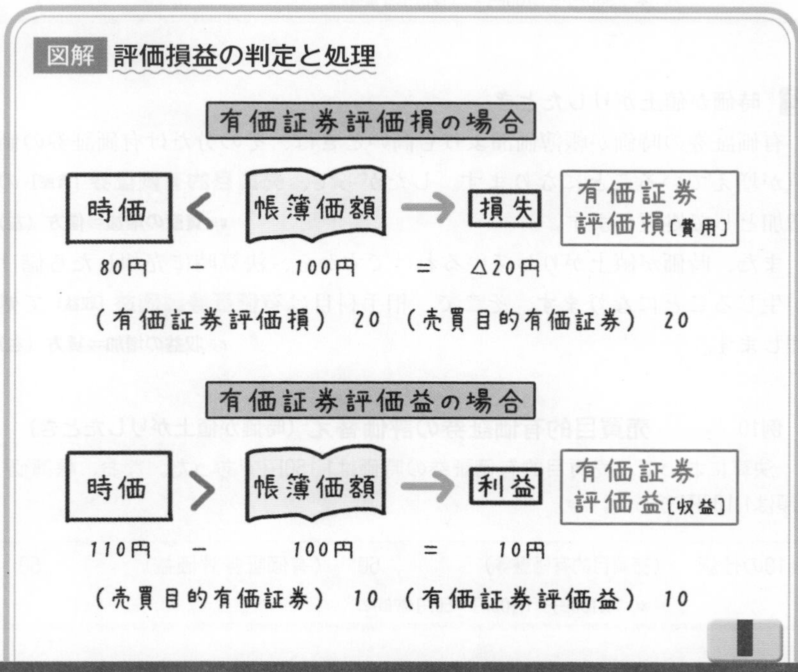

1 時価が値下がりしたとき

有価証券の時価が帳簿価額よりも低いときは、その分だけ有価証券の価値が減っていることになります。したがって、**売買目的有価証券**［資産］の減少として処理します。

☞資産の減少⇒貸方（右）

また、時価が値下がりしているわけですから、決算時に売却したら損失が生じることになります。そこで、相手科目は**有価証券評価損**［費用］で処理します。

☞費用の増加⇒借方（左）

例９ ―― 売買目的有価証券の評価替え（時価が値下がりしたとき）

決算において、売買目的有価証券の時価は980円であった。なお、帳簿価額は1,100円である。

例９の仕訳	（有価証券評価損）	120	（売買目的有価証券）	120*

＊　980円－1,100円＝△120円（評価損）

2 時価が値上がりしたとき

有価証券の時価が帳簿価額よりも高いときは、その分だけ有価証券の価値が増えていることになります。したがって、**売買目的有価証券**［資産］の増加として処理します。

☞資産の増加⇒借方（左）

また、時価が値上がりしているわけですから、決算時に売却したら儲けが生じることになります。そこで、相手科目は**有価証券評価益**［収益］で処理します。

☞収益の増加⇒貸方（右）

例10 ―― 売買目的有価証券の評価替え（時価が値上がりしたとき）

決算において、売買目的有価証券の時価は1,150円であった。なお、帳簿価額は1,100円である。

例10の仕訳	（売買目的有価証券）	50*	（有価証券評価益）	50

＊　1,150円－1,100円＝50円（評価益）

ひとこと

売買目的有価証券について、期中の売買取引を**売買目的有価証券勘定**と**有価証券売却損益勘定**に分けて記帳する方法（前述の方法）を**分記法**といいます。

また、期中の売買取引を**売買目的有価証券勘定**のみで記帳する方法を**総記法**（1級の出題範囲）といいます。

実務では総記法が一般的ですが、2級では分記法のみが出題範囲なので、2級を受験するにあたっては、本書で学習した方法をしっかり確認しておいてください。

ひとこと

売買目的有価証券の評価差額（有価証券評価損や有価証券評価益）の処理には、切放法と洗替法の2つの方法があります。切放法と洗替法については巻末の参考で説明していますので、余裕のある方は読んでおいてください。

6 満期保有目的債券の評価

Ⅰ 満期保有目的債券の評価

満期保有目的債券については、原則として取得原価を貸借対照表上の価額とします（決算において時価に評価替えしません）。ただし、額面金額と異なる価額で取得した満期保有目的債券で、額面金額と取得価額の差額が金利調整差額と認められるときは、**償却原価法**で評価します。

Ⅱ 償却原価法とは

償却原価法とは、満期保有目的債券の額面金額と取得価額との差額が金利の差を調整するためのもの（金利調整差額）であると認められるとき、取得日から満期日の間、決算において、満期保有目的債券の帳簿価額が額面金額になるよう、毎期一定の方法によって算出した金額を、**満期保有目的債券**［資産］の帳簿価額に加減する方法をいいます。

なお、相手科目は**有価証券利息**［収益］で処理します。

Ⅲ 償却原価法による評価

償却原価法にはいくつかの方法がありますが、２級で学習するのは**定額法**という方法です。

定額法では次の計算式によって、満期保有目的債券の帳簿価額の調整額を求めます。

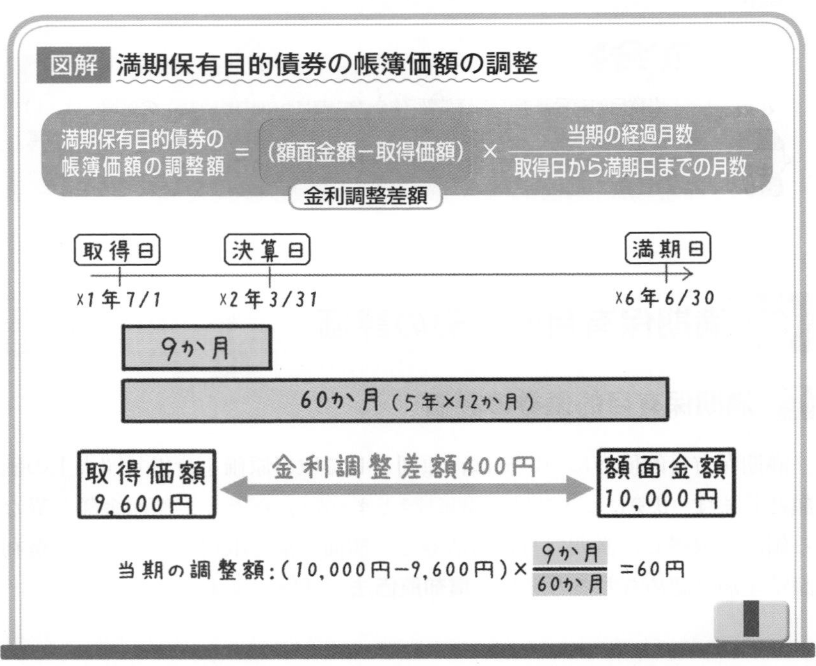

例11 満期保有目的債券の評価

(1) ×1年７月１日　満期保有目的で、Ｙ社の社債（額面総額10,000円、満期日は×6年６月30日）を額面100円につき96円で購入し、代金は現金で支払った。

(2) ×2年３月31日　決算において、(1)の満期保有目的債券について償却原価法（定額法）により評価する。

例11の仕訳(1)	(満期保有目的債券)	9,600*1	(現　　　金)	9,600
(2)	(満期保有目的債券)	60*2	(有価証券利息)	60

＊1　$10,000円 \times \frac{96円}{100円} = 9,600円$

＊2　$(10,000円 - 9,600円) \times \frac{9か月}{60か月（5年 \times 12か月）} = 60円$

7 子会社株式・関連会社株式の評価

子会社株式や関連会社株式は、長期的に保有するものなので、決算において評価替えをしません。

ひとこと

たとえば、子会社株式は支配目的で保有しているものです。ですから、売買目的有価証券とは異なり、めったに売買しないものなんですね。だから、いちいち決算において時価に修正する必要はないのです。

例12 ―――――― **子会社株式・関連会社株式の評価**

決算において、子会社株式の時価は4,200円であった。なお、帳簿価額は4,100円である。

例12の仕訳	仕訳なし

8 その他有価証券の評価

Ⅰ その他有価証券の評価

その他有価証券は、「いつかは売却するもの」と考え、時価で評価します。しかし、売買目的有価証券とは異なり、すぐに売却するものではありません。そのため、評価差額（帳簿価額と時価との差額）は原則として損益計算書には計上しません。

評価差額の計上方法には、**全部純資産直入法**（ぜんぶじゅんしさんちょくにゅうほう）と、**部分純資産直入法**（ぶぶんじゅんしさんちょくにゅうほう）の２

つの方法がありますが、２級で学習するのは**全部純資産直入法**です。

Ⅱ　全部純資産直入法

New
その他有価証券評価差額金

全部純資産直入法は、評価差額の合計額を貸借対照表の純資産の部に**その他有価証券評価差額金**［純資産］として計上する方法です。

☞純資産の増加⇒貸方（右）　☞純資産の減少⇒借方（左）

例13　その他有価証券の評価

⑴　決算において、Ｄ社株式（その他有価証券）の時価は2,200円であった。なお、帳簿価額は2,000円である。

⑵　決算において、Ｅ社株式（その他有価証券）の時価は1,300円であった。なお、帳簿価額は1,450円である。

例13の仕訳	借方科目	金額	貸方科目	金額
⑴	（その他有価証券）	200＊1	（その他有価証券評価差額金）	200
⑵	（その他有価証券評価差額金）	150	（その他有価証券）	150＊2

＊1　2,200円－2,000円＝200円（評価益）
＊2　1,300円－1,450円＝△150円（評価損）

ひとこと

その他有価証券は洗替法で処理します。洗替法とは、決算時に評価差額を計上しても、翌期首に再振替仕訳（決算時の仕訳の逆仕訳）をして、決算時に計上した評価差額を振り戻す処理をいいます。

CHAPTER 11 有価証券　基本問題

次の取引について仕訳しなさい。なお、勘定科目はそれぞれ［　］内に示すものの中から選ぶこと。

問1　有価証券の購入と売却

［勘定科目：売買目的有価証券、満期保有目的債券、その他有価証券、子会社株式、未収入金、未払金、有価証券売却益、有価証券売却損］

⑴　売買目的で、新潟IT株式会社の株式2,000株を１株あたり400円で購入し、代金は売買手数料4,000円とともに月末に支払うこととした。

⑵　⑴の株式のうち1,500株を１株あたり401円で売却し、代金は月末に受け取ることとした。

⑶　売買目的で、福島車体株式会社の社債（額面総額1,000,000円）を額面100円につき95円で購入し、代金は売買手数料5,000円とともに月末に支払うこととした。

⑷　⑶の社債のすべてを額面100円につき97円で売却し、代金は月末に受け取ることとした。

⑸　山梨商会株式会社の株式3,000株を１株あたり300円で購入し、代金は購入手数料2,000円とともに月末に支払うこととした。なお、山梨商会株式会社の発行済株式総数は4,000株である。

⑹　静岡工業株式会社の株式（その他有価証券）1,000株を１株あたり400円で購入し、代金は購入手数料2,000円とともに月末に支払うこととした。

⑺　売買目的で所有する長野商業株式会社株式のうち750株を１株あたり203円で売却し、代金は月末に受け取ることとした。なお、当該株式は２回に分けて取得したものであり、１回目は1,000株を１株あたり200円で、２回目は500株を１株あたり206円で取得している。また、当社は平均原価法で記帳している。

問2　配当金・利息の受け取り

［勘定科目：現金、未収入金、受取配当金、有価証券利息］

(1)　保有する新潟IT株式会社株式について、配当金領収証80,000円を受け取った。

(2)　保有する栃木産業株式会社社債について、半年分の利息6,000円の利払日が到来したため、利札を取引銀行に持ち込み、現金を受け取った。

問3　端数利息の処理

［勘定科目：現金、売買目的有価証券、有価証券売却損、有価証券売却益、有価証券利息］

(1)　×1年9月13日　茨城商事㈱は売買目的で購入した千葉水産株式会社社債（額面総額600,000円、年利率7.3％、利払日は6月末日と12月末日）を、額面100円につき95.3円で埼玉商事㈱に売却し、代金は端数利息とともに現金で受け取った。なお、当該社債は額面100円につき95円で取得したものである。

(2)　×1年9月13日　埼玉商事㈱は売買目的で千葉水産株式会社社債（条件は(1)と同じである）を額面100円につき95.3円で購入し、代金は端数利息とともに現金で支払った。

問4　売買目的有価証券の評価替え

［勘定科目：売買目的有価証券、有価証券評価益、有価証券評価損］

(1)　決算において、売買目的有価証券の帳簿価額60,000円を時価59,000円に評価替えする。

(2)　決算において、売買目的有価証券の帳簿価額62,000円を時価65,000円に評価替えする。

問5 満期保有目的債券の評価

[勘定科目：現金、当座預金、売買目的有価証券、満期保有目的債券、有価証券利息]

(1) ×1年4月1日　満期保有目的で、東京精機株式会社の社債（額面総額1,000,000円、満期日は×7年3月31日）を額面100円につき97円で購入し、代金は小切手を振り出して支払った。

(2) ×2年3月31日　決算において、(1)の満期保有目的債券について償却原価法（定額法）により評価する。

問6 子会社株式、その他有価証券の評価

[勘定科目：その他有価証券、子会社株式、その他有価証券評価差額金、有価証券評価損、有価証券評価益]

(1) 決算時の埼玉産業株式会社株式（子会社株式）の時価は432,000円であった。なお、帳簿価額は450,000円である。

(2) 決算において、神奈川中央株式会社株式（その他有価証券）の帳簿価額380,000円を時価395,000円に評価替えする。なお、評価差額は全部純資産直入法によって処理する。

(3) 翌期首において、(2)の評価差額について再振替仕訳を行う。

解答

問1 有価証券の購入と売却

	借方	金額	貸方	金額
(1)	(売買目的有価証券)	804,000 *1	(未　払　金)	804,000
(2)	(未 収 入 金)	601,500 *2	(売買目的有価証券)	603,000 *3
	(有価証券売却損)	1,500		
(3)	(売買目的有価証券)	955,000 *4	(未　払　金)	955,000
(4)	(未 収 入 金)	970,000 *5	(売買目的有価証券)	955,000
			(有価証券売却益)	15,000
(5)	(子 会 社 株 式)	902,000 *6	(未　払　金)	902,000
(6)	(その他有価証券)	402,000 *7	(未　払　金)	402,000
(7)	(未 収 入 金)	152,250 *8	(売買目的有価証券)	151,500 *9
			(有価証券売却益)	750

＊1　@400円×2,000株＋4,000円＝804,000円

＊2　@401円×1,500株＝601,500円

＊3　804,000円÷2,000株＝@402円

　　@402円×1,500株＝603,000円

＊4　$1,000,000円\times\frac{95円}{100円}+5,000円=955,000円$

＊5　$1,000,000円\times\frac{97円}{100円}=970,000円$

＊6　山梨商会株式会社の発行済株式総数4,000株のうち3,000株（過半数）を取得しているので子会社株式に分類される。

　　@300円×3,000株＋2,000円＝902,000円

＊7　@400円×1,000株＋2,000円＝402,000円

＊8　@203円×750株＝152,250円

＊9　$\frac{@200円\times1,000株+@206円\times500株}{1,000株+500株}=@202円$

　　@202円×750株＝151,500円

問2 配当金・利息の受け取り

	借方	金額	貸方	金額
(1)	(現　　　金)	80,000	(受 取 配 当 金)	80,000
(2)	(現　　　金)	6,000	(有 価 証 券 利 息)	6,000

問3 端数利息の処理

(1)	(現　　　　金)	580,800	(売買目的有価証券)	570,000
			(有価証券売却益)	1,800
			(有価証券利息)	9,000
(2)	(売買目的有価証券)	571,800	(現　　　　金)	580,800
	(有価証券利息)	9,000		

〈解説〉

(1)について

① 有価証券の売却

(現　　　　金)	571,800*1	(売買目的有価証券)	570,000*2
		(有価証券売却益)	1,800

＋

② 端数利息の受け取り

(現　　　　金)	9,000	(有価証券利息)	9,000*3

⬇

③ 解答の仕訳

(現　　　　金)	580,800	(売買目的有価証券)	570,000
		(有価証券売却益)	1,800
		(有価証券利息)	9,000

＊1　$600{,}000円 \times \frac{95.3円}{100円} = 571{,}800円$

＊2　$600{,}000円 \times \frac{95円}{100円} = 570{,}000円$

＊3　$600{,}000円 \times 7.3\% \times \frac{75日}{365日} = 9{,}000円$

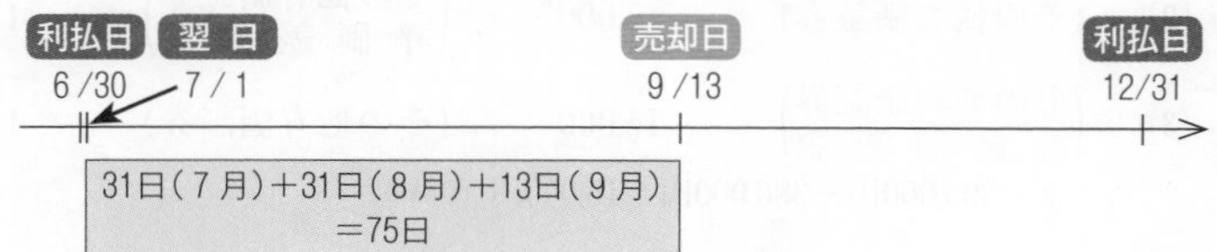

⑵について（＊１、＊３の金額の計算は⑴を参照してください）

① 有価証券の購入

（売買目的有価証券）	571,800＊1	（現　　　金）	571,800

＋

② 端数利息の支払い

（有価証券利息）	9,000＊3	（現　　　金）	9,000

⬇

③ 解答の仕訳

（売買目的有価証券）	571,800	（現　　　金）	580,800
（有価証券利息）	9,000		

問4 売買目的有価証券の評価替え

(1)	（有価証券評価損）	1,000	（売買目的有価証券）	1,000＊1
(2)	（売買目的有価証券）	3,000＊2	（有価証券評価益）	3,000

＊1　59,000円－60,000円＝△1,000円（評価損）

＊2　65,000円－62,000円＝3,000円（評価益）

問5 満期保有目的債券の評価

(1)	（満期保有目的債券）	970,000＊1	（当座預金）	970,000
(2)	（満期保有目的債券）	5,000	（有価証券利息）	5,000＊2

＊1　$1{,}000{,}000\text{円} \times \dfrac{97\text{円}}{100\text{円}} = 970{,}000\text{円}$

＊2　（1,000,000円－970,000円）÷６年＝5,000円

問6 子会社株式、その他有価証券の評価

(1)　仕訳なし

(2)	（その他有価証券）	15,000＊	（その他有価証券評価差額金）	15,000
(3)	（その他有価証券評価差額金）	15,000	（その他有価証券）	15,000

＊　395,000円－380,000円＝15,000円（評価益）

MEMO

CHAPTER 12

引当金

◆第３問の決算整理事項の一つとして出題される

ここでは引当金について学習します。

３級で学習した貸倒引当金のほか、２級では修繕引当金、商品保証引当金、退職給付引当金、賞与引当金、役員賞与引当金について学習していきます。

２級で学習する内容

取引と処理

株式会社特有の取引

商品売買取引

その他の取引

✓手　形……CHAPTER 06
✓電子記録債権（債務）…CHAPTER 06
✓その他の債権の譲渡……CHAPTER 06
✓銀行勘定調整表……CHAPTER 07
✓固定資産……CHAPTER 08
✓リース取引……CHAPTER 09
✓研究開発費……CHAPTER 10
✓無形固定資産……CHAPTER 10
✓有価証券……CHAPTER 11
✓引当金……CHAPTER 12
✓サービス業の処理……CHAPTER 13
✓収益の認識基準……CHAPTER 14
✓外貨建取引……CHAPTER 15

決算、本支店会計、連結会計、製造業会計

決　　算

✓決算整理……CHAPTER 04～15
✓精算表の作成……CHAPTER 16
✓財務諸表の作成……CHAPTER 16
✓税効果会計……CHAPTER 17
✓帳簿の締め切り……CHAPTER 18

本支店会計

連結会計Ⅰ～Ⅲ

製造業会計

1 貸倒引当金

Ⅰ 貸倒れと貸倒引当金

得意先の倒産などを理由に、その得意先に対する売掛金や受取手形が回収できなくなることを**貸倒れ**（かしだおれ）といいます。

また、貸倒れに備えて、決算において設定した金額を**貸倒引当金**（かしだおれひきあてきん）といいます。

ひとこと

貸倒れの処理については、3級ですでに学習したため、ここでは詳細な説明は省略します。

貸倒れの処理について、ポイントをまとめると次のとおりです。

◎貸倒れの処理　Review 3級

- ✓ 当期に発生した売掛金や受取手形が貸し倒れたとき
  →全額、**貸倒損失**［費用］で処理
- ✓ 前期以前に発生した売掛金や受取手形が貸し倒れたとき
  →まずは設定している**貸倒引当金**を取り崩し、これを超える額は**貸倒損失**［費用］で処理
- ✓ 前期以前に貸倒処理した売掛金や受取手形を回収したとき
  →回収額を**償却債権取立益**［収益］で処理

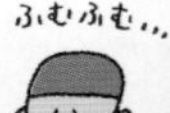

Ⅱ 貸倒引当金の設定

貸倒引当金は、決算日における債権（売掛金、受取手形など）について、次期以降に貸倒れが生じると予想される金額を見積もって設定する引当金です。

貸倒引当金の設定額＝債権の期末残高×貸倒設定率（貸倒実績率）

一般的な債権については、一括して貸倒引当金を設定します（一括評価）。

ひとこと

一般的な債権というのは、経営状態に重大な問題が生じていないため、ふつうに回収できるであろう債権をいいます。

このような一般的な債権については、まとめて貸倒引当金を設定するよ、ということです。たとえば、A社に対する売掛金が1,000円、B社に対する売掛金が2,000円、C社に対する売掛金が3,000円あったとして、すべて一般的な債権であるのならば、売掛金の合計6,000円（1,000円+2,000円+3,000円）に対して一括して貸倒引当金を設定します。

一方、回収可能性に問題がある債権については、個別に貸倒引当金を設定します（個別評価）。

このとき、相手方（債務者）から担保を受け入れている場合には、債権金額から担保処分見込額を差し引いた残高に貸倒設定率を掛けて計算します。

$$\text{貸倒引当金の設定額}=\left(\text{債権の期末残高}-\text{担保処分見込額}\right)\times\text{貸倒設定率}$$

ひとこと

ちょっとマズイ債務者にお金を貸すとき、一般的には担保を受け入れますよね。担保を受け入れている場合、その担保を処分すれば処分金額を回収することができます。ですから、債権の期末残高から担保処分見込額を差し引いた残額に対して貸倒設定率を掛けて貸倒引当金の設定額を計算するのです。

例1　貸倒引当金の設定

決算において、売掛金の期末残高10,000円に対し、下記のように貸倒引当金を設定する。なお、貸倒引当金の期末残高は120円である。

(1)　A社に対する売掛金2,000円については、債権額から担保処分見込額400円を控除した残高に対して50%を貸倒引当金として設定する。

(2)　B社に対する売掛金1,000円については、債権額の4%を貸倒引当金として設定する。

(3)　その他の売掛金に対しては、貸倒実績率2%として貸倒引当金を設定する。

例1の仕訳　（貸倒引当金繰入）　860*　（貸 倒 引 当 金）　860

＊ ⑴に対する貸倒引当金（個別評価）：（2,000円－400円）×50%＝800円
⑵に対する貸倒引当金（個別評価）：1,000円×４%＝40円
⑶に対する貸倒引当金（一括評価）：（10,000円－2,000円－1,000円）×２%＝140円
貸倒引当金の合計：800円＋40円＋140円＝980円
貸倒引当金繰入：980円－120円＝860円

Ⅲ 売上債権と営業外債権

債権には、売掛金、受取手形、貸付金などがありますが、売掛金や受取手形のように通常の営業（商品売買など）から生じた債権を**売上債権**（または**営業債権**）といいます。

一方、貸付金などのように、通常の営業から生じた債権以外のものを**営業外債権**といいます。

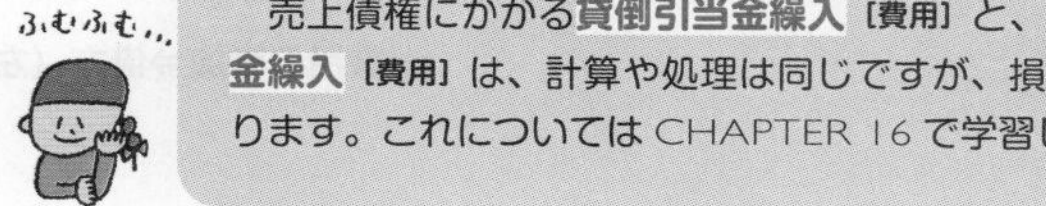

ひとこと

ふむふむ…

売上債権にかかる**貸倒引当金繰入**［費用］と、営業外債権にかかる**貸倒引当金繰入**［費用］は、計算や処理は同じですが、損益計算書上の表示位置が異なります。これについてはCHAPTER 16で学習します。

2 修繕引当金

Ⅰ 修繕引当金とは

企業が所有する建物や機械などについて、毎年定期的に修繕を行っている場合で、当期に行うはずの修繕を次期に延期することがあります。この場合、当期に行われるはずの修繕費用を見積り、**修繕引当金繰入**［費用］として処理します。このときの貸方科目が**修繕引当金**［負債］です。

Ⅱ 修繕引当金の処理

1 決算時

決算において、修繕引当金を設定するときは、**修繕引当金繰入**［費用］を計上するとともに、貸方科目は**修繕引当金**［負債］で処理します。

☞費用の増加⇒借方（左） ☞負債の増加⇒貸方（右）

例2 ―――― **修繕引当金の設定**（決算時）

決算において、修繕引当金を設定する。当期の繰入額は1,000円である。

例2の仕訳	（修繕引当金繰入）	1,000	（修繕引当金）	1,000

2 修繕費を支払ったとき

修繕を行い、修繕費を支払ったときは、設定している**修繕引当金**［負債］を取り崩します。

☞負債の減少⇒借方（左）

また、修繕引当金を超える金額については**修繕費**［費用］で処理します。

☞費用の増加⇒借方（左）

例3 ―――― **修繕費を支払ったとき**

建物の定期修繕を行い、修繕費1,500円を現金で支払った。なお、修繕引当金の残高は1,000円である。

例3の仕訳	（修繕引当金）	1,000	（現金）	1,500
	（修繕費）	500		

3 支出額に資本的支出が含まれているとき

支出額に資本的支出が含まれているときは、資本的支出については固定資産の取得原価に加算します。

☞資産の増加⇒借方（左）

ひとこと

ふむふむ…

資本的支出はCHAPTER 08 固定資産で学習しました。忘れてしまった人は復習しておいてください。

Review CH.08 8

例4 支出額に資本的支出が含まれているとき

建物の定期修繕と改良を行い、3,500円を現金で支払った。このうち、2,000円は資本的支出である。なお、修繕引当金の残高は1,000円である。

例4の仕訳	(建　　　物)	2,000	(現　　　金)	3,500
	(修繕引当金)	1,000		
	(修　繕　費)	500		

3 商品保証引当金

I 商品保証引当金とは

商品の販売後、一定期間内であれば商品の不具合につき無料で修理を行うという保証（基本保証）をつけることがあります。この場合、当期に販売した商品の修理を、次期以降に行うということもあります。

当期に販売した商品にかかる費用は当期の費用とすべきです。そこで、決算において、当期に販売した商品に対して次期以降に発生するであろう修理費用を見積り、**商品保証引当金繰入**［費用］として処理します。このときの貸方科目が**商品保証引当金**［負債］です。

会社が一定期間にわたって行う保証には、❶販売時の欠陥の保証（商品が仕様にしたがっているという保証。商品の品質を保証するもの）と、❷長期保証（追加分の保証サービス）がありますが、ここでは❶販売時の欠陥の保証の処理について説明します。

❷については、CHAPTER 14で学習する内容です。

II 商品保証引当金の処理

1 決算時

決算において、商品保証引当金を設定するときは、**商品保証引当金繰入**［費用］を計上するとともに、貸方科目は**商品保証引当金**［負債］で処理します。

☞費用の増加⇒借方（左）　☞負債の増加⇒貸方（右）

例5 ―――――――――― **商品保証引当金の設定（決算時）**

決算において、商品保証引当金を設定する。当期の繰入額は1,000円である。

例5の仕訳	（商品保証引当金繰入）	1,000	（商品保証引当金）	1,000

2 修理を行ったとき

保証内容にもとづいて修理を行い、修理にかかった費用を支払ったときは、設定している**商品保証引当金**［負債］を取り崩します。

☞**負債の減少⇒借方（左）**

例6 ―――――――――― **修理を行ったとき**

前期に販売した商品について、修理の申し出があったため、無料修理に応じた。この修理にかかった費用700円は現金で支払った。なお、商品保証引当金の残高は1,000円である。

例6の仕訳	（商品保証引当金）	700	（現　　　　金）	700

4 退職給付引当金

I 退職給付引当金とは

退職金の支給規定のある企業では、従業員の退職にさいし、退職金が支払われます。この退職金は退職した年度のみの費用ではなく、従業員の全労働期間にわたる費用（入社時から退職時までの費用）と考えられます。

そこで、決算において、将来支払う退職金のうち、当期の労働に対する分の金額を見積り、**退職給付費用**［費用］として処理します。このときの貸方科目が**退職給付引当金**［負債］です。

Ⅱ 退職給付引当金の処理

1 決算時

決算において、退職給付引当金を設定するときは、**退職給付費用**［費用］を計上するとともに、貸方科目は**退職給付引当金**［負債］で処理します。

☞**費用の増加⇒借方（左）** ☞**負債の増加⇒貸方（右）**

例7 ―――――――― 退職給付引当金の設定（決算時）

決算において、退職給付引当金を設定する。当期の繰入額は1,000円である。

例7の仕訳	（退職給付費用）	1,000	（退職給付引当金）	1,000

2 退職金を支払ったとき

従業員が退職し、退職金を支払ったときは、設定している**退職給付引当金**［負債］を取り崩します。

☞**負債の減少⇒借方（左）**

例8 ―――――――― 退職金を支払ったとき

従業員が退職し、退職金400円を当座預金口座から支払った。なお、退職給付引当金の残高は1,000円である。

例8の仕訳	（退職給付引当金）	400	（当　座　預　金）	400

5 賞与引当金

Ⅰ 賞与引当金とは

たとえば、当期（会計期間）は×1年4月1日から×2年3月31日までの1年で、賞与は毎年6月10日（計算期間：12月1日～5月31日）と12月10日（計算期間：6月1日～11月30日）に支払うという会社があったとします。

この場合、会計期間と賞与の計算期間がずれているため、当期に発生しているはずの賞与にもかかわらず、決算日においてまだ支給されていない分があります。このような、次期に支給される賞与ではあるけれども、当期に発生している分については当期の費用とすべきです。そこで、決算において、次期に支給される賞与で、当期に発生している分を**賞与引当金繰入**［費用］として処理します。このときの貸方科目が**賞与引当金**［負債］です。

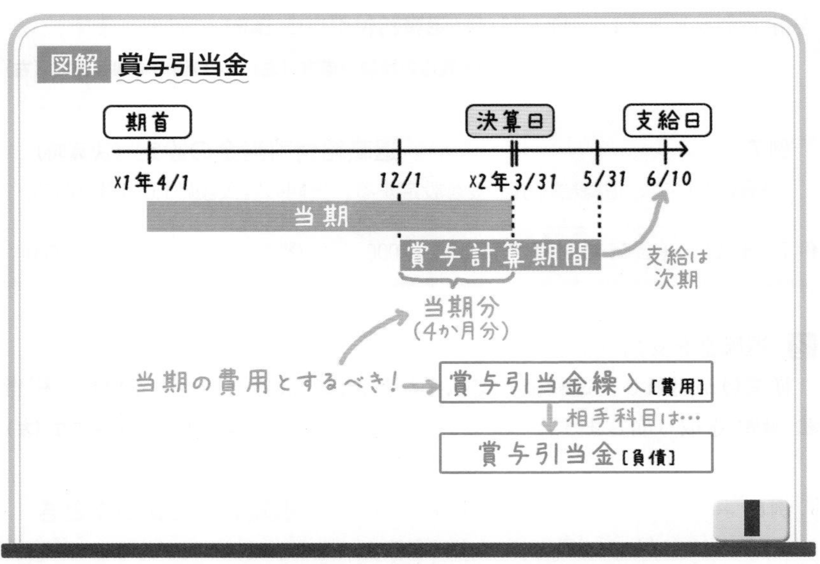

Ⅱ 賞与引当金の処理

1 決算時

New 賞与引当金繰入

決算において、賞与引当金を設定するときは、**賞与引当金繰入**［費用］を計上するとともに、貸方科目は**賞与引当金**［負債］で処理します。

☞費用の増加⇒借方（左） ☞負債の増加⇒貸方（右）

New 賞与引当金

例9 賞与引当金の設定（決算時）

決算において、賞与引当金を設定する。当期の繰入額は1,000円である。

例9の仕訳	（賞与引当金繰入）	1,000	（賞 与 引 当 金）	1,000

2 賞与を支給したとき

賞与引当金の設定後、賞与を支給したときは、計上してある**賞与引当金**［負債］を取り崩します。

☞**負債の減少⇒借方（左）**

また、賞与支給額と取り崩した賞与引当金との差額は、**賞与**［費用］で処理します。

☞**費用の増加⇒借方（左）**

例10 賞与を支給したとき

賞与支給日において、賞与1,500円を当座預金口座から支払った。なお、賞与引当金の残高は1,000円である。

例10の仕訳	（賞与引当金）	1,000	（当座預金）	1,500
	（賞与）	500		

ひとこと

役員賞与引当金については、巻末の参考で説明していますので、余裕のある方は読んでおいてください。

CHAPTER 12　引当金　基本問題

次の取引について仕訳しなさい。なお、勘定科目はそれぞれ［　　］内に示すものの中から選ぶこと。

問1　貸倒引当金

［勘定科目：貸倒引当金、貸倒引当金繰入］

⑴　売掛金の期末残高20,000円に対し、下記のように貸倒引当金を設定する。なお、貸倒引当金の期末残高は200円である。

①　A社に対する売掛金4,000円については、債権額から担保処分見込額1,000円を控除した残高に対して50%を貸倒引当金として設定する。

②　B社に対する売掛金2,000円については、債権額の４%を貸倒引当金として設定する。

③　その他の売掛金に対しては、貸倒実績率２%として貸倒引当金を設定する。

⑵　貸付金に対し、期末残高3,000円の２%を貸倒引当金として設定する。なお、貸倒引当金の期末残高は50円である。

問2　修繕引当金

［勘定科目：現金、建物、修繕引当金、修繕引当金繰入、修繕費］

⑴　決算において、修繕引当金を設定する。当期の繰入額は120,000円である。

⑵　建物の定期修繕を行い、修繕費150,000円を現金で支払った。なお、修繕引当金の残高は120,000円である。

⑶　建物の定期修繕と改良を行い、400,000円を現金で支払った。このうち、200,000円は資本的支出である。なお、修繕引当金の残高は150,000円である。

問3　商品保証引当金

［勘定科目：現金、商品保証引当金、商品保証引当金繰入］

⑴　決算において、当期の売上高2,000,000円に対して１％の商品保証引当金を設定する。

⑵　前期に販売した商品について、修理の申し出があったため、無料修理に応じた。この修理にかかった費用3,000円は現金で支払った。なお、商品保証引当金の残高は20,000円である。

問4　退職給付引当金

［勘定科目：当座預金、退職給付引当金、退職給付費用］

⑴　決算において、退職給付引当金を設定する。当期の繰入額は300,000円である。

⑵　従業員が退職し、退職金500,000円を当座預金口座から支払った。なお、退職給付引当金の残高は2,650,000円である。

問5　賞与引当金

［勘定科目：当座預金、賞与引当金、賞与引当金繰入、賞与］

⑴　決算において、賞与引当金を設定する。当期の繰入額は2,000円である。

⑵　賞与支給日において、賞与3,000円を当座預金口座から支払った。なお、賞与引当金2,000円が設定されている。

解答

問1 貸倒引当金

	借方科目	金額	貸方科目	金額
(1)	(貸倒引当金繰入)	1,660 *1	(貸倒引当金)	1,660
(2)	(貸倒引当金繰入)	10 *2	(貸倒引当金)	10

＊1 ①A社の売掛金に対する貸倒引当金
(4,000円－1,000円)×50％＝1,500円
②B社の売掛金に対する貸倒引当金
2,000円×4％＝80円
③その他の売掛金に対する貸倒引当金
(20,000円－4,000円－2,000円)×2％＝280円
④貸倒引当金繰入：(①1,500円＋②80円＋③280円)－200円＝1,660円

＊2 3,000円×2％－50円＝10円

問2 修繕引当金

	借方科目	金額	貸方科目	金額
(1)	(修繕引当金繰入)	120,000	(修繕引当金)	120,000
(2)	(修繕引当金)	120,000	(現金)	150,000
	(修繕費)	30,000		
(3)	(建物)	200,000	(現金)	400,000
	(修繕引当金)	150,000		
	(修繕費)	50,000		

問3 商品保証引当金

	借方科目	金額	貸方科目	金額
(1)	(商品保証引当金繰入)	20,000	(商品保証引当金)	20,000 *
(2)	(商品保証引当金)	3,000	(現金)	3,000

＊ 2,000,000円×1％＝20,000円

問4 退職給付引当金

	借方科目	金額	貸方科目	金額
(1)	(退職給付費用)	300,000	(退職給付引当金)	300,000
(2)	(退職給付引当金)	500,000	(当座預金)	500,000

問5 賞与引当金

	借方科目	金額	貸方科目	金額
(1)	(賞与引当金繰入)	2,000	(賞与引当金)	2,000
(2)	(賞与引当金)	2,000	(当座預金)	3,000
	(賞与)	1,000 *		

＊ 3,000円－2,000円＝1,000円

MEMO

CHAPTER 13

サービス業の処理

◆「サービス」のことを役務という！

商品売買業における処理についてはCHAPTER 05商品売買で学習しました。ここでは、サービス業における基本的な処理についてみていきます。

2級で学習する内容

取引と処理

株式会社特有の取引

商品売買取引

その他の取引

決算、本支店会計、連結会計、製造業会計

決　　算

本支店会計

連結会計Ⅰ〜Ⅲ

製造業会計

1 サービス業とは

サービス業とは、飲食、宿泊、レジャー、教育、医療、コンサルティングなど、サービスを提供する業種をいいます。

商品売買業では、商品という形のあるモノを介して取引が行われますが、サービス業では、サービスという形のないモノを介して取引が行われます。このようなサービスのことを**役務**（えきむ）といいます。

商品売買業では「商品」という具体的な形のあるものを販売しますが、サービス業では、「サービス」という具体的な形のないものを販売（提供）します。

2 サービス業の処理

サービス業では、サービスを提供したときに**役務収益**［収益］を計上します。

また、サービスを提供したときに、**役務収益**［収益］に対応する費用を**役務原価**［費用］として計上します。

I 代金を前受けしたとき

サービス業では、サービスを提供したときに収益を計上するので、サービス提供前に代金を前受けしたときには、まだ収益を計上することはできません。このときは、**前受金**［負債］または**契約負債**［負債］で処理しておきます。

☞**負債の増加⇒貸方（右）**

「契約負債」については、CHAPTER 14で説明します。

ここでは「前受金」で仕訳しますが、試験では問題文の指示にしたがって解答してください。

例１　**代金を前受けしたとき**

資格の学校Ｔ社は、来月実施予定の模擬試験の受験料10,000円を現金で受け取った。

例１の仕訳	（現　　金）	10,000	（前　受　金）	10,000

Ⅱ　サービスの提供に先立ち、費用が発生したとき

New　仕掛品

サービスの提供前に、そのサービスにかかる費用（そのサービスのために直接かかったものであることが明らかな費用）が発生したときは、その金額を**仕掛品**（しかかりひん）［資産］という勘定科目で処理しておきます。　☞**資産の増加⇒借方（左）**

ひとこと

ふむふむ…

仕掛品［資産］は「作りかけのもの」の原価（費用）を集計しておく勘定科目で、工業簿記でよく出てくる勘定科目です。

例２　**サービスの提供に先立ち、費用が発生したとき**

例１の模擬試験の作成にかかったスタッフの給料4,000円を、当該サービスにかかるものとして仕掛品勘定に振り替えた。

例２の仕訳	（仕　掛　品）	4,000	（給　　料）	4,000

ひとこと

ふむふむ…

給料の支払時に

（給　　料）　××　（現金など）　××

と仕訳しており、このうち4,000円が当該サービスにかかるもののため、仕掛品勘定に振り替えたという仕訳ですね。

Ⅲ サービスを提供したとき

サービスを提供したときは**役務収益**［収益］を計上します。

☞**収益の増加⇒貸方（右）**

また、それに対応する費用を**仕掛品**［資産］から**役務原価**［費用］に振り替えます。

☞**資産の減少⇒貸方（右）** ☞**費用の増加⇒借方（左）**

例3 サービスを提供したとき①

本日、模擬試験を実施し、サービスを提供した。なお、模擬試験の受講料10,000円は先に受け取っており、前受金で処理している（**例1**）。また、模擬試験の作成にかかった費用4,000円は仕掛品勘定で処理している（**例2**）。

例3の仕訳	借方科目	金額	貸方科目	金額
	（前受金）	10,000	（役務収益）	10,000
	（役務原価）	4,000	（仕掛品）	4,000

また、一定期間、継続してサービスを提供している場合は、サービスの提供が完了した分を**役務収益**［収益］として計上するとともに、それに対応する費用を**仕掛品**［資産］から**役務原価**［費用］に振り替えます。

例4 サービスを提供したとき②

(1) 資格の学校Ｔ社は来月開講予定の講座（受講期間１年）の受講料20,000円を現金で受け取った。

(2) 教材の作成費10,000円を現金で支払った。なお、全額が(1)の講座に直接かかるものであるため、仕掛品勘定で処理した。

(3) 決算日現在、講座の40％が終了している。

例4の仕訳	借方科目	金額	貸方科目	金額
(1)	（現金）	20,000	（前受金）	20,000
(2)	（仕掛品）	10,000	（現金）	10,000
(3)	（前受金）	8,000	（役務収益）	**8,000**＊1
	（役務原価）	4,000＊2	（仕掛品）	4,000

＊1　役務収益：20,000円×40％＝8,000円
＊2　役務原価：10,000円×40％＝4,000円

Ⅳ 仕掛品を経由しないケース

役務費用（サービスにかかる費用）の発生が、役務収益の発生とほぼ同時である場合には、**仕掛品**［資産］を経由することなく、**役務原価**［費用］に計上することができます。

例5 **仕掛品を経由しないケース**

(1) 旅行業を営むABCトラベル㈱が企画したパッケージツアーについて、顧客からの申し込みがあり、旅行代金10,000円を現金で受け取った。

(2) ABCトラベル㈱は、(1)のツアーを催行した。なお、移動のための交通費など4,000円を現金で支払った。

例５の仕訳				
(1)	（現　　　　金）	10,000	（前　受　金）	10,000
(2)	（前　受　金）	10,000	（役 務 収 益）	10,000
	（役 務 原 価）	4,000	（現　　　　金）	4,000

CHAPTER 13　サービス業の処理　基本問題

次の取引について仕訳しなさい。また、勘定科目はそれぞれ［　　］内に示すものの中から選ぶこと。

問1　サービス業の処理－Ⅰ

［勘定科目：現金、仕掛品、前受金、役務収益、役務原価］

(1)　資格の学校Ｔ社は、来月開講予定の講座（受講期間１年）の受講料80,000円を現金で受け取った。

(2)　講座の教材作成費等50,000円を現金で支払った。全額について当該講座のために直接費やされたものであるため、仕掛品勘定で処理する。

(3)　決算日を迎えた。決算日現在、講座の60％が終了している。なお、カリキュラムの進度に応じて収益を計上する。

(4)　本日、講座のすべてのカリキュラムが終了した。

問2　サービス業の処理－Ⅱ

［勘定科目：現金、前受金、役務収益、役務原価］

(1)　旅行業を営むABCトラベル㈱が企画したパッケージツアーについて、顧客からの申し込みがあり、旅行代金60,000円を現金で受け取った。

(2)　ABCトラベル㈱は、(1)のツアーを催行した。なお、移動のための交通費や添乗員に対する報酬など30,000円を現金で支払った。

解答

問1　サービス業の処理－Ⅰ

	借方科目	金額	貸方科目	金額
(1)	(現　　金)	80,000	(前　受　金)	80,000
(2)	(仕　掛　品)	50,000	(現　　金)	50,000
(3)	(前　受　金)	48,000	(役 務 収 益)	48,000*1
	(役 務 原 価)	30,000*2	(仕　掛　品)	30,000
(4)	(前　受　金)	32,000	(役 務 収 益)	32,000*3
	(役 務 原 価)	20,000*4	(仕　掛　品)	20,000

＊1　80,000円×60％＝48,000円
＊2　50,000円×60％＝30,000円
＊3　80,000円－48,000円＝32,000円
＊4　50,000円－30,000円＝20,000円

問2　サービス業の処理－Ⅱ

	借方科目	金額	貸方科目	金額
(1)	(現　　金)	60,000	(前　受　金)	60,000
(2)	(前　受　金)	60,000	(役 務 収 益)	60,000
	(役 務 原 価)	30,000	(現　　金)	30,000

MEMO

CHAPTER 14

収益の認識基準

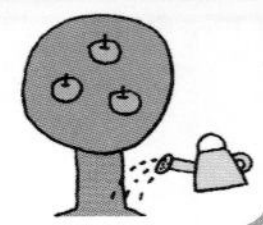

◆収益は、なにを、いつ、いくらで計上するのか？

ここでは収益について、なにを、いつ、いくらで計上するのかといった収益の認識基準について学習します。

「収益認識に関する会計基準」という会計処理のルールにもとづいて説明するので（理論的な話なので）、難しく感じるかもしれませんが、考え方の流れと用語をおさえておきましょう。

２級で学習する内容

取引と処理

株式会社特有の取引

商品売買取引

その他の取引

決算、本支店会計、連結会計、製造業会計

決　　算

本支店会計

連結会計Ⅰ～Ⅲ

製造業会計

1 収益認識の基本

「収益認識に関する会計基準」では、収益は、約束した財またはサービスを顧客に移転することによって、**履行義務**(りこうぎむ)を果たしたときに(または果たすにつれて)認識(計上)されるものとしています。

ひとこと

「収益認識に関する会計基準」では、「履行義務を充足したとき」という表現で記載されていますが、本書ではわかりやすい用語を使用し、「履行義務を果たしたとき」という記載にしています。

ちなみに、「充足」には、「十分に補って満たすこと」という意味があります。

履行義務とは、顧客との契約で、財またはサービスを顧客に移転する約束をいいます。

ひとこと

会社が商品をお客さんに販売する契約をした場合、会社にはお客さんに商品を渡す義務があるとともに、お客さんから代金を受け取る権利があります。この場合、会社がお客さんに商品を渡すと、履行義務を果たしたことになるので、商品を引き渡したときに売上(収益)を計上することになります。

また、収益の額は、**取引価格**にもとづいて計上されます。

取引価格とは、財またはサービスを顧客に移転するのと交換に権利を得ると見込まれる対価の額をいいます。

ひとこと

商品の販売において、契約書に記載された商品の額が100円である場合、会社がお客さんに商品を引き渡すと、100円を受け取る権利が残ります。この「100円」が取引価格ですよ、ということです。

なお、収益認識の基本的なコンセプト（収益認識の基本となる原則）は、次のとおりです。

> **●収益認識の基本となる原則**
> 約束した財またはサービスの顧客への移転を、当該財またはサービスと交換に企業が権利を得ると見込む対価の額で描写するように、収益を認識すること。

ふむふむ…

ひとこと

ちょっと難しいので「ふーん」と思って、見ておくくらいでいいです。

2 収益認識の５つのステップ

基本原則にしたがって収益を認識するために、具体的には次の５つのステップをふんで、収益の計上金額や計上方法を決めていきます。

STEP 1 顧客との契約を識別する

「なに」について①

まず、顧客との契約を確認して、収益認識基準を適用すべき一定の契約かどうかを判定します。

試験ではここはすでにクリアされている（「一定の契約」に該当するものである）と考えてください。

STEP 2 契約における履行義務を識別する

次に、（契約内の）顧客に提供する財またはサービスの内容（契約における履行義務）を個別に把握（識別（しきべつ））します。

ひとこと

たとえば、1つの契約に、「商品の販売（商品を引き渡す義務）」と「2年間にわたる保守サービス（保守サービスを提供する義務）」という2つの内容が含まれている場合には、「商品の販売」と「保守サービスの提供」に分けます。

STEP3 取引価格を算定する

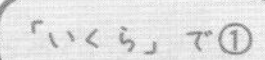

つづいて、識別した契約の取引価格（財またはサービスの顧客への移転と交換に企業が権利を得ると見込む対価の額）を算定します。なお、消費税のように、第三者のために回収する額は取引価格に含めません。

また、取引価格は**変動対価**（顧客と約束した対価のうち、変動する可能性があるもの）や現金以外の対価等を考慮して算定します。

一般的には契約書に記載された対価の額が取引価格となりますが、契約書にいろいろな条件が付されていたら、それを考慮して算定しますよ、という話です。

STEP4 取引価格を履行義務に配分する

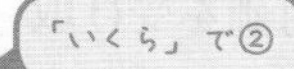

STEP3 で算定した取引価格を、STEP2 で把握した各履行義務に分けます。

ひとこと

契約書に「対価の額は100円、うち商品の対価は80円で、保守サービスの対価は20円」と記載されていた場合は、STEP3 で取引価格100円を把握し、STEP4 で「商品の販売（商品を引き渡す義務）」に80円、「保守サービスの提供（保守サービスを提供する義務）」に20円を配分するという流れになります。

STEP5 履行義務を果たしたときに収益を認識する

最後に、履行義務を果たしたとき、または、履行義務を果たすにつれて、収益を認識します。

ひとこと

商品（取引価格80円）をお客さんに引き渡したときに「売上80円」を計上します。また、「２年間の保守サービス（取引価格20円）」の場合には、当期の期間にかかる分（１年分だったら10円）だけ売上（または役務収益）を計上します。

ひとこと

ここで、一時点で収益を計上するか、一定期間にわたって収益を認識するかの判断が必要になります。この判断については、巻末の参考で説明します。

3 契約負債と契約資産

I 契約負債

会社が顧客に財またはサービスを移転する前（履行義務を果たす前）に現金等で対価を受け取ったときは、**契約負債**［負債］で処理します。

☞**負債の増加⇒貸方（右）**

ひとこと

なお、「契約負債」は「前受金」などの勘定科目で処理することもできます。

そして、履行義務を果たしたら（財またはサービスを移転したら）**契約負債**［負債］から**売上**［収益］などの勘定科目に振り替えます。

☞**負債の減少⇒借方（左）**

例1　　　　収益の認識と契約負債

×1年4月1日（期首）に、当社はB社と商品の販売と2年間の保守サービスの提供を1つの契約で締結した。下記の契約の内容にもとづき、(1)～(3)の日付の仕訳をしなさい。なお、決算日は3月31日である。

［契約の内容］

① 契約と同時（×1年4月1日）に商品の引き渡しを行う。

② 保守サービスの期間は×1年4月1日から×3年3月31日までである。

③ 契約書に記載された対価の額は100円（商品の対価は80円、保守サービスの対価は20円）で、商品の引渡時に対価100円を現金で受け取る。

(1) ×1年4月1日（商品の引渡時、対価の受取時）の仕訳

(2) ×2年3月31日（決算日）の仕訳

(3) ×3年3月31日（決算日、保守サービス期間終了時）の仕訳

例1の仕訳				
(1)	(現　　　金)	100	(売　　　上)	80*1
			(契約負債)	20*2
(2)	(契約負債)	10	(売　　　上)	10*3
(3)	(契約負債)	10	(売　　　上)	10*3

＊1　商品の引渡し義務は果たしているので、商品の対価で「売上」を計上します。

＊2　保守サービスの提供義務はまだ果たしていないので「契約負債」で処理します。

＊3　1年分の保守サービスの提供義務を果たしているので、1年分の「売上（または役務収益）」を計上するとともに、その分の「契約負債」を減少させます。

Ⅱ 契約資産

会社が顧客に財またはサービスを移転した（履行義務を果たした）にもかかわらず、まだ対価を受け取っていない場合の、対価を受け取る権利は、**契約資産**［資産］で処理します。　☞**資産の増加⇒借方（左）**

New 契約資産

ただし、顧客との契約から生じた債権（**売掛金**）は除きます。

ふむふむ...

ひとこと

売掛金と契約資産の違いは、法的請求権がある（当然に請求できるものである）かどうかです。
ちょっと難しいので、具体例を使って説明しますね。

たとえば、商品X（対価60円）と商品Y（対価100円）を販売する１つの契約があり、商品Xの引き渡しは４月末、商品Yの引き渡しは５月末に行われるものの、対価の支払いは商品Yの引き渡しが完了したあとに行われる契約であったとしましょう。

この場合、４月末に商品Xを引き渡したときに、商品Xについては売上を計上することになりますが、対価の支払いは商品Yの引き渡しまで留保される（法的請求権はまだない）ので、**契約資産**［資産］で処理します。

ひとこと

商品Xを引き渡しているので「売上」は計上されるけど、商品Yの引き渡しが完了したあとに対価の支払いが行われるという契約なので、この時点ではまだ「お金を払ってね」ということはできないのです。このようなときに借方科目を「契約資産」で処理するのです。

その後、５月末に商品Yを引き渡すと、商品Yについて売上を計上するとともに、対価を請求することができるようになる（法的請求権がある）ので、**売掛金**［資産］で処理します（または**契約資産**［資産］から**売掛金**［資産］に振り替えます）。

例2　　　　　　　　　　　　　　　　　　　　　　　　収益の認識と契約資産

×1年4月1日（期首）に、当社はB社と商品Xおよび商品Yを販売する契約を締結した。下記の契約の内容等にもとづき、(1)～(3)の日付の仕訳をしなさい。なお、決算日は3月31日である。

［契約の内容等］

① 商品Xの対価は60円、商品Yの対価は100円である。

② 商品Xは×1年4月30日に引き渡し、商品Yは5月31日に引き渡す。

③ 商品Xの対価の支払いは商品Yの引き渡しが完了するまで留保される（商品Xと商品Yの両方の引き渡しが完了するまで、対価に関する無条件の権利はない）。

④ ×1年6月30日に上記契約の対価が当座預金口座に入金された。

(1) ×1年4月30日（商品Xの引渡時）の仕訳
(2) ×1年5月31日（商品Yの引渡時）の仕訳
(3) ×1年6月30日（対価の入金時）の仕訳

例2の仕訳	借方科目	金額	貸方科目	金額
(1)	（契約資産）	60	（売上）	60
(2)	（売掛金）	160	（売上）	100
			（契約資産）	60
(3)	（当座預金）	160	（売掛金）	160

〈解説〉

(1) 商品Xを引き渡したので「売上」を計上しますが、対価の支払いは商品Yの引き渡しまで留保されるので「契約資産」で処理します。

(2) 商品Yを引き渡したので、商品Y分の「売上」を計上するとともに、商品Yの引き渡しにより法的請求権が生じるため、「売掛金」で処理します。

4 変動対価と売上割戻し

Ⅰ 変動対価とは

収益の認識において、算定する取引価格（収益として計上する金額）は、**変動対価**や現金以外の対価等を考慮して算定します。

変動対価とは、顧客と約束した対価のうち、変動する可能性があるものをいい、リベート（売上割戻し）などがあります。

Ⅱ 売上割戻しとは

一定期間に大量に商品を仕入れてくれた取引先に対して、リベートとして代金の一部を還元することを**割戻し**といい、これを売上側から見た取引が**売上割戻し**です。

仕入割戻しについては、CHAPTER 05で学習済みです。

Ⅲ 売上割戻しの処理

1 商品を売り上げたとき

商品を売り上げたときに、割戻しが予想される場合には、予想される割戻額を差し引いた金額で**売上**［収益］を計上し、予想される割戻額については**返金負債**［負債］で処理します。 ☞**負債の増加⇒貸方（右）**

New 返金負債

例3 商品を売り上げたとき

当社は、以下の条件でＢ社に商品Ｘを販売している。なお、決算日は毎年３月31日である。

［条　件］

(1) 商品Ｘの販売単価は100円である。

(2) 当期中のＢ社に対する商品Ｘの販売個数が300個に達した場合、１個あたり10円をリベートとして現金で支払う。

(3) 当期におけるＢ社に対する商品Ｘの販売個数は400個と予想している。

８月１日に、Ｂ社に対し商品Ｘを200個販売し、現金を受け取った。このときの仕訳をしなさい。

例３の仕訳	(現　　金)	20,000*1	(返 金 負 債)	2,000*2
			(売　　上)	18,000*3

＊１　@100円×200個＝20,000円
＊２　@10円×200個＝2,000円
＊３　(@100円－@10円)×200個＝18,000円

ひとこと

販売単価のうち、あとで返金されると見込まれる額（リベート@10円）については、**売上**［収益］に計上しないで、**返金負債**［負債］で処理します。

2 売上割戻しがあったとき

売上割戻しが適用されて、割戻額を支払った場合には、計上している**返金負債**［負債］を減少させます。 ☞**負債の減少⇒借方（左）**

例4 ―――― 売上割戻しがあったとき

当社は、以下の条件でＢ社に商品Ｘを販売している。なお、決算日は毎年３月31日である。

［条　件］
(1) 商品Ｘの販売単価は100円である。
(2) 当期中のＢ社に対する商品Ｘの販売個数が300個に達した場合、１個あたり10円をリベートとして現金で支払う。
(3) 当期におけるＢ社に対する商品Ｘの販売個数は400個と予想している。

12月１日に、Ｂ社に対し商品Ｘを100個販売し、現金を受け取った。この取引により当期の販売個数が300個となった（８月１日に200個を販売し、返金負債2,000円を計上している…**例３**）ため、割戻しを行い、現金で支払った。このときの仕訳をしなさい。

例４の仕訳				
	（現　　　金）	10,000＊1	（返 金 負 債）	1,000＊2
			（売　　　上）	9,000＊3
	（返 金 負 債）	3,000＊4	（現　　　金）	3,000

＊1　@100円×100個＝10,000円
＊2　@10円×100個＝1,000円
＊3　(@100円－@10円)×100個＝9,000円
＊4　2,000円＋1,000円＝3,000円

3 売上割戻しが適用されなかったとき

当期中に売上割戻しが適用されなかった場合には、計上している**返金負債**［負債］から**売上**［収益］に振り替えます。

☞**負債の減少⇒借方（左）** ☞**収益の増加⇒貸方（右）**

例5 **売上割戻しが適用されなかったとき**

当社は、B社に対する売上のリベート分として返金負債2,000円を計上していた（**例3**）が、当期末までに割戻しが適用される販売個数に達しなかったため、返金負債を適切な勘定に振り替えた。

例5の仕訳	（返金負債）	2,000	（売上）	2,000

CHAPTER 14 収益の認識基準 基本問題

次の取引について仕訳しなさい。また、勘定科目はそれぞれ［　］内に示すものの中から選ぶこと。

問1 収益の認識と契約負債

以下の契約の取引について、下記の(1)～(3)の日付の仕訳をしなさい。なお、決算日は毎年３月31日である。

［勘定科目：現金、契約資産、契約負債、売上］

［取　引］

① ×1年４月１日（期首）に、当社はＢ社と、商品の販売と２年間の保守サービスの提供（保守サービス期間は×1年４月１日から×3年３月31日まで）を１つの契約で締結し、×1年４月１日に商品を引き渡した。

② 契約書に記載された対価の額は50,000円（商品の対価は40,000円、保守サービスの対価は10,000円）で、商品の引渡時に対価50,000円を現金で受け取った。

(1) ×1年４月１日（商品の引渡時、対価の受取時）の仕訳

(2) ×2年３月31日（決算日）の仕訳

(3) ×3年３月31日（決算日、保守サービス期間終了時）の仕訳

問2　収益の認識と契約資産

以下の契約の取引について、下記の(1)～(3)の日付の仕訳をしなさい。なお、決算日は毎年３月31日である。

［勘定科目：当座預金、売掛金、契約資産、契約負債、売上］

［取　引］

①　×1年４月１日（期首）に、Ａ社はＢ社と、商品Ｘ（対価は10,000円）および商品Ｙ（対価は20,000円）を販売する契約を締結した。

②　×1年４月30日に商品Ｘを引き渡し、その後５月31日に商品Ｙを引き渡したが、商品Ｘの対価の支払いは商品Ｙの引き渡しが完了するまで留保される（商品Ｘと商品Ｙの両方の引き渡しが完了するまで、対価に関する無条件の権利はない）。

③　×1年６月30日に上記契約の対価が当座預金口座に入金された。

(1)　×1年４月30日（商品Ｘの引渡時）の仕訳

(2)　×1年５月31日（商品Ｙの引渡時）の仕訳

(3)　×1年６月30日（対価の入金時）の仕訳

問3　売上割戻し

当社は、以下の条件でＢ社に商品Ｘを販売している。下記の(1)～(3)の取引の仕訳をしなさい。なお、決算日は毎年３月31日である。

［勘定科目：現金、契約資産、返金負債、契約負債、売上］

［条　件］

①　商品Ｘの販売単価は500円である。

②　Ｂ社に対する商品Ｘの販売個数が2,000個に達した場合、１個あたり20円をリベートとして現金で支払う。

③　当期におけるＢ社に対する商品Ｘの販売個数は3,000個と予想している。

(1)　10月１日、Ｂ社に対し商品Ｘを1,000個販売し、現金を受け取った。

(2)　２月10日、Ｂ社に対し商品Ｘを1,200個販売し、現金を受け取った。

(3)　２月28日、売上割戻しを適用し、Ｂ社に現金を支払った。

解答

問1　収益の認識と契約負債

	借方科目	金額	貸方科目	金額
(1)	(現　　　　金)	50,000	(売　　　　上)	40,000
			(契　約　負　債)	10,000
(2)	(契　約　負　債)	5,000	(売　　　　上)	5,000*
(3)	(契　約　負　債)	5,000	(売　　　　上)	5,000*

＊　10,000円÷２年＝5,000円

問2　収益の認識と契約資産

	借方科目	金額	貸方科目	金額
(1)	(契　約　資　産)	10,000	(売　　　　上)	10,000
(2)	(売　　掛　　金)	30,000	(売　　　　上)	20,000
			(契　約　資　産)	10,000
(3)	(当　座　預　金)	30,000	(売　　掛　　金)	30,000

問3　売上割戻し

	借方科目	金額	貸方科目	金額
(1)	(現　　　　金)	500,000＊1	(返　金　負　債)	20,000＊2
			(売　　　　上)	480,000＊3
(2)	(現　　　　金)	600,000＊4	(返　金　負　債)	24,000＊5
			(売　　　　上)	576,000＊6
(3)	(返　金　負　債)	44,000＊7	(現　　　　金)	44,000

＊1　@500円×1,000個＝500,000円
＊2　@20円×1,000個＝20,000円
＊3　(@500円－@20円)×1,000個＝480,000円
＊4　@500円×1,200個＝600,000円
＊5　@20円×1,200個＝24,000円
＊6　(@500円－@20円)×1,200個＝576,000円
＊7　20,000円＋24,000円＝44,000円

MEMO

CHAPTER 15

外貨建取引

◆どの時点の為替レートで換算するか？

ここでは外貨建取引についてみていきます。

取引発生時、代金の決済時、決算時においてどのように換算するのかを確認しましょう。また、為替予約を付したときの処理についても、軽くみておきましょう。

2級で学習する内容

取引と処理

株式会社特有の取引

商品売買取引

その他の取引

決算、本支店会計、連結会計、製造業会計

決　　算

本支店会計

連結会計Ⅰ〜Ⅲ

製造業会計

1 外貨建取引の換算

日本の会社が海外の会社と外貨（ドル建てやユーロ建てなど）で取引をした場合、仕訳をしたり、財務諸表を作成するときに、一定のルールにもとづいて日本円に換算する必要があります。

取引が発生したときには、原則としてその**取引発生時の為替相場**によって換算します。

2 輸入時の処理

Ⅰ 商品を輸入したとき

商品を輸入したとき（仕入れたとき）は、取引発生時（輸入時）の為替相場によって換算した金額で仕入の処理をします。

例1　　商品を輸入したとき

×1年4月20日、アメリカのA社から商品100ドルを輸入し、代金は翌月末日に支払うこととした。

［為替相場］×1年4月20日：1ドル110円

例1の仕訳	（仕　　　入）	11,000*	（買　掛　金）	11,000

＊　100ドル×110円＝11,000円

Ⅱ 前払金の支払いがある場合

1 前払金を支払ったとき

商品の輸入（仕入）に先立って、前払金を支払ったときは、取引発生時（前払金を支払ったとき）の為替相場によって換算した金額で**前払金**［資産］を計上します。

☞資産の増加⇒借方（左）

例2 **前払金を支払ったとき**

×1年４月10日、アメリカのＢ社から商品100ドルを輸入する契約をし、前払金10ドルを現金で支払った。

［為替相場］ ×1年４月10日：１ドル100円

例２の仕訳	（前　払　金）	1,000*	（現　　金）	1,000

＊　10ドル×100円＝1,000円

2 商品を輸入したとき

商品を輸入したときは、商品を仕入れたときの仕訳をしますが、商品の輸入に先立って前払金を支払っていた場合には、まずは❶計上している**前払金**［資産］を減少させます。

☞**資産の減少⇒貸方（右）**

そして、❷外貨建ての輸入金額と前払金の額との差額は、取引発生時（輸入時）の為替相場によって換算した金額で計上します。

上記の❶と❷の金額の合計が**仕入**［費用］の金額となります。

例3 **商品を輸入したとき（前払金あり）**

×1年４月20日、アメリカのＢ社から商品100ドルを輸入し、×1年４月10日に支払った前払金10ドル（**例２**：1,000円で計上）との差額90ドルは翌月末日に支払うこととした。

［為替相場］ ×1年４月10日：１ドル100円
×1年４月20日：１ドル110円

例３の仕訳	（仕　　入）	10,900*2	（前　払　金）	1,000
			（買　掛　金）	9,900*1

＊1　90ドル×110円＝9,900円
＊2　1,000円＋9,900円＝10,900円

ひとこと

ふむふむ…

仕入の金額は11,000円（100ドル×110円）ではありません。

前払金がある場合には、まず❶前払金（1,000円）を減少させ、次に❷買掛金（9,900円）を計上し、❶と❷の合計が仕入の金額（10,900円）となります。

3 輸出時の処理

I 商品を輸出したとき

商品を輸出したとき（売り上げたとき）は、取引発生時（輸出時）の為替相場によって換算した金額で売上の処理をします。

例4 ―――――― 商品を輸出したとき

×1年4月20日、アメリカのC社に商品200ドルを輸出し、代金は翌月末日に受け取ることとした。

［為替相場］ ×1年4月20日：1ドル110円

例4の仕訳	（売掛金）	22,000*	（売上）	22,000

＊ 200ドル×110円＝22,000円

II 前受金の受取りがある場合

1 前受金を受け取ったとき

商品の輸出（売上）に先立って、前受金を受け取ったときは、取引発生時（前受金を受け取ったとき）の為替相場によって換算した金額で**前受金**［負債］または**契約負債**［負債］を計上します。 ☞**負債の増加⇒貸方（右）**

例5 ―――――― 前受金を受け取ったとき

×1年4月10日、アメリカのD社に商品200ドルを輸出する契約をし、前受金20ドルを現金で受け取った。

［為替相場］ ×1年4月10日：1ドル100円

例5の仕訳	（現金）	2,000	（前受金）	2,000*

＊ 20ドル×100円＝2,000円

2 商品を輸出したとき

商品を輸出したときは、商品を売り上げたときの仕訳をしますが、商品

の輸出に先立って前受金を受け取っていた場合には、まずは❶計上している**前受金**［負債］を減少させます。 ☞**負債の減少⇒借方（左）**

そして、❷外貨建ての輸出金額と前受金の額との差額は、取引発生時（輸出時）の為替相場によって換算した金額で計上します。

上記の❶と❷の金額の合計が**売上**［収益］の金額となります。

例6　　商品を輸出したとき（前受金あり）

×1年４月20日、アメリカのＤ社に商品200ドルを輸出し、×1年４月10日に受け取った前受金20ドル（**例５**：2,000円で計上）との差額180ドルは翌月末日に受け取ることとした。

［為替相場］　×1年４月10日：１ドル100円
　　　　　　　×1年４月20日：１ドル110円

例６の仕訳	（前　受　金）	2,000	（売　　上）	21,800＊2
	（売　掛　金）	19,800＊1		

＊１　180ドル×110円＝19,800円
＊２　2,000円＋19,800円＝21,800円

ひとこと

売上の金額は22,000円（200ドル×110円）ではありません。
前受金がある場合には、まず❶前受金（2,000円）を減少させ、次に❷売掛金（19,800円）を計上し、❶と❷の合計が売上の金額（21,800円）となります。

4 決済時の処理

買掛金や売掛金を決済したときは、対応する**買掛金**［負債］や**売掛金**［資産］を減少させます。

ひとこと

これらの**買掛金**［負債］や**売掛金**［資産］は輸入時または輸出時の為替相場で換算されています。

なお、現金等の支払額については、決済時の為替相場で換算します。

ここで、輸入時・輸出時の為替相場と決済時の為替相場が異なる場合、仕訳に貸借差額が生じます。この貸借差額（換算差額）は**為替差損**［費用］または**為替差益**［収益］で処理します。

New **為替差損**
New **為替差益**

ひとこと

仕訳の時点では、**為替差損**［費用］も**為替差益**［収益］も、「為替差損益」という勘定科目で処理しておきます。

図解 決済時の処理

たとえば、
① ×1年4月10日（為替相場：1ドル100円）に商品100ドルを輸入して、代金は×1年5月31日に支払うこととした場合の輸入時の仕訳は…

（仕　　入）　10,000　（買 掛 金）　10,000

100ドル×100円

そして、
② ×1年5月31日（為替相場：1ドル105円）に上記①の買掛金100ドルを現金で支払った場合の仕訳は…

1ドル100円で換算されている

（買 掛 金）　10,000　（現　　金）　10,500
（為替差損益）　500

貸借差額

1ドル105円で換算する（100ドル×105円）

また、
③ ×1年4月10日（為替相場：1ドル100円）に商品200ドルを輸出して、代金は×1年5月31日に受け取ることとした場合の輸出時の仕訳は…

（売 掛 金）　20,000　（売　　上）　20,000

200ドル×100円

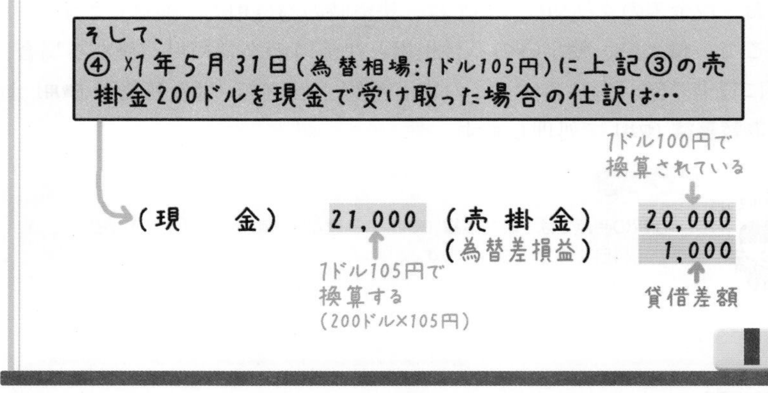

5 決算時の処理

外貨建ての資産および負債は、取得時または発生時の為替相場（**HR**）で換算された金額で計上されていますが、決算時にはこのうち**貨幣項目**（外国通貨、外貨預金、外貨建金銭債権債務など）については、決算時の為替相場（**CR**）によって換算替えをします。このときの換算差額は**為替差損益**で処理します。

ひとこと

取得時または発生時の為替相場を**ヒストリカル・レート**（HR）といいます。また、決算時の為替相場を**カレント・レート**（CR）といいます。

図解 決算時の処理

	貨幣項目	非貨幣項目
資産	・外国通貨 ・外貨預金 ・受取手形 ・売掛金 など	・棚卸資産 ・前払金 など
負債	・支払手形 ・買掛金 など	・前受金 など
	決算時の為替相場で換算替えをする CR	決算時の為替相場で換算替えをしない HR

たとえば、
売掛金期末残高のうち、期中にドル建てで生じた売掛金50ドル（輸出時の為替相場：1ドル100円）があった（決算日の為替相場：1ドル105円）場合は…

①売掛金の帳簿残高：50ドル×100円＝5,000円
②CRで換算した金額：50ドル×105円＝5,250円

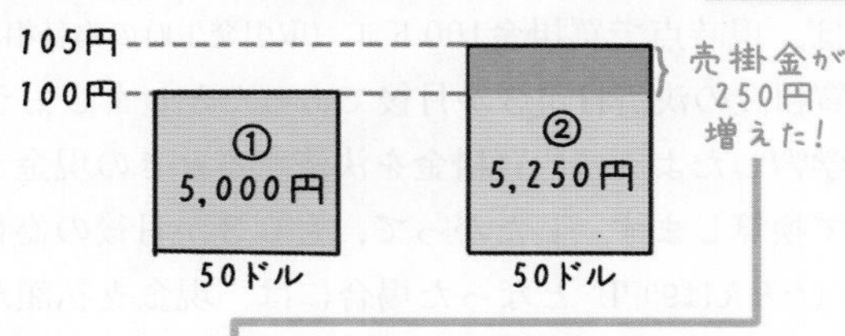

（売 掛 金） 250 （為替差損益） 250

相手科目はコレ

例7 **決算時の処理**

次の資料にもとづき、決算時に必要な換算替えの仕訳をしなさい。なお、決算時の為替相場は１ドル105円である。

［資　料］

(1)　売掛金期末残高のうち、期中にドル建てで生じた売掛金30ドル（輸出時の為替相場は１ドル110円）がある。

(2)　買掛金期末残高のうち、期中にドル建てで生じた買掛金20ドル（輸入時の為替相場は１ドル100円）がある。

	借方科目	金額	貸方科目	金額
例７の仕訳(1)	（為 替 差 損 益）	150	（売　掛　金）	150*1
(2)	（為 替 差 損 益）	100	（買　掛　金）	100*2

＊１　①帳簿上の金額：30ドル×110円＝3,300円
②ＣＲで換算した金額：30ドル×105円＝3,150円
③②－①＝△150円　→売掛金が**150円**減少

＊２　①帳簿上の金額：20ドル×100円＝2,000円
②ＣＲで換算した金額：20ドル×105円＝2,100円
③②－①＝100円　→買掛金が**100円**増加

6 為替予約

Ⅰ 為替予約とは

たとえば、現時点で買掛金100ドル（取引発生時の為替相場は100円）があって、この買掛金の決済日が３か月後であったとしましょう。

すでに学習したように、買掛金を決済するときの現金支払額は決済時の為替相場で換算します。したがって、もし３か月後の為替相場が現時点よりも円高（たとえば90円）となった場合には、現金支払額が少なくなりますが、反対に円安（たとえば120円）となった場合には、現金支払額が多くなってしまいます。

ひとこと

決済時の為替相場が１ドル90円であれば、現金支払額は9,000円（100ドル×90円）ですみますが、決済時の為替相場が１ドル120円となった場合、現金支払額は12,000円（100ドル×120円）になってしまいます。

このような為替相場の変動リスクを回避するため、あらかじめ決済時の為替相場を契約で決めておくことができます。これを**為替予約**といいます。

Ⅱ 独立処理と振当処理

為替予約の処理には、**独立処理**と**振当処理**という方法がありますが、2級では振当処理のみが試験範囲となっています。

振当処理とは、外貨建取引と為替予約取引を一体のものとして処理する方法をいいます。…でも、意味を覚える必要はありません。下記の処理をしっかりおさえておいてください。

Ⅲ 取引発生時（まで）に為替予約を付した場合の処理

1 為替予約を付したとき（取引が発生したとき）

取引発生時（まで）に為替予約を付したときは、外貨建債権債務（外貨建ての売掛金や買掛金など）を**為替予約時の先物為替相場**（**予約レート**ともいいます）で換算します。

ひとこと

先物為替相場とは、先物（先渡）取引に適用される為替相場をいいます。これに対して直物為替相場とは、直物（現物）取引に適用される為替相場をいいます。

例8 ―――― 為替予約を付したとき（取引が発生したとき）

×2年２月10日、アメリカのＡ社から商品100ドルを輸入し、代金は３か月後（５月10日）に支払うこととした。また、取引と同時に為替予約を行った。

［為替相場］
×2年２月10日の直物為替相場：１ドル100円
　　　　　　　先物為替相場：１ドル105円

例８の仕訳	（仕　　入）	10,500	（買　掛　金）	10,500*

＊　100ドル×105円＝10,500円

2 決算時

取引発生時（まで）に為替予約を付したときは、決算において買掛金等の換算替えは行いません。

例9 **決算時**

決算日において、**例8**の買掛金100ドルがある。

［為替相場］
決算日の直物為替相場：１ドル108円

例9の仕訳	仕訳なし

3 決済時

為替予約を付したときは、為替予約時の先物為替相場（予約レート）によって決済が行われます。そのため、換算差額（為替差損益）は生じません。

例10 **決済時**

×2年５月10日、**例8**の買掛金100ドル（為替予約を付している。帳簿価額は10,500円）について、現金で決済した。

［為替相場］
×2年２月10日の先物為替相場（予約レート）：１ドル105円
×2年５月10日の直物為替相場：１ドル120円

例10の仕訳	（買　掛　金）	10,500	（現　　金）	10,500

ひとこと

為替予約を付していなかったら、現金支払額は12,000円（100ドル×120円）でしたが、為替予約を付しておいたため、現金支払額は10,500円となります。

Ⅳ 取引発生後に為替予約を付した場合の処理

1 取引が発生したとき

取引発生時には、取引発生時の直物為替相場で換算します。

例11 ―――― 取引が発生したとき

×2年２月10日、アメリカのＡ社から商品100ドルを輸入し、代金は３か月後（５月10日）に支払うこととした。

[為替相場]
×2年２月10日の直物為替相場：１ドル100円

例11の仕訳	（仕　入）	10,000	（買 掛 金）	10,000*

＊　100ドル×100円＝10,000円

2 為替予約を付したとき

外貨建債権債務について、取引発生後に為替予約を付したときは、外貨建債権債務を為替予約時の先物為替相場（予約レート）で換算します。

このとき生じた換算差額は**為替差損益**で処理します。

厳密には（1級では）、換算差額を分解して、当期の為替差損益とするものと、次期以降の為替差損益にするものに分けるのですが、重要性が乏しい場合には、換算差額をすべて当期の損益（為替差損益）にすることができます（2級の場合）。

例12 ―――― 為替予約を付したとき

×2年３月10日、**例11**の買掛金100ドル（×2年２月10日に発生）について、為替予約を付した。

[為替相場]
×2年２月10日（取引発生時）の直物為替相場：１ドル100円
×2年３月10日（為替予約時）の直物為替相場：１ドル103円
先物為替相場：１ドル106円

例12の仕訳	（為替差損益）	600	（買掛金）	600*

＊ ①買掛金の帳簿価額：100ドル×100円＝10,000円
②為替予約を付したときの買掛金の価額：100ドル×106円＝10,600円
③②−①＝600円 →買掛金が**600円**増加

ひとこと

上記の仕訳をすることにより、買掛金の帳簿価額が10,600円（10,000円＋600円）**になります。**

3 決算時

取引発生後に為替予約を付したときも、決算において買掛金等の換算替えは行いません。

例13 **決算時**

決算日において、**例11**の買掛金100ドルがある。

［為替相場］
決算日の直物為替相場：１ドル108円

例13の仕訳	仕訳なし

4 決済時

為替予約を付したときは、為替予約時の先物為替相場（予約レート）によって決済が行われます。そのため、換算差額（為替差損益）は生じません。

例14 **決済時**

×2年５月10日、**例11**の買掛金100ドル（為替予約を付している。帳簿価額は10,600円）について、現金で決済した。

［為替相場］
×2年２月10日（取引発生時）の直物為替相場：１ドル100円
×2年３月10日（為替予約時）の直物為替相場：１ドル103円
先物為替相場：１ドル106円（予約レート）
×2年５月10日の直物為替相場：１ドル120円

例14の仕訳	（買掛金）	10,600	（現金）	10,600

CHAPTER 15　外貨建取引　基本問題

問1　外貨建取引－Ⅰ

次の一連の取引について、仕訳しなさい。なお、勘定科目は［　　］内に示すものの中から選ぶこと。

［勘定科目：現金、前払金、買掛金、仕入、為替差損益］

(1)　×1年４月10日（為替相場は１ドル100円）、アメリカのＡ社から商品200ドルを輸入する契約をし、前払金10ドルを現金で支払った。

(2)　×1年４月30日（為替相場は１ドル105円）、Ａ社から上記(1)の商品200ドルを輸入し、(1)で支払った前払金10ドルとの差額は翌月末日に支払うこととした。

(3)　×1年５月31日（為替相場は１ドル106円）、上記(2)の買掛金について、現金で支払った。

問2　外貨建取引－Ⅱ

次の一連の取引について、仕訳しなさい。なお、勘定科目は［　　］内に示すものの中から選ぶこと。

［勘定科目：現金、売掛金、前受金、売上、為替差損益］

(1)　×1年６月10日（為替相場は１ドル110円）、アメリカのＢ社に商品200ドルを輸出する契約をし、前受金10ドルを現金で受け取った。

(2)　×1年７月20日（為替相場は１ドル108円）、Ｂ社へ上記(1)の商品200ドルを輸出し、(1)で受け取った前受金10ドルとの差額は翌月末日に受け取ることとした。

(3)　×1年８月31日（為替相場は１ドル106円）、上記(2)の売掛金について、現金で受け取った。

問3　決算時の換算

次の資料にもとづき、決算時に必要な換算替えの仕訳をしなさい。なお、決算時の為替相場は１ドル105円である。また、勘定科目は［　　］内に示すものの中から選ぶこと。

［勘定科目：売掛金、繰越商品、買掛金、為替差損益］

［資　料］

⑴　売掛金期末残高のうち、期中にドル建てで生じた売掛金100ドル（輸出時の為替相場は１ドル108円）がある。

⑵　買掛金期末残高のうち、期中にドル建てで生じた買掛金50ドル（輸入時の為替相場は１ドル110円）がある。

⑶　期末商品棚卸高のうち、期中にドル建てで仕入れた商品40ドル（輸入時の為替相場は１ドル106円）がある。

問4　為替予約

次の一連の取引について、仕訳しなさい。なお、勘定科目は［　　］内に示すものの中から選ぶこと。

［勘定科目：現金、売掛金、売上、為替差損益］

⑴　×2年１月20日（直物為替相場は１ドル110円、先物為替相場は１ドル108円）、アメリカのＣ社に商品300ドルを輸出し、代金は３か月後に受け取ることとした。

⑵　×2年２月20日（直物為替相場は１ドル109円、先物為替相場は１ドル107円）、⑴の売掛金300ドルについて、為替予約を付した。なお、振当処理を適用するが、⑴の為替相場による円換算額と為替予約による円換算額との差額はすべて当期の損益として処理する。

⑶　×2年３月31日（直物為替相場は１ドル106円、先物為替相場は１ドル104円）、決算日を迎えた。

⑷　×2年４月20日（直物為替相場は１ドル108円、先物為替相場は１ドル105円）、売掛金300ドルを現金で回収した。

解答

問1 外貨建取引－Ⅰ

(1)	(前払金)	1,000[*1]	(現金)	1,000
(2)	(仕入)	20,950[*3]	(前払金)	1,000
			(買掛金)	19,950[*2]
(3)	(買掛金)	19,950	(現金)	20,140[*4]
	(為替差損益)	190[*5]		

＊1　10ドル×100円＝1,000円
＊2　(200ドル－10ドル)×105円＝19,950円
＊3　1,000円＋19,950円＝20,950円
＊4　(200ドル－10ドル)×106円＝20,140円
＊5　20,140円－19,950円＝190円

問2 外貨建取引－Ⅱ

(1)	(現金)	1,100	(前受金)	1,100[*1]
(2)	(前受金)	1,100	(売上)	21,620[*3]
	(売掛金)	20,520[*2]		
(3)	(現金)	20,140[*4]	(売掛金)	20,520
	(為替差損益)	380[*5]		

＊1　10ドル×110円＝1,100円
＊2　(200ドル－10ドル)×108円＝20,520円
＊3　1,100円＋20,520円＝21,620円
＊4　(200ドル－10ドル)×106円＝20,140円
＊5　20,520円－20,140円＝380円

問3 決算時の換算

(1)	(為替差損益)	300	(売掛金)	300[*1]
(2)	(買掛金)	250[*2]	(為替差損益)	250

(3)　仕訳なし[*3]

＊1　①帳簿上の金額：100ドル×108円＝10,800円
　　②ＣＲで換算した金額：100ドル×105円＝10,500円
　　③②－①＝△300円　→売掛金が300円減少
＊2　①帳簿上の金額：50ドル×110円＝5,500円
　　②ＣＲで換算した金額：50ドル×105円＝5,250円
　　③②－①＝△250円　→買掛金が250円減少
＊3　商品はＣＲ換算しません（ＨＲ換算のままです）。

問4　為替予約

(1)	(売掛金)	33,000*1	(売上)	33,000
(2)	(為替差損益)	900	(売掛金)	900*2
(3)	仕訳なし*3			
(4)	(現金)	32,100	(売掛金)	32,100*4

＊1　300ドル×110円＝33,000円

＊2　①売掛金の帳簿価額：33,000円
②為替予約を付したときの売掛金の価額：300ドル×107円＝32,100円
③②－①＝△900円　→売掛金が900円減少

＊3　為替予約を付したとき、決算において売掛金の換算替えは行いません。

＊4　33,000円－900円＝32,100円

MEMO

CHAPTER 16

精算表と財務諸表

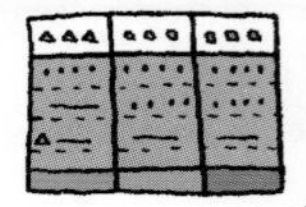

◆精算表の作成はよく出題される！

ここでは精算表と財務諸表について学習します。

２級で学習する決算整理事項についてはCHAPTER 15まででみてきましたので、ここでは精算表と財務諸表の作成方法についてみていきます。

試験では、損益計算書の各段階利益の名称を記入させる問題も出題されているので、しっかり確認しておきましょう。

２級で学習する内容

取引と処理

- 株式会社特有の取引
- その他の取引
- 商品売買取引

決算、本支店会計、連結会計、製造業会計

- 決　　算
  - ✓決算整理……CHAPTER 04〜15
  - ✓精算表の作成……CHAPTER 16
  - ✓財務諸表の作成……CHAPTER 16
  - ✓税効果会計……CHAPTER 17
  - ✓帳簿の締め切り……CHAPTER 18
- 本支店会計
- 連結会計Ⅰ〜Ⅲ
- 製造業会計

1 精算表の作成

Ⅰ 精算表の形式

Review 3級

精算表（せいさんひょう）とは、決算整理前の試算表から決算整理を行い、損益計算書および貸借対照表を作成するまでの過程を１つにまとめた表をいいます。

精　　算　　表

勘定科目	試算表		修正記入		損益計算書		貸借対照表	
	借方	貸方	借方	貸方	借方	貸方	借方	貸方
❶ 現　金	❹		❺		❻		❼	
当座預金								
売掛金								
⋮								
買掛金								
⋮								
資本金								
❷ 売　上								
⋮								
仕　入								
⋮								
❸ 貸倒引当金繰入								
減価償却費								
前受地代								
未払利息								
当期純利益 ❽								

❶ 貸借対照表の勘定科目（資産・負債・純資産の勘定科目）
❷ 損益計算書の勘定科目（収益・費用の勘定科目）
❸ 決算整理で新たに出てきた勘定科目
❹ **試算表欄**：決算整理前の残高を記入
❺ **修正記入欄**：決算整理仕訳の金額を記入
❻ **損益計算書欄**：費用は借方に、収益は貸方に金額を記入
❼ **貸借対照表欄**：資産は借方に、負債と純資産は貸方に金額を記入
❽ **当期純利益**：損益計算書および貸借対照表の差額で当期純利益（または当期純損失）を計算

Ⅱ 棚卸減耗損と商品評価損の記入方法

棚卸減耗損と商品評価損については、精算表上、仕入勘定に振り替える場合と、独立の勘定として表示する場合（仕入勘定に振り替えない場合）があります。

どちらもCHAPTER 05で説明済みなので、内容を忘れてしまった方はCHAPTER 05に戻って復習しておいてください。

Review CH.05 4

2 2級で出題される決算整理事項

決算整理とは、経営成績や財政状態を正しく表すために、決算で行う修正手続をいいます。

２級で出題される決算整理事項には、次のものがあります。

●２級で出題される決算整理事項

❶ 現金過不足の処理……３級
❷ 売上原価の算定……CHAPTER 05
❸ 当座預金残高の修正……CHAPTER 07
❹ 固定資産の減価償却……CHAPTER 08、09
　→定額法、定率法、生産高比例法
❺ 無形固定資産の償却……CHAPTER 10
❻ 有価証券の評価替え……CHAPTER 11
❼ 引当金の設定……CHAPTER 12
❽ 費用と収益の前払い・前受けと未払い・未収……３級
❾ 外貨建項目の換算……CHAPTER 15
❿ 税効果会計……CHAPTER 17

3 財務諸表の作成

財務諸表には、**損益計算書**、**貸借対照表**、**株主資本等変動計算書**などがあります。

4 損益計算書

Ⅰ 損益計算書とは

Review 3級

損益計算書は、一会計期間の収益と費用から当期純利益（または当期純損失）を計算した表で、企業の経営成績を明らかにするために作成します。

損益計算書の形式には、**勘定式**と**報告式**の２つがあります。

Ⅱ 勘定式の損益計算書

Review 3級

勘定式は３級で学習した形式で、借方と貸方に分けて記入する方法です（金額は仮定です）。

損　益　計　算　書

㈱東京産業　×1年４月１日～×2年３月31日　（単位：円）

費　　用	金　　額	収　　益	金　　額
売上原価❶	20,200	売上高❷	42,000
給料	10,000	受取手数料	600
保険料	260	有価証券評価益	500
減価償却費	5,400		
貸倒引当金繰入	40		
雑損	100		
当期純利益	7,100❸		
	43,100		43,100

❶ 決算整理後の**仕入［費用］**は売上原価を表します。損益計算書では「仕入」ではなく、「売上原価」で表示します。
❷ 「売上」ではなく、「売上高」で表示します。
❸ 収益＞費用ならば当期純利益となり、借方に表示します。
収益＜費用ならば当期純損失となり、貸方に表示します。
当期純利益の場合は赤字で記入します（試験では黒の鉛筆で記入します）。

Ⅲ 報告式の損益計算書

報告式は、借方と貸方に分けず、縦に並べて記入する方法です（金額は仮定です）。

損益計算書

㈱東京産業	自×1年4月1日 至×2年3月31日	(単位：円)
Ⅰ 売上高		250,000
Ⅱ 売上原価		
1. 期首商品棚卸高	25,000	
2. 当期商品仕入高	150,000	
合計	175,000	
3. 期末商品棚卸高	40,000	135,000
❶売上総利益		115,000
Ⅲ 販売費及び一般管理費		
1. 広告宣伝費	10,000	
2. 貸倒引当金繰入	5,000	
3. 減価償却費	50,000	
4. 退職給付費用	2,000	
5. のれん償却	10,000	77,000
❷営業利益		38,000
Ⅳ 営業外収益		
1. 受取利息	1,200	
2. 有価証券利息	3,700	4,900
Ⅴ 営業外費用		
1. 支払利息		500
❸経常利益		42,400
Ⅵ 特別利益		
1. 保険差益		3,000
Ⅶ 特別損失		
1. 固定資産売却損		2,400
❹税引前当期純利益		43,000
法人税、住民税及び事業税		17,200
❺当期純利益		25,800

❶ **売上総利益＝売上高－売上原価**
└→当期の販売活動から生じた利益を表します

❷ **営業利益＝売上総利益－販売費および一般管理費**
└→会社の主な営業活動から生じた利益を表します

販売費及び一般管理費…商品の販売に要した費用
給料、広告宣伝費、水道光熱費、租税公課、支払地代、貸倒引当金繰入、減価償却費、退職給付費用、のれん償却など

❸ **経常利益＝営業利益＋営業外収益－営業外費用**
└→会社の経常的な（通常の）活動から生じた利益を表します

営業外収益…会社の主な営業活動以外の活動から生じた収益
受取利息、有価証券利息、雑益、為替差益など

営業外費用…会社の主な営業活動以外の活動から生じた費用
支払利息、雑損、為替差損など

❹ **税引前当期純利益＝経常利益＋特別利益－特別損失**
└→法人税等を差し引く前の会社全体の利益を表します

特別利益…会社の活動で臨時的に生じた利益
固定資産売却益、保険差益、国庫補助金受贈益など

特別損失…会社の活動で臨時的に生じた損失
固定資産売却損、固定資産除却損、固定資産廃棄損、火災損失、固定資産圧縮損など

❺ **当期純利益＝税引前当期純利益－法人税、住民税及び事業税**
└→当期の最終的な会社の利益を表します

Ⅳ 損益計算書上の表示

1 棚卸減耗損と商品評価損の表示

棚卸減耗損（原価性のあるもの）は損益計算書上、売上原価の内訳項目として表示、または販売費及び一般管理費に表示します。

「原価性がある棚卸減耗損」とは、毎期発生する程度の棚卸減耗損をいいます。なお、原価性のない棚卸減耗損の場合は、営業外費用（重要性が低い場合）または特別損失（重要性が高い場合）に表示します。

商品評価損は損益計算書上、原則として売上原価の内訳項目として表示します。

臨時的に発生、かつ多額の商品評価損は、特別損失に表示します。

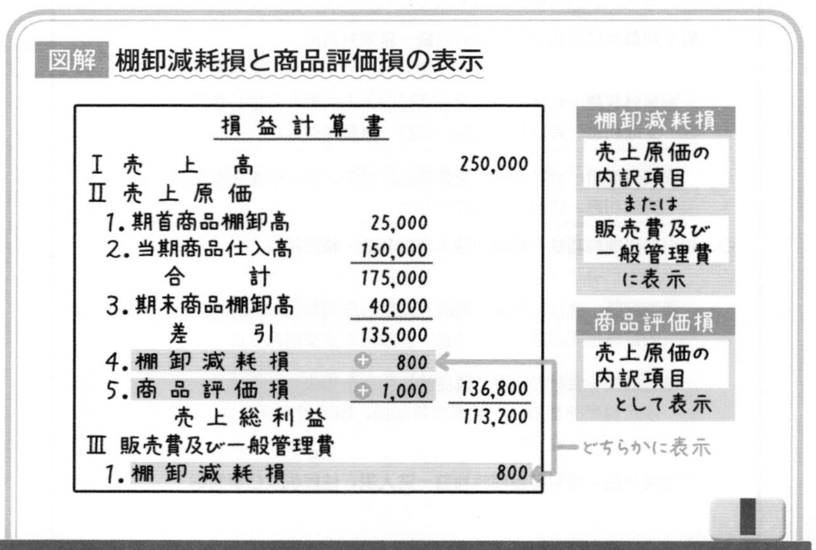

2 貸倒引当金繰入の表示

売上債権（売掛金や受取手形）にかかる**貸倒引当金繰入**［費用］は損益計算書上、販売費及び一般管理費に表示します。

一方、営業外債権（貸付金など）にかかる**貸倒引当金繰入**［費用］は損益計算書上、営業外費用に表示します。

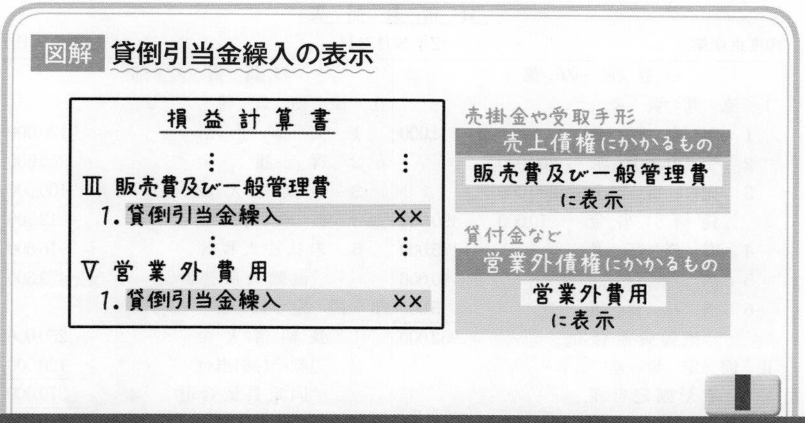

5 貸借対照表

Ⅰ 貸借対照表とは

Review 3級

貸借対照表は、決算日における資産・負債・純資産をまとめた表で、企業の財政状態を明らかにするために作成します。

貸借対照表の形式には、**勘定式**と**報告式**の２つがありますが、試験では主に勘定式で出題されるので、ここでは勘定式の貸借対照表のみ説明します。

Ⅱ 勘定式の貸借対照表

Review 3級

勘定式は３級で学習した形式で、借方と貸方に分けて記入する方法です（金額は仮定です）。

貸借対照表

㈱東京産業　　×2年3月31日　　(単位：円)

❶資産の部

Ⅰ　流動資産		
1　現金預金		242,000
2　受取手形	200,000	
3　売掛金	300,000	
貸倒引当金	10,000	490,000
4　有価証券		175,000
5　商品		40,000
6　前払費用		5,000
流動資産合計		952,000
Ⅱ　固定資産		
1　有形固定資産		
(1)建物	500,000	
減価償却累計額	225,000	275,000
(2)備品	250,000	
減価償却累計額	135,000	115,000
(3)土地		310,000
有形固定資産合計		700,000
2　無形固定資産		
(1)のれん		90,000
無形固定資産合計		90,000
3　投資その他の資産		
(1)投資有価証券		150,000
投資その他の資産合計		150,000
固定資産合計		940,000
資産合計		1,892,000

❷負債の部

Ⅰ　流動負債		
1　支払手形		100,000
2　買掛金		250,000
3　短期借入金		100,000
4　前受収益		12,500
5　未払法人税等		16,800
流動負債合計		479,300
Ⅱ　固定負債		
1　長期借入金		250,000
2　退職給付引当金		120,000
固定負債合計		370,000
負債合計		849,300
❸純資産の部		
Ⅰ　株主資本		
1　資本金		750,000
2　資本剰余金		
(1)資本準備金	80,000	
(2)その他資本剰余金	20,000	100,000
3　利益剰余金		
(1)利益準備金	60,000	
(2)別途積立金	19,000	
(3)繰越利益剰余金	112,700	191,700
株主資本合計		1,041,700
Ⅱ　評価・換算差額等		
1　その他有価証券評価差額金		1,000
評価・換算差額等合計		1,000
純資産合計		1,042,700
負債および純資産合計		1,892,000

❶ **資産の部**

流動資産…営業活動にともなって発生した債権（売掛金や受取手形）および決算日の翌日から１年以内に現金化する資産（短期的に現金化する資産）

現金預金、受取手形、売掛金、有価証券（売買目的有価証券）、商品、短期貸付金、前払費用、未収収益など

固定資産…決算日の翌日から１年を超えて現金化する資産（短期的に現金化しない資産）

有形固定資産…建物、備品、車両運搬具、土地、建設仮勘定など
無形固定資産…のれん、特許権、ソフトウェアなど
投資その他の資産…投資有価証券（満期保有目的債券、その他有価証券）、子会社株式、長期貸付金、長期前払費用など

❷ **負債の部**

流動負債…営業活動にともなって発生した債務（買掛金や支払手形）および決算日の翌日から１年以内に支払期限が到来する負債（短期的に支払期限が到来する負債）

支払手形、買掛金、短期借入金、前受収益、未払費用、未払金、未払法人税等など

固定負債…決算日の翌日から１年を超えて支払期限が到来する負債（短期的に支払期限が到来しない負債）

長期借入金、退職給付引当金など

❸ **純資産の部**

株主資本…会社の元手である資本金や経営活動によって生じた剰余金

資　本　金…株式会社が最低限維持しなければならない金額
資本剰余金…資本準備金、その他資本剰余金
利益剰余金…利益準備金、任意積立金、繰越利益剰余金*

* 貸借対照表の繰越利益剰余金 ＝ 残高試算表の金額 ＋ 当期純利益

評価・換算差額等…資産または負債にかかる評価差額で、損益計算書に計上していないもの

その他有価証券評価差額金など

Ⅲ 資産と負債の流動・固定分類

流動資産と固定資産、流動負債と固定負債は次の２つの基準によって分けられています。

1 正常営業循環基準

正常営業循環基準とは、企業の主な営業活動のサイクル（仕入→代金の決済→売上→代金の回収）の中にある資産・負債を流動資産・流動負債とする基準をいいます。したがって、現金や売掛金、受取手形は回収期限にかかわらず常に流動資産に表示し、買掛金と支払手形は決済期限にかかわらず常に流動負債に表示します。

2 一年基準

一年基準とは、決算日の翌日から１年以内に現金化される資産・負債を流動資産・流動負債とし、１年を超えて現金化される資産を固定資産、決済期限が１年を超えて到来する負債を固定負債とする基準をいいます。

一年基準は正常営業循環基準の適用を受けない資産や負債（貸付金や借入金、前払費用など）に対して適用されます。

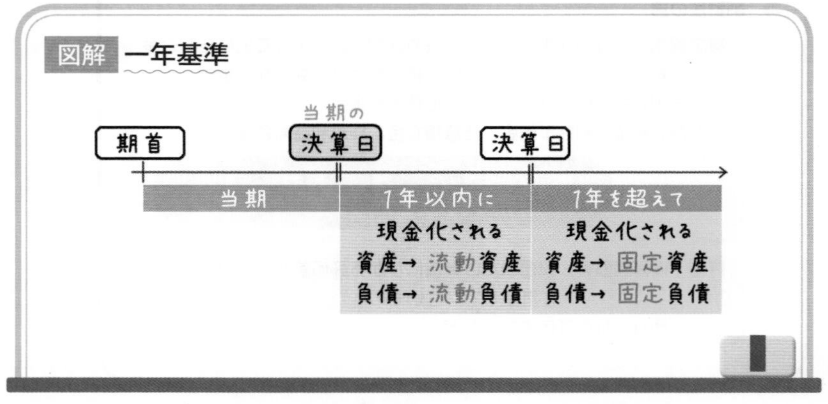

3 前払費用と長期前払費用（一年基準の適用例）

当期において、次期以降の費用もまとめて支払った場合には、次期以降の費用分については決算において前払処理をします。この場合、当期の決算日の翌日から１年を超える期間の費用については**長期前払費用**［資産］で処理します。なお、長期前払費用は貸借対照表上、**固定資産**に表示します。

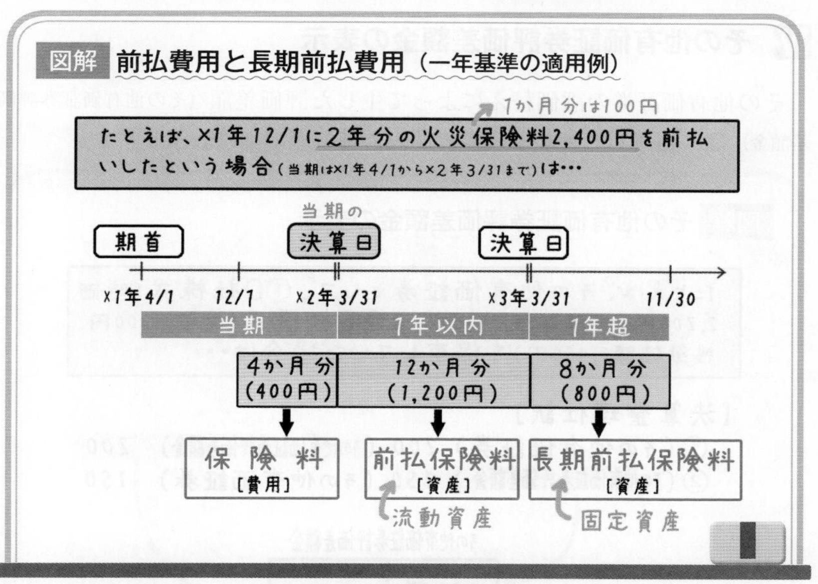

例1 前払費用と長期前払費用（一年基準の適用）

(1) ×1年12月１日に建物が完成したとき、２年分の火災保険料2,400円を現金で支払った。

(2) ×2年３月31日、決算において(1)の保険料のうち、次期分を前払処理する。なお、当期は×1年４月１日から×2年３月31日までの１年である。

例１の仕訳				
(1)	（保険料）	2,400	（現金）	2,400
(2)	（前払保険料）	1,200＊1	（保険料）	2,000
	（長期前払保険料）	800＊2		

＊1　2,400円 × $\frac{\text{12か月（×2年4/1～×3年3/31）}}{\text{24か月}}$ ＝1,200円

＊2　2,400円 × $\frac{\text{8か月（×3年4/1～11/30）}}{\text{24か月}}$ ＝800円

ひとこと

一般的に、貸借対照表では「前払保険料」や「前払利息」などをまとめて「前払費用」として表示します。また、「長期前払保険料」や「長期前払利息」などをまとめて「長期前払費用」として表示します。

Ⅳ その他有価証券評価差額金の表示

その他有価証券の評価替えによって生じた評価差額（その他有価証券評価差額金）は、相殺した純額を貸借対照表の純資産の部に表示します。

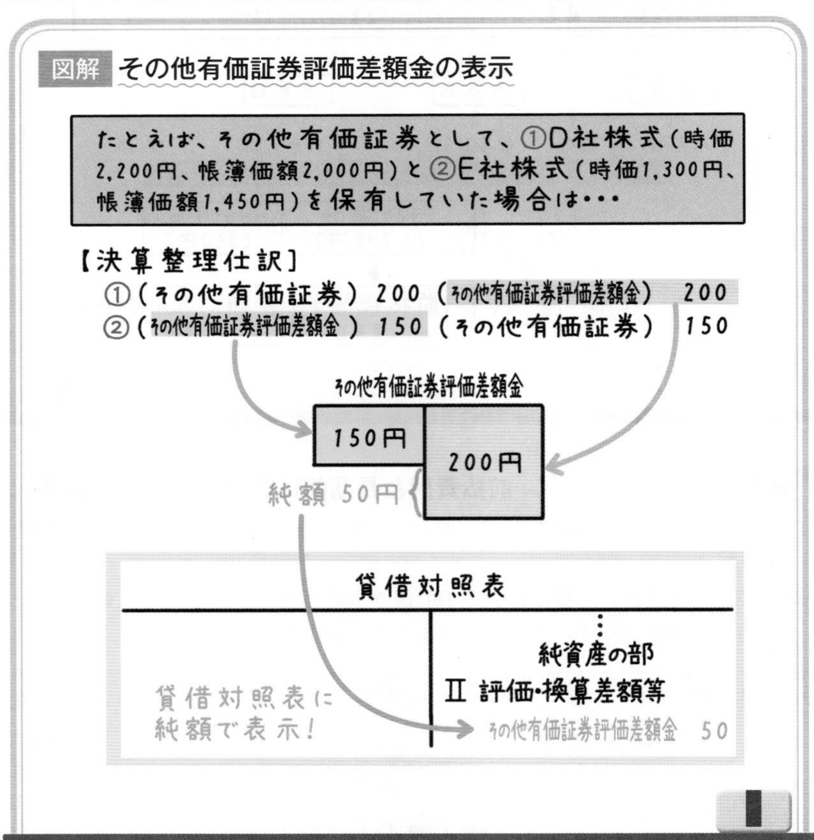

6 株主資本等変動計算書

I 株主資本等変動計算書とは

株主資本等変動計算書は、株主資本等（純資産）の変動を表す財務諸表で、貸借対照表の純資産の部について、項目ごとに、当期首残高、当期変動額、当期末残高を記載します。株主資本の変動額は、変動原因ごとに記載します。

株主資本等変動計算書の形式は、次のとおりです。

株主資本等変動計算書
自×1年4月1日　至×2年3月31日

❶	株主資本								
	資本金	資本剰余金			利益剰余金				株主資本合計
		資本準備金	その他資本剰余金	資本剰余金合計	利益準備金	その他利益剰余金		利益剰余金合計	
						別途積立金	繰越利益剰余金		
当期首残高 ❷	50,000	5,000	2,000	7,000	1,000	500	3,000	4,500	61,500
当期変動額 ❸									
新株の発行	2,000	2,000		2,000					4,000
剰余金の配当等					100	200	△ 1,300	△ 1,000	△ 1,000
当期純利益							800	800	800
株主資本以外の項目の当期変動額（純額）									
当期変動額合計	2,000	2,000	0	2,000	100	200	△ 500	△ 200	3,800
当期末残高 ❹	52,000	7,000	2,000	9,000	1,100	700	2,500	4,300	65,300

下段へ続く

上段より続く

❶	評価・換算差額等		純資産合計
	その他有価証券評価差額金	評価・換算差額等合計	
当期首残高 ❷	300	300	61,800
当期変動額 ❸			
新株の発行			4,000
剰余金の配当等			△ 1,000
当期純利益			800
株主資本以外の項目の当期変動額（純額） ✪	100	100	100
当期変動額合計	100	100	3,900
当期末残高 ❹	400	400	65,700

❶ 株主資本等（純資産）の項目
❷ 当期首時点の残高
❸ 当期の株主資本等（純資産）の変動額
　→株主資本の当期変動額は変動原因（新株の発行、剰余金の配当等、当期純利益など）ごとに分けて記載します
　→株主資本以外（その他有価証券評価差額金など）の当期変動額は一括して純額で記載します…✪
❹ 当期末時点の残高
　→当期首残高に当期変動額合計を加減算して計算します

Ⅱ 株主資本等変動計算書の記入

具体例を使って、株主資本等変動計算書の記入の仕方についてみてみましょう。

1 当期首残高の記入

まずは、純資産の部の項目について、当期首残高を記入します。

例2 ―――― 株主資本等変動計算書の記入①

当期首における純資産の部の項目の金額は次のとおりである。

資　本　金	50,000円…❶	資本準備金	5,000円…❷
その他資本剰余金	2,000円…❸	利益準備金	1,000円…❹
別途積立金	500円…❺	繰越利益剰余金	3,000円…❻

例2の解答

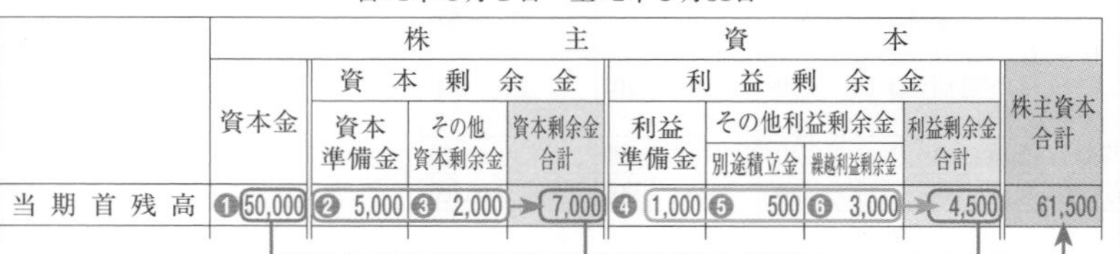

株主資本等変動計算書
自×1年4月1日　至×2年3月31日

	株主資本								
	資本金	資本剰余金			利益剰余金				株主資本合計
		資本準備金	その他資本剰余金	資本剰余金合計	利益準備金	その他利益剰余金		利益剰余金合計	
						別途積立金	繰越利益剰余金		
当期首残高	❶50,000	❷ 5,000	❸ 2,000	7,000	❹ 1,000	❺ 500	❻ 3,000	4,500	61,500

資本剰余金合計：5,000円＋2,000円＝7,000円
利益剰余金合計：1,000円＋500円＋3,000円＝4,500円
株主資本合計：50,000円＋7,000円＋4,500円＝61,500円

2 当期変動額の記入

次に、純資産の部の当期変動額を変動原因ごとに記入します。なお、株主資本等変動計算書には、純資産の部の変動額のみ記入し、それ以外（資産や負債）の項目の変動額については記入しません。

また、純資産の減少については金額の前に「△」などを付します。

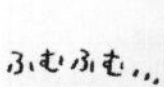

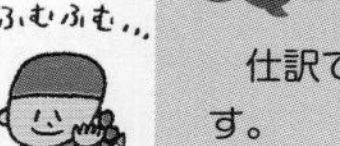

仕訳で借方に純資産の勘定科目が記入される場合は、純資産の減少となります。

例3 株主資本等変動計算書の記入②

当期中の株主資本等が変動する取引は次のとおりである。

(1) 新株を発行したさいの仕訳

借方	金額	貸方	金額
（当座預金）	4,000	（資本金）	2,000…❼
		（資本準備金）	2,000…❽

純資産の項目ではないので記載しない（当座預金）

(2) 剰余金の配当等をしたさいの仕訳

借方	金額	貸方	金額
（繰越利益剰余金）	1,300…❾	（未払配当金）	1,000
		（利益準備金）	100…❿
		（別途積立金）	200…⓫

純資産の減少なので、金額の前に「△」を付す（繰越利益剰余金）
純資産の項目ではないので記載しない（未払配当金）

(3) 当期純利益を損益勘定から繰越利益剰余金勘定に振り替えたさいの仕訳

借方	金額	貸方	金額
（損益）	800	（繰越利益剰余金）	800…⓬

純資産の項目ではないので記載しない（損益）

例３の解答

株主資本等変動計算書
自×1年４月１日　至×2年３月31日

	株主資本								
	資本金	資本剰余金			利益剰余金				株主資本合計
		資本準備金	その他資本剰余金	資本剰余金合計	利益準備金	その他利益剰余金		利益剰余金合計	
						別途積立金	繰越利益剰余金		
当期首残高	50,000	5,000	2,000	7,000	1,000	500	3,000	4,500	61,500
当期変動額									
新株の発行	❼ 2,000	❽ 2,000		2,000					4,000
剰余金の配当等					❿ 100	⓫ 200	❾△1,300	△1,000	△ 1,000
当期純利益							⓬ 800	800	800
当期変動額合計	2,000	2,000	0	2,000	100	200	△ 500	△ 200	3,800

当期変動額合計（縦の合計）を記入

3 当期末残高の記入

最後に、当期末残高を記入します。当期末残高は当期首残高に当期変動額合計を加減算して計算します。

例４ ――― 株主資本等変動計算書の記入③

例２と**例３**の株主資本等変動計算書の記入にもとづいて、当期末残高の欄を埋めなさい。

例４の解答

株主資本等変動計算書
自×1年４月１日　至×2年３月31日

	株主資本								
	資本金	資本剰余金			利益剰余金				株主資本合計
		資本準備金	その他資本剰余金	資本剰余金合計	利益準備金	その他利益剰余金		利益剰余金合計	
						別途積立金	繰越利益剰余金		
当期首残高	ⓐ 50,000	5,000	2,000	7,000	1,000	500	3,000	4,500	61,500
当期変動額									
新株の発行	2,000	2,000		2,000					4,000
剰余金の配当等					100	200	△ 1,300	△ 1,000	△ 1,000
当期純利益							800	800	800
当期変動額合計	ⓑ 2,000	2,000	0	2,000	100	200	△ 500	△ 200	3,800
当期末残高	ⓒ 52,000	7,000	2,000	9,000	1,100	700	2,500	4,300	65,300

ⓒ=ⓐ+ⓑ

CHAPTER 16　精算表と財務諸表　基本問題

問1　精算表の作成　解答用紙あり

次の決算整理事項等にもとづいて、解答用紙の精算表を完成させなさい。なお、当期は×3年4月1日から×4年3月31日までである。

[決算整理事項等]

1．当座預金の帳簿残高と銀行の残高証明書の残高が一致していなかったため、原因を調べたところ、次の事実が判明した。

(1)　買掛金の支払いのため、1,000円の小切手を振り出していたが、取引先がこの小切手をまだ銀行に呈示していなかった。

(2)　得意先から売掛金2,000円が当座預金口座に振り込まれていたが、この取引が未記帳であった。

2．受取手形および売掛金の期末残高について、次のように貸倒引当金の設定を行う。

A社に対する売掛金7,000円：債権額から担保処分見込額4,000円を控除した残高の50％の金額

B社に対する売掛金5,000円：債権額の5％

その他の売掛金および受取手形に対しては、貸倒実績率2％で貸倒引当金を設定する。

3．期末商品棚卸高は以下のとおりである。なお、売上原価は仕入の行で計算することとし、商品評価損および棚卸減耗損は精算表上、独立の勘定として表示すること。

帳簿棚卸高：数量　100個　　原　　　価　@100円

実地棚卸高：数量　 95個　　正味売却価額　@ 90円

4．売買目的有価証券の内訳は次のとおりである。決算にあたって時価に評価替えする。

銘　柄	帳簿価額	数　量	時　価
A社株式	@200円	150株	@180円
B社株式	@100円	125株	@134円

5．固定資産の減価償却を以下のとおり行う。

　　建物：定額法；耐用年数30年　残存価額は取得原価の10％

　　備品：定率法；償却率20％

　なお、建物のうち45,000円は当期の12月１日に取得（同日より使用を開始）したものであり、当期の減価償却費は残存価額をゼロとし、月割りで計上する。

6．満期保有目的債券は、前期の期首に額面40,000円のＣ社社債を購入したものであり、満期日までの期間は当期を含めて残り３年である。満期保有目的債券の評価は償却原価法（定額法）による。

7．保険料のうち、次期分600円を前払処理する。

8．長期貸付金は、×2年９月１日に貸付期間４年、年利率３％、利払日は年１回、８月31日という条件で貸し付けたものである。決算にあたって利息の未収分を計上する。

問2 **財務諸表の作成** 解答用紙あり

次の決算整理前残高試算表および［期末修正事項］にもとづいて、解答用紙の損益計算書と貸借対照表を完成させなさい。なお、当期は×4年4月1日から×5年3月31日までである。

決算整理前残高試算表

×5年3月31日

借　方	勘定科目	貸　方
120,000	現金預金	
42,000	受取手形	
58,000	売掛金	
44,000	売買目的有価証券	
18,000	繰越商品	
10,000	貸付金	
80,000	建物	
30,000	備品	
5,400	その他有価証券	
	買掛金	83,320
	貸倒引当金	900
	退職給付引当金	23,500
	建物減価償却累計額	28,800
	備品減価償却累計額	4,200
	資本金	150,000
	利益準備金	12,000
	別途積立金	7,000
	繰越利益剰余金	6,000
	売上	359,640
	受取利息	3,600
210,000	仕入	
55,000	給料	
4,500	保険料	
2,060	固定資産売却損	
678,960		678,960

[期末修正事項]

1. 債権について、次のように貸倒引当金の設定を行う。なお、期末貸倒引当金のうち、800円は売上債権に対するものであり、100円は貸付金に対するものである。

・A社に対する売掛金8,000円：債権額から担保処分見込額5,000円を控除した残高の50%の金額

・B社に対する売掛金4,000円：債権額の４%

・その他の売上債権に対しては、貸倒実績率２%で貸倒引当金を設定する。

・貸付金（返済期限は×5年12月31日）に対しては、期末残高の２%の貸倒引当金を設定する。

2. 期末商品棚卸高は以下のとおりである。なお、商品評価損は売上原価の内訳科目として表示し、棚卸減耗損は販売費および一般管理費に表示すること。

帳簿棚卸高：数量　220個　　原　　　価　@110円

実地棚卸高：数量　210個　　正味売却価額　@105円

3. 売買目的有価証券の内訳は次のとおりである。決算にあたって時価に評価替えする。

銘　柄	帳簿価額	時　価
A社株式	38,000円	37,200円
B社株式	6,000円	5,900円

4. 固定資産の減価償却を以下のとおり行う。

建物：定額法；耐用年数30年　残存価額は取得原価の10%

備品：定率法；償却率20%

なお、備品のうち9,000円は当期の11月１日に取得（同日より使用を開始）したものであり、当期の減価償却費は月割りで計上する。

5. その他有価証券の期末時価は6,000円であった。なお、評価差額は全部純資産直入法により処理している（税効果会計は無視すること）。

6. 当期の退職給付引当金の繰入額は1,500円である。

7. 保険料は当期の８月１日に向こう１年分の火災保険料を支払ったものである。

8. 税引前当期純利益に対して40%の法人税、住民税及び事業税を計上する。

解答

問1 精算表の作成

精　算　表

勘定科目	試算表		修正記入		損益計算書		貸借対照表	
	借方	貸方	借方	貸方	借方	貸方	借方	貸方
現　金	21,400						21,400	
当座預金	38,060		2,000				40,060	
受取手形	48,000						48,000	
売掛金	57,000			2,000			55,000	
売買目的有価証券	42,500		1,250				43,750	
繰越商品	14,000		10,000	14,000			8,550	
				500				
				950				
建　物	145,000						145,000	
備　品	45,000						45,000	
満期保有目的債券	38,800		400				39,200	
長期貸付金	40,000						40,000	
買掛金		44,140						44,140
貸倒引当金		860		2,710				3,570
建物減価償却累計額		45,000		3,500				48,500
備品減価償却累計額		9,000		7,200				16,200
資本金		345,000						345,000
利益準備金		6,000						6,000
繰越利益剰余金		5,000						5,000
売　上		510,000				510,000		
受取利息		500		700		1,200		
有価証券利息		960		400		1,360		
仕　入	382,000		14,000	10,000	386,000			
給　料	76,000				76,000			
保険料	8,700			600	8,100			
水道光熱費	10,000				10,000			
	966,460	966,460						
貸倒引当金(繰入)			2,710		2,710			
棚卸減耗損			500		500			
商品評価損			950		950			
有価証券評価(益)				1,250		1,250		
減価償却費			10,700		10,700			
(前　払)保険料			600				600	
(未　収)利　息			700				700	
当期純(利　益)					18,850			18,850
			43,810	43,810	513,810	513,810	487,260	487,260

〈解説〉

決算整理仕訳を示すと次のとおりです。

1．(1) 未取付小切手のため、仕訳なし

(2)

借方	金額	貸方	金額
(当座預金)	2,000	(売掛金)	2,000

2．

借方	金額	貸方	金額
(貸倒引当金繰入)	2,710＊1	(貸倒引当金)	2,710

＊1 ①A社に対する売掛金にかかる貸倒引当金
(7,000円－4,000円)×50％＝1,500円

②B社に対する売掛金にかかる貸倒引当金
5,000円×5％＝250円

③その他の売掛金・受取手形にかかる貸倒引当金
(48,000円＋57,000円－2,000円－7,000円－5,000円)×2％＝1,820円

④貸倒引当金繰入：(1,500円＋250円＋1,820円)－860円＝2,710円

3．

借方	金額	貸方	金額
(仕入)	14,000	(繰越商品)	14,000
(繰越商品)	10,000＊2	(仕入)	10,000
(棚卸減耗損)	500＊3	(繰越商品)	500
(商品評価損)	950＊4	(繰越商品)	950

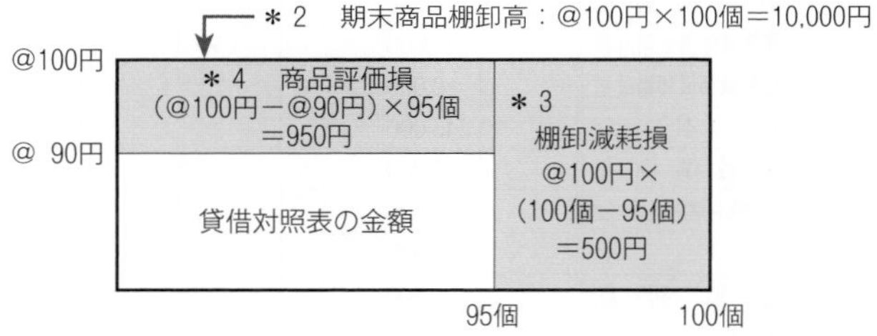

＊2 期末商品棚卸高：@100円×100個＝10,000円

@100円

＊4 商品評価損
(@100円－@90円)×95個
＝950円

@ 90円

貸借対照表の金額

＊3
棚卸減耗損
@100円×
(100個－95個)
＝500円

95個 100個

4．

借方	金額	貸方	金額
(売買目的有価証券)	1,250	(有価証券評価益)	1,250＊5

＊5 ①時価：@180円×150株＋@134円×125株＝43,750円

②帳簿価額：@200円×150株＋@100円×125株＝42,500円

③評価損益：①－②＝1,250円（評価益）

5．

借方	金額	貸方	金額
(減価償却費)	10,700	(建物減価償却累計額)	3,500＊6
		(備品減価償却累計額)	7,200＊7

＊6 ①旧建物：(145,000円－45,000円)×0.9÷30年＝3,000円
（45,000円：新建物）

②新建物：45,000円÷30年×$\frac{4か月}{12か月}$＝500円

③①＋②＝3,500円

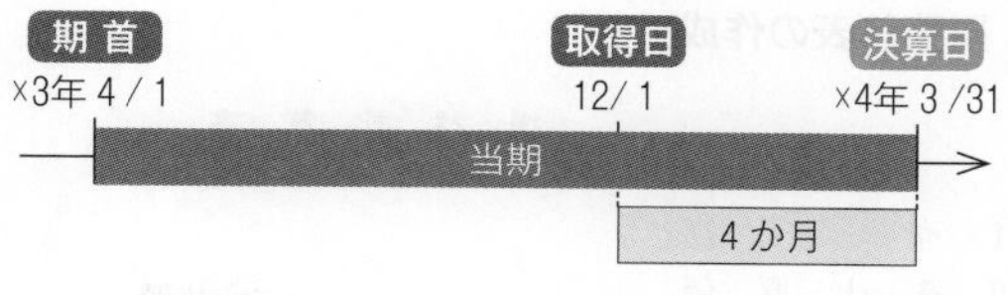

＊7　(45,000円－9,000円)×20％＝7,200円

	借方科目	金額	貸方科目	金額
6.	(満期保有目的債券)	400	(有価証券利息)	400[＊8]

＊8　(40,000円－38,800円)÷3年＝400円

	借方科目	金額	貸方科目	金額
7.	(前払保険料)	600	(保険料)	600
8.	(未収利息)	700[＊9]	(受取利息)	700

＊9　40,000円×3％×$\frac{7か月}{12か月}$＝700円

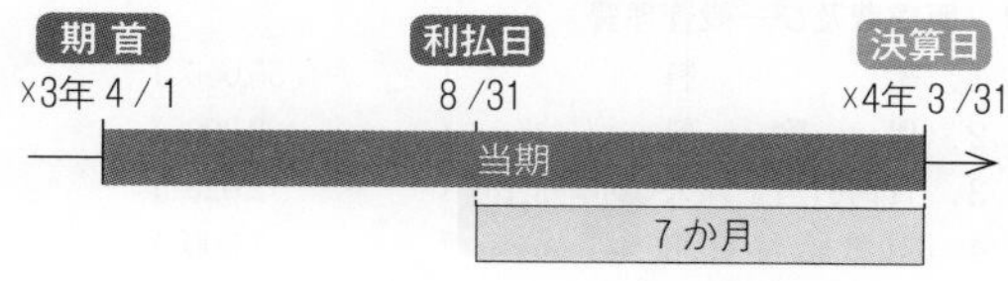

問2 財務諸表の作成

損益計算書
自×4年4月1日　至×5年3月31日　（単位：円）

Ⅰ 売上高		（ 359,640 ）
Ⅱ 売上原価		
1．期首商品棚卸高	（ 18,000 ）	
2．当期商品仕入高	（ 210,000 ）	
合計	（ 228,000 ）	
3．期末商品棚卸高	（ 24,200 ）	
差引	（ 203,800 ）	
4．（商品評価損）	（ 1,050 ）	（ 204,850 ）
売上総利益		（ 154,790 ）
Ⅲ 販売費及び一般管理費		
1．給料	（ 55,000 ）	
2．保険料	（ 3,000 ）	
3．貸倒引当金繰入 【売上債権に対する】	（ 2,620 ）	
4．退職給付費用	（ 1,500 ）	
5．（棚卸減耗損）	（ 1,100 ）	
6．減価償却費	（ 6,510 ）	（ 69,730 ）
（営業利益）		（ 85,060 ）
Ⅳ 営業外収益		
1．受取利息		（ 3,600 ）
Ⅴ 営業外費用		
1．有価証券評価損	（ 900 ）	
2．貸倒引当金繰入 【貸付金に対する】	（ 100 ）	（ 1,000 ）
経常利益		（ 87,660 ）
Ⅵ 特別損失		
1．（固定資産売却損）		（ 2,060 ）
税引前当期純利益		（ 85,600 ）
法人税、住民税及び事業税		（ 34,240 ）
当期純利益		（ 51,360 ）

貸借対照表
×5年3月31日

(単位：円)

資産の部			負債の部		
Ⅰ 流動資産			Ⅰ 流動負債		
1 現金預金		(120,000)	1 買掛金		(83,320)
2 受取手形	(42,000)		2 未払法人税等		(34,240)
3 売掛金	(58,000)		流動負債合計		(117,560)
貸倒引当金	(3,420)	(96,580)	Ⅱ 固定負債		
4 (短期貸付金)【1年以内に回収】	(10,000)		1 退職給付引当金		(25,000)
貸倒引当金	(200)	(9,800)	固定負債合計		(25,000)
5 有価証券【売買目的有価証券】		(43,100)	負債合計		(142,560)
6 商品		(22,050)	純資産の部		
7 前払費用【前払保険料】		(1,500)	Ⅰ 株主資本		
流動資産合計		(293,030)	1 資本金		(150,000)
Ⅱ 固定資産			2 利益剰余金		
1 有形固定資産			(1)利益準備金	(12,000)	
(1)建物	(80,000)		(2)別途積立金	(7,000)	
減価償却累計額	(31,200)	(48,800)	(3)繰越利益剰余金	(57,360)	(76,360)
(2)備品	(30,000)		Ⅱ 評価・換算差額等		
減価償却累計額	(8,310)	(21,690)	1 その他有価証券評価差額金		(600)
2 投資その他の資産			純資産合計		(226,960)
(1)投資有価証券【その他有価証券】		(6,000)			
固定資産合計		(76,490)			
資産合計		(369,520)	負債および純資産合計		(369,520)

※ 繰越利益剰余金：6,000円＋51,360円＝57,360円
（51,360円：当期純利益）

〈解説〉

決算整理仕訳を示すと次のとおりです。

1. (貸倒引当金繰入) 2,620*1 (貸倒引当金) 2,620
(貸倒引当金繰入) 100*2 (貸倒引当金) 100

＊1 ［売上債権］

①A社に対する売掛金にかかる貸倒引当金
(8,000円－5,000円)×50％＝1,500円

②B社に対する売掛金にかかる貸倒引当金
4,000円×4％＝160円

③その他の売上債権にかかる貸倒引当金
(42,000円＋58,000円－8,000円－4,000円)×2％
＝1,760円

④貸倒引当金（合計）：1,500円＋160円＋1,760円
＝3,420円

⑤貸倒引当金繰入：3,420円－800円＝2,620円

＊2　［貸付金］

貸倒引当金：10,000円×２％＝200円

貸倒引当金繰入：200円－100円＝100円

2.	（仕　　　入）	18,000	（繰　越　商　品）	18,000
	（繰　越　商　品）	24,200＊3	（仕　　　入）	24,200
	（棚 卸 減 耗 損）	1,100＊4	（繰　越　商　品）	1,100
	（商 品 評 価 損）	1,050＊5	（繰　越　商　品）	1,050
	（仕　　　入）	1,050	（商 品 評 価 損）	1,050

＊3　期末商品棚卸高：@110円×220個＝24,200円

@110円

＊5　商品評価損
（@110円－@105円）×210個
＝1,050円

@105円

貸借対照表の「商品」
@105円×210個＝22,050円

＊4
棚卸減耗損
@110円×
（220個－210個）
＝1,100円

210個　220個

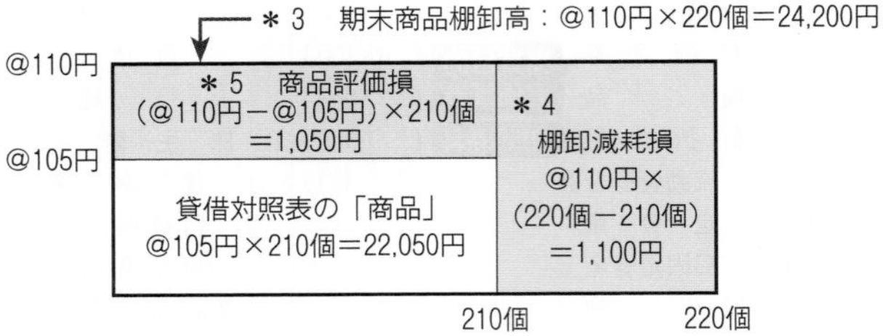

3.	（有価証券評価損）	900＊6	（売買目的有価証券）	900

＊6　①時　　価：37,200円＋5,900円＝43,100円

②帳簿価額：38,000円＋6,000円＝44,000円

③評価損益：①－②＝△900円（評価損）

4.	（減 価 償 却 費）	6,510	（建物減価償却累計額）	2,400＊7
			（備品減価償却累計額）	4,110＊8

＊7　80,000円×0.9÷30年＝2,400円

＊8　①旧備品：（30,000円－9,000円－4,200円）×20％＝3,360円

②新備品：9,000円×20％×$\frac{5か月}{12か月}$＝750円

③①＋②＝4,110円

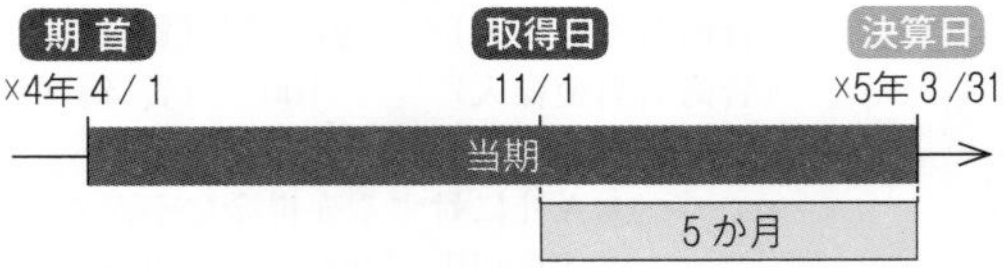

期首　取得日　決算日

×4年4/1　11/1　×5年3/31

当期

5か月

5.	（その他有価証券）	600＊9	（その他有価証券評価差額金）	600

＊9　6,000円－5,400円＝600円

6.	（退職給付費用）	1,500	（退職給付引当金）	1,500
7.	（前 払 保 険 料）	1,500＊10	（保　　険　　料）	1,500

＊10　4,500円×$\frac{4か月}{12か月}$＝1,500円

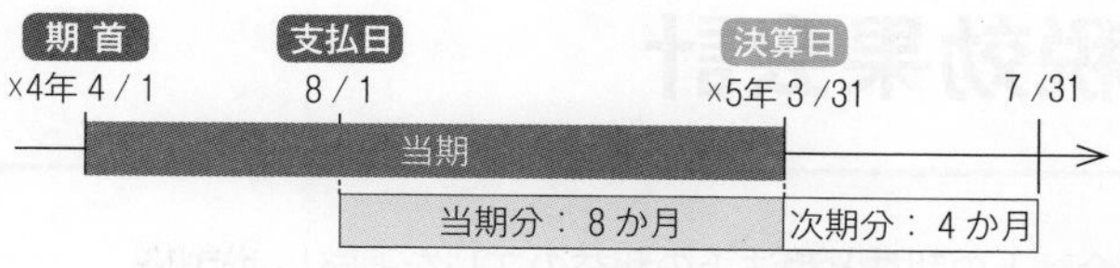

8．　(法人税、住民税及び事業税)　34,240*11　(未払法人税等)　34,240

＊11　85,600円×40％＝34,240円
税引前当期純利益

CHAPTER 17

税効果会計

◆会計上の利益と税法上の利益のズレを調整しよう！

ここでは、税効果会計についてみていきます。

税法上の利益（課税所得）の話も出てくるので、CHAPTER04 2 の課税所得の算定方法を一読しておいてください。

2級で学習する内容

取引と処理

- 株式会社特有の取引
- その他の取引
- 商品売買取引

決算、本支店会計、連結会計、製造業会計

決　　算

- 本支店会計
- 連結会計Ⅰ〜Ⅲ
- 製造業会計

1 税効果会計とは

I 税効果会計とは

損益計算書では、会計上の収益から費用を差し引いて、税引前当期純利益を計算しますが、税引前当期純利益から差し引く法人税等（法人税、住民税及び事業税）は税法上の利益（益金から損金を差し引いた金額）をベースに計算します。

そのため、会計上の利益に対応した法人税等が計上されていないことがあります。

そこで、会計と税法の違いから生じるズレ（一時的な差異）を調整して、会計上の利益（税引前当期純利益）と法人税等を対応させる処理をします。この処理を**税効果会計**（ぜいこうかかいけい）といいます。

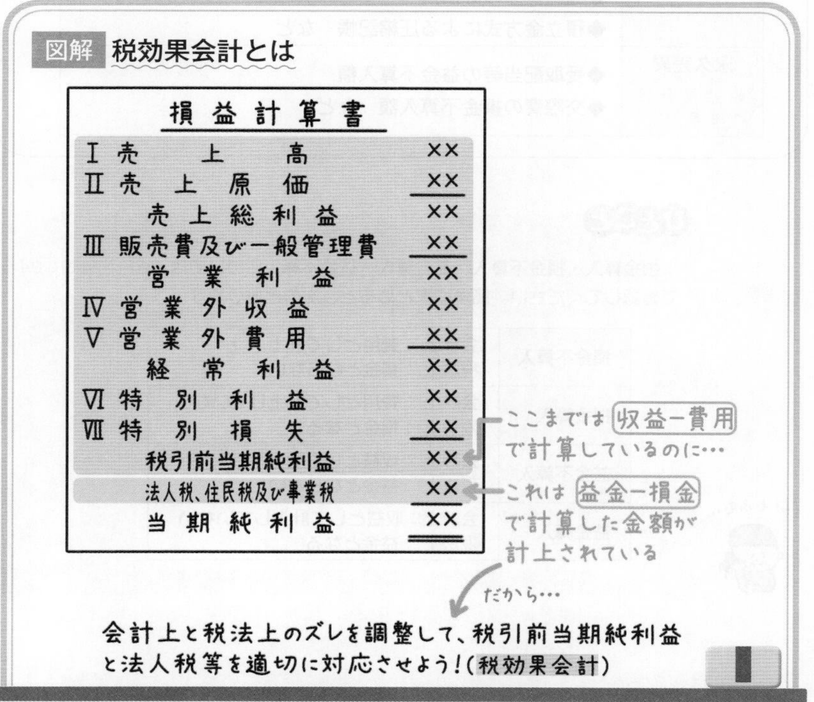

Ⅱ 税効果会計の対象となる差異

会計と税法の違いから生じる差異には、**一時差異**（いちじさい）と**永久差異**（えいきゅうさい）があります。一時差異とは、差異が生じてもいつかは解消される差異をいい、一時差異には税効果会計を適用します。

一方、いったん生じたら永久に解消されない差異を永久差異といいますが、永久差異には税効果会計を適用しません。

主な一時差異と永久差異には次のようなものがあります。

●主な一時差異と永久差異

一時差異 税効果会計の対象	◆引当金の繰入限度超過額 ◆減価償却費の償却限度超過額 ◆その他有価証券の評価差額 （以上3項目：2級で学習） ◆棚卸資産の評価損 ◆積立金方式による圧縮記帳　など
永久差異 税効果会計の対象外	◆受取配当等の益金不算入額 ◆交際費の損金不算入額　など

ひとこと

損金算入・損金不算入、益金算入・益金不算入については、CHAPTER 04で確認してください。簡単にまとめると、次のとおりです。

損金不算入	会計上：費用として計上 税法上：損金とならない
損金算入	会計上：費用として計上していない 税法上：損金となる
益金不算入	会計上：収益として計上 税法上：益金とならない
益金算入	会計上：収益として計上していない 税法上：益金となる

2 法人税等の調整

I 会計処理

New 法人税等調整額

法人税等の調整は、法人税等の金額を直接増減させるのではなく、**法人税等調整額**という勘定科目を用いて行います。

New 繰延税金資産

また、相手科目は**繰延税金資産**［資産］または**繰延税金負債**［負債］で処理します。

New 繰延税金負債

ふむふむ…

ひとこと

繰延税金資産［資産］は法人税等の前払いを、**繰延税金負債**［負債］は法人税等の未払いを表します。

II 税効果会計の仕訳の作り方

税効果会計を適用する場合の（簡単な）仕訳の作り方は次のとおりです。

図解 税効果会計の仕訳の作り方

たとえば、会計上で費用計上した貸倒引当金繰入額が1,100円であったが、税法上の損金算入（限度額）は1,000円である（実効税率は40%）という場合は…

→1,100円－1,000円＝100円 →100円が損金不算入

Step1 会計上の仕訳を考える

会計上の仕訳 （貸倒引当金繰入） 1,100 （貸倒引当金） 1,100

Step2 損益項目の逆側に「法人税等調整額」を記入する

① 会計上の仕訳のうち、損益項目（費用または収益）に注目し、損益項目が記載されている逆側に法人税等調整額を記入する

② 金額は会計上の金額のうち損金不算入額に法人税等の実効税率を掛けた金額となる

会計上の仕訳	（貸倒引当金繰入）	1,100	（貸倒引当金）	1,100

①

税効果の仕訳	（　　　）		（法人税等調整額）	40

損益項目

②
（1,100円－1,000円）×40％＝40円

Step3 相手科目を埋める

仕訳の空欄が借方ならば 繰延税金資産［資産］、
貸方ならば 繰延税金負債［負債］ を記入する

税効果の仕訳	（繰延税金資産）	40	（法人税等調整額）	40

借方が空欄なので、
「繰延税金資産」を記入

ひとこと

ちょっと難しい話になりますが、税効果会計の適用方法には❶資産負債法と❷繰延法があり、制度上は❶資産負債法が採用されています。しかし、❷繰延法で考えたほうが仕訳をしやすいので、本書では繰延法にもとづいて説明しています。なお、資産負債法や繰延法の内容については１級で学習します。

Ⅲ 法人税等調整額の表示

法人税等調整額が借方残高の場合には、（法人税等の増加を意味するので）損益計算書の法人税等に加算します。

法人税等調整額が貸方残高の場合には、（法人税等の減少を意味するので）損益計算書の法人税等から減算します。

図解 法人税等調整額の表示

法人税等調整額が借方残高の場合(金額は仮定)

(法人税等調整額) 50 (繰延税金負債) 50 の場合

損益計算書

⋮		
税引前当期純利益		1,000
法人税、住民税及び事業税	350	
法人税等調整額	＋50	400
当期純利益		600

法人税等調整額が貸方残高の場合(金額は仮定)

(繰延税金資産) 80 (法人税等調整額) 80 の場合

損益計算書

⋮		
税引前当期純利益		1,000
法人税、住民税及び事業税	350	
法人税等調整額	△ 80	270
当期純利益		730

3 貸倒引当金の繰入限度超過額

I 貸倒引当金繰入の損金不算入と税効果会計の仕訳

会計上で費用計上した貸倒引当金の繰入額のうち、税法上の繰入額(限度額)を超える金額については、損金に算入することができません(損金不算入)。そこで、超過額について法人税等の調整を行います。

例1　貸倒引当金繰入の損金不算入と税効果会計の仕訳

第１期末において、貸倒引当金300円を繰り入れたが、そのうち100円については損金不算入となった。なお、法人税等の実効税率は40%とする。

例１の仕訳　（繰延税金資産）　40　（法人税等調整額）　40

①　会計上の仕訳を考える

会計上の仕訳	（貸倒引当金繰入）	300	（貸倒引当金）	300

②　損益項目の逆側に**法人税等調整額**を記入する
金額は 損金不算入額×実効税率

会計上の仕訳	（貸倒引当金繰入）	300	（貸倒引当金）	300
	損益項目			
税効果の仕訳	（　）		（法人税等調整額）	40*

＊　100円×40%＝40円

③　相手科目を記入する

税効果の仕訳	（繰延税金資産）	40	（法人税等調整額）	40

Ⅱ　差異が解消したときの税効果会計の仕訳

貸倒引当金を設定した翌年以降に、その貸倒引当金を取り崩した場合には、差異が解消します。したがって、この場合は差異が発生したときと逆の仕訳をします。

なお、法人税等の調整は期末に行うため、前期までに発生した差異の解消と当期に発生した差異の処理は一括して行います。

例2　差異が解消したときの税効果会計の仕訳

第２期において、貸倒引当金350円を繰り入れたが、そのうち150円については損金不算入となった（法人税等の実効税率は40%とする）。なお、第１期に発生した売掛金が貸し倒れたため、貸倒引当金を全額取り崩している。第１期末に設定した貸倒引当金にかかる税効果会計の仕訳は次のとおりである。

（繰延税金資産）　40　（法人税等調整額）　40

例2の仕訳　（繰延税金資産）　20　（法人税等調整額）　20

①　第1期に発生した差異の解消（貸倒れの発生）
（法人税等調整額）　40　（繰延税金資産）　40
②　第2期に発生した差異
（繰延税金資産）　60　（法人税等調整額）　60*
＊　150円×40%＝60円
③　第2期の仕訳（①＋②）
（繰延税金資産）　20　（法人税等調整額）　20

4 減価償却費の償却限度超過額

I 減価償却費の損金不算入と税効果会計の仕訳

会計上で費用計上した減価償却費のうち、税法上の減価償却費（限度額）を超える金額については、損金に算入することができません（損金不算入）。そこで、超過額について法人税等の調整を行います。

例3　減価償却費の損金不算入と税効果会計の仕訳

第1期末において、備品1,000円について定額法（耐用年数4年、残存価額は0円）により減価償却を行った。なお、備品の法定耐用年数（税法上の耐用年数）は5年であり、法人税等の実効税率は40%とする。

例3の仕訳　（繰延税金資産）　20　（法人税等調整額）　20

①　会計上の仕訳を考える
会計上の仕訳（減価償却費）　250*1（備品減価償却累計額）　250
＊1　1,000円÷4年＝250円
②　損益項目の逆側に**法人税等調整額**を記入する
金額は［損金不算入額×実効税率］
会計上の仕訳（減価償却費）　250　（備品減価償却累計額）　250
損益項目
税効果の仕訳（　　　　）　→（法人税等調整額）　20*2
＊2　税法上の減価償却費：1,000円÷5年＝200円
法人税等調整額：(250円−200円)×40%＝20円
③　相手科目を記入する
税効果の仕訳（繰延税金資産）　20　（法人税等調整額）　20

II 翌年度の仕訳

備品を売却したり、除却した場合には、差異が解消します。したがって、この場合は差異が発生したときと逆の仕訳をします。

なお、法人税等の調整は期末に行うため、前期までに発生した差異の解消と当期に発生した差異の処理は一括して行います。

例4 ―― **翌年度の仕訳**

第2期末において、第1期末（**例3**）と同様の減価償却を行った。なお、当期に売却等した備品はない。

例4の仕訳　（繰延税金資産）　20　（法人税等調整額）　20

① 第1期に発生した差異の解消…売却等していないので差異は解消していない

仕訳なし

② 第2期に発生した差異

（繰延税金資産）　20　（法人税等調整額）　20*

* 計算式は例3と同じ

③ 第2期の仕訳（①＋②）

（繰延税金資産）　20　（法人税等調整額）　20

5 その他有価証券の評価差額

I その他有価証券の評価差額と税効果会計の仕訳

会計上では、その他有価証券の評価替えを行いますが、税法上ではその他有価証券の評価替えは認められていません。

そこで、税効果会計を適用して法人税等を調整する必要があります。

その他有価証券の評価替えを全部純資産直入法（2級で学習する方法）で処理している場合には、評価差額は**その他有価証券評価差額金**［純資産］で処理します。

有価証券評価損〔費用〕や**有価証券評価益**〔収益〕のような損益項目では処理しません。

この場合には、**法人税等調整額**で法人税等を調整することができないので、かわりに**その他有価証券評価差額金**で調整します。

例5 その他有価証券の評価差額と税効果会計の仕訳①

決算において、その他有価証券（取得原価1,000円）を時価800円に評価替えした（全部純資産直入法）が、税法上では、その他有価証券の評価替えは認められていない。なお、法人税等の実効税率は40%とする。

例5の仕訳	（繰延税金資産）	80	（その他有価証券評価差額金）	80

① 会計上の仕訳を考える

会計上の仕訳	（その他有価証券評価差額金）	200*1	（その他有価証券）	200

＊1　800円－1,000円＝△200円

②「その他有価証券評価差額金」の逆側に**その他有価証券評価差額金**を記入する

会計上の仕訳	（その他有価証券評価差額金）	200	（その他有価証券）	200

純資産項目

税効果の仕訳	（　　）		（その他有価証券評価差額金）	80*2

＊2　200円×40%＝80円

③ 相手科目を記入する

税効果の仕訳	（繰延税金資産）	80	（その他有価証券評価差額金）	80

例6 その他有価証券の評価差額と税効果会計の仕訳②

決算において、その他有価証券（取得原価1,000円）を時価1,100円に評価替えした（全部純資産直入法）が、税法上では、その他有価証券の評価替えは認められていない。なお、法人税等の実効税率は40%とする。

例6の仕訳	(その他有価証券評価差額金)	40	(繰延税金負債)	40

① 会計上の仕訳を考える

会計上の仕訳	(その他有価証券)	100[*1]	(その他有価証券評価差額金)	100

＊1　1,100円－1,000円＝100円

② 「その他有価証券評価差額金」の逆側にその他有価証券評価差額金を記入する

会計上の仕訳	(その他有価証券)	100	(その他有価証券評価差額金)	100

純資産項目

税効果の仕訳	(その他有価証券評価差額金)	40[*2]	(　　　)	

＊2　100円×40%＝40円

③ 相手科目を記入する

税効果の仕訳	(その他有価証券評価差額金)	40	(繰延税金負債)	40

II 翌期首の仕訳

その他有価証券の評価替え（全部純資産直入法）をした場合、翌期首に評価差額の再振替仕訳を行います。これと同時に税効果会計の仕訳も逆仕訳をして振り戻します。

例7　翌期首の仕訳

前期末の決算において、その他有価証券（取得原価1,000円）を時価800円に評価替えした（全部純資産直入法）さい、以下の仕訳を行っている。

評価替えの仕訳：	(その他有価証券評価差額金)	200	(その他有価証券)	200
税効果の仕訳：	(繰延税金資産)	80	(その他有価証券評価差額金)	80

当期首における仕訳をしなさい。

例7の仕訳	(その他有価証券)	200	(その他有価証券評価差額金)	200
	(その他有価証券評価差額金)	80	(繰延税金資産)	80

6 繰延税金資産と繰延税金負債の表示

税効果会計を適用した結果生じた繰延税金資産は、貸借対照表上、資産の部の投資その他の資産の区分に、繰延税金負債は、貸借対照表上、負債の部の固定負債の区分に表示します。なお、繰延税金資産と繰延税金負債は相殺して表示します。

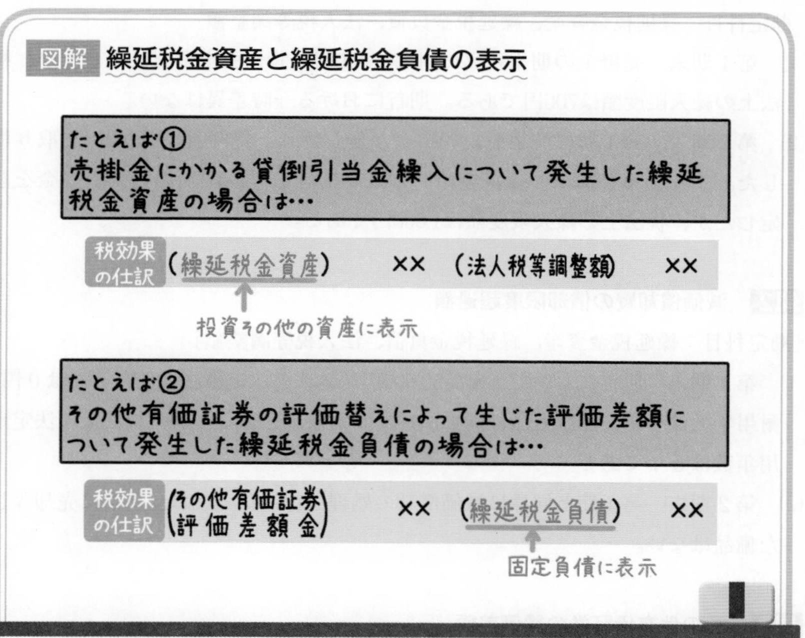

CHAPTER 17　税効果会計　基本問題

次の各取引（**問1**・**問2**の(1)、(2)は一連の取引）について、税効果会計に関する仕訳をしなさい。なお、法人税等の実効税率は各年度ともに40％である。また、勘定科目はそれぞれ［　　］内に示すものの中から選ぶこと。

問1　貸倒引当金の繰入限度超過額

［勘定科目：繰延税金資産、繰延税金負債、法人税等調整額］

(1)　第1期末　売掛金の期末残高に対して800円の貸倒引当金を設定したが、税法上の繰入限度額は700円である。期首における一時差異はない。

(2)　第2期末　第1期に発生した売掛金が貸し倒れ、貸倒引当金800円を取り崩した。また、第2期末の売掛金の期末残高に対して1,400円の貸倒引当金を設定したが、税法上の繰入限度額は1,000円である。

問2　減価償却費の償却限度超過額

［勘定科目：繰延税金資産、繰延税金負債、法人税等調整額］

(1)　第1期末　期首において、備品50,000円を購入し、定額法（残存価額は0円、耐用年数は4年、記帳方法は間接法）で減価償却を行ったが、税法上の法定耐用年数は5年である。

(2)　第2期末　第1期と同様に減価償却の処理を行った。なお、当期に売却等した備品はない。

問3　その他有価証券の評価差額

［勘定科目：繰延税金資産、繰延税金負債、その他有価証券評価差額金、法人税等調整額］

決算において、その他有価証券（取得原価2,000円）を時価2,200円に評価替えした（全部純資産直入法）が、税法上ではその他有価証券の評価替えは認められていない。

解答

問1　貸倒引当金の繰入限度超過額

(1)　(繰延税金資産)　40　(法人税等調整額)　40

(2)　(繰延税金資産)　120　(法人税等調整額)　120

〈解説〉

(1)について

会計上の仕訳：(貸倒引当金繰入)　800　(貸倒引当金)　800

損益項目

税効果の仕訳：(繰延税金資産)　40　(法人税等調整額)　40*1

＊1　(800円－700円)×40%＝40円

(2)について

①第1期に発生した差異の解消（貸倒れの発生）

(法人税等調整額)　40　(繰延税金資産)　40

②第2期に発生した差異

会計上の仕訳：(貸倒引当金繰入)　1,400　(貸倒引当金)　1,400

損益項目

税効果の仕訳：(繰延税金資産)　160　(法人税等調整額)　160*2

＊2　(1,400円－1,000円)×40%＝160円

③第2期の仕訳（①＋②）

(繰延税金資産)　120　(法人税等調整額)　120*3

＊3　160円－40円＝120円

問2　減価償却費の償却限度超過額

(1)	(繰延税金資産)	1,000	(法人税等調整額)	1,000
(2)	(繰延税金資産)	1,000	(法人税等調整額)	1,000

〈解説〉

(1)について

会計上の仕訳：(減価償却費) 12,500[*1] (備品減価償却累計額) 12,500

損益項目

税効果の仕訳：(繰延税金資産) 1,000 (法人税等調整額) 1,000[*2]

(2)について

①第1期に発生した差異の解消…売却等していないので差異は解消していない

仕訳なし

②第2期に発生した差異

会計上の仕訳：(減価償却費) 12,500[*1] (備品減価償却累計額) 12,500

損益項目

税効果の仕訳：(繰延税金資産) 1,000 (法人税等調整額) 1,000[*2]

③第2期の仕訳（①＋②）

(繰延税金資産) 1,000 (法人税等調整額) 1,000

＊1　50,000円÷4年＝12,500円

＊2　税法上の減価償却費：50,000円÷5年＝10,000円
法人税等調整額：(12,500円－10,000円)×40%
＝1,000円

問3　その他有価証券の評価差額

(その他有価証券評価差額金)	80	(繰延税金負債)	80

〈解説〉

会計上の仕訳：(その他有価証券) 200[*1] (その他有価証券評価差額金) 200

純資産項目

税効果の仕訳：(その他有価証券評価差額金) 80 (繰延税金負債) 80[*2]

＊1　2,200円－2,000円＝200円

＊2　200円×40%＝80円

MEMO

CHAPTER 18

帳簿の締め切り

◆損益勘定、繰越利益剰余金勘定の関係をおさえよう

ここでは帳簿の締め切りについて学習します。

帳簿の締切方法には英米式決算法と大陸式決算法の２つの方法がありますが、本書では英米式決算法について説明します。

２級で学習する内容

取引と処理

- 株式会社特有の取引
- その他の取引
- 商品売買取引

決算、本支店会計、連結会計、製造業会計

決　　算

✓決算整理……CHAPTER 04～15
✓精算表の作成……CHAPTER 16
✓財務諸表の作成……CHAPTER 16
✓税効果会計……CHAPTER 17
✓帳簿の締め切り……CHAPTER 18

- 本支店会計
- 連結会計Ⅰ～Ⅲ
- 製造業会計

1 帳簿の締切方法

決算の最後に、次期の帳簿記入に備えて帳簿を締め切ります。

帳簿の締切方法には**英米式決算法**と**大陸式決算法**の２つの方法がありますが、本書では２級の試験範囲である英米式決算法について説明します。

2 英米式決算法 Review 3級

英米式決算法による帳簿の締め切りの流れは次のとおりです。

●**英米式決算法による帳簿の締め切りの流れ**

❶ 収益・費用の各勘定残高を損益勘定に振り替える
❷ 当期純利益（または当期純損失）を繰越利益剰余金勘定に振り替える
❸ 各勘定を締め切る

Ⅰ 収益・費用の各勘定残高を損益勘定に振り替える

帳簿の締め切りは収益・費用の各勘定から行います。

総勘定元帳上で当期純利益（または当期純損失）を計算するために、総勘定元帳に損益勘定を設け、損益勘定に収益・費用の各勘定残高を振り替えます。

具体的には、収益の各勘定残高は損益勘定の貸方に、費用の各勘定残高は損益勘定の借方に振り替えます。

収益・費用の金額は当期の利益または損失を計算するためのものなので、次期には関係ありません。そこで、決算の最後に収益・費用の各勘定残高がゼロになるようにしておくのです。

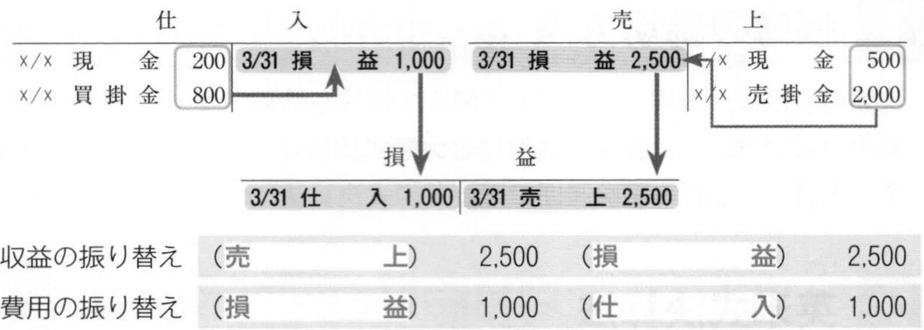

収益の振り替え	（売　　上）	2,500	（損　　益）	2,500
費用の振り替え	（損　　益）	1,000	（仕　　入）	1,000

Ⅱ 当期純利益（または当期純損失）を繰越利益剰余金勘定に振り替える

収益・費用の各勘定残高を損益勘定に集めることにより、損益勘定で当期純利益（または当期純損失）を計算することができます。

損益勘定で計算された当期純利益（または当期純損失）は**繰越利益剰余金勘定**［純資産］に振り替えます。

具体的には、当期純利益は純資産の増加として**繰越利益剰余金勘定**の貸方に振り替えます。　**☞純資産の増加⇒貸方（右）**

一方、当期純損失は純資産の減少として**繰越利益剰余金勘定**の借方に振り替えます。　**☞純資産の減少⇒借方（左）**

当期純利益の場合

繰越利益剰余金

借方			貸方		
x/x	利益準備金	20	4/1	前期繰越	300
x/x	未払配当金	200	3/31	損　益	1,500

損　益

借方			貸方		
3/31	仕　入	1,000	3/31	売　上	2,500
〃	繰越利益剰余金	1,500			

（損　　益）	1,500	（繰越利益剰余金）	1,500

当期純損失の場合

繰越利益剰余金				損益			
x/x 利益準備金	20	4/1 前期繰越	300	3/31 仕入	1,000	3/31 売上	800
x/x 未払配当金	200					〃 繰越利益剰余金	200
3/31 損益	200						

（繰越利益剰余金）　200　（損　　益）　200

Ⅲ 各勘定を締め切る

損益勘定から当期純利益（または当期純損失）を**繰越利益剰余金勘定**に振り替えたあと、総勘定元帳の各勘定を締め切ります。

1 収益と費用の各勘定の締め切り

収益と費用の各勘定について、借方合計と貸方合計が一致していることを確認し、締め切ります。

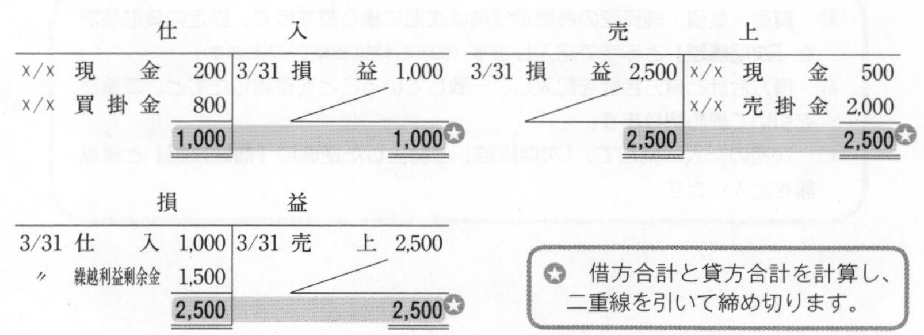

仕入				売上			
x/x 現金	200	3/31 損益	1,000	3/31 損益	2,500	x/x 現金	500
x/x 買掛金	800					x/x 売掛金	2,000
	1,000		1,000		2,500		2,500

損益			
3/31 仕入	1,000	3/31 売上	2,500
〃 繰越利益剰余金	1,500		
	2,500		2,500

2 資産・負債・純資産の各勘定の締め切り

資産・負債・純資産の各勘定の締切方法は次のとおりです。

現　金

4/1	前期繰越	600	x/x	仕　入	200
x/x	売　上	500	x/x	買掛金	400
x/x	売掛金	2,300	3/31	次期繰越	2,800❶
		3,400			3,400❷
4/1	前期繰越	2,800❸			

売　掛　金

4/1	前期繰越	650	x/x	現　金	1,300
x/x	売　上	2,000	3/31	次期繰越	1,350
		2,650			2,650
4/1	前期繰越	1,350			

買　掛　金

x/x	現　金	400	4/1	前期繰越	150
3/31	次期繰越	550	x/x	仕　入	800
		950			950
			4/1	前期繰越	550

資　本　金

3/31	次期繰越	800	4/1	前期繰越	800
			4/1	前期繰越	800

繰越利益剰余金

x/x	利益準備金	20	4/1	前期繰越	300
x/x	未払配当金	200	3/31	損　益	1,500
3/31	次期繰越	1,580			
		1,800			1,800
			4/1	前期繰越	1,580

❶ 資産・負債・純資産の各勘定残高は次期に繰り越すので、勘定の貸借差額を**「次期繰越」**と赤字で記入します（試験では黒の鉛筆で記入します）。

❷ 借方合計と貸方合計を記入し、一致していることを確認したあと、二重線を引いて締め切ります。

❸ 次期の記入に備えて、「次期繰越」と記入した逆側に**「前期繰越」**と繰越額を記入します。

CHAPTER 18 帳簿の締め切り　基本問題 解答用紙あり

次の決算整理前残高試算表および［決算整理事項等］にもとづいて、解答用紙の損益勘定と繰越利益剰余金勘定を完成させなさい。なお、当期は×4年10月1日から×5年9月30日までである。

決算整理前残高試算表
×5年9月30日

借　方	勘定科目	貸　方
412,500	現金預金	
170,000	受取手形	
380,000	売掛金	
229,000	売買目的有価証券	
110,000	繰越商品	
300,000	建物	
200,000	備品	
120,000	建設仮勘定	
	支払手形	270,000
	買掛金	367,300
	貸倒引当金	10,200
	建物減価償却累計額	162,000
	備品減価償却累計額	50,000
	資本金	450,000
	利益準備金	65,000
	別途積立金	8,000
	繰越利益剰余金	22,000
	売上	1,500,000
	受取家賃	68,000
782,000	仕入	
210,000	給料	
54,000	保険料	
5,000	手形売却損	
2,972,500		2,972,500

[決算整理事項等]

1．現金預金について調査したところ、次の事実が判明した。

⑴　群馬商事株式会社株式の配当金領収証2,500円を受け取っていたが、未処理であった。

⑵　買掛金の支払いのために振り出した小切手10,000円が未渡しであった。

2．当期の８月１日に倉庫が完成し、引き渡しを受けた（同日より使用開始)。なお、残高試算表の建設仮勘定は全額この倉庫に関する支出額である。

3．受取手形および売掛金の期末残高に対して３％の貸倒引当金を設定する（差額補充法)。

4．期末商品棚卸高は以下のとおりである。売上原価は仕入勘定で算定している。なお、商品評価損は売上原価に算入するが、棚卸減耗損は売上原価に算入しない。

帳簿棚卸高：数量　900個　　原　　　　価　@140円

実地棚卸高：数量　850個　　正味売却価額　@120円

5．売買目的有価証券の時価は240,000円である。

6．固定資産の減価償却を以下のとおり行う。なお、当期に取得した倉庫については、残存価額をゼロ、耐用年数20年の定額法により減価償却し、月割計算を行う。

建物：定額法；耐用年数20年　残存価額は取得原価の10％

備品：定率法；償却率25％

7．保険料のうち4,000円を前払処理、受取家賃のうち5,000円を前受処理する。

8．税引前当期純利益に対して40％の法人税、住民税及び事業税を計上する。

解答

損　益

9/30	仕　入	(783,000)	9/30	売　上	(1,500,000)
〃	給　料	(210,000)	〃	受取家賃	(63,000)
〃	保険料	(50,000)	〃	(受取配当金)	(2,500)
〃	棚卸減耗損	(7,000)	〃	有価証券(評価益)	(11,000)
〃	貸倒引当金繰入	(6,300)			
〃	減価償却費	(52,000)			
〃	手形売却損	(5,000)			
〃	法人税、住民税及び事業税	(185,280)			
〃	(繰越利益剰余金)	(277,920)			
		(1,576,500)			(1,576,500)

※　仕入：782,000円＋110,000円－126,000円＋17,000円＝783,000円

繰越利益剰余金

12/20	利益準備金	2,000	10/1	前期繰越	(48,000)
〃	未払配当金	20,000	9/30	(損　益)	(277,920)
〃	別途積立金	4,000			
9/30	次期繰越	(299,920)			
		(325,920)			(325,920)

※　前期繰越額の求め方

?円－(2,000円＋20,000円＋4,000円)＝22,000円
前期繰越　当期の剰余金の配当・処分額　残高試算表の金額

?円＝22,000円＋(2,000円＋20,000円＋4,000円)＝48,000円

※　次期繰越：貸借差額

〈解説〉

決算整理仕訳を示すと次のとおりです。

1.	(1)	(現　金)	2,500	(受取配当金)	2,500
	(2)	(当座預金)	10,000	(買掛金)	10,000
2.		(建　物)	120,000	(建設仮勘定)	120,000
3.		(貸倒引当金繰入)	6,300 *1	(貸倒引当金)	6,300

*1　(170,000円＋380,000円)×3％－10,200円＝6,300円

4.

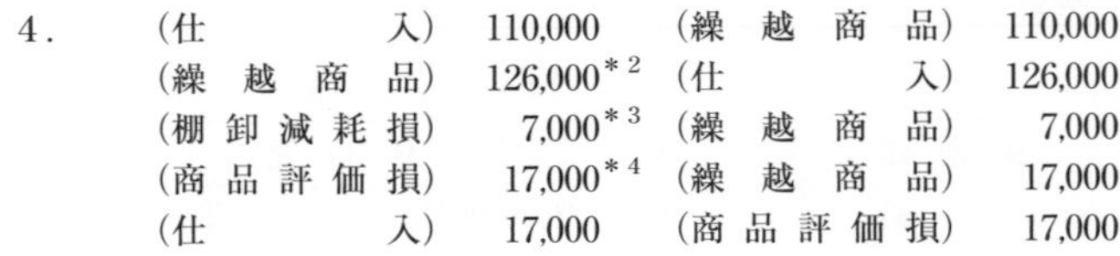

（仕　　　入）	110,000	（繰 越 商 品）	110,000
（繰 越 商 品）	126,000＊2	（仕　　　入）	126,000
（棚 卸 減 耗 損）	7,000＊3	（繰 越 商 品）	7,000
（商 品 評 価 損）	17,000＊4	（繰 越 商 品）	17,000
（仕　　　入）	17,000	（商 品 評 価 損）	17,000

＊2　期末商品棚卸高：@140円×900個＝126,000円

@140円

@120円

＊4　商品評価損
（@140円－@120円）×850個
＝17,000円

＊3
棚卸減耗損
@140円×
（900個－850個）
＝7,000円

850個　900個

5.　（売買目的有価証券）　11,000　（有価証券評価益）　11,000＊5

＊5　240,000円－229,000円＝11,000円（評価益）

6.　（減 価 償 却 費）　52,000　（建物減価償却累計額）　14,500＊6

（備品減価償却累計額）　37,500＊7

＊6　①旧建物：300,000円×0.9÷20年＝13,500円

②新建物：120,000円÷20年×$\frac{2か月}{12か月}$＝1,000円

③①＋②＝14,500円

＊7　（200,000円－50,000円）×25%＝37,500円

7.	（前 払 保 険 料）	4,000	（保　険　料）	4,000
	（受 取 家 賃）	5,000	（前 受 家 賃）	5,000
8.	（法人税、住民税及び事業税）	185,280＊8	（未 払 法 人 税 等）	185,280

＊8　①税引前当期純利益：1,576,500円（収益合計）－1,113,300円（費用合計）

＝463,200円

②法人税、住民税及び事業税：463,200円×40%

＝185,280円

MEMO

CHAPTER 19

本支店会計

◆本支店間の取引に注目

ここでは、本支店会計について学習します。

本支店間の取引において、本店または支店でどのような処理をするのか、しっかり確認しておきましょう。

2級で学習する内容

取引と処理

- 株式会社特有の取引
- その他の取引
- 商品売買取引

決算、本支店会計、連結会計、製造業会計

- 決　　算
- 連結会計Ⅰ～Ⅲ
- 製造業会計
- 本支店会計
  - ✓本支店会計……………………CHAPTER 19
  - ✓本支店合併財務諸表の作成……………………CHAPTER 19
  - ✓本店と支店の帳簿の締め切り……………………CHAPTER 19

1 本支店会計とは

企業活動が拡大すると、全国に支店を設けるようになります。このような、本店と支店がある場合の会計制度を**本支店会計**といいます。

支店の取引を記録する方法には、**本店集中会計制度**と**支店独立会計制度**の2つがあります。

1 本店集中会計制度

本店集中会計制度とは、本店のみに帳簿をおき、支店で行った取引も本店の帳簿に記入する方法をいいます。

2 支店独立会計制度

支店独立会計制度とは、本店と支店に帳簿をおき、支店で行った取引は支店の帳簿に記入する方法をいいます。

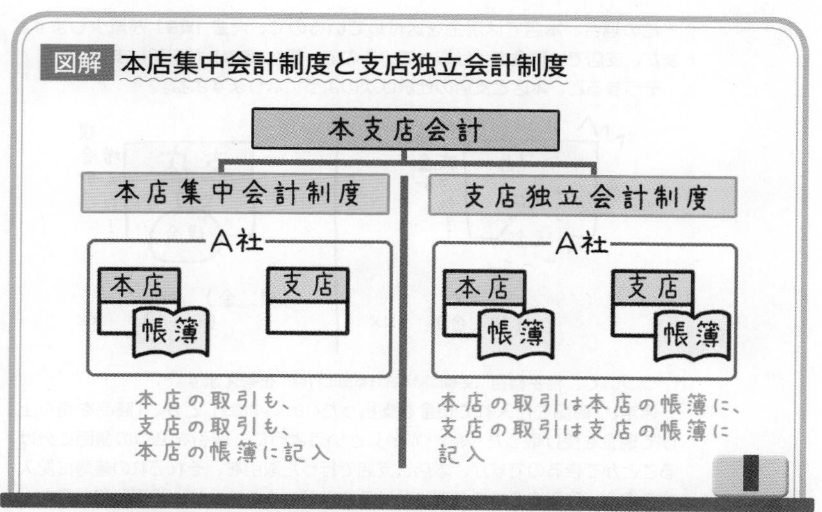

支店独自の業績を明らかにするためには支店独立会計制度のほうが適しています。また、試験でも支店独立会計制度が出題されているため、本書では支店独立会計制度を前提として説明していきます。

2 本支店間の取引

Ⅰ 支店勘定と本店勘定

本支店会計では、本店と支店の間で取引（本支店間の取引）が行われた場合、本店では**支店勘定**を、支店では**本店勘定**を用いて処理します。

New 支店
New 本店

これならわかる!!

たとえば、本店が支店に現金1,000円を送付したという取引を考えてみましょう。

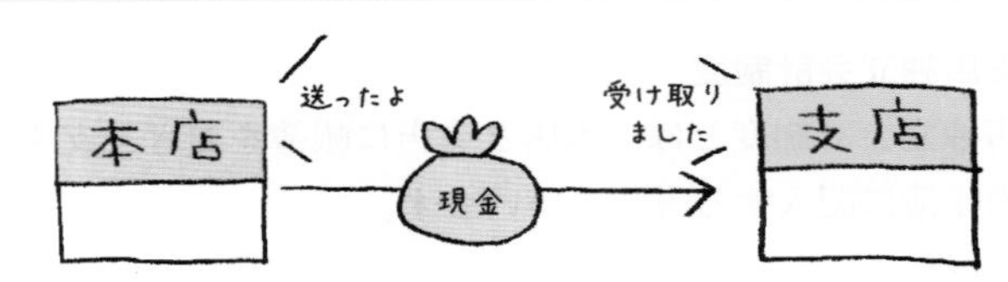

この場合、本店では現金を送付しているので、**現金**［資産］が減少します。また、支店では現金を受け取っているので、**現金**［資産］が増加します。

そうすると、本店と支店の仕訳は次のようになりますよね。

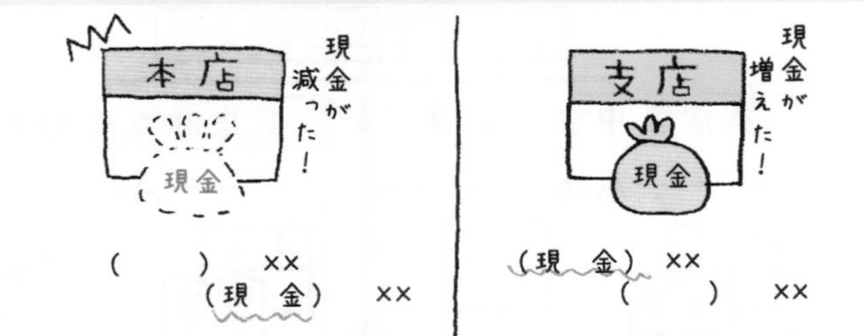

つづいて、相手科目（空欄に記入される勘定科目）を考えます。

通常、「商品を仕入れて現金を支払った（仕入・現金）」とか、「商品を売り上げて現金を受け取った（現金・売上）」というように、取引を２つの側面に分けることができるのですが、本店と支店で行った取引を、それぞれの帳簿に記入する場合、取引を２つの側面に分けることができないため、相手科目が不在となってしまいます。

そこで、本店と支店で行われた取引について、**支店勘定**または**本店勘定**を用いて相手科目を処理するのです。

また、**支店勘定**または**本店勘定**を用いて処理することによって、会社内部の取引であることが明らかになります。

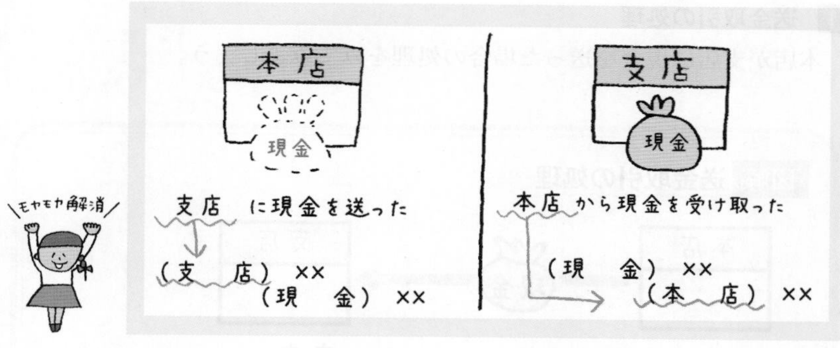

なお、**支店勘定**の残高と**本店勘定**の残高は貸借逆で必ず一致します。

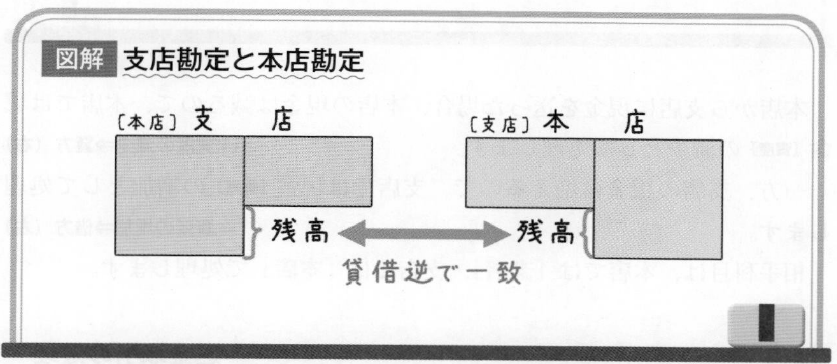

Ⅱ 本支店間の取引の処理

本支店間の取引には、送金取引や債権・債務の決済取引、費用の立替払いなどがあります。

1 送金取引の処理

本店が支店に現金を送った場合の処理をみてみましょう。

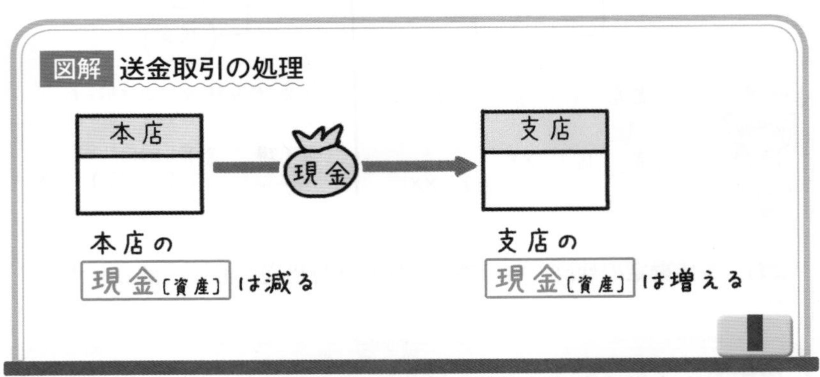

本店から支店に現金を送った場合、本店の現金は減るので、本店では**現金**〔資産〕の減少として処理します。　**☞資産の減少⇒貸方（右）**

一方、支店の現金は増えるので、支店では**現金**〔資産〕の増加として処理します。　**☞資産の増加⇒借方（左）**

相手科目は、本店では**「支店」**、支店では**「本店」**で処理します。

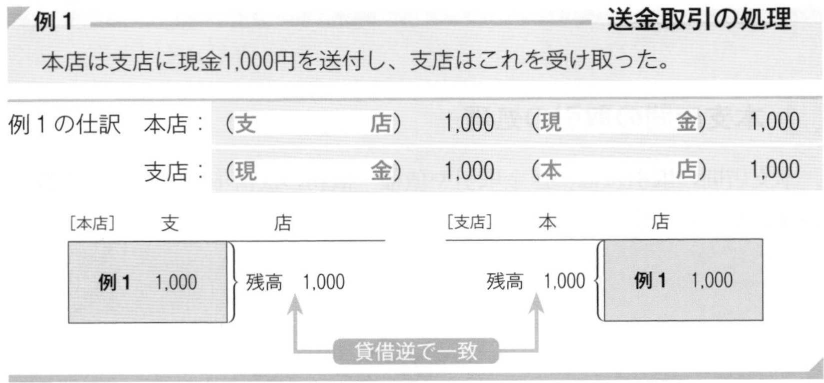

例1　　**送金取引の処理**

本店は支店に現金1,000円を送付し、支店はこれを受け取った。

例1の仕訳					
本店：	（支　　店）	1,000	（現　　金）	1,000
支店：	（現　　金）	1,000	（本　　店）	1,000

2 債権・債務の決済取引の処理

次に支店が本店の買掛金を現金で支払った場合の処理をみてみましょう。

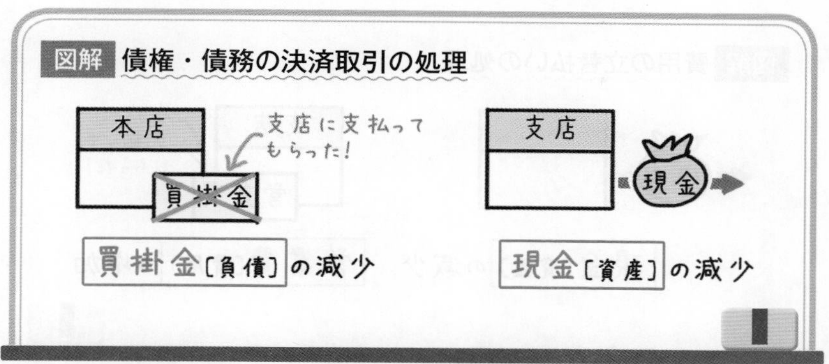

支店が本店の買掛金を現金で支払った場合、本店の**買掛金**［負債］が減少します。

☞**負債の減少⇒借方（左）**

一方、支店が現金で支払うことにより、支店の**現金**［資産］が減少します。

☞**資産の減少⇒貸方（右）**

相手科目は、本店では**「支店」**、支店では**「本店」**で処理します。

例2 債権・債務の決済取引の処理

支店は本店の買掛金100円を現金で支払った。

例2の仕訳					
	本店：	（買 掛 金）	100	（支 店）	100
	支店：	（本 店）	100	（現 金）	100

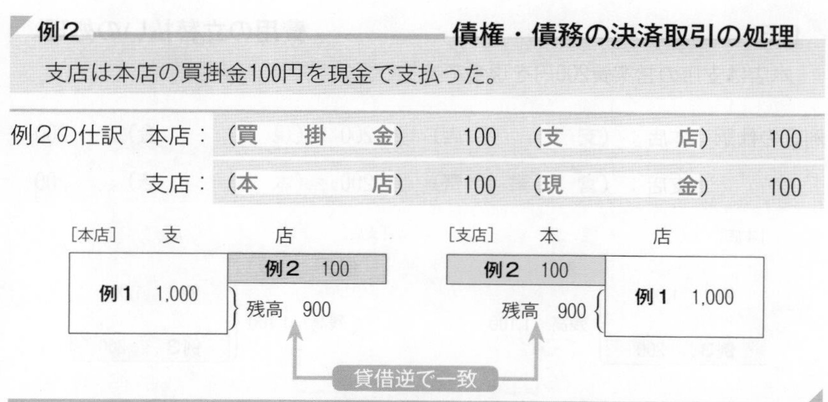

3 費用の立替払いの処理

こんどは本店が支店の営業費を現金で支払った場合の処理をみてみましょう。

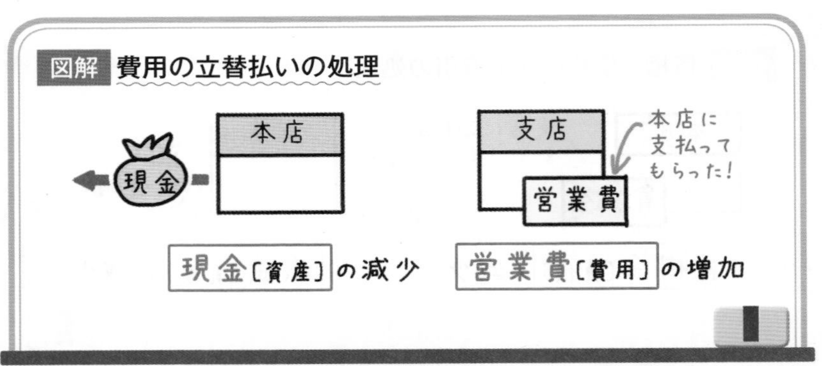

本店が支店の営業費を現金で支払った場合、本店の**現金**〔資産〕が減少します。
☞資産の減少⇒貸方（右）

一方、支店の営業費を本店が立替払いしているので、支店では**営業費**〔費用〕を計上します。
☞費用の増加⇒借方（左）

相手科目は、本店では**「支店」**、支店では**「本店」**で処理します。

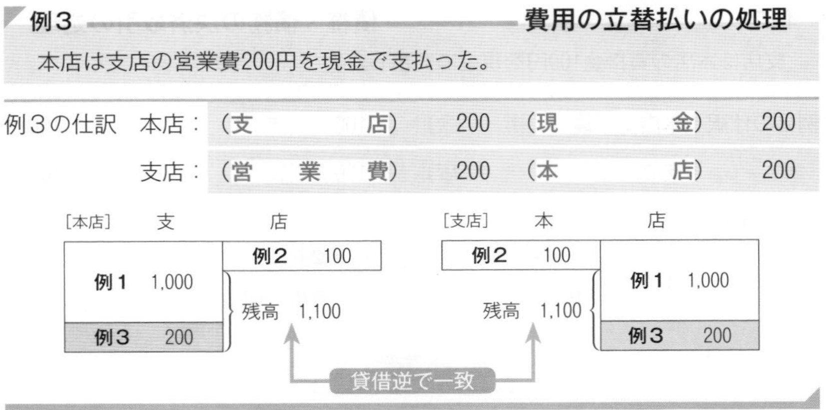

例3 ―― 費用の立替払いの処理

本店は支店の営業費200円を現金で支払った。

例3の仕訳					
本店：	（支　　店）	200	（現　　金）	200
支店：	（営 業 費）	200	（本　　店）	200

4 本店が支店に商品を送付したときの処理

本店が支店に原価のまま商品を送付したときは、本店では**仕入**［費用］の減少として処理し、支店では**仕入**［費用］の増加として処理します。

相手科目は、本店では**「支店」**、支店では**「本店」**で処理します。

例4 ―― 本店が支店に商品を送付したときの処理

本店は商品1,200円（原価）を支店へ送付し、支店はこれを受け取った。

例４の仕訳　本店：（支　　店） 1,200 （仕　　入） 1,200

　　　　　　支店：（仕　　入） 1,200 （本　　店） 1,200

［本店］支店

借方	貸方
例1 1,000	例2 100
例3 200	残高 2,300
例4 1,200	

［支店］本店

借方	貸方
例2 100	例1 1,000
残高 2,300	例3 200
	例4 1,200

貸借逆で一致

ひとこと

ここでは支店が１つの場合の処理をみてきましたが、試験では支店が複数ある場合の処理もまれに出題されています。支店が複数ある場合の処理については、巻末の参考で説明していますので、余裕のある方は読んでおいてください。

3 本支店合併財務諸表の作成

Ⅰ 本支店合併財務諸表とは

本店と支店が別々に帳簿をつけていたとしても、実際は１つの会社なので、外部の人（株主や投資家など）に報告するための財務諸表は本店と支店の帳簿を合算して作成します。

本店と支店の帳簿を合算した会社全体の財務諸表を**本支店合併財務諸表**といいます。

Ⅱ 本支店合併財務諸表の作成手順

本支店合併財務諸表は次の手順で作成します。

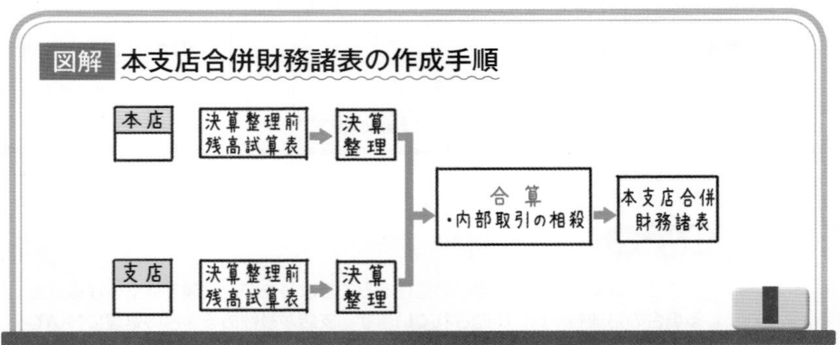

Ⅲ 決算整理

決算において、本店および支店で、それぞれの決算整理を行います。なお、決算整理については、これまでに学習した決算整理と同じです。

例5 決算整理

決算において、下記の備品について定率法（償却率20%）により減価償却を行う。なお、記帳方法は間接法による。

本店：取得原価　5,000円　　減価償却累計額　1,000円

支店：取得原価　3,000円　　減価償却累計額　　600円

例5の仕訳					
本店：	（減価償却費）	800*1	（備品減価償却累計額）	800
支店：	（減価償却費）	480*2	（備品減価償却累計額）	480

＊1　(5,000円－1,000円)×20%＝800円
＊2　(3,000円－600円)×20%＝480円

Ⅳ 内部取引の相殺

本支店合併財務諸表には、企業外部との取引高のみを計上するため、本支店間の取引を表す**「支店」**と**「本店」**は相殺して消去します（本支店合併財務諸表には計上しません）。

V 本支店合併財務諸表の作成

本支店合併財務諸表の作成について、具体例を使ってみてみましょう。

例6　本支店合併財務諸表の作成

次の資料にもとづいて、本支店合併損益計算書と本支店合併貸借対照表を作成しなさい。

［資料1］決算整理前残高試算表

残高試算表

借方	本店	支店	貸方	本店	支店
現金預金	60,000	25,000	買掛金	66,100	43,700
売掛金	90,000	50,000	貸倒引当金	900	300
繰越商品	48,000	21,000	備品減価償却累計額	10,000	4,000
備品	50,000	20,000	本店	ー	48,000
支店	48,000	ー	資本金	120,000	ー
仕入	450,000	310,000	繰越利益剰余金	38,000	ー
営業費	95,000	40,000	売上	606,000	370,000
	841,000	466,000		841,000	466,000

［資料2］決算整理事項

(1) 期末商品棚卸高は次のとおりである。
　　本店：54,000円　　支店：40,000円

(2) 売掛金の期末残高に対し、2％の貸倒引当金を設定する。

(3) 備品について、定率法（償却率20％）により減価償却を行う。

(4) 営業費の未払い　本店：800円　　支店：200円

例6の解答

本支店合併損益計算書

費用	金額	収益	金額
期首商品棚卸高	(69,000)	売上高	(976,000)
当期商品仕入高	(760,000)	期末商品棚卸高	(94,000)
貸倒引当金繰入	(1,600)		
営業費	(136,000)		
減価償却費	(11,200)		
当期純利益	(92,200)		
	(1,070,000)		(1,070,000)

本支店合併貸借対照表

資産	金額		負債・純資産	金額
現金預金		(85,000)	買掛金	(109,800)
売掛金	(140,000)		資本金	(120,000)
貸倒引当金	(2,800)	(137,200)	未払営業費	(1,000)
商品		(94,000)	繰越利益剰余金	(130,200)
備品	(70,000)			
減価償却累計額	(25,200)	(44,800)		
		(361,000)		(361,000)

〈解説〉

(1) 売上原価の算定

	借方	金額	貸方	金額
本店：	(仕入)	48,000	(繰越商品)	48,000
	(繰越商品)	54,000	(仕入)	54,000
支店：	(仕入)	21,000	(繰越商品)	21,000
	(繰越商品)	40,000	(仕入)	40,000

損益計算書　期首商品棚卸高：48,000円＋21,000円＝69,000円

損益計算書　期末商品棚卸高：54,000円＋40,000円＝94,000円
（貸借対照表の「商品」）

(2) 貸倒引当金の設定

	借方	金額	貸方	金額
本店：	(貸倒引当金繰入)	900＊1	(貸倒引当金)	900
支店：	(貸倒引当金繰入)	700＊2	(貸倒引当金)	700

＊1　90,000円×２％−900円＝900円

＊2　50,000円×２％−300円＝700円

貸借対照表　貸倒引当金：(90,000円＋50,000円)×２％＝2,800円

損益計算書　貸倒引当金繰入：900円＋700円＝1,600円

(3) 備品の減価償却

本店：（減価償却費） 8,000*3 （備品減価償却累計額） 8,000

支店：（減価償却費） 3,200*4 （備品減価償却累計額） 3,200

＊3 (50,000円－10,000円)×20%＝8,000円

＊4 (20,000円－4,000円)×20%＝3,200円

損益計算書 減価償却費：8,000円＋3,200円＝11,200円

貸借対照表 (備品)減価償却累計額：10,000円＋4,000円＋8,000円＋3,200円＝25,200円

(4) 営業費の未払い

本店：（営業費） 800 （未払営業費） 800

支店：（営業費） 200 （未払営業費） 200

損益計算書 営業費：95,000円＋40,000円＋800円＋200円＝136,000円

貸借対照表 未払営業費：800円＋200円＝1,000円

(5) その他の金額

損益計算書 売上高：606,000円＋370,000円＝976,000円

損益計算書 当期商品仕入高：450,000円＋310,000円＝760,000円

貸借対照表 繰越利益剰余金：38,000円＋92,200円（当期純利益）＝130,200円

4 帳簿の締め切り

I 帳簿の締め切り

決算が終わったら、次期の帳簿記入に備えて本店と支店の帳簿を締め切ります。

本支店会計における帳簿の締め切りは、次の手順で行います。

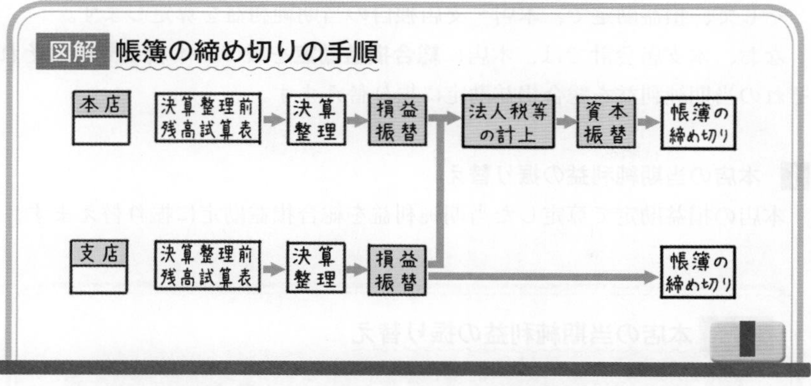

Ⅱ 当期純利益の振り替え（損益振替）

本店と支店の帳簿において、決算整理後の収益と費用を損益勘定に振り替えます。

ひとこと

これは、ふつうの（支店がない場合の）損益振替と同じです。

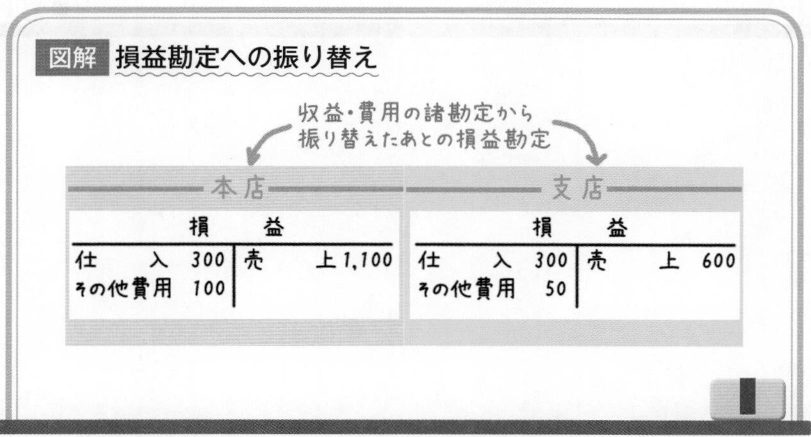

そして、損益勘定で、本店・支店独自の当期純利益を算定します。

なお、本支店会計では、本店に**総合損益勘定**を設け、本店と支店のそれぞれの当期純利益を総合損益勘定に振り替えます。

1 本店の当期純利益の振り替え

本店の損益勘定で算定した当期純利益を総合損益勘定に振り替えます。

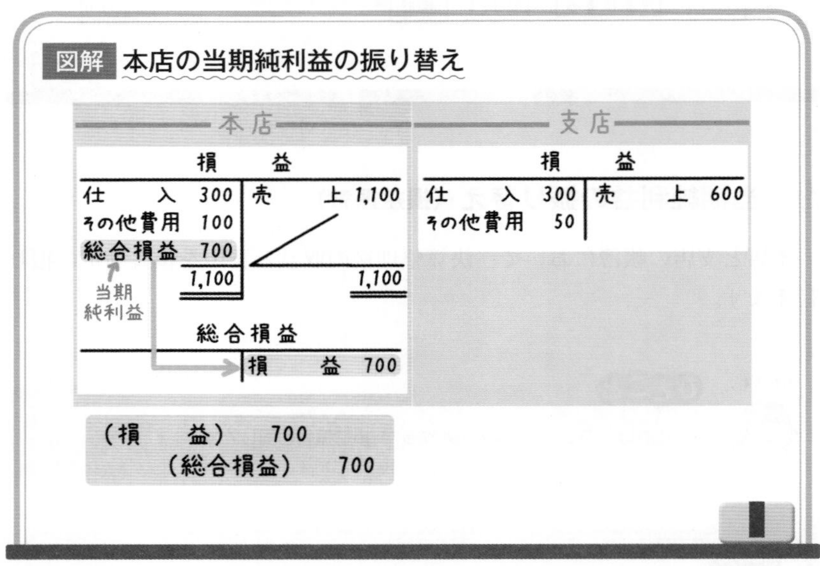

2 支店の当期純利益の振り替え

支店の損益勘定で算定した当期純利益を（本店の）総合損益勘定に振り替えます。この取引は本店・支店間の取引と考え、本店と支店の両方で仕訳をします。なお、相手科目は**本店勘定**または**支店勘定**で処理します。

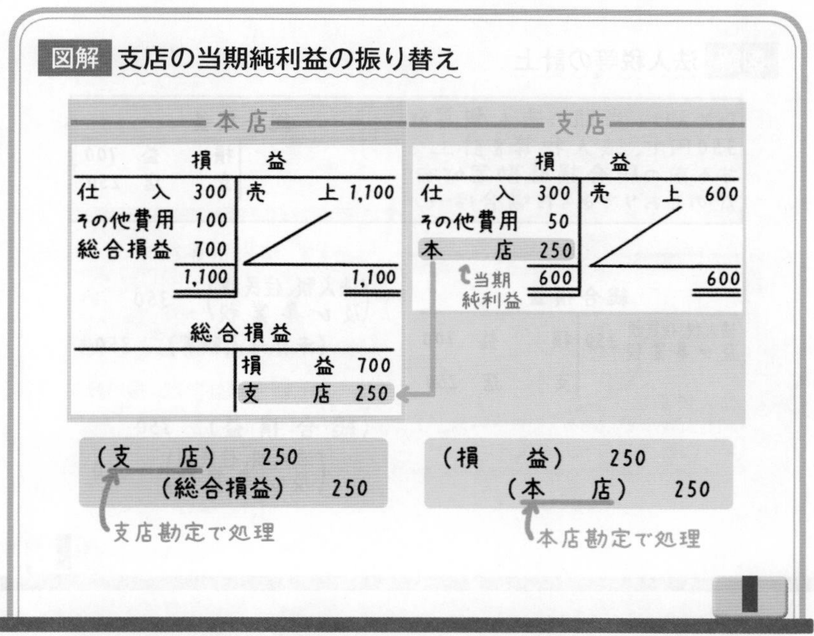

Ⅲ 法人税等の計上

法人税等（法人税、住民税及び事業税）は、会社全体の利益にかかるものです。したがって、法人税等を計上する処理をしたあと、その法人税等の金額を総合損益勘定に振り替えます。

総合損益勘定には、会社全体の利益（本店の当期純利益＋支店の当期純利益）が計上されているので、ここに法人税等の金額も集計していきます。

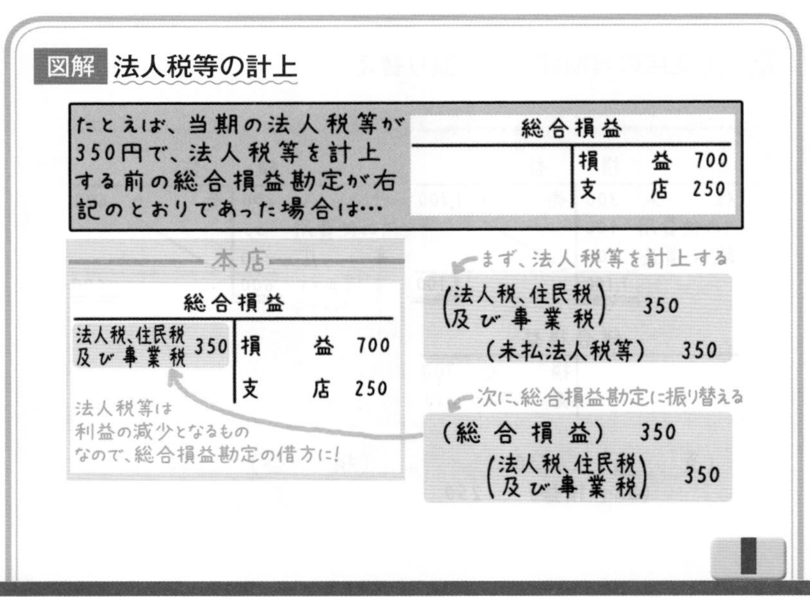

Ⅳ 繰越利益剰余金勘定への振り替え（資本振替）

総合損益勘定で算定した会社全体の当期純利益は、総合損益勘定から**繰越利益剰余金勘定**に振り替えます。

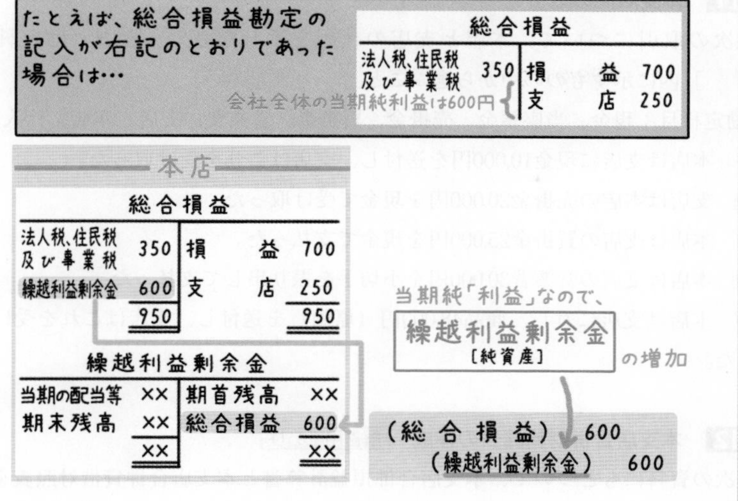

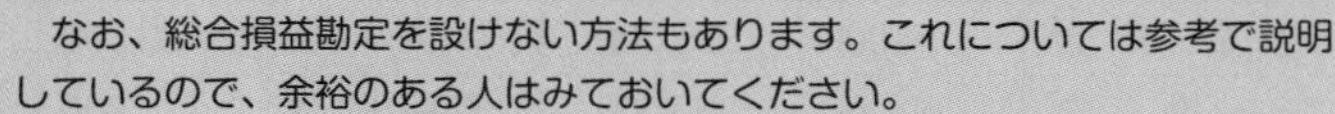

なお、総合損益勘定を設けない方法もあります。これについては参考で説明しているので、余裕のある人はみておいてください。

CHAPTER 19　本支店会計　基本問題

問1　本支店間の取引

次の取引について、本店と支店の仕訳を示しなさい。なお、勘定科目は［　　］内に示すものの中から選ぶこと。

［勘定科目：現金、当座預金、売掛金、買掛金、営業費、支店、本店、仕入］

(1)　本店は支店に現金10,000円を送付し、支店はこれを受け取った。

(2)　支店は本店の売掛金20,000円を現金で受け取った。

(3)　本店は支店の買掛金25,000円を現金で支払った。

(4)　本店は支店の営業費30,000円を小切手を振り出して支払った。

(5)　本店は支店に対し、商品48,000円（原価）を送付し、支店はこれを受け取った。

問2　本支店合併財務諸表の作成　解答用紙あり

次の資料にもとづいて、本支店合併損益計算書と本支店合併貸借対照表を作成しなさい。

［資料１］決算整理前残高試算表

残　高　試　算　表

借　　方	本　店	支　店	貸　　方	本　店	支　店
現金預金	316,000	225,000	買掛金	83,100	56,400
売掛金	60,000	60,000	貸倒引当金	900	500
繰越商品	62,000	40,000	備品減価償却累計額	40,000	12,000
備品	200,000	60,000	本店	−	272,000
支店	272,000	−	資本金	320,000	−
仕入	568,000	380,000	繰越利益剰余金	170,000	−
営業費	214,000	83,900	売上	1,080,000	508,000
支払利息	2,000	−			
	1,694,000	848,900		1,694,000	848,900

［資料２］決算整理事項

⑴　期末商品棚卸高は次のとおりである。

　　本店：61,000円　　支店：43,000円

⑵　売掛金の期末残高に対し、２％の貸倒引当金を設定する。

⑶　備品について、定率法（償却率20％）により減価償却を行う。

⑷　営業費の前払い　本店：4,000円　　支店：2,000円

問1　本支店間の取引

		借方	金額	貸方	金額
(1)	本店	(支　　　店)	10,000	(現　　　金)	10,000
	支店	(現　　　金)	10,000	(本　　　店)	10,000
(2)	本店	(支　　　店)	20,000	(売　掛　金)	20,000
	支店	(現　　　金)	20,000	(本　　　店)	20,000
(3)	本店	(支　　　店)	25,000	(現　　　金)	25,000
	支店	(買　掛　金)	25,000	(本　　　店)	25,000
(4)	本店	(支　　　店)	30,000	(当 座 預 金)	30,000
	支店	(営　業　費)	30,000	(本　　　店)	30,000
(5)	本店	(支　　　店)	48,000	(仕　　　入)	48,000
	支店	(仕　　　入)	48,000	(本　　　店)	48,000

問2　本支店合併財務諸表の作成

本支店合併損益計算書

費　　用	金　　額	収　　益	金　　額
期首商品棚卸高	(102,000)	売　上　高	(1,588,000)
当期商品仕入高	(948,000)	期末商品棚卸高	(104,000)
貸倒引当金繰入	(1,000)		
営　業　費	(291,900)		
減価償却費	(41,600)		
支払利息	(2,000)		
当期純利益	(305,500)		
	(1,692,000)		(1,692,000)

本支店合併貸借対照表

資　　産	金　　額		負債・純資産	金　　額
現金預金		(541,000)	買　掛　金	(139,500)
売　掛　金	(120,000)		資　本　金	(320,000)
貸倒引当金	(2,400)	(117,600)	繰越利益剰余金	(475,500)
前払営業費		(6,000)		
商　　品		(104,000)		
備　　品	(260,000)			
減価償却累計額	(93,600)	(166,400)		
		(935,000)		(935,000)

〈解説〉

1．決算整理事項

(1)　売上原価の算定

本店：(仕　　　　入)　62,000　(繰 越 商 品)　62,000
　　　(繰 越 商 品)　61,000　(仕　　　　入)　61,000
支店：(仕　　　　入)　40,000　(繰 越 商 品)　40,000
　　　(繰 越 商 品)　43,000　(仕　　　　入)　43,000

損益計算書　期首商品棚卸高：62,000円＋40,000円＝102,000円
損益計算書　期末商品棚卸高：61,000円＋43,000円＝104,000円
(貸借対照表の「商品」)

(2)　貸倒引当金の設定

本店：(貸倒引当金繰入)　300＊1　(貸 倒 引 当 金)　300
支店：(貸倒引当金繰入)　700＊2　(貸 倒 引 当 金)　700

＊1　60,000円×２％－900円＝300円
＊2　60,000円×２％－500円＝700円

貸借対照表　貸 倒 引 当 金：(60,000円＋60,000円)×２％
＝2,400円
損益計算書　貸倒引当金繰入：300円＋700円＝1,000円

(3)　備品の減価償却

本店：(減 価 償 却 費)　32,000＊3　(備品減価償却累計額)　32,000
支店：(減 価 償 却 費)　9,600＊4　(備品減価償却累計額)　9,600

＊3　(200,000円－40,000円)×20％＝32,000円
＊4　(60,000円－12,000円)×20％＝9,600円

損益計算書　減 価 償 却 費：32,000円＋9,600円＝41,600円
貸借対照表　減価償却累計額：40,000円＋12,000円＋32,000円＋9,600円
＝93,600円

(4)　営業費の前払い

本店：(前 払 営 業 費)　4,000　(営　業　費)　4,000
支店：(前 払 営 業 費)　2,000　(営　業　費)　2,000

損益計算書　営　業　費：214,000円＋83,900円－(4,000円＋2,000円)
＝291,900円
貸借対照表　前 払 営 業 費：4,000円＋2,000円＝6,000円

2．その他の金額

損益計算書　売　上　高：1,080,000円＋508,000円＝1,588,000円
損益計算書　当期商品仕入高：568,000円＋380,000円＝948,000円
貸借対照表　繰越利益剰余金：170,000円＋305,500円＝475,500円
(305,500円：当期純利益)

CHAPTER 20

連結会計 I

◆親会社の投資と子会社の資本は相殺する！

グループ企業では、会社ごとの財務諸表（個別財務諸表）のほか、グループ全体の財務諸表（連結財務諸表）を作成する必要があります。

連結財務諸表を作成するさいには、連結修正仕訳というものを行います。ここでは、連結修正仕訳のうち、投資と資本の相殺消去（いわゆる資本連結といわれるもの）について学習します。

2級で学習する内容

取引と処理

- 株式会社特有の取引
- その他の取引
- 商品売買取引

決算、本支店会計、連結会計、製造業会計

- 決　　算
- 本支店会計
- 製造業会計

連結会計 I ～Ⅲ

1 連結財務諸表とは

Ⅰ 親会社と子会社

株式会社の株主総会は会社の基本的事項を決める意思決定機関です。そして、株主総会では株主の持株数に応じた多数決によって、会社の基本的事項が決定されます。

したがって、たとえば、P社がS社の株式の全部を所有した場合、P社はS社の経営方針などを決定することができるようになります。

この場合のP社のように、他の会社（S社）の意思決定機関を実質的に支配している会社を**親会社**といいます。また、S社のように、意思決定機関を実質的に支配されている他の会社を**子会社**といいます。

なお、P社とS社のような関係を**支配従属関係**（しはいじゅうぞくかんけい）といいます。

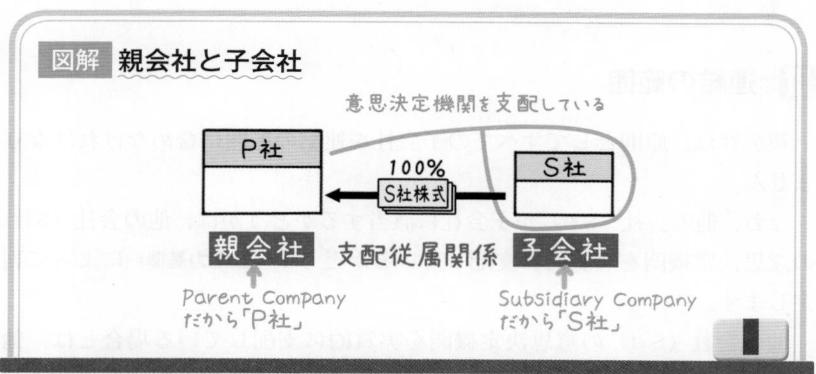

Ⅱ 連結財務諸表

P社とS社のように、支配従属関係がある場合、親会社（P社）は、子会社（S社）を含めたグループ全体の経営成績や財政状態を報告しなければなりません。

このように、支配従属関係にある２つ以上の会社からなる企業グループの経営成績や財政状態を総合的に報告するために親会社（P社）が作成する財務諸表を**連結財務諸表**（れんけつざいむしょひょう）といいます。

連結財務諸表は、親会社と子会社の個別財務諸表をもとにして、これに必要な調整（連結修正仕訳）をして作成します。

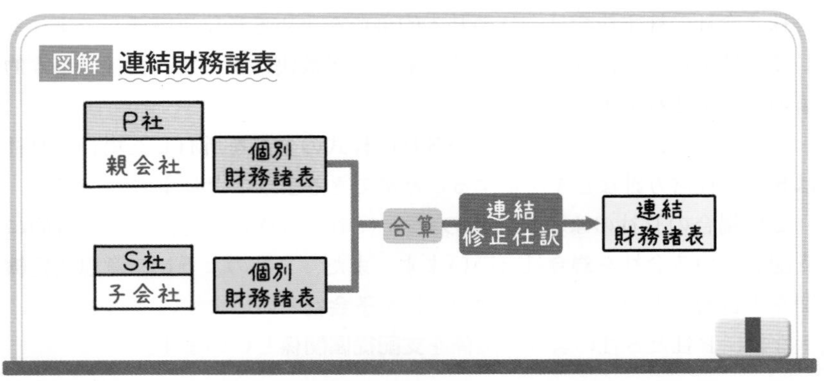

Ⅲ 連結の範囲

親会社は、原則としてすべての子会社を連結の範囲に含めなければなりません。

なお、他の会社（S社）が子会社に該当するかどうかは、他の会社（S社）の意思決定機関を実質的に支配しているかどうか（**支配力基準**）によって判定します。

他の会社（S社）の意思決定機関を実質的に支配している場合とは、他の会社（S社）の株式（**議決権**（ぎけつけん））の過半数（50％超）を所有している場合などをいいます。

ひとこと

議決権とは、株主総会等に参加して票を入れる（賛成か反対かを表明する）権利をいいます。

2 支配獲得日の連結

Ⅰ 支配獲得日の連結① 基本パターン

1 投資と資本の相殺消去

ある会社（P社）が他の会社（S社）の株式（議決権）の過半数（50％超）を取得するなどして、他の会社に対する支配を獲得した日を**支配獲得日**（しはいかくとくび）といいます。

支配獲得日には、親会社の投資（S社株式）と子会社の資本（純資産）を相殺消去する仕訳をします。

ひとこと

相殺消去とは、お互いに消し合って、なかったことにすることをいいます。

図解 投資と資本の相殺消去

たとえば、
①S社が会社設立にあたって、株式1,000円を発行し、全額を資本金として処理した場合のS社の仕訳は…

S社				
	（現金など）	1,000	（資本金）	1,000

②P社が①のS社株式を1,000円で全部取得した場合のP社の仕訳は…

P社				
	（S社株式）	1,000	（現金など）	1,000

↑分類は「子会社株式」

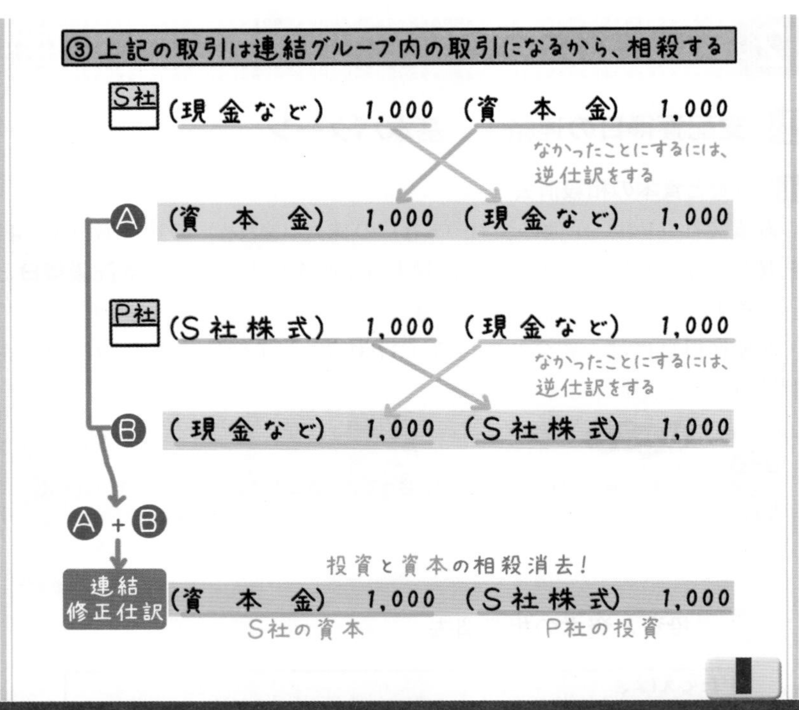

2 支配獲得日の連結の手順

支配獲得日には、次の手順によって連結貸借対照表を作成します。

図解 支配獲得日の連結の手順

Step1	親会社と子会社の貸借対照表を合算する
Step2	投資と資本の相殺消去をする(連結修正仕訳)
Step3	連結貸借対照表を作成する

ひとこと

具体的な処理を例と図解でみてみましょう。

例1 支配獲得日の連結① 基本パターン

P社は、×0年3月31日にS社の発行済株式（S社株式）の100%を400円で取得し、実質的に支配した。このときの連結修正仕訳を示し、連結貸借対照表を作成しなさい。

［資　料］貸借対照表

貸借対照表
×0年3月31日
（単位：円）

借　方	P社	S社	貸　方	P社	S社
諸資産	1,000	800	諸負債	600	400
S社株式	400	―	資本金	500	300
			利益剰余金	300	100
	1,400	800		1,400	800

図解 支配獲得日の連結① 基本パターン

Step1 親会社と子会社の貸借対照表を合算する

合算貸借対照表（P社+S社）
（単位:円）

借　方	P社+S社	貸　方	P社+S社
諸資産	1,000+800→1,800	諸負債	600+400→1,000
S社株式	400	資本金	500+300→800
		利益剰余金	300+100→400

Step2 投資と資本の相殺消去をする(連結修正仕訳)

貸借対照表
×0年3月31日

(単位:円)

借方	P社	S社	貸方	P社	S社
諸資産	1,000	800	諸負債	600	400
S社株式	400	−	資本金	500	300
			利益剰余金	300	100
	1,400	800		1,400	800

P社の投資　S社の資本

連結修正仕訳			
(資本金)	300	(S社株式)	400
(利益剰余金)	100		

Step3 連結貸借対照表を作成する

連結貸借対照表
×0年3月31日

(単位:円)

借方	金額	貸方	金額
諸資産	1,800	諸負債	1,000
		資本金	500 ←800円−300円
		利益剰余金	300 ←400円−100円
	1,800		1,800

S社株式はなくなる

Ⅱ 支配獲得日の連結② 部分所有の場合

1 非支配株主

基本パターンでは、親会社（P社）が子会社（S社）の株式（議決権）をすべて（100％）取得していましたが、親会社（P社）が子会社（S社）の株式（議決権）のすべてを取得していない場合もあります。

たとえば、親会社（P社）が子会社（S社）の株式（議決権）のうち、60％を取得している場合、子会社（S社）には親会社（P社）以外の株主が40％いることになります。この場合の、親会社（P社）以外の株主を**非支配株**

主(ぬし)といいます。

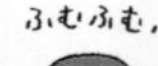

ひとこと

100%所有の場合を**完全所有**、100%所有でない場合を**部分所有**といいます。

2 部分所有となる場合の投資と資本の相殺消去

部分所有の場合でも、親会社（P社）は子会社（S社）を支配しているため、投資と資本の相殺消去を行います。ただし、子会社（S社）の資本のうち、非支配株主の持分については、**非支配株主持分**［純資産］に振り替えます。

図解 部分所有となる場合の投資と資本の相殺消去

たとえば、
P社がS社（資本金300円、利益剰余金100円）の発行済株式（S社株式）の60%を240円で取得し、実質的に支配したという場合の連結修正仕訳は…

①P社が所有するS社株式と、S社の資本のうちP社の持分（60%）を相殺する

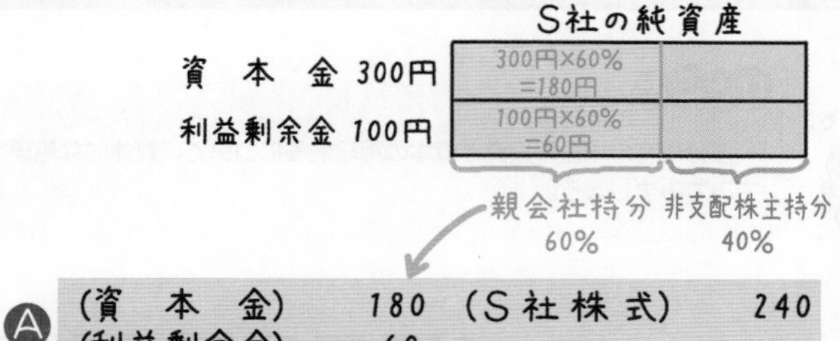

Ⓐ

(資　本　金)	180	(S 社 株 式)	240
(利益剰余金)	60		

②S社の資本のうち非支配株主の持分(40%)を 非支配株主持分[純資産]に振り替える

S社の純資産

資　本　金 300円		300円×40% =120円
利益剰余金 100円		100円×40% =40円
	親会社持分 60%	非支配株主持分 40%

Ⓑ

(資　本　金)	120	(非支配株主持分)	160
(利益剰余金)	40		

③Ⓐ+Ⓑ= 連結修正仕訳

連結修正仕訳

(資　本　金)	300	(S 社 株 式)	240
(利益剰余金)	100	(非支配株主持分)	160

P社の投資(S社株式)

結局、子会社の資本を全額減少させることになる

×40%(非支配株主持分)

ひとこと

部分所有の場合の投資と資本の相殺消去について、具体的な処理を例と図解でみてみましょう。

例2 ―――― 支配獲得日の連結②　部分所有の場合

P社は、×0年3月31日にS社の発行済株式（S社株式）の60%を240円で取得し、実質的に支配した。このときの連結修正仕訳を示し、連結貸借対照表を作成しなさい。

[資　料] 貸借対照表

貸借対照表
×0年3月31日　(単位：円)

借　方	P社	S社	貸　方	P社	S社
諸資産	1,160	800	諸負債	600	400
S社株式	240	—	資本金	500	300
			利益剰余金	300	100
	1,400	800		1,400	800

図解 支配獲得日の連結②　部分所有の場合

Step1 親会社と子会社の貸借対照表を合算する

合算貸借対照表(P社+S社)　(単位:円)

借　方	P社+S社	貸　方	P社+S社
諸資産	1,160+800→1,960	諸負債	600+400→1,000
S社株式	240	資本金	500+300→800
		利益剰余金	300+100→400

Step2 投資と資本の相殺消去をする(連結修正仕訳)

貸借対照表
×0年3月31日　(単位:円)

借　方	P社	S社	貸　方	P社	S社
諸資産	1,160	800	諸負債	600	400
S社株式	240	—	資本金	500	300
			利益剰余金	300	100
	1,400	800		1,400	800

P社の投資　S社の資本

連結修正仕訳

(資本金)	300	(S社株式)	240
(利益剰余金)	100	(非支配株主持分)	160

×40%

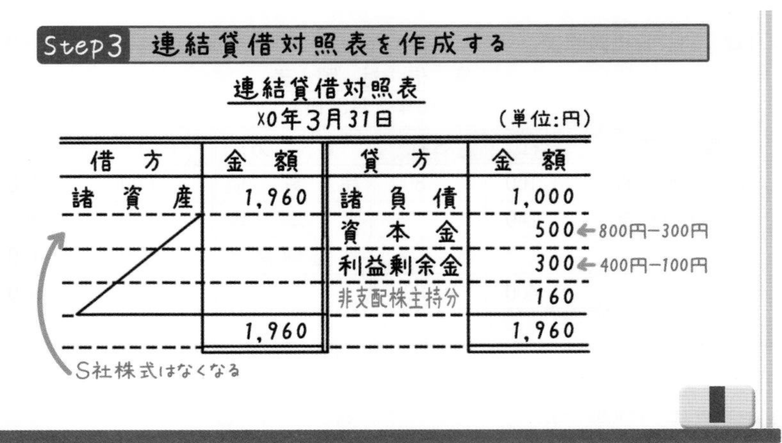

Ⅲ 支配獲得日の連結③　投資消去差額が生じる場合

親会社の投資（S社株式）の金額と、子会社の資本（純資産）のうち親会社に帰属する部分の金額が異なる場合には、投資と資本の相殺消去で差額が生じます。

この差額を**投資消去差額**（とうししょうきょさがく）といい、投資消去差額が借方に生じたときは**のれん**［資産］で処理します。

例3 ――― 支配獲得日の連結③　投資消去差額が生じる場合

P社は、×0年3月31日にS社の発行済株式（S社株式）の60%を260円で取得し、実質的に支配した。このときの連結修正仕訳を示し、連結貸借対照表を作成しなさい。

［資　料］貸借対照表

貸借対照表
×0年3月31日
(単位：円)

借方	P社	S社	貸方	P社	S社
諸資産	1,140	800	諸負債	600	400
S社株式	260	―	資本金	500	300
			利益剰余金	300	100
	1,400	800		1,400	800

図解 支配獲得日の連結③ 投資消去差額が生じる場合

Step1 親会社と子会社の貸借対照表を合算する

合算貸借対照表（P社+S社）

（単位：円）

借方	P社+S社	貸方	P社+S社
諸資産	1,140+800→1,940	諸負債	600+400→1,000
S社株式	260	資本金	500+300→800
		利益剰余金	300+100→400

Step2 投資と資本の相殺消去をする（連結修正仕訳）

貸借対照表

×0年3月31日

（単位：円）

借方	P社	S社	貸方	P社	S社
諸資産	1,140	800	諸負債	600	400
S社株式	260	―	資本金	500	300
			利益剰余金	300	100
	1,400	800		1,400	800

P社の投資　S社の資本

連結修正仕訳

（資本金）	300	（S社株式）	260
（利益剰余金）	100	（非支配株主持分）	160
（のれん）	20		

×40%

貸借差額

Step3 連結貸借対照表を作成する

連結貸借対照表

×0年3月31日

（単位：円）

借方	金額	貸方	金額
諸資産	1,940	諸負債	1,000
のれん	20	資本金	500 ←800円−300円
		利益剰余金	300 ←400円−100円
		非支配株主持分	160
	1,960		1,960

3 支配獲得日後１年目の連結

Ⅰ 支配獲得日後の連結

支配獲得日には、貸借対照表のみを合算して、連結貸借対照表を作成しましたが、支配獲得日後は連結損益計算書や連結株主資本等変動計算書も作成します。

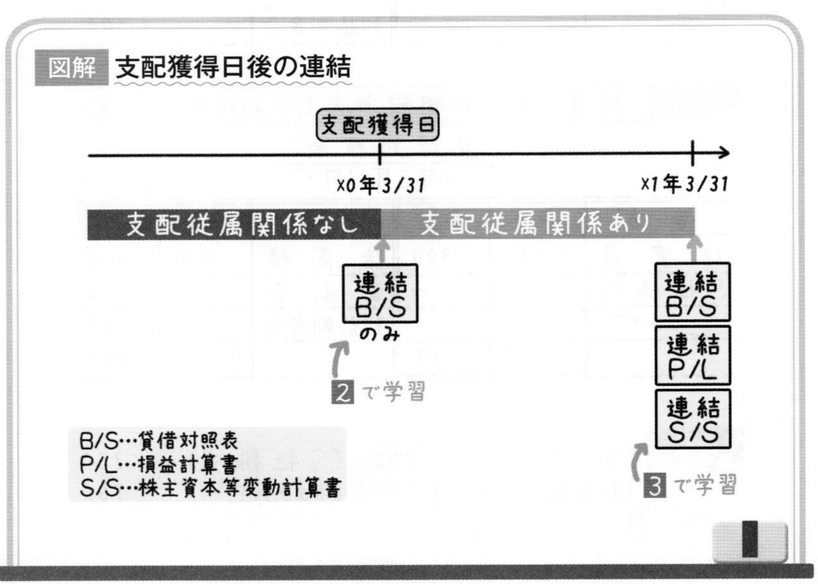

Ⅱ 開始仕訳

連結財務諸表は、親会社と子会社の当期の個別財務諸表をもとに作成します。この当期の個別財務諸表には前期までに行った連結修正仕訳は反映されていませんので、当期の連結財務諸表を作成するにあたって連結修正仕訳を再度行う必要があります。これを**開始仕訳**といいます。

開始仕訳は、支配獲得日から前期末までに行った連結修正仕訳を再度行います。なお、連結株主資本等変動計算書を作成する場合には、純資産の項目について連結株主資本等変動計算書の科目で仕訳します。

具体的には、純資産の勘定科目のうしろに「**当期首残高**」をつけて「資本金当期首残高」などで処理します。

ひとこと

「○○当期首残高」や「○○当期変動額」は連結株主資本等変動計算書上の科目です。なお、「当期首残高」にかえて、「期首残高」で仕訳することもあるので、試験では指定された科目で解答しましょう。

また、連結株主資本等変動計算書を作成しない場合には、「当期首残高」などをつけなくてもかまいません。本書では「当期首残高」などをつけた科目で説明します。

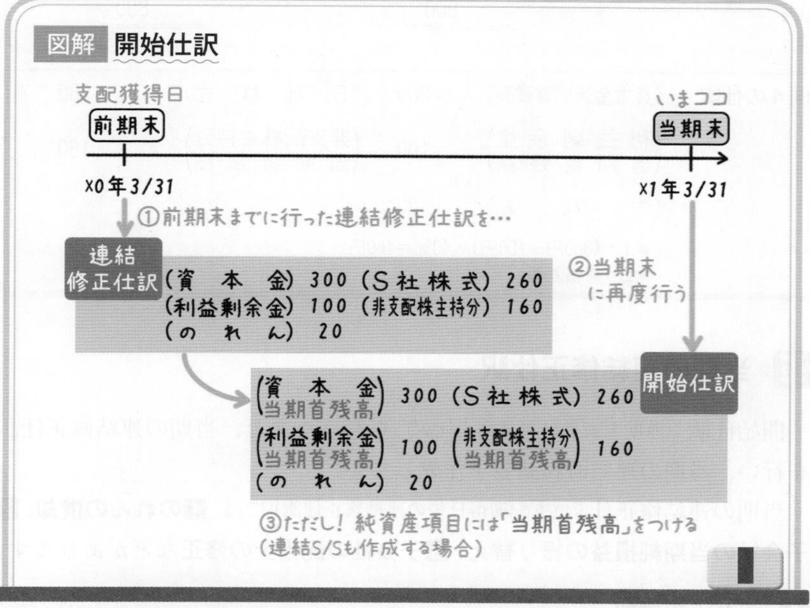

例4 **開始仕訳**

P社は、前期末（×0年3月31日）にS社の発行済株式（S社株式）の60%を260円で取得し、実質的に支配した。前期末のS社の貸借対照表は[資料]のとおりである。当期末（×1年3月31日）における開始仕訳をしなさい。

[資　料] S社の貸借対照表

S社の個別貸借対照表
×0年3月31日　（単位：円）

諸資産	800	諸負債	400
		資本金	300
		利益剰余金	100
	800		800

例4の仕訳	(資本金当期首残高)	300	(S社株式)	260
	(利益剰余金当期首残高)	100	(非支配株主持分当期首残高)	160[*1]
	(のれん)	20[*2]		

＊1　(300円＋100円)×40%＝160円
＊2　貸借差額

Ⅲ 当期の連結修正仕訳

開始仕訳（前期末までの連結修正仕訳）を行ったあと、当期の連結修正仕訳を行い、当期の連結財務諸表を作成します。

当期の連結修正仕訳（支配獲得日後の連結修正仕訳）には、**❶のれんの償却**、**❷子会社の当期純損益の振り替え**、**❸子会社の配当金の修正**などがあります。

❶ のれんの償却

投資と資本の相殺消去によって、**のれん**［資産］が生じた場合は、原則として20年以内に定額法等の方法によって償却します。

償却期間は問題文の指示に従ってください。

具体的には、**のれん**［資産］を減少させるとともに、**のれん償却**［費用］を計上します。

例5　のれんの償却

P社は、前期末(×0年3月31日)にS社の発行済株式(S社株式)の60%を260円で取得し、実質的に支配した。支配獲得日にのれん20円が生じている。当期末(×1年3月31日)における連結修正仕訳で必要なのれんの償却の仕訳をしなさい。なお、のれんは発生年度の翌年度(当期)から10年間で均等額を償却する。

例5の仕訳	(の れ ん 償 却)	2*	(の れ ん)	2

＊　20円÷10年＝2円

2 子会社の当期純損益の振り替え

子会社の当期純損益のうち、非支配株主に帰属する部分を**非支配株主持分**［純資産］に振り替えます。なお、仕訳上は、**非支配株主持分当期変動額**(連結株主資本等変動計算書上の科目)で処理します。また、相手科目は**非支配株主に帰属する当期純損益**で処理します。

「非支配株主に帰属する当期純損益」は「非支配株主に帰属する当期純利益」という科目で仕訳する場合もあります。問題文の指示に従いましょう。

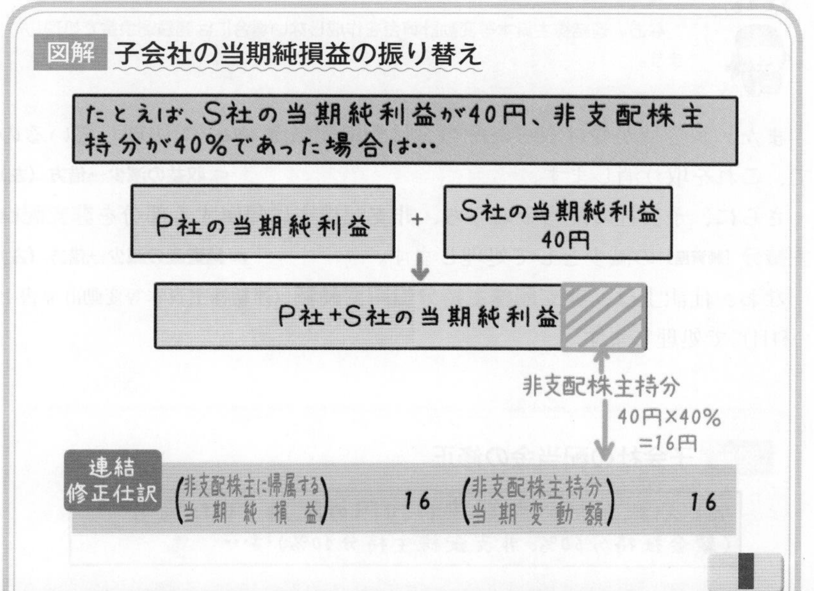

例6　　子会社の当期純損益の振り替え

P社は、前期末（×0年3月31日）にS社の発行済株式（S社株式）の60%を260円で取得し、実質的に支配した。S社の当期純利益は40円であった。当期末（×1年3月31日）における連結修正仕訳で必要な子会社の当期純損益の振り替えの仕訳をしなさい。

	借方		貸方	
例6の仕訳	（非支配株主に帰属する当期純損益）	16	（非支配株主持分当期変動額）	16*

＊　40円×40%＝16円

3 子会社の配当金の修正

子会社が配当金を支払った場合、親会社は子会社から配当金を受け取ることになりますが、子会社から親会社への配当金の支払いは連結グループ内の取引になるので、相殺消去する必要があります。

New 剰余金の配当

具体的には、子会社で行った配当の全額について、**剰余金の配当**（連結株主資本等変動計算書上の科目）という科目を用いて取り消す（貸方に計上する）処理をします。

なお、連結株主資本等変動計算書を作成しない場合には**利益剰余金**で処理します。

また、親会社が受け取った配当金は**受取配当金**［収益］で処理しているので、これを取り消します。　☞**収益の減少→借方（左）**

さらに、子会社の配当金のうち、非支配株主に帰属する部分を**非支配株主持分**［純資産］の減少として処理します。　☞**純資産の減少→借方（左）**

なお、仕訳上は、**非支配株主持分当期変動額**（連結株主資本等変動計算書上の科目）で処理します。

図解　子会社の配当金の修正

たとえば、S社が当期中に30円の配当をした場合
（親会社持分60%、非支配株主持分40%）は…

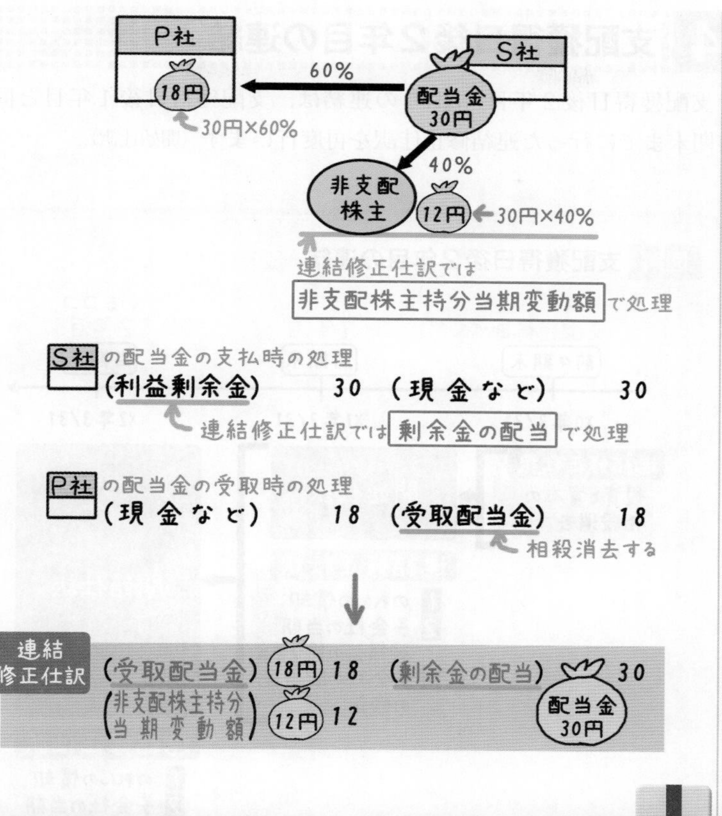

例7 子会社の配当金の修正

P社は、前期末（×0年3月31日）にS社の発行済株式（S社株式）の60%を260円で取得し、実質的に支配した。S社は当期中に30円の配当をしている。当期末（×1年3月31日）における連結修正仕訳で必要な子会社の配当金の修正の仕訳をしなさい。

例7の仕訳	(受取配当金)	18*1	(剰余金の配当)	30
	(非支配株主持分当期変動額)	12*2		

＊1　30円×60%＝18円
＊2　30円×40%＝12円

4 支配獲得日後2年目の連結

支配獲得日後2年目（以降）の連結は、支配獲得日後1年目と同様に、前期末までに行った連結修正仕訳を再度行います（開始仕訳）。

図解 支配獲得日後2年目の連結

支配獲得日	1年目	いまココ 2年目
前々期末	前期末	当期末
×0年3/31	×1年3/31	×2年3/31
連結修正仕訳 投資と資本の相殺消去	開始仕訳 連結修正仕訳 1 のれんの償却 2 子会社の当期純損益の振り替え 3 子会社の配当金の修正	開始仕訳 連結修正仕訳 1 のれんの償却 2 子会社の当期純損益の振り替え 3 子会社の配当金の修正

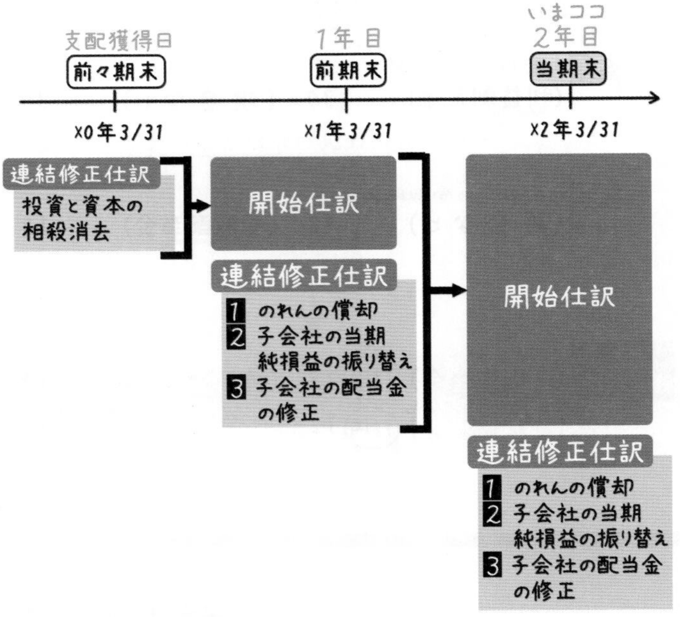

このとき、純資産項目には「当期首残高」をつけて仕訳します（連結株主資本等変動計算書を作成する場合）。

「利益剰余金当期首残高」や「非支配株主持分当期首残高」などとなります。

また、連結株主資本等変動計算書を作成しない場合には「当期首残高」をつけなくてもかまいません。

また、利益に影響を与える項目（のれん償却など）は**利益剰余金当期首残高**で処理します。

図解 **支配獲得日後2年目の連結（開始仕訳）**

たとえば、前期末（×1年3月31日）の連結財務諸表を作成するさいに行った連結修正仕訳が次のとおりであった場合は…

①開始仕訳（投資と資本の相殺消去）

(資本金 当期首残高)	300	(S社株式)	260
(利益剰余金 当期首残高)	100	(非支配株主持分 当期首残高)	160
(のれん)	20		

②のれんの償却

(のれん償却)	2	(のれん)	2

③子会社の当期純損益の振り替え

(非支配株主に帰属する 当期純損益)	16	(非支配株主持分 当期変動額)	16

④子会社の配当金の修正

(受取配当金)	18	(剰余金の配当)	30
(非支配株主持分 当期変動額)	12		

ポイント

☆ 前期末までの連結修正仕訳を再度する（開始仕訳）
☆ 純資産項目には「当期首残高」をつけて仕訳する
☆ 利益に影響を与える項目は 利益剰余金当期首残高 で仕訳する

①開始仕訳（投資と資本の相殺消去）

(資本金 当期首残高)	300	(S社株式)	260
(利益剰余金 当期首残高)★1	100	(非支配株主持分 当期首残高)◆1	160
(のれん)◎1	20		

②のれんの償却

(利益剰余金当期首残高)★2	2	(のれん)◎2	2

のれん償却[費用]

③子会社の当期純損益の振り替え

(利益剰余金当期首残高)★3	16	(非支配株主持分当期首残高)◆2	16

非支配株主に帰属する当期純損益[損益]

非支配株主持分当期変動額[純資産]

④子会社の配当金の修正

(利益剰余金当期首残高)★4	18	(利益剰余金当期首残高)★5	30
(非支配株主持分当期首残高)◆3	12		

受取配当金[収益]

非支配株主持分当期変動額[純資産]

剰余金の配当(利益剰余金)

開始仕訳

(資本金当期首残高)	300	(S社株式)	260
(利益剰余金当期首残高)★	106	(非支配株主持分当期首残高)◆	164
(のれん)◎	18		

★ 利益剰余金当期首残高:100円(★1)+2円(★2)+16円(★3)+18円(★4)−30円(★5)=106円

◆ 非支配株主持分当期首残高:160円(◆1)+16円(◆2)−12円(◆3)=164円

◎ のれん:20円(◎1)−2円(◎2)=18円

基本的には、上記のように、各期の仕訳をしてから開始仕訳をするのですが…これだと少し面倒ですね。そこで、タイムテーブルを使って開始仕訳を行う方法もあります。タイムテーブルを使って開始仕訳を行う方法は、巻末の参考に記載していますので、余裕がある人は確認しておいてくださいね。

ふむふむ…

CHAPTER 20　連結会計Ⅰ　基本問題

問　開始仕訳と連結修正仕訳

次の［資料］にもとづいて、連結第１年度（×0年４月１日から×1年３月31日）の連結財務諸表を作成するために必要な開始仕訳および連結修正仕訳をしなさい。なお、勘定科目は［　　］内に示すものの中から選ぶこと。

［勘定科目：Ｓ社株式、のれん、資本金当期首残高、資本剰余金当期首残高、利益剰余金当期首残高、非支配株主持分当期首残高、非支配株主持分当期変動額、受取配当金、のれん償却、非支配株主に帰属する当期純損益、剰余金の配当］

［資　料］

(1)　Ｐ社は×0年３月31日にＳ社の発行済株式総数の60％を60,000円で取得して支配を獲得した。

(2)　のれんは支配獲得日の翌年度から10年間で均等に償却する。

(3)　×0年３月31日におけるＳ社の個別貸借対照表は次のとおりである。

Ｓ社の個別貸借対照表
×0年３月31日　（単位：円）

諸　資　産	150,000	諸　負　債	70,000
		資　本　金	60,000
		資本剰余金	16,000
		利益剰余金	4,000
	150,000		150,000

(4)　Ｓ社の連結第１年度（×0年４月１日から×1年３月31日）の当期純利益は16,000円であった。

(5)　Ｓ社は連結第１年度（×0年４月１日から×1年３月31日）において5,000円の配当を行っている。

問 開始仕訳と連結修正仕訳

［開始仕訳］

借方	金額	貸方	金額
(資本金当期首残高)	60,000	(S社株式)	60,000
(資本剰余金当期首残高)	16,000	(非支配株主持分当期首残高)	32,000＊1
(利益剰余金当期首残高)	4,000		
(のれん)	12,000＊2		

［連結修正仕訳］

①のれんの償却

借方	金額	貸方	金額
(のれん償却)	1,200＊3	(のれん)	1,200

②子会社の当期純損益の振り替え

借方	金額	貸方	金額
(非支配株主に帰属する当期純損益)	6,400	(非支配株主持分当期変動額)	6,400＊4

③子会社の配当金の修正

借方	金額	貸方	金額
(受取配当金)	3,000＊5	(剰余金の配当)	5,000
(非支配株主持分当期変動額)	2,000＊6		

＊1　(60,000円＋16,000円＋4,000円)×40％＝32,000円
＊2　貸借差額
＊3　12,000円÷10年＝1,200円
＊4　16,000円×40％＝6,400円
＊5　5,000円×60％＝3,000円
＊6　5,000円×40％＝2,000円

連結株主資本等変動計算書を作成しない場合

本問の指定勘定科目が次のとおりであった場合には、以下の解答となります。

［勘定科目：S社株式、のれん、資本金、資本剰余金、利益剰余金、非支配株主持分、受取配当金、のれん償却、非支配株主に帰属する当期純損益］

［開始仕訳］

（資本金）	60,000	（S社株式）	60,000
（資本剰余金）	16,000	（非支配株主持分）	32,000
（利益剰余金）	4,000		
（のれん）	12,000		

［連結修正仕訳］

①のれんの償却

（のれん償却）	1,200	（のれん）	1,200

②子会社の当期純損益の振り替え

（非支配株主に帰属する当期純損益）	6,400	（非支配株主持分）	6,400

③子会社の配当金の修正

（受取配当金）	3,000	（利益剰余金）	5,000
（非支配株主持分）	2,000		

CHAPTER 21

連結会計Ⅱ

◆親会社⇔子会社間の取引、債権債務は相殺する！

連結会計のうち、ここでは親会社・子会社間の取引の相殺、債権債務の相殺について学習します。

期末商品等に含まれる未実現利益の消去など、少々難しい話もありますが、よく理解しながら読み進めてください。

２級で学習する内容

取引と処理

- 株式会社特有の取引
- その他の取引
- 商品売買取引

決算、本支店会計、連結会計、製造業会計

- 決　　算
- 本支店会計
- 製造業会計

連結会計Ⅰ～Ⅲ

1 内部取引高と債権債務の相殺消去

連結会社間（親会社と子会社の間）で行われた取引は、連結会計上、企業グループ内部の取引となるので、連結財務諸表の作成にあたって相殺消去します。

また、親会社の子会社に対する売掛金など、連結会社間の債権債務の期末残高も相殺消去します。

相殺消去する内部取引高、債権債務には次のようなものがあります。

図解 内部取引高と債権債務の相殺消去①

内部取引高の相殺消去		債権債務の相殺消去	
売上高	⟷ 売上原価	売掛金	⟷ 買掛金
受取利息	⟷ 支払利息	受取手形	⟷ 支払手形
受取配当金	⟷ 配当金	貸付金	⟷ 借入金
		未収収益	⟷ 未払費用
		前払費用	⟷ 前受収益

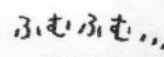

ひとこと

具体的な連結修正仕訳をみてみると、次のようになります。

図解 内部取引高と債権債務の相殺消去②

たとえば①
P社（親会社）が当期においてS社（子会社）に商品100円を売り上げていた場合は…

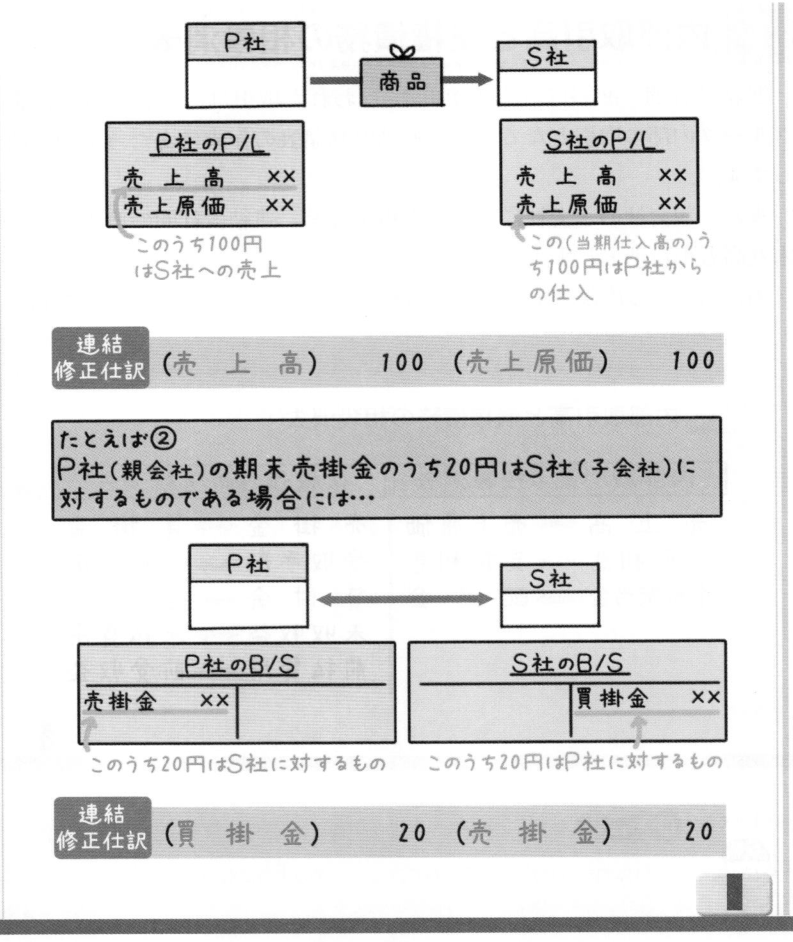

例1 内部取引高と債権債務の相殺消去

P社は、S社の発行済株式(S社株式)の60%を取得し、実質的に支配している。次の各取引について、当期の連結財務諸表を作成するために必要な連結修正仕訳をしなさい。

(1) P社は当期においてS社に商品200円を売り上げている。

(2) P社はS社に対する短期貸付金100円があり、この短期貸付金にかかる受取利息10円を計上している。

例１の仕訳				
⑴	（売　上　高）	200	（売 上 原 価）	200
⑵	（短期借入金）	100	（短期貸付金）	100
	（受 取 利 息）	10	（支 払 利 息）	10

2 貸倒引当金（期末貸倒引当金）の修正

連結修正仕訳で債権債務を相殺消去した場合、債権（売掛金、受取手形、貸付金など）にかかる貸倒引当金も修正します。

Ⅰ 親会社の期末貸倒引当金の修正

親会社が計上していた債権の相殺消去にともなって、**貸倒引当金**と**貸倒引当金繰入**［費用］の計上を取り消します。

具体的には次のようにして、貸倒引当金を修正します。

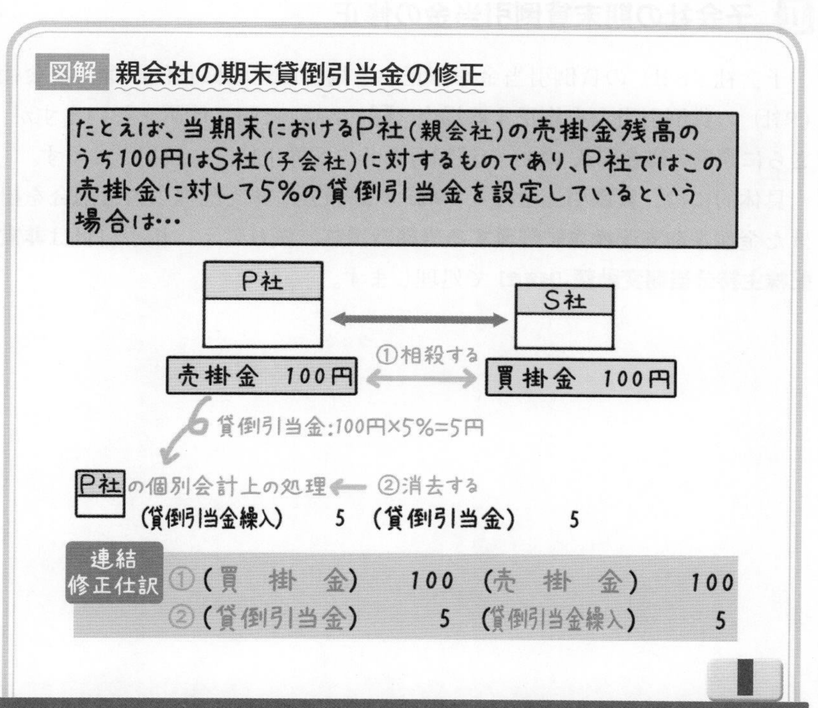

例2 **親会社の貸倒引当金の修正**

Ｐ社は、前期末にＳ社の発行済株式（Ｓ社株式）の60％を取得し、実質的に支配している。当期末におけるＰ社の売掛金残高のうち500円はＳ社に対するものであり、Ｐ社ではこの売掛金に対して５％の貸倒引当金を設定している。

当期の連結財務諸表を作成するために必要な連結修正仕訳をしなさい。

	借方		貸方	
例２の仕訳❶	（買　掛　金）	500	（売　掛　金）	500
❷	（貸 倒 引 当 金）	25*	（貸倒引当金繰入）	25

❶　債権債務の相殺消去
❷　期末貸倒引当金の修正
＊　500円×５％＝25円

ふむふむ、、、

期首貸倒引当金の修正については、巻末の参考で説明します。

Ⅱ　子会社の期末貸倒引当金の修正

子会社（Ｓ社）の貸倒引当金を修正する場合の連結修正仕訳は、親会社（Ｐ社）の貸倒引当金を修正する場合（Ⅰで学習）と同じ仕訳を行いますが、さらに**貸倒引当金繰入**［費用］の減額分を非支配株主持分に負担させます。

具体的には、**貸倒引当金繰入**［費用］の減額分に非支配株主持分割合を掛けた金額を**非支配株主に帰属する当期純損益**に振り替え、相手科目は**非支配株主持分当期変動額**［純資産］で処理します。

図解 子会社の期末貸倒引当金の修正

たとえば、当期末におけるS社(子会社)の売掛金残高のうち100円はP社(親会社)に対するものであり、S社ではこの売掛金に対して5%の貸倒引当金を設定している場合(非支配株主持分割合は40%とする)は…

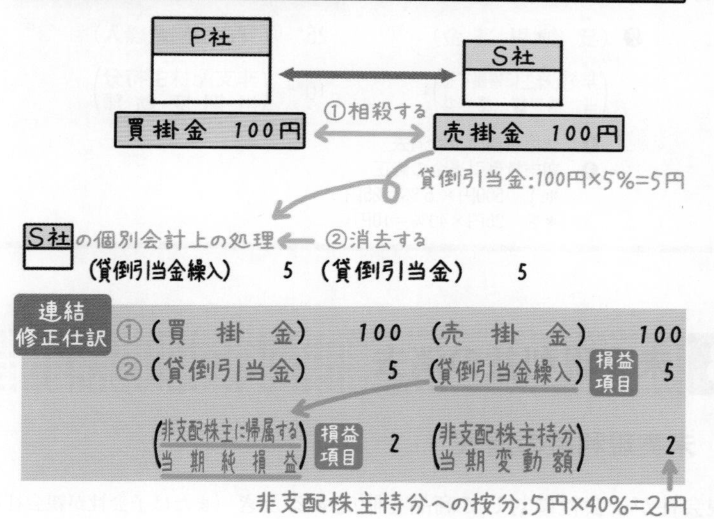

例3 子会社の期末貸倒引当金の修正

Ｐ社は、前期末にＳ社の発行済株式（Ｓ社株式）の60％を取得し、実質的に支配している。当期末におけるＳ社の売掛金残高のうち500円はＰ社に対するものであり、Ｓ社ではこの売掛金に対して５％の貸倒引当金を設定している。

当期の連結財務諸表を作成するために必要な連結修正仕訳をしなさい。

例３の仕訳				
❶	（買掛金）	500	（売掛金）	500
❷	（貸倒引当金）	25*1	（貸倒引当金繰入）	25
	（非支配株主に帰属する当期純損益）	10*2	（非支配株主持分当期変動額）	10

❶ 債権債務の相殺消去
❷ 期末貸倒引当金の修正
＊１　500円×５％＝25円
＊２　25円×40％＝10円

3 未実現利益の消去

Ⅰ 未実現利益の消去

親会社が子会社に対して商品を販売するとき（または子会社が親会社に対して商品を販売するとき）は、ほかの得意先に対して商品を販売するのと同様に、原価に一定の利益を加算して販売します。

したがって、親会社から仕入れた商品（または子会社から仕入れた商品）が、期末に残っていた場合、個別財務諸表上は加算された利益を含んだ金額で期末商品棚卸高が計上されています。

しかし、連結会計上は親会社と子会社を同一のグループとして財務諸表を作成するため、期末商品棚卸高に親会社（または子会社）が加算した利益が含まれている場合には、これを消去しなければなりません。

この場合の、期末商品棚卸高に含まれる親会社（または子会社）が加算した利益を**未実現利益**（みじつげんりえき）といいます。

ひとこと

未実現利益の消去に関しては棚卸資産に対して行います。本書では、代表的な商品を用いて解説していますが、製造業会計における「原材料」や「製品」も同様に考えます。

図解 未実現利益の消去

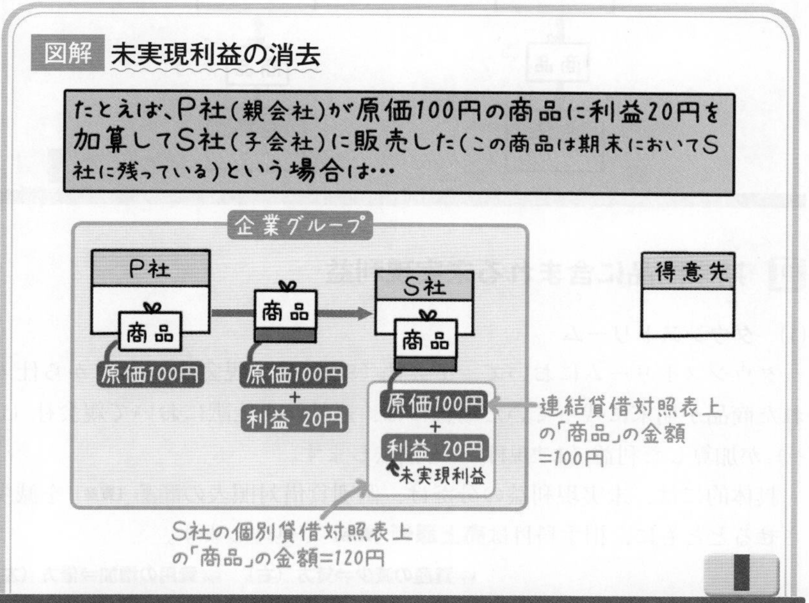

Ⅱ ダウンストリームとアップストリーム

親会社（P社）が子会社（S社）に対して商品（またはその他の資産）を販売することを**ダウンストリーム**といいます。

反対に子会社（S社）が親会社（P社）に対して商品（またはその他の資産）を販売することを**アップストリーム**といいます。

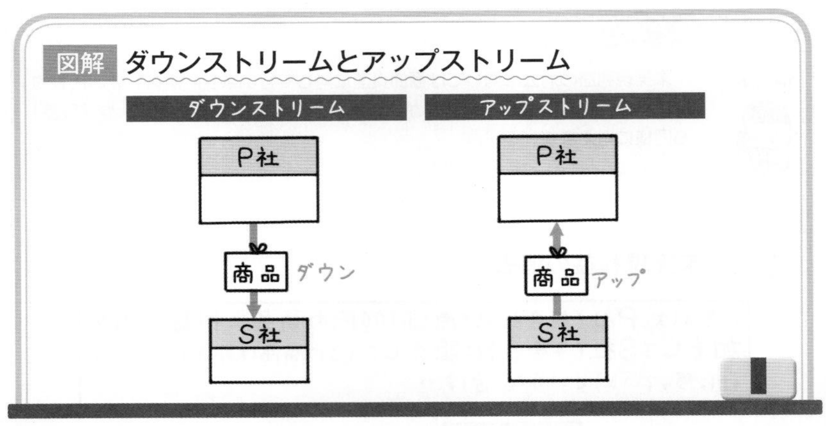

Ⅲ 期末商品に含まれる未実現利益

(1) ダウンストリーム

ダウンストリームにおいて、子会社（S社）に、親会社（P社）から仕入れた商品が期末に残っていた場合には、連結修正仕訳において親会社（P社）が加算した利益（未実現利益）を消去します。

具体的には、未実現利益の分だけ、個別貸借対照表の**商品**［資産］を減少させるとともに、相手科目は**売上原価**［費用］で処理します。

☞資産の減少⇒貸方（右）　☞費用の増加⇒借方（左）

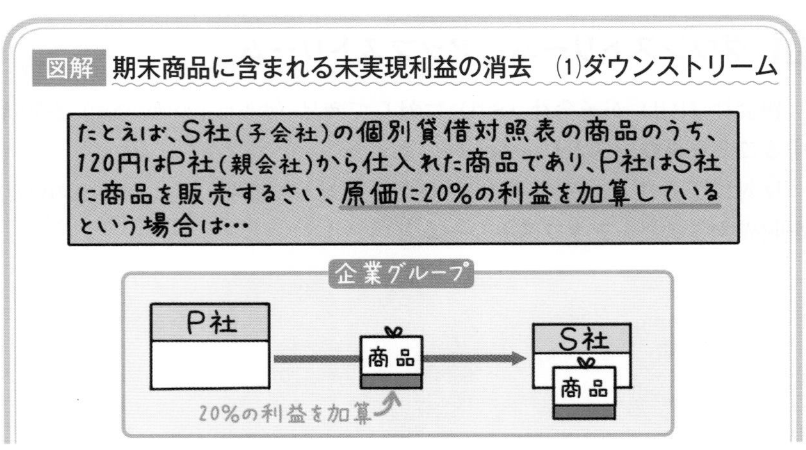

原価に20％の利益を加算しているとは…

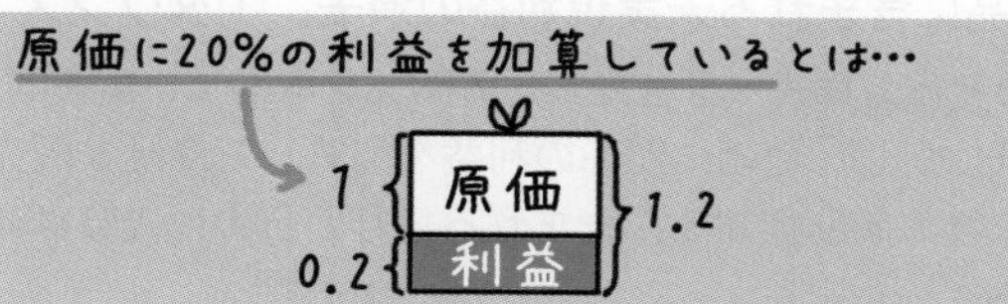

利益を加算した金額が120円のとき、原価と利益はいくら？

?円 原価 120円
?円 利益

原価：$120円 \times \frac{1}{1.2} = 100円$

利益：$120円 \times \frac{0.2}{1.2} = 20円$

↓利益（未実現利益）を消去する

連結修正仕訳				
	（売上原価）	20	（商　　品）	20

「原価に●％の利益を加算している」という指示の場合には、上記のようにして未実現利益を計算します。これ以外に、「売上利益率●％で販売している」という指示がつく場合もあります。

売上利益率とは、売上高に対する利益の割合をいいます。

$$売上利益率 = \frac{利益}{売上高}$$

したがって、たとえば「Ｓ社（子会社）の商品のうち120円はＰ社（親会社）から仕入れたもので、Ｐ社はＳ社に対して売上利益率20％で商品を販売している」という場合の未実現利益は次のように計算します。

未実現利益：120円×20％＝24円

例4　期末商品に含まれる未実現利益の消去　(1)ダウンストリーム

P社は、S社の発行済株式（S社株式）の60%を取得し、実質的に支配している。P社はS社に対し、原価に20%の利益を加算して商品を販売しており、当期末におけるS社の商品棚卸高に含まれるP社からの仕入分は480円であった。

当期の連結財務諸表を作成するために必要な連結修正仕訳をしなさい。

例4の仕訳	（売　上　原　価）	80	（商　　　　品）	80＊

＊　$480円 \times \frac{0.2}{1.2} = 80円$

ひとこと

期首商品に含まれる未実現利益の消去については、巻末の参考で説明します。

(2)　アップストリーム

アップストリームにおいても、親会社の期末商品に含まれる未実現利益（子会社が加算した利益）は消去します。

ただし、子会社が加算した利益のうち親会社に帰属するのは、親会社の持分に相当する部分だけなので、消去した未実現利益のうち、非支配株主の持分に相当する部分については、非支配株主持分に負担させます。

具体的には、ダウンストリームの場合の未実現利益を消去する仕訳をもとに、損益項目（売上原価）の逆側に**非支配株主に帰属する当期純損益**（損益項目）を記入し、相手科目を**非支配株主持分当期変動額**（または**非支配株主持分**）で処理します。

図解　期末商品に含まれる未実現利益の消去　(2)アップストリーム

たとえば、P社（親会社）の個別貸借対照表の商品のうち、120円はS社（子会社）から仕入れた商品であり、S社はP社に商品を販売するさい、原価に20%の利益を加算しているという場合（非支配株主持分割合は40%とする）は…

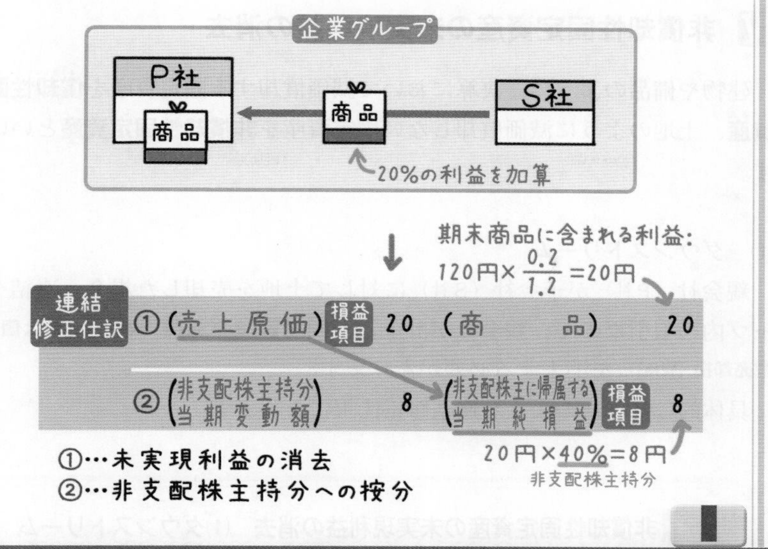

例5 ―― 期末商品に含まれる未実現利益の消去 (2)アップストリーム

Ｐ社は、Ｓ社の発行済株式（Ｓ社株式）の60％を取得し、実質的に支配している。Ｓ社はＰ社に対し、原価に20％の利益を加算して商品を販売しており、当期末におけるＰ社の商品棚卸高に含まれるＳ社からの仕入分は480円であった。

当期の連結財務諸表を作成するために必要な連結修正仕訳をしなさい。

例５の仕訳	借方	金額	貸方	金額
	（売上原価）	80	（商品）	80*1
	（非支配株主持分当期変動額）	32	（非支配株主に帰属する当期純損益）	32*2

＊１　480円×$\frac{0.2}{1.2}$＝80円

＊２　80円×40％＝32円

Ⅳ 非償却性固定資産の未実現利益の消去

建物や備品のように、決算において減価償却する固定資産を**償却性固定資産**、土地のように減価償却しない固定資産を**非償却性固定資産**といいます。

(1) ダウンストリーム

親会社（P社）が子会社（S社）に対して土地を売却した場合、連結グループ内の取引なので、親会社が計上した**固定資産売却益**［収益］（または**固定資産売却損**［費用］）を消去する必要があります。

具体的には、次のような連結修正仕訳になります。

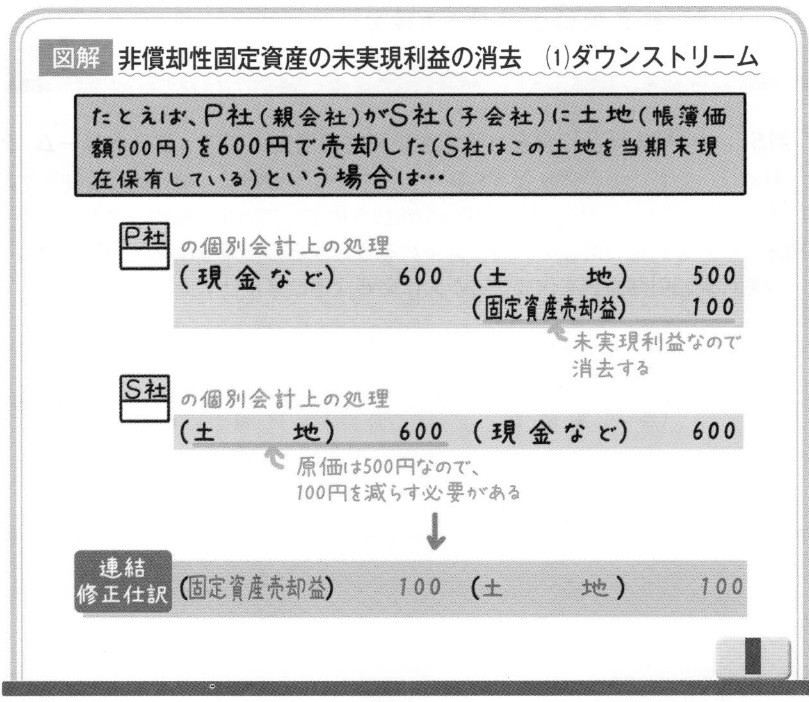

例6 ——— 非償却性固定資産の未実現利益の消去 (1)ダウンストリーム

P社は、S社の発行済株式（S社株式）の60％を取得し、実質的に支配している。当期において、P社はS社に対し、土地（帳簿価額700円）を850円で売却し、S社はこの土地を当期末現在保有している。

当期の連結財務諸表を作成するために必要な連結修正仕訳をしなさい。

例6の仕訳	（固定資産売却益）	150	（土　　　地）	150*

＊ 850円－700円＝150円

① P社の個別会計上の仕訳

（現金など）	850	（土　　　地）	700
		（固定資産売却益）	150

② S社の個別会計上の仕訳

（土　　　地）	850	（現金など）	850

(2) アップストリーム

子会社（S社）が親会社（P社）に対して土地を売却した場合の未実現利益の消去も、ダウンストリームの場合の処理をもとにして、消去した未実現利益のうち非支配株主の持分に相当する部分については、非支配株主持分に負担させます。

図解 非償却固定資産の未実現利益の消去 (2)アップストリーム

たとえば、S社（子会社）がP社（親会社）に土地（帳簿価額500円）を600円で売却した（P社はこの土地を当期末現在保有している）という場合（非支配株主持分割合は40％とする）は…

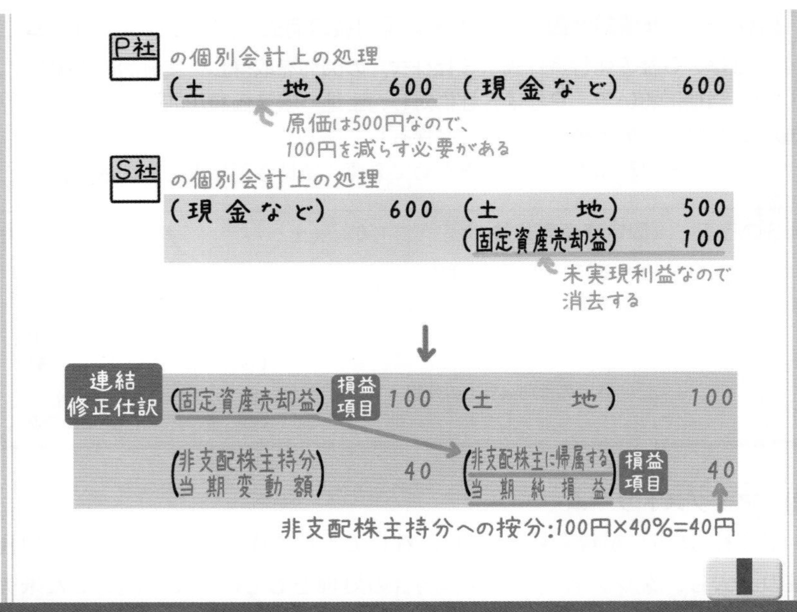

例７ ―― 非償却性固定資産の未実現利益の消去　(2)アップストリーム

Ｐ社は、Ｓ社の発行済株式（Ｓ社株式）の60%を取得し、実質的に支配している。当期において、Ｓ社はＰ社に対し、土地（帳簿価額700円）を850円で売却し、Ｐ社はこの土地を当期末現在保有している。

当期の連結財務諸表を作成するために必要な連結修正仕訳をしなさい。

例７の仕訳				
	(固定資産売却益)	150	(土　　地)	150*1
	(非支配株主持分当期変動額)	60	(非支配株主に帰属する当期純損益)	60*2

＊１　850円－700円＝150円

①　Ｐ社の個別会計上の仕訳

(土　　地)	850	(現金など)	850

②　Ｓ社の個別会計上の仕訳

(現金など)	850	(土　　地)	700
		(固定資産売却益)	150

＊２　150円×40%＝60円

CHAPTER 21　連結会計Ⅱ　基本問題

次の各問について、連結財務諸表を作成するために必要な連結修正仕訳をしなさい。なお、Ｐ社はＳ社の発行済株式の60％を取得し、実質的に支配している。また、勘定科目はそれぞれ［　］内に示すものの中から選ぶこと。

問1　内部取引高と債権債務の相殺消去

［勘定科目：短期貸付金、短期借入金、売上高、売上原価、受取利息、支払利息］

⑴　Ｐ社は当期においてＳ社に商品12,000円を売り上げている。

⑵　Ｐ社はＳ社に対する短期貸付金2,000円があり、この短期貸付金にかかる受取利息40円を計上している。

問2　貸倒引当金の修正

［勘定科目：売掛金、買掛金、貸倒引当金、貸倒引当金繰入、非支配株主に帰属する当期純損益、利益剰余金当期首残高、非支配株主持分当期首残高、非支配株主持分当期変動額］

⑴　当期末におけるＰ社の売掛金残高のうち2,000円はＳ社に対するものであり、Ｐ社ではこの売掛金に対して２％の貸倒引当金を設定している（差額補充法）。なお、前期末におけるＳ社に対する売掛金残高はない。

⑵　当期末におけるＳ社の売掛金残高のうち2,000円はＰ社に対するものであり、Ｓ社ではこの売掛金に対して５％の貸倒引当金を設定している（差額補充法）。なお、前期末におけるＰ社に対する売掛金残高はない。

問3　未実現利益の消去

[勘定科目：商品、土地、固定資産売却益、売上原価、非支配株主に帰属する当期純損益、利益剰余金当期首残高、非支配株主持分当期首残高、非支配株主持分当期変動額]

(1)　P社は当期よりS社に対し、原価に20%の利益を加算して商品を販売している。S社の期末商品棚卸高に含まれるP社からの仕入分は7,200円であった。

(2)　S社はP社に対し、原価に20%の利益を加算して商品を販売しており、P社の期末商品棚卸高に含まれるS社からの仕入分は7,200円であった。

(3)　当期において、P社はS社に対し、土地（帳簿価額8,000円）を9,000円で売却し、S社はこの土地を当期末現在保有している。

(4)　当期において、S社はP社に対し、土地（帳簿価額8,000円）を9,000円で売却し、P社はこの土地を当期末現在保有している。

解答

問1　内部取引高と債権債務の相殺消去

	借方	金額	貸方	金額
(1)	(売　上　高)	12,000	(売 上 原 価)	12,000
(2)	(短期借入金)	2,000	(短期貸付金)	2,000
	(受 取 利 息)	40	(支 払 利 息)	40

問2　貸倒引当金の修正

	借方	金額	貸方	金額
(1)❶	(買　掛　金)	2,000	(売　掛　金)	2,000
❷	(貸 倒 引 当 金)	40＊1	(貸倒引当金繰入)	40

❶　債権債務の相殺消去

❷　期末貸倒引当金の修正

＊1　2,000円×2％＝40円

	借方	金額	貸方	金額
(2)❶	(買　掛　金)	2,000	(売　掛　金)	2,000
❷	(貸 倒 引 当 金)	100＊2	(貸倒引当金繰入)	100
	(非支配株主に帰属する当期純損益)	40	(非支配株主持分当期変動額)	40＊3

❶　債権債務の相殺消去

❷　期末貸倒引当金の修正

＊2　2,000円×5％＝100円

＊3　100円×40％＝40円

問3　未実現利益の消去

	借方	金額	貸方	金額
(1)	(売 上 原 価)	1,200	(商　　品)	1,200＊1
(2)	(売 上 原 価)	1,200	(商　　品)	1,200＊2
	(非支配株主持分当期変動額)	480	(非支配株主に帰属する当期純損益)	480＊3
(3)	(固定資産売却益)	1,000	(土　　地)	1,000＊4
(4)	(固定資産売却益)	1,000	(土　　地)	1,000＊5
	(非支配株主持分当期変動額)	400	(非支配株主に帰属する当期純損益)	400＊6

(1)　期末商品に含まれる未実現利益の消去（ダウンストリーム）

＊1　7,200円×$\frac{0.2}{1.2}$＝1,200円

(2)　期末商品に含まれる未実現利益の消去（アップストリーム）

＊2　7,200円×$\frac{0.2}{1.2}$＝1,200円

＊3　1,200円×40％＝480円

⑶　土地に含まれる未実現利益の消去（ダウンストリーム）

　＊4　9,000円－8,000円＝1,000円

⑷　土地に含まれる未実現利益の消去（アップストリーム）

　＊5　9,000円－8,000円＝1,000円

　＊6　1,000円×40％＝400円

MEMO

CHAPTER 22

連結会計Ⅲ

◆連結財務諸表を作成してみよう！

ここでは、連結財務諸表と連結精算表の形式、作成方法について学習します。

連結会計Ⅱまでに学習した連結修正仕訳がわかっていればさほど難しくはないのですが、問題となると難しく感じるので、理解していない連結修正仕訳があったらそのつど連結会計ⅠおよびⅡに戻って確認してください。

2級で学習する内容

取引と処理

- 株式会社特有の取引
- その他の取引
- 商品売買取引

決算、本支店会計、連結会計、製造業会計

- 決　　算
- 本支店会計
- 製造業会計

連結会計Ⅰ～Ⅲ

✓投資と資本の相殺消去……CHAPTER 20
✓支配獲得日の連結……CHAPTER 20
✓支配獲得日後１年目、２年目の連結……CHAPTER 20
✓内部取引高と債権債務の相殺消去……CHAPTER 21
✓貸倒引当金の修正……CHAPTER 21
✓未実現利益の消去……CHAPTER 21
✓連結財務諸表……CHAPTER 22
✓連結精算表……CHAPTER 22
✓連結会計の総合問題の解き方……CHAPTER 22

1 連結財務諸表

Ⅰ 連結財務諸表

親会社は、企業グループの経営成績や財政状態を総合的に報告するために連結財務諸表を作成します。

連結財務諸表には、**連結損益計算書**、**連結貸借対照表**、**連結株主資本等変動計算書**があります。

Ⅱ 連結損益計算書

連結損益計算書（連結P/L）は、企業グループ全体の経営成績を表します。

1 連結損益計算書の形式

連結損益計算書の形式は次のとおりです。

個別損益計算書と違う箇所に注目しましょう。

連結損益計算書

自×1年4月1日　至×2年3月31日　（単位：円）

Ⅰ	売上高		××
Ⅱ	❶ **売上原価**		××
	売上総利益		××
Ⅲ	販売費及び一般管理費		
	⋮		
	❷ **のれん償却**	××	××
	営業利益		××
Ⅳ	営業外収益		
	⋮		××
Ⅴ	営業外費用		
	⋮		××
	経常利益		××
Ⅵ	特別利益		
	⋮		××
Ⅶ	特別損失		
	⋮		××
	税金等調整前当期純利益		××
	法人税、住民税及び事業税		××
	❸ **当期純利益**		××
	非支配株主に帰属する当期純利益		××
	親会社株主に帰属する当期純利益		××

❶ **売上原価**

連結P/Lでは売上原価の内訳（期首商品棚卸高、当期商品仕入高、期末商品棚卸高）を表示しません。

❷ **のれん償却**

借方に生じたのれんの償却額は販売費及び一般管理費に表示します。

❸ **当期純利益以下**

企業グループ全体の当期純利益を計上したあと、非支配株主に帰属する当期純利益を差し引き（または非支配株主に帰属する当期純損失を加算し）、親会社株主に帰属する当期純利益を計算します。

2 非支配株主に帰属する当期純損益の表示

CHAPTER20で学習したように、子会社の当期純損益のうち、非支配株主持分に対応する部分については、**非支配株主持分**（**当期変動額**）に振り替えるとともに、相手科目は**非支配株主に帰属する当期純損益**で処理します。

非支配株主に帰属する当期純損益が借方残高の場合（子会社が当期純利益を計上した場合）、親会社にとっては利益の減少を表すので、連結損益計算書上は、当期純利益から減算します。ただし、非支配株主にとっては利益の増加を表す（子会社が当期純利益を計上している）ので、「**非支配株主に帰属する当期純利益**」として表示します。

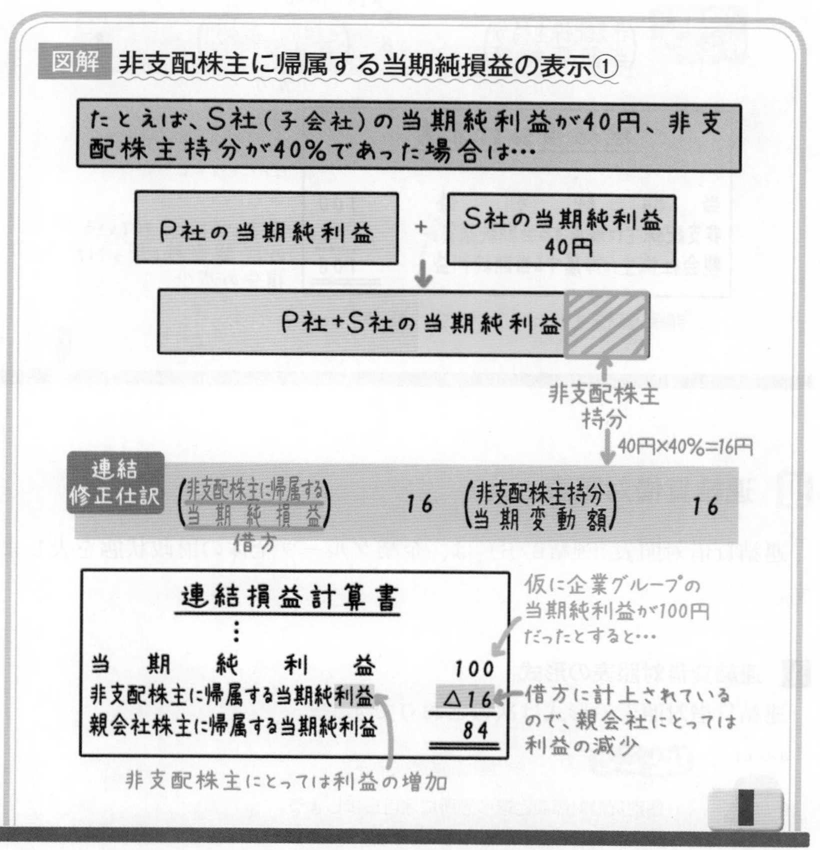

一方、**非支配株主に帰属する当期純損益**が貸方残高の場合（子会社が当期純損失を計上した場合）、親会社にとっては損失の減少を表すので、連結損益計算書上は、当期純利益に加算します。ただし、非支配株主にとっては利益の減少を表す（子会社が当期純損失を計上している）ので、「**非支配株主に帰属する当期純損失**」として表示します。

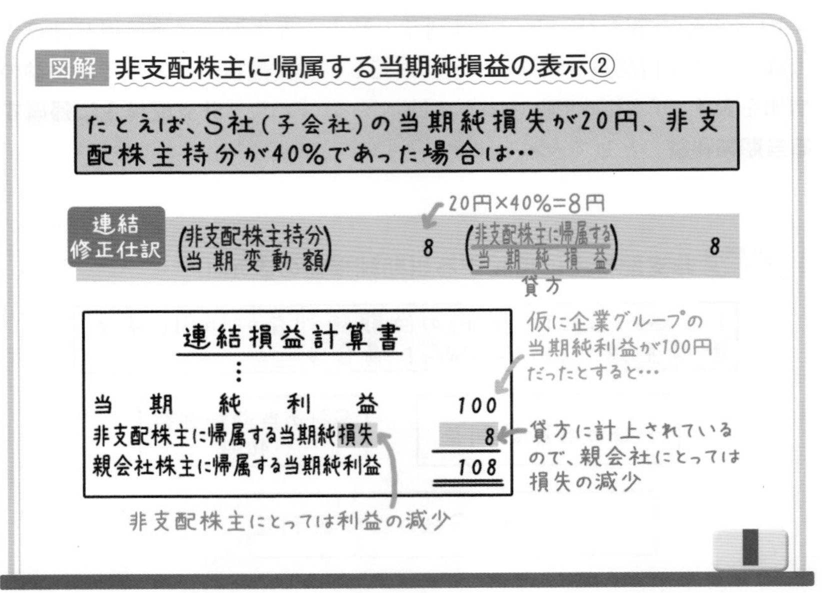

Ⅲ 連結貸借対照表

連結貸借対照表（連結B/S）は、企業グループ全体の財政状態を表します。

1 連結貸借対照表の形式

連結貸借対照表の形式は次のとおりです。

連結貸借対照表
×2年3月31日　(単位：円)

資産の部		負債の部		
Ⅰ 流動資産	××	Ⅰ 流動負債		××
Ⅱ 固定資産		Ⅱ 固定負債		××
1 有形固定資産	××	負債合計		××
2 無形固定資産	××	純資産の部		
のれん	××	Ⅰ 株主資本		
3 投資その他の資産	××	1 資本金	××	
		❶2 資本剰余金	××	
		3 利益剰余金	××	××
		❷Ⅱ 非支配株主持分		××
		純資産合計		××
資産合計	××	負債及び純資産合計		××

❶ **資本剰余金、利益剰余金**
一括して表示し、その内訳（利益準備金、任意積立金、繰越利益剰余金など）は表示しません。

❷ **非支配株主持分**
子会社の純資産のうち、非支配株主に帰属する部分の金額です。

Ⅳ 連結株主資本等変動計算書

連結株主資本等変動計算書（連結S/S）は、企業グループ全体の株主資本等（純資産）の変動を表します。

連結株主資本等変動計算書
自×1年4月1日　至×2年3月31日　　(単位：円)

	株主資本			非支配株主持分
	資本金	資本剰余金	利益剰余金	
当期首残高	××	××	××	××
当期変動額				
剰余金の配当			△××	
親会社株主に帰属する当期純利益			××	
株主資本以外の項目の当期変動額(純額)				××
当期変動額合計	××	××	××	××
当期末残高	××	××	××	××

非支配株主持分
連結S/Sには非支配株主持分の変動を記入する欄があります。

2 連結精算表

個別財務諸表を作成するさいに精算表を作成したように、連結財務諸表を作成するさいにも**連結精算表**を作成します。

連結精算表は、個別財務諸表の金額をもとに連結修正仕訳の金額を加減して、連結財務諸表（連結損益計算書、連結貸借対照表、連結株主資本等変動計算書）を作成するまでの過程を1つにまとめた表をいいます。

連結精算表　(単位：円)

勘定科目	個別財務諸表			消去・振替		連結財務諸表
	P社	S社	合計			
貸借対照表			❶		❷	**連結貸借対照表** ❸
現金						
⋮	⋮	⋮	⋮			⋮
資産合計						
買掛金	(　)	(　)	(　)			(　)
⋮	⋮	⋮	⋮			⋮
資本金	(　)	(　)	(　)			(　)
⋮	⋮	⋮	⋮			⋮
非支配株主持分						(　)
負債・純資産合計	(　)	(　)	(　)			(　)
損益計算書						**連結損益計算書**
売上高	(　)	(　)	(　)			(　)
売上原価						
⋮	⋮	⋮	⋮			⋮
のれん償却						
⋮	⋮	⋮	⋮			⋮
当期純利益	(　)	(　)	(　)			(　)
非支配株主に帰属する当期純損益						
親会社株主に帰属する当期純利益	(　)	(　)	(　)			(　)
株主資本等変動計算書						**連結株主資本等変動計算書**
資本金当期首残高	(　)	(　)	(　)			(　)
資本金当期末残高	(　)	(　)	(　)			(　)
利益剰余金当期首残高	(　)	(　)	(　)			(　)
当期変動額						
剰余金の配当						
親会社株主に帰属する当期純利益	(　)	(　)	(　)			(　)
利益剰余金当期末残高	(　)	(　)	(　)			(　)
非支配株主持分当期首残高						(　)
非支配株主持分当期変動額						(　)
非支配株主持分当期末残高						(　)

❶ **個別財務諸表欄**

親会社（P社）と子会社（S社）の個別財務諸表の金額を記入します。

→ 貸方項目の金額にはカッコをつける

❷ **消去・振替欄**

連結修正仕訳の金額を記入します。

❸ **連結財務諸表欄**

❶の金額に❷の金額を加減して連結財務諸表の金額を記入します。

→ 貸方項目の金額にはカッコをつける

3 連結会計の総合問題の解き方

日商２級で出題される連結会計の問題の解き方を、例題（連結精算表の作成）を使ってみてみましょう。

例１　　　連結精算表の作成

次の資料にもとづき、P社の当期（×1年４月１日から×2年３月31日）における連結精算表を完成させなさい。

［資料1］解答上の注意事項

(1)　精算表の（　　）は貸方金額を表す。

(2)　のれんは発生年度の翌年度から10年間で均等額を償却する。

［資料2］支配獲得日の資料

(1)　P社は×0年３月31日にS社の発行済株式総数の60％を720円で取得し、支配を獲得した。

(2)　×0年３月31日（支配獲得時）のS社の個別財務諸表は次のとおりである。

S社の個別貸借対照表

×0年３月31日　　　　（単位：円）

借方	金額	貸方	金額
諸資産	2,000	諸負債	900
		資本金	700
		利益剰余金	400
	2,000		2,000

[資料３] 連結第１年度（×0年４月１日から×1年３月31日）の資料

⑴　×1年３月31日（連結第１年度）のＳ社の個別財務諸表は次のとおりである。

S社の個別貸借対照表
×1年３月31日　（単位：円）

諸資産	2,200	諸負債	1,000
		資本金	700
		利益剰余金	500
	2,200		2,200

⑵　Ｓ社の連結第１年度（×0年４月１日から×1年３月31日）の当期純利益は200円であり、配当額は100円であった。

[資料４] 当期（×1年４月１日から×2年３月31日）の資料

⑴　当期のＰ社とＳ社の個別財務諸表は解答用紙の連結精算表のとおりである。

⑵　当期において、Ｓ社は200円の配当を行った。

⑶　当期よりＰ社はＳ社に対し、原価に20％の利益を加算して商品を販売しており、当期において、Ｐ社はＳ社に対して商品2,400円を販売している。

⑷　×2年３月31日にＳ社が保有する期末商品のうち、Ｐ社からの仕入分は240円であった。

⑸　Ｐ社は売掛金に対して５％の貸倒引当金を差額補充法により設定しており、売掛金の期末残高のうち300円はＳ社に対するものであった。

〈解答用紙〉

連　結　精　算　表

(単位：円)

勘定科目	個別財務諸表			消去・振替		連結財務諸表
	P　社	S　社	合　計			
貸借対照表						**連結貸借対照表**
諸資産	3,070	1,450	4,520			
売掛金	800	400	1,200			
商品	1,200	520	1,720			
S社株式	720	−	720			
のれん						
資産合計	5,790	2,370	8,160			
諸負債	(1,250)	(660)	(1,910)			(　　)
買掛金	(400)	(420)	(820)			(　　)
貸倒引当金	(40)	(20)	(60)			(　　)
資本金	(3,500)	(700)	(4,200)			(　　)
利益剰余金	(600)	(570)	(1,170)			(　　)
非支配株主持分						(　　)
負債・純資産合計	(5,790)	(2,370)	(8,160)			(　　)
損益計算書						**連結損益計算書**
売上高	(6,000)	(4,500)	(10,500)			(　　)
売上原価	4,500	3,600	8,100			
貸倒引当金繰入	30	15	45			
のれん償却						
その他の販売費及び一般管理費	1,190	715	1,905			
受取配当金	(160)	(50)	(210)			(　　)
その他の営業外収益	(190)	(200)	(390)			(　　)
営業外費用	300	150	450			
当期純利益	(330)	(270)	(600)			(　　)
非支配株主に帰属する当期純損益						
親会社株主に帰属する当期純利益	(330)	(270)	(600)			(　　)

次ページへ続く

前ページより続く

連結精算表

勘定科目	個別財務諸表			消去・振替		連結財務諸表
	P社	S社	合計			
株主資本等変動計算書						**連結株主資本等変動計算書**
資本金当期首残高	(3,500)	(700)	(4,200)			( )
資本金当期末残高	(3,500)	(700)	(4,200)			( )
利益剰余金当期首残高	(520)	(500)	(1,020)			( )
当期変動額						
剰余金の配当	250	200	450			
親会社株主に帰属する当期純利益	(330)	(270)	(600)			( )
利益剰余金当期末残高	(600)	(570)	(1,170)			( )
非支配株主持分当期首残高						( )
非支配株主持分当期変動額						( )
非支配株主持分当期末残高						( )

Ⅰ 支配獲得日の連結修正仕訳

［資料２］支配獲得日の資料から、支配獲得日（×0年３月31日）の連結修正仕訳（投資と資本の相殺消去）を行います。

支配獲得日の連結修正仕訳－投資と資本の相殺消去

［資料２］支配獲得日の資料

(1) P社は×0年３月31日にS社の発行済株式総数の60％を720円で取得し、支配を獲得した。
　→ 親会社持分：60%
　　 非支配株主持分：40%

(2) ×0年３月31日（支配獲得時）のS社の個別財務諸表は次のとおりである。

S社の個別貸借対照表
×0年３月31日　（単位：円）

諸資産	2,000	諸負債	900
		資本金	700
		利益剰余金	400
	2,000		2,000

連結修正仕訳	（資本金）	700	（S社株式）	720
	（利益剰余金）	400	（非支配株主持分）	440[*1]
	（のれん）	60[*2]		

＊1　(700円＋400円)×40％＝440円
＊2　貸借差額

Ⅱ　支配獲得日後１年目の連結修正仕訳

1　開始仕訳

支配獲得日の連結修正仕訳（投資と資本の相殺消去）を再度行います。なお、本問は連結株主資本等変動計算書にも記入するため、純資産項目には「当期首残高」をつけましょう。

支配獲得日後１年目の連結修正仕訳①　開始仕訳

開始仕訳	（資本金 当期首残高）	700	（S社株式）	720
	（利益剰余金 当期首残高）	400	（非支配株主持分 当期首残高）	440
	（のれん）	60		

2　支配獲得日後１年目の連結修正仕訳

［資料１］解答上の注意事項と［資料３］連結第１年度（×0年４月１日から×1年３月31日）の資料から連結修正仕訳をします。

支配獲得日後1年目の連結修正仕訳②　のれんの償却

［資料1］解答上の注意事項
(2)　のれんは発生年度の翌年度から10年間で均等額を償却する。
→ 開始仕訳より60円

連結修正仕訳	（のれん償却）	6*	（のれん）	6

＊　60円÷10年＝6円

支配獲得日後1年目の連結修正仕訳③　子会社の当期純利益の振り替え

［資料3］連結第1年度（×0年4月1日から×1年3月31日）の資料
(2)　S社の連結第1年度（×0年4月1日から×1年3月31日）の当期純利益は200円であり、配当額は100円であった。
→ このうち40％を非支配株主持分に振り替える

連結修正仕訳	（非支配株主に帰属する当期純損益）	80	（非支配株主持分当期変動額）	80*

＊　200円×40％＝80円

支配獲得日後1年目の連結修正仕訳④　子会社の配当金の修正

［資料3］連結第1年度（×0年4月1日から×1年3月31日）の資料
(2)　S社の連結第1年度（×0年4月1日から×1年3月31日）の当期純利益は200円であり、配当額は100円であった。
→ 親会社持分→P社の受取配当金と相殺
非支配株主持分→非支配株主持分に振り替え

連結修正仕訳	（受取配当金）	60*1	（剰余金の配当）	100
	（非支配株主持分当期変動額）	40*2		

＊1　100円×60％＝60円
＊2　100円×40％＝40円

Ⅲ 当期（支配獲得日後２年目）の連結修正仕訳

1 開始仕訳

前期末（支配獲得日後１年目）に行った連結修正仕訳を再度行います。なお、純資産項目は「当期首残高」をつけ、損益項目は**利益剰余金当期首残高**で仕訳します。

当期の連結修正仕訳① 開始仕訳

前期末（支配獲得日後１年目）に行った連結修正仕訳は次のとおりである。

支配獲得日後１年目の連結修正仕訳① 開始仕訳（投資と資本の相殺消去）

借方	金額	貸方	金額
（資本金当期首残高）	700	（Ｓ社株式）	720
（利益剰余金当期首残高）★1	400	（非支配株主持分当期首残高）◆1	440
（のれん）◎1	60		

支配獲得日後１年目の連結修正仕訳② のれんの償却

借方	金額	貸方	金額
（のれん償却）★2	6	（のれん）◎2	6

支配獲得日後１年目の連結修正仕訳③ 子会社の当期純利益の振り替え

借方	金額	貸方	金額
（非支配株主に帰属する当期純損益）★3	80	（非支配株主持分当期変動額）◆2	80

支配獲得日後１年目の連結修正仕訳④ 子会社の配当金の修正

借方	金額	貸方	金額
（受取配当金）★5	60	（剰余金の配当）★4	100
（非支配株主持分当期変動額）◆3	40		

開始仕訳

借方	金額	貸方	金額
（資本金当期首残高）	700	（Ｓ社株式）	720
（利益剰余金当期首残高）★1～★5	446＊1	（非支配株主持分当期首残高）◆1～◆3	480＊3
（のれん）◎1、◎2	54＊2		

＊1　400円（★1）＋６円（★2）＋80円（★3）－100円（★4）＋60円（★5）＝446円

＊2　60円（◎1）－６円（◎2）＝54円

＊3　440円（◆1）＋80円（◆2）－40円（◆3）＝480円

連結精算表の記入

連結精算表 (単位：円)

勘定科目	個別財務諸表			消去・振替		連結財務諸表
	P 社	S 社	合 計			
貸借対照表						
S 社 株 式	720	−	720		720	
の れ ん				54		
株主資本等変動計算書						
資本金当期首残高	(3,500)	(700)	(4,200)	700		( )
資本金当期末残高	(3,500)	(700)	(4,200)			( )
利益剰余金当期首残高	(520)	(500)	(1,020)	446		( )
非支配株主持分当期首残高					480	( )

2 当期（支配獲得日後２年目）の連結修正仕訳

［資料１］解答上の注意事項と［資料４］当期（×1年４月１日から×2年３月31日）の資料および解答用紙の連結精算表から当期の連結修正仕訳をします。

当期の連結修正仕訳② のれんの償却

［資料１］解答上の注意事項
(2) のれんは発生年度の翌年度から10年間で均等額を償却する。
→ 支配獲得日の連結修正仕訳（投資と資本の相殺消去）より60円

連結修正仕訳	（のれん償却）	6*	（の れ ん）	6

＊ 60円÷10年＝６円

連結精算表の記入

連　結　精　算　表　　　　(単位：円)

勘定科目	個別財務諸表			消去・振替		連結財務諸表
	P　社	S　社	合　計			
貸借対照表						
の　れ　ん				54	6	
損益計算書						
のれん償却				6		

当期の連結修正仕訳③　子会社の当期純利益の振り替え

連　結　精　算　表　　　　(単位：円)

勘定科目	個別財務諸表			消去・振替		連結財務諸表
	P　社	S　社	合　計			
損益計算書						
⋮	⋮	⋮	⋮			
親会社株主に帰属する当期純利益	(330)	(270)	(600)			(　　)

→S社の当期純利益

連結修正仕訳	(非支配株主に帰属する当期純損益)	108	(非支配株主持分当期変動額)	108*

＊　270円×40%＝108円

連結精算表の記入

連　結　精　算　表　　　　(単位：円)

勘定科目	個別財務諸表			消去・振替		連結財務諸表
	P　社	S　社	合　計			
損益計算書						
非支配株主に帰属する当期純損益				108		
株主資本等変動計算書						
非支配株主持分当期変動額					108	(　　)

当期の連結修正仕訳④　子会社の配当金の修正

［資料４］当期（×1年４月１日から×2年３月31日）の資料
(1)　当期のＰ社とＳ社の個別財務諸表は解答用紙の連結精算表のとおりである。
(2)　当期において、Ｓ社は200円の配当を行った。

連　結　精　算　表　（単位：円）

勘定科目	個別財務諸表			消去・振替		連結財務諸表
	Ｐ　社	Ｓ　社	合　計			
株主資本等変動計算書						
利益剰余金当期首残高	（　520）	（　500）	（　1,020）			（　　）
当期変動額						
剰余金の配当	250	200	450			
親会社株主に帰属する当期純利益	（　330）	（　270）	（　600）			（　　）
利益剰余金当期末残高	（　600）	（　570）	（　1,170）			（　　）

親会社持分→Ｐ社の受取配当金と相殺
非支配株主持分→非支配株主持分に振り替え

ちなみに！ この当期純利益は損益計算書の当期純利益（連結精算表では「親会社株主に帰属する当期純利益」の欄に記入されている）と一致する

連結修正仕訳	（受取配当金）	120*1	（剰余金の配当）	200
	（非支配株主持分当期変動額）	80*2		

＊1　200円×60％＝120円
＊2　200円×40％＝80円

連結精算表の記入

連　結　精　算　表　（単位：円）

勘定科目	個別財務諸表			消去・振替		連結財務諸表
	Ｐ　社	Ｓ　社	合　計			
損益計算書						
受取配当金	（　160）	（　50）	（　210）	**120**		（　　）
株主資本等変動計算書						
利益剰余金当期首残高	（　520）	（　500）	（　1,020）	**446**		（　　）
当期変動額						
剰余金の配当	250	200	450		**200**	
非支配株主持分当期首残高					**480**	（　　）
非支配株主持分当期変動額				**80**	**108**	（　　）

当期の連結修正仕訳⑤　売上高と売上原価の相殺消去

[資料４] 当期（×1年４月１日から×2年３月31日）の資料
(3) 当期よりＰ社はＳ社に対し、原価に20％の利益を加算して商品を販売しており、当期において、Ｐ社はＳ社に対して商品2,400円を販売している。

連結修正仕訳	（売上高）	2,400	（売上原価）	2,400

連結精算表の記入

連結精算表　(単位：円)

勘定科目	個別財務諸表			消去・振替		連結財務諸表
	Ｐ社	Ｓ社	合計			
損益計算書						
売上高	(6,000)	(4,500)	(10,500)	2,400		(　)
売上原価	4,500	3,600	8,100		2,400	

当期の連結修正仕訳⑥　期末（期首）商品に含まれる未実現利益の消去

[資料４] 当期（×1年４月１日から×2年３月31日）の資料
(3) 当期よりＰ社はＳ社に対し、原価に20％の利益を加算して商品を販売しており、当期において、Ｐ社はＳ社に対して商品2,400円を販売している。
(4) ×2年３月31日にＳ社が保有する期末商品のうち、Ｐ社からの仕入分は240円であった。

連結修正仕訳	（売上原価）	40	（商品）	40*

＊ $240円 \times \frac{0.2}{1.2} = 40円$

連結精算表の記入

連　結　精　算　表　　　　　　（単位：円）

勘定科目	個別財務諸表			消去・振替		連結財務諸表
	P　社	S　社	合　計			
貸借対照表						
商　　　品	1,200	520	1,720		40	
損益計算書						
売　上　原　価	4,500	3,600	8,100	40	**2,400**	

当期の連結修正仕訳⑦　債権債務の相殺消去、貸倒引当金の修正

［資料４］当期（×1年４月１日から×2年３月31日）の資料

(5)　Ｐ社は売掛金に対して５％の貸倒引当金を差額補充法により設定しており、売掛金の期末残高のうち300円はＳ社に対するものであった。

→ ①P社の売掛金300円とS社の買掛金300円を相殺
②相殺した売掛金にかかる貸倒引当金の修正

連結修正仕訳	(買　掛　金)	300	(売　掛　金)	300
	(貸倒引当金)	15*	(貸倒引当金繰入)	15

＊　300円×５％＝15円

連結精算表の記入

連　結　精　算　表　　　　　　（単位：円）

勘定科目	個別財務諸表			消去・振替		連結財務諸表
	P　社	S　社	合　計			
貸借対照表						
売　掛　金	800	400	1,200		**300**	
買　掛　金	(　400)	(　420)	(　820)	**300**		(　　)
貸倒引当金	(　40)	(　20)	(　60)	**15**		(　　)
損益計算書						
貸倒引当金繰入	30	15	45		15	

Ⅳ 連結精算表の作成

1 貸借対照表欄の記入

（連結）貸借対照表欄のうち、資産と負債の金額については、個別財務諸表欄の合計に消去・振替欄の金額を加減して、連結財務諸表欄に記入します。

なお、純資産の金額については、あとで（連結）株主資本等変動計算書欄の金額を移記します。

連結精算表の記入

連　結　精　算　表　　　　（単位：円）

勘定科目	個別財務諸表			消去・振替		連結財務諸表
	P　社	S　社	合　計			
貸借対照表						
諸資産	3,070	1,450	4,520	→	→	4,520
売掛金	800	400	1,200		⊖300	900
商品	1,200	520	1,720		⊖40	1,680
S社株式	720	−	720		⊖720	0
のれん				54	⊖6	48
資産合計	5,790	2,370	8,160			7,148
諸負債	(1,250)	(660)	(1,910)	→	→	(1,910)
買掛金	(400)	(420)	(820)	⊖300		(520)
貸倒引当金	(40)	(20)	(60)	⊖15		(45)
資本金	(3,500)	(700)	(4,200)			あとで記入
利益剰余金	(600)	(570)	(1,170)			
非支配株主持分						
負債・純資産合計	(5,790)	(2,370)	(8,160)			

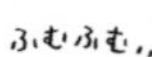

ひとこと

資産は借方項目→消去・振替欄の借方金額は⊕、貸方金額は⊖
負債は貸方項目→消去・振替欄の借方金額は⊖、貸方金額は⊕

2 損益計算書欄の記入

（連結）損益計算書欄のうち、当期純利益（税金等調整前当期純利益と親会社株主に帰属する当期純利益）以外の金額については、個別財務諸表欄の合計に消去・振替欄の金額を加減して、連結財務諸表欄に記入します。

なお、当期純利益（税金等調整前当期純利益と親会社株主に帰属する当期純利益）の金額については、連結財務諸表欄の金額から計算します。

連結精算表の記入

連　結　精　算　表　（単位：円）

勘定科目	個別財務諸表			消去・振替		連結財務諸表
	P　社	S　社	合　計			
損益計算書						
売　上　高	（6,000）	（4,500）	（10,500）	⊖2,400		（8,100）
売　上　原　価	4,500	3,600	8,100	⊕40	⊖2,400	5,740
貸倒引当金繰入	30	15	45		⊖15	30
の れ ん 償 却				6		6
その他の販売費及び一般管理費	1,190	715	1,905			1,905
受 取 配 当 金	（160）	（50）	（210）	⊖120		（90）
その他の営業外収益	（190）	（200）	（390）			（390）
営 業 外 費 用	300	150	450			450
当 期 純 利 益	（330）	（270）	（600）	2,566	2,415	（★1 449）
非支配株主に帰属する当期純損益				108		108
親会社株主に帰属する当期純利益	（330）	（270）	（600）			（★2 341）

★1　8,100円（売上高）－5,740円（売上原価）－30円（貸倒引当金繰入）－6円（のれん償却）－1,905円（その他の販売費及び一般管理費）＋90円（受取配当金）＋390円（その他の営業外収益）－450円（営業外費用）＝449円

★2　449円（★1）－108円（非支配株主に帰属する当期純損益）＝341円

収益は貸方項目→消去・振替欄の借方金額は⊖、貸方金額は⊕
費用は借方項目→消去・振替欄の借方金額は⊕、貸方金額は⊖

3 株主資本等変動計算書欄の記入

（連結）株主資本等変動計算書欄は、当期首残高に当期変動額を加減して、当期末残高に記入します。

なお、利益剰余金当期変動額の「親会社株主に帰属する当期純利益」の金額は、（連結）損益計算書の「親会社株主に帰属する当期純利益」の金額を記入します。

連結精算表の記入

連結精算表　（単位：円）

勘定科目	個別財務諸表			消去・振替		連結財務諸表
	P社	S社	合計			
損益計算書						
親会社株主に帰属する当期純利益	(330)	(270)	(600)			(341)
株主資本等変動計算書						
資本金当期首残高	(3,500)	(700)	(4,200)	⊖700		(3,500)
資本金当期末残高	(3,500)	(700)	(4,200)			(3,500)
利益剰余金当期首残高	(520)	(500)	(1,020)	⊖446		(574)
当期変動額						
剰余金の配当	250	200	450		⊖200	250
親会社株主に帰属する当期純利益	(330)	(270)	(600)			(341)
利益剰余金当期末残高	(600)	(570)	(1,170)			(★1 665)
非支配株主持分当期首残高					480	(480)
非支配株主持分当期変動額				80	⊖108	(28)
非支配株主持分当期末残高						(★2 508)

★1　574円－250円＋341円＝665円

★2　480円＋28円＝508円

4 貸借対照表欄の純資産の記入

（連結）株主資本等変動計算書欄の当期末残高の金額を、（連結）貸借対照表欄に移記します。

連結精算表の記入

連結精算表　(単位：円)

勘定科目	個別財務諸表			消去・振替		連結財務諸表
	P社	S社	合計			
貸借対照表						
資本金	(3,500)	(700)	(4,200)	省略		(3,500)
利益剰余金	(600)	(570)	(1,170)			(665)
非支配株主持分						(508)
株主資本等変動計算書						
資本金当期末残高	(3,500)	(700)	(4,200)			(3,500)
利益剰余金当期末残高	(600)	(570)	(1,170)			(665)
非支配株主持分当期末残高						(508)

5 連結精算表の完成

以上より、**例1**の連結精算表（解答）は次のようになります。

例1の解答

連結精算表　(単位：円)

消去・振替欄には通常、配点はないのでどのように記入してもOK

勘定科目	個別財務諸表			消去・振替		連結財務諸表
	P社	S社	合計			
貸借対照表						**連結貸借対照表**
諸資産	3,070	1,450	4,520			4,520
売掛金	800	400	1,200		300	900
商品	1,200	520	1,720		40	1,680
S社株式	720	−	720		720	0
のれん				54	6	48
資産合計	5,790	2,370	8,160			7,148
諸負債	(1,250)	(660)	(1,910)			(1,910)
買掛金	(400)	(420)	(820)	300		(520)
貸倒引当金	(40)	(20)	(60)	15		(45)

次ページへ続く

前ページより続く

連結精算表 (単位：円)

勘定科目	個別財務諸表			消去・振替		連結財務諸表
	P社	S社	合計			
資本金	(3,500)	(700)	(4,200)			(3,500)
利益剰余金	(600)	(570)	(1,170)			(665)
非支配株主持分						(508)
負債・純資産合計	(5,790)	(2,370)	(8,160)			(7,148)
損益計算書						**連結損益計算書**
売上高	(6,000)	(4,500)	(10,500)	2,400		(8,100)
売上原価	4,500	3,600	8,100	40	2,400	5,740
貸倒引当金繰入	30	15	45		15	30
のれん償却				6		6
その他の販売費及び一般管理費	1,190	715	1,905			1,905
受取配当金	(160)	(50)	(210)	120		(90)
その他の営業外収益	(190)	(200)	(390)			(390)
営業外費用	300	150	450			450
当期純利益	(330)	(270)	(600)	2,566	2,415	(449)
非支配株主に帰属する当期純損益				108		108
親会社株主に帰属する当期純利益	(330)	(270)	(600)			(341)
株主資本等変動計算書						**連結株主資本等変動計算書**
資本金当期首残高	(3,500)	(700)	(4,200)	700		(3,500)
資本金当期末残高	(3,500)	(700)	(4,200)			(3,500)
利益剰余金当期首残高	(520)	(500)	(1,020)	446		(574)
当期変動額						
剰余金の配当	250	200	450		200	250
親会社株主に帰属する当期純利益	(330)	(270)	(600)			(341)
利益剰余金当期末残高	(600)	(570)	(1,170)			(665)
非支配株主持分当期首残高					480	(480)
非支配株主持分当期変動額				80	108	(28)
非支配株主持分当期末残高						(508)

なお、連結株主資本等変動計算書の欄がない場合には、連結修正仕訳および解答は以下のようになります。

連結修正仕訳

① 当期（支配獲得日後２年目）の開始仕訳

（資本金）	700	（S社株式）	720
（利益剰余金）	446	（非支配株主持分）	480
（のれん）	54		

② のれんの償却

（のれん償却）	6	（のれん）	6

③ 子会社の当期純利益の振り替え

（非支配株主に帰属する当期純損益）	108	（非支配株主持分）	108

④ 子会社の配当金の修正

（受取配当金）	120	（利益剰余金）	200
（非支配株主持分）	80		

⑤ 売上高と売上原価の相殺消去

（売上高）	2,400	（売上原価）	2,400

⑥ 期末（期首）商品に含まれる未実現利益の消去

（売上原価）	40	（商品）	40

⑦ 債権債務の相殺消去、貸倒引当金の修正

（買掛金）	300	（売掛金）	300
（貸倒引当金）	15	（貸倒引当金繰入）	15

連結財務諸表の記入

連　結　精　算　表　　　　(単位：円)

勘定科目	個別財務諸表			消去・振替		連結財務諸表
	P　社	S　社	合　計			
貸借対照表						**連結貸借対照表**
諸　資　産	3,070	1,450	4,520			4,520
売　掛　金	800	400	1,200		300	900
商　　品	1,200	520	1,720		40	1,680
S　社　株　式	720	－	720		720	0
の　れ　ん				54	6	48
資　産　合　計	5,790	2,370	8,160			7,148
諸　負　債	(1,250)	(660)	(1,910)			(1,910)
買　掛　金	(400)	(420)	(820)	300		(520)
貸倒引当金	(40)	(20)	(60)	15		(45)
資　本　金	(3,500)	(700)	(4,200)	700		(3,500)
利益剰余金	(600)	(570)	(1,170)	446	200	
				2,674	2,415	(★ 665)
非支配株主持分				80	480	
					108	(508)
負債・純資産合計	(5,790)	(2,370)	(8,160)			(7,148)
損益計算書						**連結損益計算書**
売　上　高	(6,000)	(4,500)	(10,500)	2,400		(8,100)
売　上　原　価	4,500	3,600	8,100	40	2,400	5,740
貸倒引当金繰入	30	15	45		15	30
の　れ　ん　償　却				6		6
その他の販売費及び一般管理費	1,190	715	1,905			1,905
受取配当金	(160)	(50)	(210)	120		(90)
その他の営業外収益	(190)	(200)	(390)			(390)
営業外費用	300	150	450			450
当期純利益	(330)	(270)	(600)	2,566	2,415	(449)
非支配株主に帰属する当期純損益				108		108
親会社株主に帰属する当期純利益	(330)	(270)	(600)	2,674	2,415	(341)

(連結)損益計算書の「親会社株主に帰属する当期純利益」の消去・振替欄の金額を(連結)貸借対照表の「利益剰余金」に記入

★　1,170円－(446円＋2,674円)＋(200円＋2,415円)＝665円
または、最後に連結貸借対照表の差額で計算

ひとこと

ちなみに、**例1**について、連結損益計算書を作成すると次のようになります。

連結損益計算書
自×1年4月1日　至×2年3月31日　(単位：円)

Ⅰ 売上高		8,100
Ⅱ 売上原価		5,740
売上総利益		2,360
Ⅲ 販売費及び一般管理費		
貸倒引当金繰入	30	
のれん償却	6	
その他の販売費及び一般管理費	1,905	1,941
営業利益		419
Ⅳ 営業外収益		
受取配当金	90	
その他の営業外収益	390	480
Ⅴ 営業外費用		450
当期純利益		449
非支配株主に帰属する当期純利益		108
親会社株主に帰属する当期純利益		341

ふむふむ…

ひとこと

なお、試験では、連結精算表を作成しないで、連結財務諸表の項目の金額を答えさせる問題が出題されることもあります。「受取配当金」や「商品」などの金額は、P社とS社の個別財務諸表の金額に連結修正仕訳の金額を加減すればOKですが、「利益剰余金」の金額を求めるにはちょっとコツが必要です。

連結貸借対照表における利益剰余金の求め方については、巻末の参考を参照してください。

4 消去・振替欄がない連結精算表の作成

試験では、消去・振替欄がない連結精算表の作成が出題されることもあります。

消去・振替欄がない場合は、個別財務諸表の金額と下書用紙に書いた連結修正仕訳の金額を加減して、連結財務諸表欄に記入します。

なお、親会社株主に帰属する当期純利益は、連結損益計算書の差額によって計算します。

また、連結貸借対照表の利益剰余金は、利益剰余金以外の欄を埋めたあと、最後に連結貸借対照表の貸借差額で計算します。

例1で、消去・振替欄がない連結精算表（株主資本等変動計算書の欄もない場合）の連結精算表の記入は次のようになります。

連結修正仕訳

① **当期（支配獲得日後２年目）の開始仕訳**

（資本金）	700	（S社株式）	720
（利益剰余金）	446	（非支配株主持分）	480
（のれん）	54		

連結貸借対照表　資本金：4,200円－700円＝3,500円

② **のれんの償却**

（のれん償却）	6	（のれん）	6

連結貸借対照表　のれん：54円－６円＝48円
連結損益計算書　のれん償却：６円

③ **子会社の当期純利益の振り替え**

（非支配株主に帰属する当期純損益）	108	（非支配株主持分）	108

連結損益計算書　非支配株主に帰属する当期純損益：108円

④ **子会社の配当金の修正**

（受取配当金）	120	（利益剰余金）	200
（非支配株主持分）	80		

連結損益計算書　受取配当金：210円－120円＝90円
連結貸借対照表　非支配株主持分：480円＋108円－80円＝508円

⑤ **売上高と売上原価の相殺消去**

（売上高）	2,400	（売上原価）	2,400

連結損益計算書　売上高：10,500円－2,400円＝8,100円

⑥ **期末（期首）商品に含まれる未実現利益の消去**

（売上原価）	40	（商品）	40

連結貸借対照表　商品：1,720円－40円＝1,680円
連結損益計算書　売上原価：8,100円－2,400円+40円＝5,740円

⑦ **債権債務の相殺消去、貸倒引当金の修正**

（買掛金）	300	（売掛金）	300
（貸倒引当金）	15	（貸倒引当金繰入）	15

連結貸借対照表　売掛金：1,200円－300円＝900円
連結貸借対照表　買掛金：820円－300円＝520円
連結貸借対照表　貸倒引当金：60円－15円＝45円
連結損益計算書　貸倒引当金繰入：45円－15円＝30円

連結財務諸表（消去・振替欄がない場合）の記入

連　結　精　算　表　　（単位：円）

勘定科目	個別財務諸表			連結財務諸表
	P　社	S　社	合　計	
貸借対照表				**連結貸借対照表**
諸　資　産	3,070	1,450	4,520	4,520
売　掛　金	800	400	1,200	900
商　　品	1,200	520	1,720	1,680
S 社 株 式	720	–	720	0
の　れ　ん				48
資産合計	5,790	2,370	8,160	7,148
諸　負　債	(1,250)	(660)	(1,910)	(1,910)
買　掛　金	(400)	(420)	(820)	(520)
貸倒引当金	(40)	(20)	(60)	(45)
資　本　金	(3,500)	(700)	(4,200)	(3,500)
利益剰余金	(600)	(570)	(1,170)	(★3 665)
非支配株主持分				(508)
負債・純資産合計	(5,790)	(2,370)	(8,160)	(7,148)
損益計算書				**連結損益計算書**
売　上　高	(6,000)	(4,500)	(10,500)	(8,100)
売上原価	4,500	3,600	8,100	5,740
貸倒引当金繰入	30	15	45	30
のれん償却				6
その他の販売費及び一般管理費	1,190	715	1,905	1,905
受取配当金	(160)	(50)	(210)	(90)
その他の営業外収益	(190)	(200)	(390)	(390)
営業外費用	300	150	450	450
当期純利益	(330)	(270)	(600)	(★1 449)
非支配株主に帰属する当期純損益				108
親会社株主に帰属する当期純利益	(330)	(270)	(600)	(★2 341)

★1　8,100円－5,740円－30円－６円－1,905円＋90円＋390円－450円＝449円

★2　449円－108円＝341円

★3　すべての欄（利益剰余金以外の欄）に記入したあと、最後に連結貸借対照表の貸借差額で計算

CHAPTER 22 連結会計Ⅲ 基本問題

問1 連結精算表の作成 解答用紙あり

次の［資料］にもとづいて、連結第2年度（×2年4月1日から×3年3月31日まで）の連結精算表（連結貸借対照表と連結損益計算書の部分）を作成しなさい。

※ まずは消去・振替欄がある連結精算表を作成し、慣れてきたら消去・振替欄のない連結精算表を作成してみましょう。

［資　料］

(1) P社は×1年3月31日にS社の発行済株式総数の60%を40,000円で取得して支配を獲得した。なお、×1年3月31日のS社の純資産の部は、次のとおりであった。

資　本　金　40,000円、資本剰余金　14,000円、利益剰余金　6,000円

(2) のれんは20年にわたって定額法で償却している。

(3) S社は支配獲得後に配当を行っていない。

(4) S社の連結第1年度（×1年4月1日から×2年3月31日）の当期純利益は12,000円であった。

(5) 当年度末においてS社が保有する商品のうちP社から仕入れた商品は20,000円であった。P社はS社に対して売上総利益率30%で商品を販売している。なお、S社の期首の商品残高には、P社から仕入れた商品はなかった。

(6) 当年度のP社およびS社間の債権債務残高および取引高は、次のとおりであった。

P社からS社		S社からP社	
売　掛　金	50,000円	買　掛　金	50,000円
売　上　高	120,000円	売上原価(仕入)	120,000円

(7) P社は売掛金期末残高に対して2%の貸倒引当金を差額補充法により設定している。

(8) S社は当年度中に土地（帳簿価額8,000円）を、P社に対して10,000円で売却した。なお、当期末現在P社はこの土地を保有している。

問2　連結財務諸表の作成　解答用紙あり

次の［資料］にもとづいて、連結第２年度（×1年４月１日から×2年３月31日）の連結損益計算書を作成するとともに、解答用紙に示した連結貸借対照表の項目の金額を答えなさい。

［資　料］

(1)　Ｐ社は×0年３月31日にＳ社の発行済株式総数の60％を60,000円で取得して支配を獲得した。

(2)　のれんは支配獲得日の翌年度から10年間で均等に償却する。

(3)　連結第２年度より、Ｐ社はＳ社に対し、原価に10％の利益を加算して商品を販売している。

(4)　Ｐ社は売掛金に対して２％の貸倒引当金を差額補充法により設定している。

(5)　×0年３月31日および×1年３月31日におけるＳ社の個別貸借対照表は次のとおりである。

Ｓ社の個別貸借対照表
×0年３月31日　（単位：円）

諸資産	150,000	諸負債	70,000
		資本金	60,000
		資本剰余金	16,000
		利益剰余金	4,000
	150,000		150,000

Ｓ社の個別貸借対照表
×1年３月31日　（単位：円）

諸資産	160,000	諸負債	64,000
		資本金	60,000
		資本剰余金	16,000
		利益剰余金	20,000
	160,000		160,000

(6)　Ｓ社の連結第１年度（×0年４月１日から×1年３月31日）の当期純利益は16,000円であり、配当は行っていない。

(7) P社およびS社の連結第2年度（×1年4月1日から×2年3月31日）の貸借対照表および損益計算書は次のとおりである。

貸借対照表
×2年3月31日
（単位：円）

資産	P社	S社	負債・純資産	P社	S社
諸資産	241,200	116,200	諸負債	80,000	41,000
売掛金	60,000	40,000	買掛金	32,000	34,000
(貸倒引当金)	△1,200	△800	資本金	280,000	60,000
商品	100,000	41,600	資本剰余金	20,000	16,000
S社株式	60,000	–	利益剰余金	48,000	46,000
	460,000	197,000		460,000	197,000

損益計算書
自×1年4月1日　至×2年3月31日
（単位：円）

	P社	S社
Ⅰ 売上高	480,000	360,000
Ⅱ 売上原価	360,000	288,000
売上総利益	120,000	72,000
Ⅲ 販売費及び一般管理費	80,000	44,000
営業利益	40,000	28,000
Ⅳ 営業外収益	28,000	20,000
Ⅴ 営業外費用	24,000	12,000
当期純利益	44,000	36,000

(8) 連結第2年度（×1年4月1日から×2年3月31日）において、S社は配当10,000円を行っている。

(9) 連結第2年度におけるP社のS社に対する商品の売上高は132,000円である。

(10) S社の連結第2年度末（×2年3月31日）に保有する期末商品のうち、P社から仕入れた商品は22,000円であった。また、P社の売掛金残高のうち15,000円はS社に対するものであった。

問1　連結精算表の作成

〈消去・振替欄がある連結精算表〉

連　結　精　算　表　　　　　　　　(単位：円)

科　　目	個別財務諸表		消去・振替		連結財務諸表
	P　社	S　社	借　方	貸　方	
貸借対照表					
現金預金	50,400	71,100			121,500
売掛金	120,000	55,000		50,000	125,000
貸倒引当金	△ 2,400	△ 1,100	1,000		△ 2,500
商品	72,000	25,000		6,000	91,000
土地	40,000			2,000	38,000
建物	20,000				20,000
建物減価償却累計額	△ 6,000				△ 6,000
(のれん)			3,800	200	3,600
S社株式	40,000			40,000	
資産合計	334,000	150,000	4,800	98,200	390,600
買掛金	72,000	65,000	50,000		87,000
資本金	60,000	40,000	40,000		60,000
資本剰余金	32,000	14,000	14,000		32,000
利益剰余金	170,000	31,000	11,000		178,400
			133,400	121,800	
非支配株主持分			800	28,800	33,200
				5,200	
負債・純資産合計	334,000	150,000	249,200	155,800	390,600
損益計算書					
売上高	352,000	258,000	120,000		490,000
売上原価	230,000	180,000	6,000	120,000	296,000
貸倒引当金繰入	2,000	800		1,000	1,800
販売費及び一般管理費	85,000	66,200			151,200
(のれん)償却			200		200
土地売却益		2,000	2,000		
当期純利益	35,000	13,000	128,200	121,000	40,800
非支配株主に帰属する当期純利益			5,200	800	4,400
親会社株主に帰属する当期純利益	35,000	13,000	133,400	121,800	36,400

〈消去・振替欄がない連結精算表〉

連　結　精　算　表　　　　　　(単位：円)

科　　目	個別財務諸表		連結財務諸表
	P　社	S　社	
貸借対照表			
現金預金	50,400	71,100	121,500
売掛金	120,000	55,000	125,000
貸倒引当金	△　2,400	△　1,100	△　2,500
商品	72,000	25,000	91,000
土地	40,000		38,000
建物	20,000		20,000
建物減価償却累計額	△　6,000		△　6,000
(の　れ　ん)			3,600
S社株式	40,000		
資産合計	334,000	150,000	390,600
買掛金	72,000	65,000	87,000
資本金	60,000	40,000	60,000
資本剰余金	32,000	14,000	32,000
利益剰余金	170,000	31,000	178,400*3
非支配株主持分			33,200
負債・純資産合計	334,000	150,000	390,600
損益計算書			
売上高	352,000	258,000	490,000
売上原価	230,000	180,000	296,000
貸倒引当金繰入	2,000	800	1,800
販売費及び一般管理費	85,000	66,200	151,200
(の　れ　ん) 償却			200
土地売却益		2,000	
当期純利益	35,000	13,000	40,800*1
非支配株主に帰属する当期純利益			4,400
親会社株主に帰属する当期純利益	35,000	13,000	36,400*2

＊1　490,000円－296,000円－1,800円－151,200円－200円＝40,800円

＊2　40,800円－4,400円＝36,400円

＊3　最後に連結貸借対照表の貸借差額で計算

〈解説〉

1 連結第１年度に行う連結修正仕訳

［開始仕訳］

① 投資と資本の相殺消去

(資本金 当期首残高)	40,000	(S社株式)	40,000
(資本剰余金 当期首残高)	14,000	(非支配株主持分 当期首残高)	24,000＊1
(利益剰余金 当期首残高)	6,000		
(のれん)	4,000＊2		

※ 本問は連結株主資本等変動計算書を作成しないので「当期首残高」などをつけずに仕訳してもかまいません。

＊1 (40,000円＋14,000円＋6,000円)×40％＝24,000円

＊2 貸借差額

［連結修正仕訳］

② のれんの償却

(のれん償却)	200＊	(のれん)	200

＊ 4,000円÷20年＝200円

③ 子会社の当期純損益の振り替え

(非支配株主に帰属する当期純損益)	4,800	(非支配株主持分 当期変動額)	4,800＊

＊ 12,000円×40％＝4,800円

2 連結第２年度に行う連結修正仕訳 ←解答に必要な仕訳

［開始仕訳］…1 ①～③

1 連結第１年度に行う連結修正仕訳について、損益項目は「利益剰余金(当期首残高)」、非支配株主持分当期変動額は「非支配株主持分(当期首残高)」として再度仕訳を行います。

(資本金 当期首残高)	40,000	(S社株式)	40,000
(資本剰余金 当期首残高)	14,000	(非支配株主持分 当期首残高)	28,800＊3
(利益剰余金 当期首残高)	11,000＊1		
(のれん)	3,800＊2		

＊1 6,000円＋200円＋4,800円＝11,000円

＊2 4,000円－200円＝3,800円

＊3 24,000円＋4,800円＝28,800円

［連結修正仕訳］

① のれんの償却

（の れ ん 償 却）	200*	（の れ ん）	200

＊ 4,000円÷20年＝200円

② 子会社の当期純損益の振り替え

（非支配株主に帰属する当期純損益）	5,200	（非支配株主持分当期変動額）	5,200*

＊ 13,000円×40％＝5,200円

③ 期末商品に含まれる未実現利益の消去（ダウンストリーム）

（売 上 原 価）	6,000	（商 品）	6,000*

＊ 20,000円×30％＝6,000円

④ 連結会社間の取引の相殺消去

（買 掛 金）	50,000	（売 掛 金）	50,000
（売 上 高）	120,000	（売 上 原 価）	120,000

⑤ 期末貸倒引当金の修正

（貸 倒 引 当 金）	1,000*	（貸倒引当金繰入）	1,000

＊ 50,000円×２％＝1,000円

⑥ 土地に含まれる未実現利益の消去（アップストリーム）

（土 地 売 却 益）	2,000*1	（土 地）	2,000
（非支配株主持分）	800*2	（非支配株主に帰属する当期純損益）	800

＊1 10,000円－8,000円＝2,000円

＊2 2,000円×40％＝800円

問2 連結財務諸表の作成

連結損益計算書

自×1年4月1日 至×2年3月31日 (単位：円)

Ⅰ	売上高	(708,000＊1)
Ⅱ	売上原価	(518,000＊2)
	売上総利益	(190,000)
Ⅲ	販売費及び一般管理費	(124,900＊3)
	(うち、「のれん償却」額)	(1,200)
	営業利益	(65,100)
Ⅳ	営業外収益	(42,000＊4)
Ⅴ	営業外費用	(36,000)
	当期純利益	(71,100)
	非支配株主に帰属する当期純利益	(14,400)
	親会社株主に帰属する当期純利益	(56,700)

＊1 480,000円＋360,000円－132,000円＝708,000円

＊2 360,000円＋288,000円－132,000円＋2,000円＝518,000円

＊3 80,000円＋44,000円＋ 1,200円(のれん償却) － 300円(貸倒引当金繰入) ＝124,900円

＊4 28,000円＋20,000円－6,000円(受取配当金)＝42,000円

［連結貸借対照表の金額］

商品	139,600円＊1
のれん	9,600円＊2
非支配株主持分	48,800円＊3

＊1 100,000円＋41,600円－2,000円＝139,600円

＊2 10,800円－1,200円＝9,600円 または 12,000円－1,200円×2年＝9,600円

＊3 38,400円＋14,400円－4,000円＝48,800円

〈解説〉

1 連結第1年度に行う連結修正仕訳

［開始仕訳］

① 投資と資本の相殺消去

借方	金額	貸方	金額
(資本金 当期首残高)	60,000	(S社株式)	60,000
(資本剰余金 当期首残高)	16,000	(非支配株主持分 当期首残高)	32,000*1
(利益剰余金 当期首残高)	4,000		
(のれん)	12,000*2		

※ 本問は連結株主資本等変動計算書を作成しないので「当期首残高」などをつけずに仕訳してもかまいません。

＊1 (60,000円＋16,000円＋4,000円)×40％＝32,000円

＊2 貸借差額

［連結修正仕訳］

② のれんの償却

借方	金額	貸方	金額
(のれん償却)	1,200*	(のれん)	1,200

＊ 12,000円÷10年＝1,200円

③ 子会社の当期純損益の振り替え

借方	金額	貸方	金額
(非支配株主に帰属する当期純損益)	6,400	(非支配株主持分 当期変動額)	6,400*

＊ 16,000円×40％＝6,400円

2 連結第2年度に行う連結修正仕訳 ←解答に必要な仕訳

［開始仕訳］…1①～③

1 連結第1年度に行う連結修正仕訳について、損益項目は「利益剰余金(当期首残高)」、非支配株主持分当期変動額は「非支配株主持分(当期首残高)」として再度仕訳を行います。

借方	金額	貸方	金額
(資本金 当期首残高)	60,000	(S社株式)	60,000
(資本剰余金 当期首残高)	16,000	(非支配株主持分 当期首残高)	38,400*3
(利益剰余金 当期首残高)	11,600*1		
(のれん)	10,800*2		

＊1 4,000円＋1,200円＋6,400円＝11,600円

＊2 12,000円－1,200円＝10,800円

＊3 32,000円＋6,400円＝38,400円

［連結修正仕訳］

① のれんの償却

借方	金額	貸方	金額
（のれん償却）	1,200*	（のれん）	1,200

＊ 12,000円÷10年＝1,200円

② 子会社の当期純損益の振り替え

借方	金額	貸方	金額
（非支配株主に帰属する当期純損益）	14,400	（非支配株主持分当期変動額）	14,400*

＊ 36,000円×40％＝14,400円
（36,000円：S社当期純利益）

③ 子会社の配当金の修正

借方	金額	貸方	金額
（受取配当金）	6,000*1	（剰余金の配当） または「利益剰余金」	10,000
（非支配株主持分当期変動額）	4,000*2		

＊1 10,000円×60％＝6,000円
＊2 10,000円×40％＝4,000円

④ 売上高と売上原価の相殺消去

借方	金額	貸方	金額
（売上高）	132,000	（売上原価）	132,000

⑤ 期末商品に含まれる未実現利益の消去（ダウン・ストリーム）

借方	金額	貸方	金額
（売上原価）	2,000	（商品）	2,000*

＊ $22{,}000円 \times \frac{0.1}{1.1} = 2{,}000円$

⑥ 債権債務の相殺消去

借方	金額	貸方	金額
（買掛金）	15,000	（売掛金）	15,000

⑦ 期末貸倒引当金の修正

借方	金額	貸方	金額
（貸倒引当金）	300*	（貸倒引当金繰入）	300

＊ 15,000円×２％＝300円

MEMO

CHAPTER 23

製造業会計

◆製造業会計

製造業の会計処理は商業簿記と工業簿記をあわせた内容となります。ですから、工業簿記を学習したあと、再度、商業簿記に戻って、製造業会計の全体像をながめておくと、より理解を深めることができるでしょう。

2級で学習する内容

取引と処理

- 株式会社特有の取引
- 商品売買取引
- その他の取引

決算、本支店会計、連結会計、製造業会計

- 決　　算
- 本支店会計
- 連結会計Ⅰ～Ⅲ

製造業会計

1 製造業会計の基本

Ⅰ 商品売買業と製造業

商品売買業とは、商品を仕入れ、それをそのままの形で販売する形態の業種をいいます。一方、**製造業**とは、材料を仕入れ、その材料に、切る、組み立てる、色を塗るなどの加工を施して製品を製造し、完成した製品を販売する形態の業種をいいます。

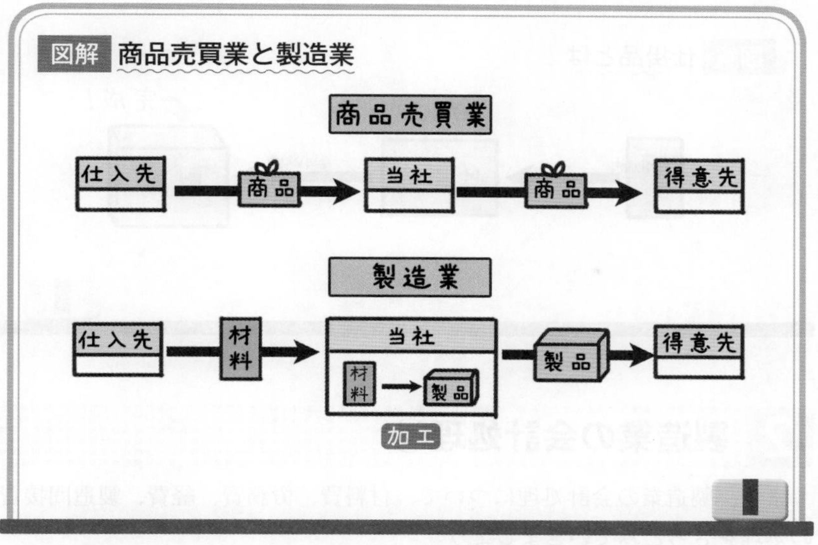

Ⅱ 製造業と原価計算

製造業では、材料に切る、組み立てるなどの加工を施すため、材料の仕入れや加工のための費用など製品の製造にかかった費用を計算しなければなりません。

この製品の製造にかかった費用を**原価**といい、製品の原価を計算することを**原価計算**といいます。

Ⅲ 仕掛品とは

製造業において、材料から完成品（製品）になるまでの、加工途中の未完成品のことを**仕掛品**（しかかりひん）といいます。

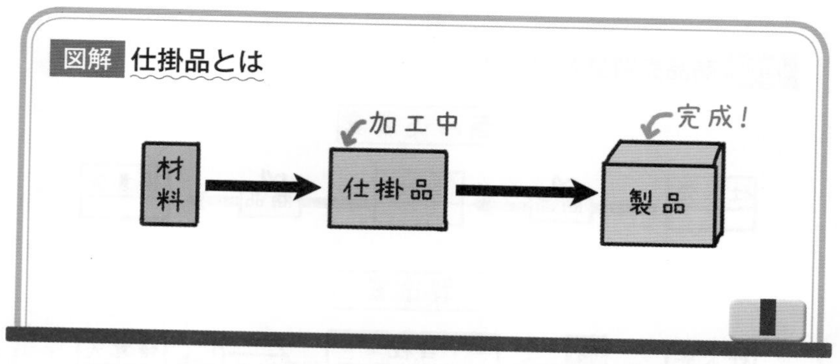

2 製造業の会計処理①

まず、製造業の会計処理について、材料費、労務費、経費、製造間接費の処理をざっとみていきましょう。

ひとこと

この内容は工業簿記の内容なので、詳しい処理については工業簿記を参照してください。

I 材料費

材料費は製品を製造するために消費した材料の金額です。ここでは、材料費について、分類と処理を簡単にみておきましょう。

1 材料費の分類

材料費は製品との関連（ある製品にいくらかかったかが明らかかどうか）によって直接材料費と間接材料費に分類されます。

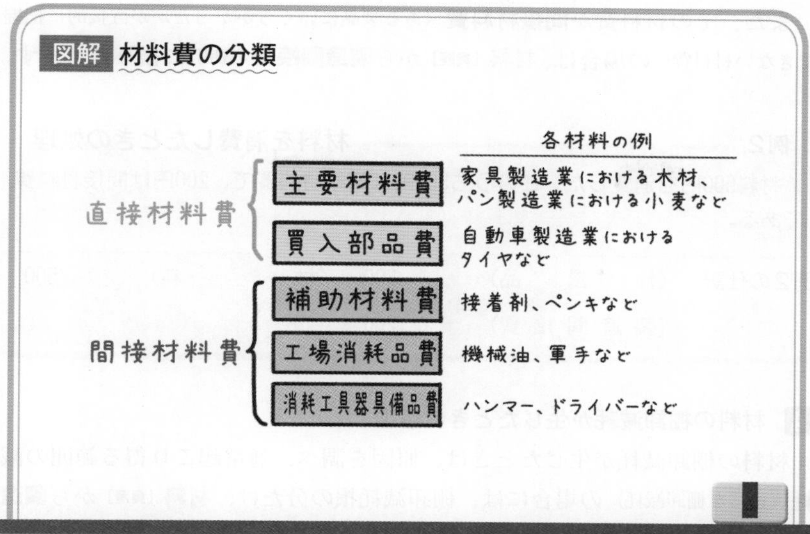

2 材料を購入したときの処理

材料を購入したときは、購入した材料そのものの金額（**購入代価**）に、購入手数料や引取運賃などの**付随費用**を加算した金額（**購入原価**）で処理します。

例1 材料を購入したときの処理

材料1,000円を仕入れ、代金は掛けとした。なお、引取運賃100円は現金で支払った。

例1の仕訳	（材　料）	1,100*	（買　掛　金）	1,000
			（現　金）	100

＊ 1,000円＋100円＝1,100円

3 材料を消費したときの処理

材料を消費したときは、その材料費が**直接材料費**（ある製品にいくらかかったかが直接的に把握できる材料費）の場合は、**材料**［資産］から**仕掛品**［資産］に振り替えます。

また、その材料費が**間接材料費**（ある製品にいくらかかったかが直接的に把握できない材料費）の場合は、**材料**［資産］から**製造間接費**［費用］に振り替えます。

例2　　材料を消費したときの処理

材料500円を消費した。このうち300円は直接材料費で、200円は間接材料費である。

例2の仕訳	（仕　掛　品）	300	（材　　料）	500
	（製造間接費）	200		

4 材料の棚卸減耗が生じたときの処理

材料の棚卸減耗が生じたときは、原因を調べ、通常起こり得る範囲の減耗（正常な棚卸減耗）の場合には、棚卸減耗損の分だけ、**材料**［資産］から**製造間接費**［費用］に振り替えます。

材料の棚卸減耗損は間接経費に分類されるため、**製造間接費**［費用］に振り替えます。

例3　　材料の棚卸減耗が生じたときの処理

月末において材料の棚卸減耗損（すべて正常な範囲内のもの）が240円生じた。

例3の仕訳	（棚卸減耗損）	240	（材　　料）	240
	（製造間接費）	240	（棚卸減耗損）	240

Ⅱ 労務費

労務費は製品を製造するために消費した労働力の金額（工場における人件費など）です。ここでは、労務費について、分類と処理を簡単にみておきましょう。

1 労務費の分類

労務費は製品との関連（ある製品にいくらかかったかが明らかかどうか）によって直接労務費と間接労務費に分類されます。

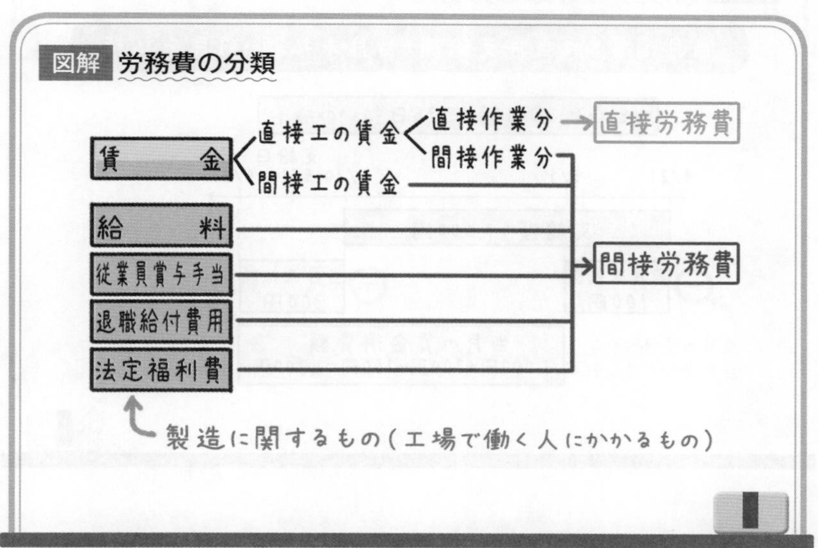

2 賃金・給料を支払ったときの処理

賃金や給料を支払ったときは、**賃金**［費用］や**給料**［費用］で処理します。

例4　賃金・給料を支払ったときの処理

当月の賃金支給額1,000円を現金で支払った。

例4の仕訳	（賃　金）	1,000	（現　金）	1,000

3 賃金・給料の消費額の計算

賃金や給料の消費額は次の計算式によって求めます。

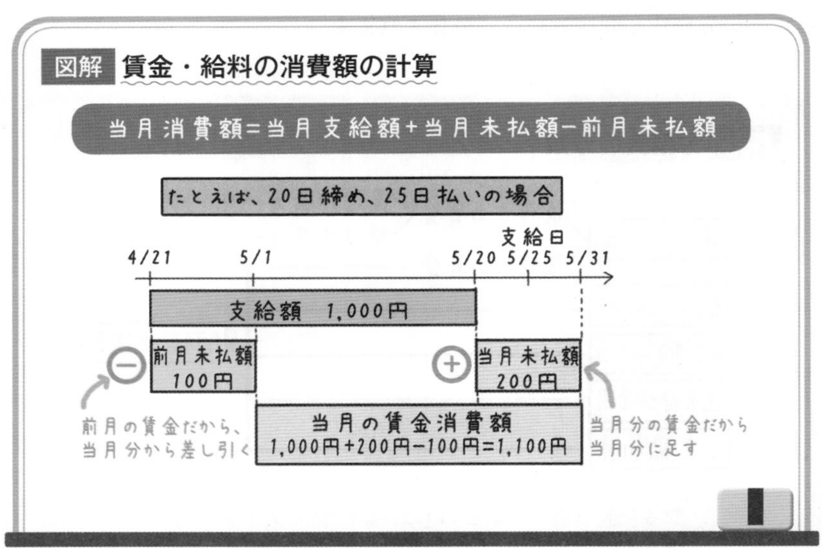

例5　賃金・給料の消費額の計算

当月の賃金支給額は1,000円であった。前月未払額は100円、当月未払額は200円である。当月の賃金消費額を計算しなさい。

例5の解答	当月の賃金消費額：1,100円*

＊　1,000円＋200円－100円＝1,100円

4 賃金・給料を消費したときの処理

直接労務費（直接工直接作業賃金）を消費したときは、**賃金**［費用］から**仕掛品**［資産］に振り替えます。

間接労務費（直接工間接作業賃金、間接工賃金、給料など）を消費したときは、**賃金**［費用］から**製造間接費**［費用］に振り替えます。

例6　賃金・給料を消費したときの処理

当月の賃金消費額は1,100円であった。そのうち、880円は直接工直接作業賃金で、220円は間接工賃金であった。

例6の仕訳

（仕　掛　品）	880	（賃　　金）	1,100
（製造間接費）	220		

III 経費

経費は製品を製造するために消費した、材料費、労務費以外の金額（工場における水道光熱費など）です。ここでは、経費について、分類と処理を簡単にみておきましょう。

1 経費の分類

経費は製品との関連（ある製品にいくらかかったかが明らかかどうか）によって直接経費と間接経費に分類されます。

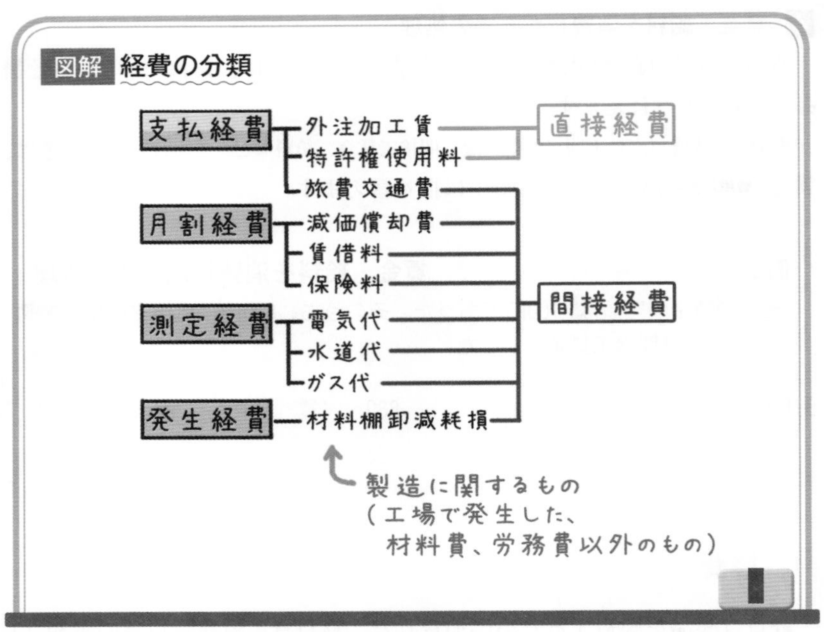

2 経費の処理

経費を消費したときは、直接経費（外注加工賃や特許権使用料）については、**仕掛品**［資産］で処理します。

また、間接経費（工場減価償却費や賃借料、材料棚卸減耗損など）については、**製造間接費**［費用］で処理します。

例7 経費を消費したとき

工場の減価償却費100円を計上した（記帳方法は間接法）。

例７の仕訳				
	（減価償却費）	100	（減価償却累計額）	100
	（製造間接費）	100	（減価償却費）	100

Ⅳ 製造間接費

ここでは、製造間接費の配賦と、配賦差異が生じたときの処理について簡単にみておきましょう。

1 製造間接費の配賦

製造間接費は、何らかの配賦基準を用いて製品に配賦します。

具体的には、**製造間接費**［費用］から**仕掛品**［資産］に振り替える処理をします。

なお、製造間接費の実際発生額をもとにして配賦することもありますが、予定配賦率を用いて予定配賦をすることもあります。

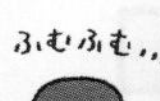

製造間接費の予定配賦など、具体的な計算については工業簿記の教科書で確認してください。

例8 **製造間接費の配賦**

当月の製造間接費の予定配賦額は1,200円である。

例8の仕訳	（仕　掛　品）	1,200	（製 造 間 接 費）	1,200

2 製造間接費を予定配賦したときの月末の処理

製造間接費を予定配賦している場合、月末において製造間接費の実際発生額を計算し、予定配賦額と実際発生額の差額を**製造間接費**［費用］から**製造間接費配賦差異**に振り替えます。

製造間接費の実際発生額が予定配賦額よりも多い場合には、不利差異（借方差異）となり、製造間接費配賦差異勘定の借方に金額を記入します。

また、製造間接費の実際発生額が予定配賦額よりも少ない場合には、有利差異（貸方差異）となり、製造間接費配賦差異勘定の貸方に金額を記入します。

図解 製造間接費を予定配賦したときの月末の処理

不利差異（借方差異）の場合

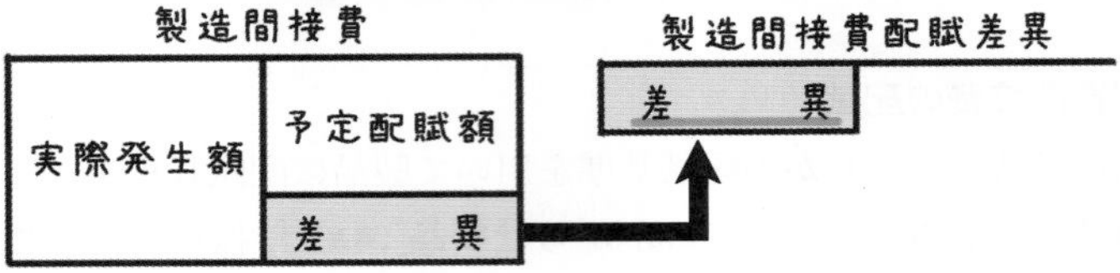

製造間接費

実際発生額	予定配賦額
	差　　異

製造間接費配賦差異

差　　異	

（製造間接費配賦差異）　××　（製造間接費）　××

有利差異（貸方差異）の場合

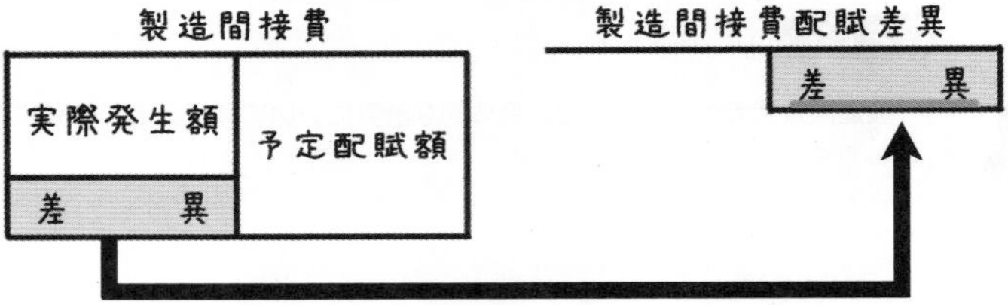

製造間接費

実際発生額	予定配賦額
差　　異	

製造間接費配賦差異

	差　　異

（製造間接費）　××　（製造間接費配賦差異）　××

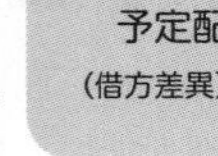

予定配賦額から実際発生額を差し引いて、金額がマイナスであれば不利差異（借方差異）、プラスであれば有利差異（貸方差異）と判定します。

例９　製造間接費を予定配賦したときの月末の処理

当月の製造間接費の実際発生額は1,300円であった。なお、製造間接費は予定配賦をしており、予定配賦額は1,200円である。

例９の仕訳	（製造間接費配賦差異）	100*	（製造間接費）	100

＊ 1,200円（予定配賦額）－1,300円（実際発生額）＝△100円（不利差異・借方差異）

「製造間接費配賦差異」は、「原価差異」で処理することもあります。

3 製造業の会計処理②

次に、製品が完成したとき、製品を販売したとき、製品に棚卸減耗が生じたときの処理をみてみましょう。

Ⅰ 製品が完成したときの処理

製品が完成したときは、**仕掛品**［資産］から**製品**［資産］に振り替えます。

例10　製品が完成したときの処理

製品2,000円が完成した。

例10の仕訳	（製　　品）	2,000	（仕　掛　品）	2,000

Ⅱ 製品を販売したときの処理

完成した製品を販売したときは、**売価**で**売上**［収益］を計上するとともに、その**原価**を**製品**［資産］から**売上原価**［費用］に振り替えます。

例11 **製品を販売したときの処理**

製品1,500円（原価）を1,800円（売価）で販売し、代金は掛けとした。

例11の仕訳	(売 掛 金)	1,800	(売 上)	1,800
	(売 上 原 価)	1,500	(製 品)	1,500

Ⅲ 製品に棚卸減耗が生じたときの処理

決算において、製品に棚卸減耗が生じたときは、**棚卸減耗損**［費用］で処理します。

また、製品の棚卸減耗損は損益計算書上、**売上原価の内訳項目**または**販売費及び一般管理費**に計上します。

例12 **製品に棚卸減耗が生じたときの処理**

決算において、製品の実地棚卸をしたところ、200円の棚卸減耗（すべて正常な範囲のもの）があった。なお、製品の棚卸減耗損は売上原価に賦課する。

例12の仕訳	(売 上 原 価)	200	(製 品)	200

ひとこと

商品の棚卸減耗のときと同様です。なお、例12は棚卸減耗損を直接売上原価に賦課しています。

4 製造業の会計処理③

製造間接費を予定配賦したさいに生じた製造間接費配賦差異などの原価差異は、決算において、**売上原価［費用］**に振り替えます。

たとえば、製造間接費配賦差異が借方残高（不利差異＝借方差異）の場合は**売上原価［費用］**の増加として売上原価勘定の借方に振り替え、製造間接費配賦差異が貸方残高（有利差異＝貸方差異）の場合は**売上原価［費用］**の減少として売上原価勘定の貸方に振り替えます。

例13 会計年度末の処理

① 決算において、製造間接費配賦差異勘定の残高200円（借方残高）を売上原価勘定に振り替える。
② 決算において、製造間接費配賦差異勘定の残高100円（貸方残高）を売上原価勘定に振り替える。

例13の仕訳①	（売　上　原　価）	200	（製造間接費配賦差異）	200
②	（製造間接費配賦差異）	100	（売　上　原　価）	100

5 製造業の財務諸表

製造業を営む会社が作成する財務諸表には、損益計算書、貸借対照表、製造原価報告書があります。

なお、製造原価報告書の作成は工業簿記での出題となるため、ここでは、損益計算書と貸借対照表について、商品売買業と異なる点のみ説明します。

Ⅰ 損益計算書の形式

製造業の損益計算書は、基本的には商品売買業と同じですが、いくつか項目の名称が異なるものがあります。

図解 製造業の損益計算書（売上総利益まで）

損益計算書

自×1年4月1日 至×2年3月31日

Ⅰ 売上高		××
Ⅱ 売上原価		
期首製品棚卸高	××	
当期製品製造原価	××	
合計	××	
期末製品棚卸高	××	
差引	××	
原価差異	××	××
売上総利益		××

製造間接費配賦差異などの原価差異がある場合には、売上原価に賦課する！

商品売買業と製造業の損益計算書項目の違い

商品売買業		製造業
期首商品棚卸高	→	期首製品棚卸高
当期商品仕入高	→	当期製品製造原価
期末商品棚卸高	→	期末製品棚卸高

Ⅱ 貸借対照表の形式

製造業の貸借対照表は、商品売買業と同じです。ただし、製造業では材料、仕掛品、製品といった資産も期末に残っているので、これらの勘定科目は資産の部に記入します。

図解 製造業の貸借対照表

貸借対照表
×2年3月31日

資　産　の　部		
⋮		
製　　　品	××	
材　　　料	××	
仕　掛　品	××	

CHAPTER 23　製造業会計　基本問題

問1　製造業会計－Ⅰ

次の各取引について仕訳しなさい。なお、勘定科目は［　　］内に示すものの中から選ぶこと。

［勘定科目：現金、売掛金、買掛金、材料、仕掛品、製品、売上、
売上原価、賃金、製造間接費、棚卸減耗損、原価差異］

(1)　材料1,000円を掛けで仕入れた。

(2)　材料のうち、直接材料として600円、間接材料として200円を消費した。

(3)　材料の実地棚卸をしたところ、50円の棚卸減耗（正常な範囲内）があった。

(4)　当月の直接工直接作業賃金の支払高は2,000円（現金による支払い）であった。なお、月末および月初に未払いはない。

(5)　当月の製造間接費予定配賦額は1,500円である。

(6)　当月の完成品原価は4,000円であった。

(7)　当月の売上高は6,000円（掛け売上）、売上原価は4,200円であった。

(8)　当月の製造間接費実際発生額は1,600円であった。予定配賦額（1,500円）との差額は売上原価に賦課する。

問2　製造業会計－Ⅱ　解答用紙あり

受注生産・販売を行っているA製作所の［資料］にもとづいて、解答用紙の損益計算書と貸借対照表を完成させなさい。なお、会計期間は×1年4月1日から×2年3月31日までの1年間である。

［資料1］×2年2月末現在の残高試算表

残高試算表　（単位：円）

借方	勘定科目	貸方
521,760	現金預金	
167,000	受取手形	
45,000	売掛金	
950	材料	
1,000	仕掛品	
500	製品	
	貸倒引当金	1,500
72,000	建物	
60,000	機械装置	
	建物減価償却累計額	9,400
	機械装置減価償却累計額	20,800
	支払手形	103,800
	買掛金	43,100
	退職給付引当金	73,000
	資本金	400,000
	利益準備金	60,000
	繰越利益剰余金	112,000
	売上	180,710
113,200	売上原価	
23,000	販売費及び一般管理費	
100	支払利息	
	固定資産売却益	200
1,004,510		1,004,510

［資料2］3月の取引等

⑴　3月の材料仕入高（すべて掛け買い）は4,500円、直接材料費は3,600円であった。

⑵　3月の直接工直接作業賃金支払高（現金払い、月末・月初未払いなし）は4,000円であった。

⑶　3月の製造間接費予定配賦額は4,500円、間接材料費実際発生額は1,000円、間接材料費と［資料3］以外の製造間接費実際発生額（すべて現金での支払

い）は1,600円であった。

(4) 当月完成品原価は11,500円、当月売上原価は10,200円、当月売上高（すべて掛け売り）は16,000円であった。

［資料３］決算整理等

(1) 決算において実地棚卸を行ったところ、材料実際有高は800円、製品実際有高は1,600円であった。棚卸減耗は、材料・製品ともに正常な原因により生じたものであり、製品の棚卸減耗については売上原価に賦課する。

(2) 固定資産の減価償却費については、期首に年間発生額を見積り、以下の月割額を毎月計上し、決算月も同様の処理を行った。

建物：200円（製造活動用150円、販売・一般管理活動用50円）

機械装置（すべて製造活動用）：800円

(3) 過去の実績にもとづいて、売上債権の期末残高に対して２％の貸倒引当金を設定する（差額補充法)。

(4) 退職給付引当金については、年度見積額の12分の１を毎月計上しており、決算月も同様の処理を行った。なお、製造活動に携わる従業員にかかるものは、月1,200円、それ以外の従業員にかかるものは月800円である。年度末に繰入額を確定したところ、実際繰入額は年度見積額と一致していた。

(5) 年度末に生じた原価差異は上記に示されている事項のみである。なお、原価差異はいずれも正常な原因によるものであった。また、×1年４月から×2年２月までの各月の月次決算で生じた原価差異はそれぞれの月で売上原価に賦課されている。

(6) 税引前当期純利益の40％を法人税、住民税及び事業税として計上する。

解答

問1　製造業会計－Ⅰ

	借方科目	金額	貸方科目	金額
(1)	(材　　　料)	1,000	(買　掛　金)	1,000
(2)	(仕　掛　品)	600	(材　　　料)	800
	(製造間接費)	200		
(3)	(棚卸減耗損)	50	(材　　　料)	50
	(製造間接費)	50	(棚卸減耗損)	50
(4)	(賃　　　金)	2,000	(現　　　金)	2,000
	(仕　掛　品)	2,000	(賃　　　金)	2,000
(5)	(仕　掛　品)	1,500	(製造間接費)	1,500
(6)	(製　　　品)	4,000	(仕　掛　品)	4,000
(7)	(売　掛　金)	6,000	(売　　　上)	6,000
	(売上原価)	4,200	(製　　　品)	4,200
(8)	(原価差異)	100*	(製造間接費)	100
	(売上原価)	100	(原価差異)	100

＊　1,500円－1,600円＝△100円（不利差異・借方差異）

問2　製造業会計－Ⅱ

損益計算書

自×1年4月1日　至×2年3月31日　（単位：円）

Ⅰ 売上高	(196,710)
Ⅱ 売上原価	(123,900)
売上総利益	(72,810)
Ⅲ 販売費及び一般管理費	(26,910)
営業利益	(45,900)
Ⅳ 営業外費用	
1. 支払利息	(100)
経常利益	(45,800)
Ⅴ 特別利益	
1. 固定資産売却益	(200)
税引前当期純利益	(46,000)
法人税、住民税及び事業税	(18,400)
当期純利益	(27,600)

貸借対照表
×2年3月31日　(単位：円)

資産の部			負債の部	
I 流動資産			I 流動負債	
現金預金		(516,160)	支払手形	(103,800)
受取手形	(167,000)		買掛金	(47,600)
売掛金	(61,000)		未払法人税等	(18,400)
貸倒引当金	(4,560)	(223,440)	流動負債合計	(169,800)
製品		(1,600)	II 固定負債	
材料		(800)	退職給付引当金	(75,000)
仕掛品		(1,600)	固定負債合計	(75,000)
流動資産合計		(743,600)	負債の部合計	(244,800)
II 固定資産			純資産の部	
建物	(72,000)		資本金	(400,000)
減価償却累計額	(9,600)	(62,400)	利益準備金	(60,000)
機械装置	(60,000)		繰越利益剰余金	(139,600)
減価償却累計額	(21,600)	(38,400)	純資産の部合計	(599,600)
固定資産合計		(100,800)		
資産合計		(844,400)	負債・純資産合計	(844,400)

※　繰越利益剰余金：112,000円(残高試算表)＋27,600円(当期純利益)＝139,600円

〈解説〉

3月の取引の仕訳、決算整理仕訳を示すと次のとおりです。

［資料2］ 3月の取引等

	借方	金額	貸方	金額
(1)	(材料)	4,500	(買掛金)	4,500
	(仕掛品)	3,600	(材料)	3,600
(2)	(賃金)	4,000	(現金) 現金預金	4,000
	(仕掛品)	4,000	(賃金)	4,000
(3)	(仕掛品)	4,500	(製造間接費)	4,500＊1
	(製造間接費)	1,000	(材料)	1,000＊2
	(製造間接費)	1,600	(現金) 現金預金	1,600＊3

＊1　製造間接費の予定配賦額
＊2　間接材料費の実際消費額
＊3　その他の製造間接費の実際発生額

	借方	金額	貸方	金額
(4)	(製品)	11,500	(仕掛品)	11,500
	(売上原価)	10,200	(製品)	10,200
	(売掛金)	16,000	(売上)	16,000

［資料３］決算整理等

(1) （棚 卸 減 耗 損） 50 （材 料） 50＊4
（製 造 間 接 費） 50 （棚 卸 減 耗 損） 50＊4
（売 上 原 価） 200 （製 品） 200＊5

＊4 材料帳簿残高：950円（残高試算表）＋4,500円（［資料２］(1)）－3,600円－1,000円（［資料２］(3)）
＝850円
材料棚卸減耗損：850円－800円＝50円

＊5 製品帳簿残高：500円（残高試算表）＋11,500円－10,200円（［資料２］(4)）＝1,800円
製品棚卸減耗損：1,800円－1,600円＝200円

(2) （減 価 償 却 費） 1,000 （建物減価償却累計額） 200
（機械装置減価償却累計額） 800
（製 造 間 接 費） 950＊6 （減 価 償 却 費） 1,000
（販売費及び一般管理費） 50

＊6 150円＋800円＝950円

(3) （貸倒引当金繰入（販売費及び一般管理費）） 3,060 （貸 倒 引 当 金） 3,060＊7

＊7 期末売上債権：167,000円＋45,000円（残高試算表の受取手形・売掛金）＋16,000円（［資料２］(4) 売掛金）
＝228,000円
貸 倒 引 当 金：228,000円×２％＝4,560円
貸倒引当金繰入：4,560円－1,500円＝3,060円

(4) （退職給付費用） 2,000 （退職給付引当金） 2,000
（製 造 間 接 費） 1,200 （退 職 給 付 費 用） 2,000
（販売費及び一般管理費） 800

(5) （原 価 差 異（製造間接費配賦差異）） 300 （製 造 間 接 費） 300＊8
（売 上 原 価） 300 （原 価 差 異（製造間接費配賦差異）） 300

＊8 製造間接費の予定配賦額：4,500円（［資料２］(3)）
製造間接費の実際発生額：
1,000円＋1,600円（［資料２］(3)）＋50円（［資料３］(1)）＋950円（［資料３］(2)）＋1,200円（［資料３］(4)）＝4,800円
原価差異：4,500円－4,800円＝△300円
（不利差異・借方差異）

(6) （法人税、住民税及び事業税） 18,400＊9 （未 払 法 人 税 等） 18,400

＊9 46,000円（税引前当期純利益）×40％＝18,400円

CHAPTER 24

参　考

ここでは、CHAPTER 01 から CHAPTER 23 の内容のうち、発展的な内容のものについて説明します。

試験での出題はあまりなく、また難易度が高い内容のため、余裕がある人だけ読んでおいてください。

1 開業費の処理（関連テーマ…CHAPTER 01 株式の発行）

CHAPTER 01 では会社の設立時の処理について学習しました。ここでは開業費の処理についてみておきます。

Ⅰ 開業費とは

会社の設立後、営業を開始するまでに要した費用を**開業費**といいます。

「会社は設立したけど、まだ営業を開始していない」という段階で生じる、使用人に対する給料や建物の賃貸料（支払家賃）、通信費などが開業費です。

Ⅱ 開業費の処理

New 開業費

開業費は、支出したときに**開業費**［原則：費用］として処理します。

☞費用の増加⇒借方（左）

例1　開業費の処理

A株式会社は、開業費1,000円を現金で支払った。

例1の仕訳	（開　業　費）	1,000	（現　　金）	1,000

2 配当財源が繰越利益剰余金とその他資本剰余金の場合（関連テーマ…CHAPTER02 剰余金の配当と処分）

CHAPTER 02では、配当財源が繰越利益剰余金またはその他資本剰余金の場合の処理について学習しましたが、ここでは配当財源が繰越利益剰余金とその他資本剰余金の両方である場合の処理についてみておきます。

I 配当財源が繰越利益剰余金とその他資本剰余金の場合

配当財源として、その他資本剰余金と繰越利益剰余金の両方を用いた場合、配当財源となった剰余金の割合によって資本準備金積立額と利益準備金積立額を計算します。

例2 ―― 配当財源が繰越利益剰余金とその他資本剰余金の場合

A株式会社の株主総会において、繰越利益剰余金とその他資本剰余金を財源とした剰余金の配当等が次のように決定した。

繰越利益剰余金を財源とした株主配当金5,000円、
その他資本剰余金を財源とした株主配当金2,000円、
利益準備金？円（各自計算）、資本準備金？円（各自計算）

なお、資本金、資本準備金、利益準備金の残高は、それぞれ60,000円、4,000円、3,000円であった。

例2の仕訳				
	（繰越利益剰余金）	5,500＊3	（未払配当金）	7,000
	（その他資本剰余金）	2,200＊4	（利益準備金）	500＊1
			（資本準備金）	200＊2

＊1、＊2［準備金要積立額］

① （5,000円＋2,000円）× $\frac{1}{10}$ ＝700円

②60,000円× $\frac{1}{4}$ －（4,000円＋3,000円）＝8,000円

③①＜②より①700円

［利益準備金、資本準備金の積み立て］

上記の要積立額（合計額）700円を、配当財源の割合によって利益準備金と資本準備金に配分します。

①利益準備金：700円× $\frac{5{,}000円}{5{,}000円+2{,}000円}$ ＝500円

②資本準備金：700円× $\frac{2{,}000円}{5{,}000円+2{,}000円}$ ＝200円

＊3　繰越利益剰余金：5,000円＋500円＝5,500円
　　　　　　　　　株主配当金　利益準備金
　　　　　　　　　　　　　　　積立額

＊4　その他資本剰余金：2,000円＋200円＝2,200円
　　　　　　　　　　株主配当金　資本準備金
　　　　　　　　　　　　　　　　積立額

3 手形の更改（関連テーマ…CHAPTER 06 手形と電子記録債権（債務）等）

CHAPTER 06で手形について学習しましたが、ここでは手形の更改についてみておきます。

Ⅰ 手形の更改とは

手形の更改とは、手形の満期日までに資金の都合がつかず、支払いができないような場合に、手形の所有者の了承を得て、支払期日を延長してもらうことをいいます。

手形の更改をするときは、新たに手形を振り出し、旧手形と新手形を交換します。

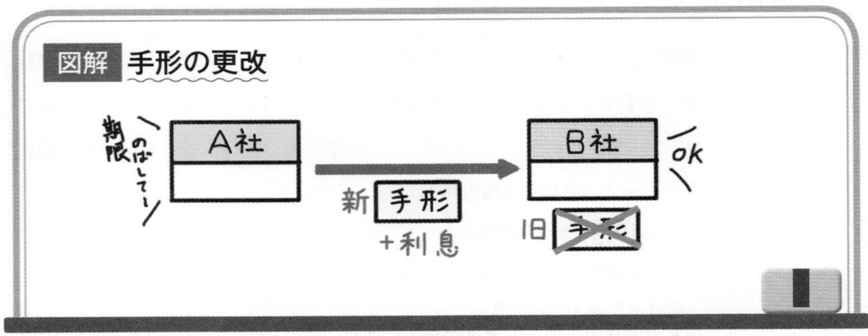

II 手形の更改の処理

手形の更改をしたときは、旧手形にかかる**支払手形**［負債］や**受取手形**［資産］が消滅し、新手形にかかる**支払手形**［負債］や**受取手形**［資産］が発生します。

1 債務者の処理（＝約束手形を振り出した側の処理）

約束手形を振り出した側（債務者側）では、旧手形にかかる**支払手形**［負債］が消滅し、新手形にかかる**支払手形**［負債］が発生します。

☞負債の減少⇒借方（左） ☞負債の増加⇒貸方（右）

なお、支払期日を延長したことによって発生した利息は、**支払利息**［費用］で処理します。

☞費用の増加⇒借方（左）

この利息は現金等で支払う場合と、新手形の額面に含める場合があります。

☞現金等で支払う場合⇒資産の減少⇒貸方（右）

☞新手形の額面に含める場合⇒負債の増加⇒貸方（右）

例3 ―――― **債務者の処理**

Ａ社はさきにＢ社に対して振り出した約束手形1,000円について、Ｂ社の了承を得て、手形の更改をした。なお、これにともなう利息は50円である。

⑴利息を現金で支払う場合と、⑵利息を新手形の額面に含める場合の仕訳を示しなさい。

例３の仕訳				
⑴	（支　払　手　形）	1,000	（支　払　手　形）	1,000
	（支　払　利　息）	50	（現　　　　　金）	50
⑵	（支　払　手　形）	1,000	（支　払　手　形）	1,050
	（支　払　利　息）	50		

2 債権者の処理（＝約束手形を受け取った側の処理）

約束手形を受け取った側（債権者側）では、旧手形にかかる**受取手形**［資産］が消滅し、新手形にかかる**受取手形**［資産］が発生します。

☞資産の減少⇒貸方（右）☞資産の増加⇒借方（左）

なお、支払期日を延長したことによって発生した利息は、**受取利息**［収益］で処理します。

☞収益の増加⇒貸方（右）

この利息は現金等で受け取る場合と、新手形の額面に含める場合があります。

☞現金等で受け取る場合⇒資産の増加⇒借方（左）

☞新手形の額面に含める場合⇒資産の増加⇒借方（左）

例４ 債権者の処理

Ｂ社は、さきにＡ社から受け取っていた約束手形1,000円についてＡ社より手形の更改の申し入れを受けたため、これに同意し、新手形と旧手形を交換した。なお、これにともなう利息は50円である。

(1)利息を現金で受け取る場合と、(2)利息を新手形の額面に含める場合の仕訳を示しなさい。

例４の仕訳	借方科目	金額	貸方科目	金額
(1)	(受取手形)	1,000	(受取手形)	1,000
	(現金)	50	(受取利息)	50
(2)	(受取手形)	1,050	(受取手形)	1,000
			(受取利息)	50

4 企業残高基準法と銀行残高基準法（関連テーマ…CHAPTER 07 銀行勘定調整表）

CHAPTER 07で銀行勘定調整表について、両者区分調整法の作成方法を学習しましたが、ここでは企業残高基準法と銀行残高基準法についてみておきます。

I 企業残高基準法とは

企業残高基準法は、企業の当座預金残高（帳簿残高）に不一致原因を加減して、最終的に銀行の残高証明書残高に一致させる方法です。

企業残高基準法による銀行勘定調整表は、両者区分調整法による銀行勘定調整表をもとに、次のように作成します。

銀行勘定調整表（両者区分調整法）（単位：円）

当社の帳簿残高		600	銀行の残高証明書残高		1,100
加算	連絡未通知	300	加算	時間外預入	100❷
	未渡小切手	400		未取立小切手	200
減算	誤記入	50	減算	未取付小切手	150❸
		1,250			1,250

こちら側を基準に作成します。

銀行勘定調整表（企業残高基準法）（単位：円）

当社の帳簿残高			❶ 600
加算	連絡未通知	300	
	未渡小切手	400	
	未取付小切手	150❸	850
減算	誤記入	50	
	時間外預入	100❷	
	未取立小切手	200	350
銀行の残高証明書残高			❹ 1,100

❶ 企業の帳簿残高を基準に調整していきます。
❷ 両者区分調整法における銀行側の加算項目は、企業残高基準法では減算項目とします。
❸ 両者区分調整法における銀行側の減算項目は、企業残高基準法では加算項目とします。
❹ 調整後は銀行の残高と一致します。

II 銀行残高基準法とは

銀行残高基準法は、銀行の残高証明書残高に不一致原因を加減して、最終的に企業の当座預金残高（帳簿残高）に一致させる方法です。

銀行残高基準法による銀行勘定調整表は、両者区分調整法による銀行勘定調整表をもとに、次のように作成します。

銀行勘定調整表（両者区分調整法）　（単位：円）

当社の帳簿残高		600	銀行の残高証明書残高		1,100
❷加算	連絡未通知	300	加算	時間外預入	100
	未渡小切手	400		未取立小切手	200
❸減算	誤記入	50	減算	未取付小切手	150
		1,250			1,250

こちら側を基準に作成します。

銀行勘定調整表（銀行残高基準法）（単位：円）

銀行の残高証明書残高			❶ 1,100
加算	時間外預入	100	
	未取立小切手	200	
	誤記入	50❸	350
減算	未取付小切手	150	
	連絡未通知	300❷	
	未渡小切手	400	850
当社の帳簿残高			❹ 600

❶　銀行の残高を基準に調整していきます。

❷　両者区分調整法における企業側の加算項目は、銀行残高基準法では減算項目とします。

❸　両者区分調整法における企業側の減算項目は、銀行残高基準法では加算項目とします。

❹　調整後は企業の帳簿残高と一致します。

5 定率法の改定償却率と償却保証額（関連テーマ…CHAPTER 08 固定資産）

固定資産の減価償却方法には、定額法、定率法、生産高比例法などがありますが、定率法の場合、期首帳簿価額に償却率を掛けて減価償却費を計算するため、いつまでたっても帳簿価額が０円となりません。

そこで、あるタイミングで、期首帳簿価額を残存耐用年数で割るといった均等償却（**改定償却率**を用いた償却）に切り替え、耐用年数到来時の帳簿価額が０円となるように減価償却費を計算します。

この場合の切り替えのタイミングは、通常の償却率で計算した減価償却費が**償却保証額**（取得原価×保証率）を下回ったときとなります。

この内容は、かなり細かい内容なので、よほど余裕のある人以外は無視しましょう。

●定率法の償却率の判定

❶ 通常の償却率で計算した減価償却費＝期首帳簿価額×償却率

❷ 償却保証額＝取得原価×保証率

❸ ❶≧❷の場合→ 減価償却費＝❶の金額

❶＜❷の場合→ 減価償却費＝改定取得価額×改定償却率

（改定取得価額：最初に❶＜❷となった会計期間の期首帳簿価額）

例5　　　　定率法の償却保証額と改定償却率

決算において、4年前（当期首より3年前）に取得した備品（取得原価3,000円、減価償却累計額2,352円）について200%定率法（耐用年数は5年、残存価額は0円、償却率は0.4、保証率は0.10800、改定償却率は0.500）によって減価償却を行う。なお、記帳方法は間接法による。

例5の仕訳	（減価償却費）	324*	（備品減価償却累計額）	324

＊　①通常の償却率で計算した減価償却費：(3,000円－2,352円)×0.4≒259円
②償却保証額：3,000円×0.10800＝324円
③①＜②　→減価償却費：(3,000円－2,352円)×0.500＝324円

ひとこと

例5では、耐用年数が5年の備品を4年前に取得しています。このように、耐用年数の間際まで固定資産を使用している場合には、償却保証額（②）が通常の償却率で計算した減価償却費（①）を上回ることがありますが、購入後数年でしたら、償却保証額（②）が通常の償却率で計算した減価償却費（①）を上回ることはないので、通常は、このような判定を行わずに、ふつうの定率法の減価償却を行ってしまってかまいません。

ふむふむ…

6　有価証券の売却時の手数料の処理（関連テーマ…CHAPTER 11 有価証券）

有価証券の売却時に、証券会社に手数料を支払う場合の手数料の処理には、次の2つの方法があります。

Ⅰ　支払手数料で処理する方法

有価証券の売却時に支払った手数料は、**支払手数料**［費用］で処理します。

例6　　　　有価証券の売却時の手数料の処理①

売買目的で保有するX社株式10株（帳簿価額2,100円）を1株あたり230円で売却し、代金は売却手数料80円を差し引いた金額を現金で受け取った。なお、売却手数料については支払手数料で処理する。

例6の仕訳	（現　　　　金）	2,220[*1]	（売買目的有価証券）	2,100
	（支 払 手 数 料）	80	（有価証券売却益）	200[*2]

＊1　売却価額：@230円×10株＝2,300円
　　 現金受取額：2,300円－80円＝2,220円
＊2　2,300円－2,100円＝200円
　　 売却価額＞帳簿価額→売却益

Ⅱ　有価証券売却損益に加減する方法

有価証券の売却時に支払った手数料の処理には、**支払手数料**［費用］で処理せず、**有価証券売却損**［費用］に含めて、または**有価証券売却益**［収益］から差し引く方法もあります。

例7　有価証券の売却時の手数料の処理②

売買目的で保有するX社株式10株（帳簿価額2,100円）を1株あたり230円で売却し、代金は売却手数料80円を差し引いた金額を現金で受け取った。なお、売却手数料については有価証券売却損益に加減する。

例7の仕訳	（現　　　　金）	2,220[*1]	（売買目的有価証券）	2,100
			（有価証券売却益）	120[*2]

＊1　売却価額：@230円×10株＝2,300円
　　 現金受取額：2,300円－80円＝2,220円
＊2　①2,300円－2,100円＝200円
　　 　売却価額＞帳簿価額→売却益
　　 ②200円－80円＝120円
　　 　　　　売却手数料

7 洗替法と切放法（関連テーマ…CHAPTER 11 有価証券）

売買目的有価証券の評価差額については、**洗替法**（あらいがえほう）と**切放法**（きりはなしほう）という２つの処理方法があります。

I 洗替法の処理方法

洗替法とは、決算において、売買目的有価証券の帳簿価額を時価に評価替えしたあと、翌期首において取得原価に振り戻す方法をいいます。

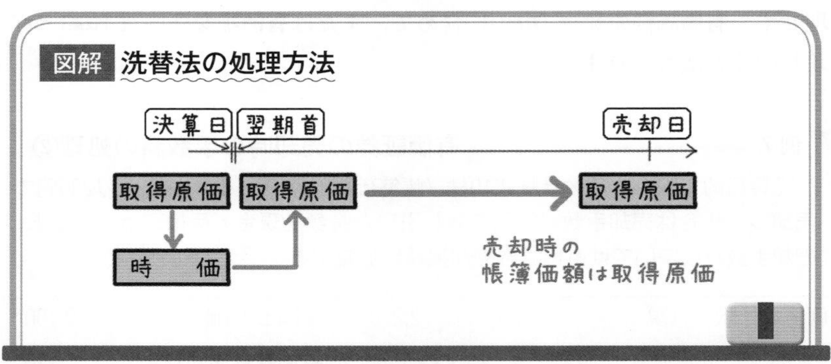

この方法の場合、翌期首において、前期末の決算時に行った決算整理仕訳の逆仕訳を行います。

例8 洗替法の処理方法

(1) 決算において、売買目的有価証券の帳簿価額1,000円を時価900円に評価替えする（洗替法）。
(2) 翌期首において、必要な処理を行う。

例８の仕訳				
(1)	（有価証券評価損）	100	（売買目的有価証券）	100
(2)	（売買目的有価証券）	100	（有価証券評価損）	100

Ⅱ 切放法の処理方法

切放法とは、決算において、売買目的有価証券の帳簿価額を時価に評価替えしたあと、翌期首に取得原価に振り戻さない方法をいいます。

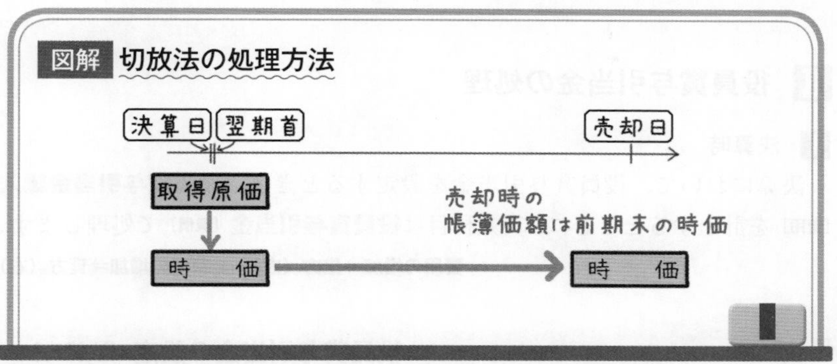

この方法の場合、翌期首においてはなんの処理もしません。

例9　切放法の処理方法

(1) 決算において、売買目的有価証券の帳簿価額1,000円を時価900円に評価替えする（切放法）。
(2) 翌期首において、必要な処理を行う。

例9の仕訳				
(1)	(有価証券評価損)	100	(売買目的有価証券)	100
(2)	仕訳なし			

8 役員賞与引当金（関連テーマ…CHAPTER 12 引当金）

CHAPTER 12 で貸倒引当金、修繕引当金、商品保証引当金、退職給付引当金、賞与引当金について学習しましたが、ここでは役員賞与引当金(やくいんしょうよひきあてきん)についてみておきます。

I 役員賞与引当金とは

役員賞与引当金とは、当期の役員の功労に対して支払われる賞与で、その支払いが次期以降に行われるものについて、当期の費用として計上する場合の貸方科目をいいます。

II 役員賞与引当金の処理

1 決算時

New 役員賞与引当金繰入

決算において、役員賞与引当金を設定するときは、**役員賞与引当金繰入**［費用］を計上するとともに、貸方科目は**役員賞与引当金**［負債］で処理します。

New 役員賞与引当金

☞**費用の増加⇒借方（左）** ☞**負債の増加⇒貸方（右）**

例10 ―――― **役員賞与引当金の設定（決算時）**

決算において、役員賞与引当金を設定する。当期の繰入額は100円である。

例10の仕訳	（役員賞与引当金繰入）	100	（役員賞与引当金）	100

2 役員賞与を支払ったとき

次期において、役員賞与を支払ったときは、設定している**役員賞与引当金**［負債］を取り崩します。

☞**負債の減少⇒借方（左）**

例11 ―――― **役員賞与を支払ったとき**

役員に対して賞与100円を当座預金口座から支払った。なお、役員賞与引当金の残高は100円である。

例11の仕訳	（役員賞与引当金）	100	（当　座　預　金）	100

9 一時点または一定期間にわたる充足（関連テーマ…CHAPTER 14 収益の認識基準）

CHAPTER 14で学習したように、会社は、約束した財またはサービスを顧客に移転することによって、履行義務を果たしたとき、または果たすにつれて収益を認識します。

そのため、契約にもとづく履行義務が、一時点で果たされるものか、一定の期間にわたって果たされるものかを判定する必要があります。

Ⅰ 一時点で充足される履行義務

たとえば、商品販売では、会社が顧客に商品を引き渡すことによって履行義務が果たされます。このような取引は**一時点で充足される履行義務**と判定され、履行義務を果たしたときに（一時点で）**売上**［収益］を計上します。

Ⅱ 一定期間にわたって充足される履行義務

たとえば、資格教育サービスでは、主に講義の提供が契約にもとづく履行義務になります。そのため、講義の提供度合い（受講期間の経過）に応じて履行義務が果たされます。このような取引は**一定期間にわたって充足される履行義務**と判定され、履行義務が果たされるにつれて（一定期間にわたって）**売上**［収益］を計上します。

いくつかの要件があって、それらのうち、いずれかの要件を満たす場合には「一定期間にわたって充足される履行義務」として**売上**［収益］を計上しますが、いずれの要件も満たさない場合には「一時点で充足される履行義務」として**売上**［収益］を計上します。

なお、一定期間にわたって充足される履行義務については、どのくらい履行義務を果たしているのかといった**進捗度**（しんちょくど）を見積って、その進捗度にもとづいて、**売上**［収益］を一定期間にわたって計上します。

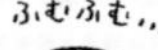

ひとこと

そのため、進捗度を合理的に見積れる場合のみ、一定期間にわたって充足される履行義務として、一定期間にわたって**売上**〔収益〕を計上します。

10 出荷基準・着荷基準・検収基準（関連テーマ…CHAPTER 14 収益の認識基準）

商品販売において、商品が顧客に移転したとき（顧客による**検収時**など）に**売上**〔収益〕を計上しますが、出荷から検収までの期間が通常の期間である場合には、商品を出荷したとき（**出荷時**）や商品が到着したとき（**着荷時**）に**売上**〔収益〕を計上することもできます。

●出荷基準・着荷基準・検収基準

出荷基準【容認】	商品を出荷したときに売上を計上する
着荷基準【容認】	商品が相手方に到着したときに売上を計上する
検収基準【原則】	相手方が商品の品質や数量などを検収し、確認の通知を受けたときに売上を計上する

11 支店が複数ある場合の処理（関連テーマ…CHAPTER 19 本支店会計）

支店が１つしかない場合の本支店間の取引の処理については、CHAPTER 19 で学習しました。ここでは支店が複数ある場合の本支店間の取引の処理についてみておきましょう。

支店が複数ある場合の処理方法には、**支店分散計算制度**と**本店集中計算制度**の２つの方法があります。

I 支店分散計算制度の処理

支店分散計算制度とは、それぞれの支店において、各支店勘定を設けて処理する方法をいいます。

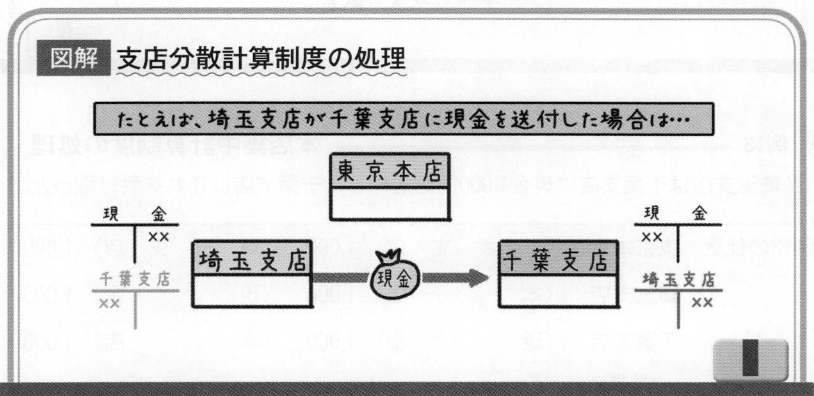

例12 ―― 支店分散計算制度の処理

埼玉支店は千葉支店に現金1,000円を送付し、千葉支店はこれを受け取った。

例12の仕訳					
	東京本店：	仕訳なし			
	埼玉支店：	（千　葉　支　店）	1,000	（現　　　　金）	1,000
	千葉支店：	（現　　　　金）	1,000	（埼　玉　支　店）	1,000

Ⅱ 本店集中計算制度の処理

本店集中計算制度とは、それぞれの支店には本店勘定のみをおいて、支店間の取引は本店との取引とみなして処理する方法をいいます。

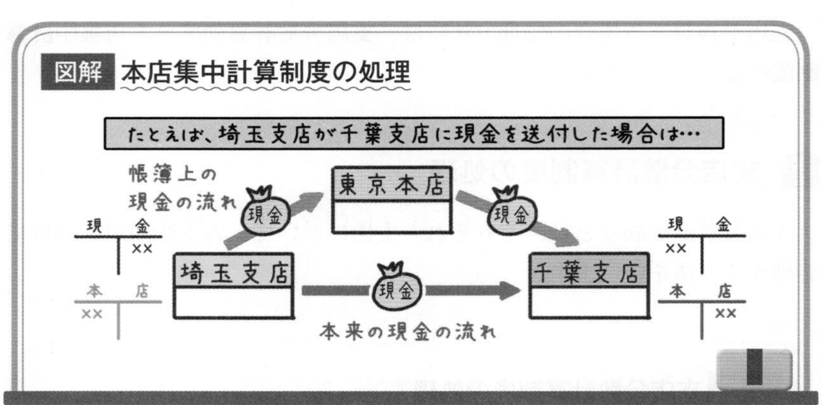

例13　本店集中計算制度の処理

埼玉支店は千葉支店に現金1,000円を送付し、千葉支店はこれを受け取った。

例13の仕訳					
東京本店：	（千　葉　支　店）	1,000	（埼　玉　支　店）	1,000
埼玉支店：	（本　　　　店）	1,000	（現　　　　金）	1,000
千葉支店：	（現　　　　金）	1,000	（本　　　　店）	1,000

〈解説〉

東京本店の仕訳は以下のように考えて行います。

① 東京本店は埼玉支店より現金1,000円を受け取った。

（現　　　　金）　1,000　（埼　玉　支　店）　1,000

② 東京本店は千葉支店に現金1,000円を送付した。

（千　葉　支　店）　1,000　（現　　　　金）　1,000

③ ①＋②＝解答の仕訳

（千　葉　支　店）　1,000　（埼　玉　支　店）　1,000

12 損益勘定による当期純利益の振り替え (関連テーマ…CHAPTER19 本支店会計)

CHAPTER 19 では、会社全体の当期純利益を算定するさい、本店に総合損益勘定を設けて行いましたが、総合損益勘定を設けず、本店の損益勘定を総合損益勘定の代わりとして用いる方法もあります。

この場合、本店の損益勘定の記入は次のようになります。

ひとこと

総合損益勘定を設ける場合（CHAPTER 19で学習した方法）と見比べてみてください。

図解 損益勘定による当期純利益の振り替え

総合損益勘定を設ける場合…CHAPTER 19 で学習した方法

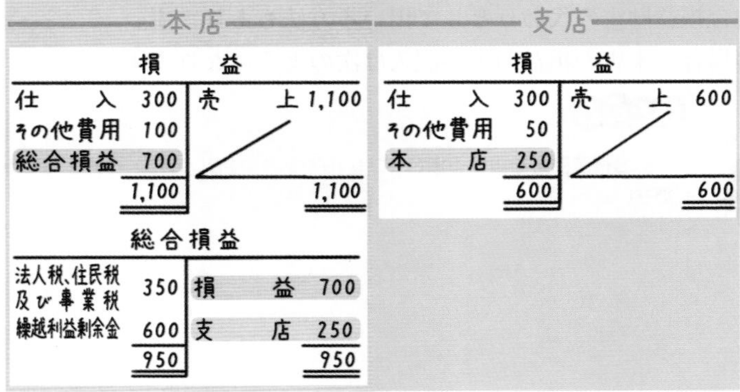

本店

損　益

借方	金額	貸方	金額
仕　入	300	売　上	1,100
その他費用	100		
総合損益	700		
	1,100		1,100

支店

損　益

借方	金額	貸方	金額
仕　入	300	売　上	600
その他費用	50		
本　店	250		
	600		600

本店

総合損益

借方	金額	貸方	金額
法人税、住民税及び事業税	350	損　益	700
繰越利益剰余金	600	支　店	250
	950		950

総合損益勘定を設けない場合（損益勘定で代用する場合）①

本店

損　益

借方	金額	貸方	金額
仕　入	300	売　上	1,100
その他費用	100		
本店純利益	700		
①	1,100	②	1,100
法人税、住民税及び事業税	350	本店純利益	700
繰越利益剰余金	600	支　店	250
④	950		950

支店

損　益

借方	金額	貸方	金額
仕　入	300	売　上	600
その他費用	50		
本　店	250		
③	600		600

①いったん損益勘定で本店独自の当期純利益を計算して締め切ります。

②本店純利益の逆側に金額を移記します。

③支店の当期純利益の振り替えは総合損益勘定の場合と同じです。

④法人税等の計上などは総合損益勘定の場合と同じです。

なお、本店独自の当期純利益を計算しない（いったん締め切らない）方法もあります。この場合の記入は次のようになります。

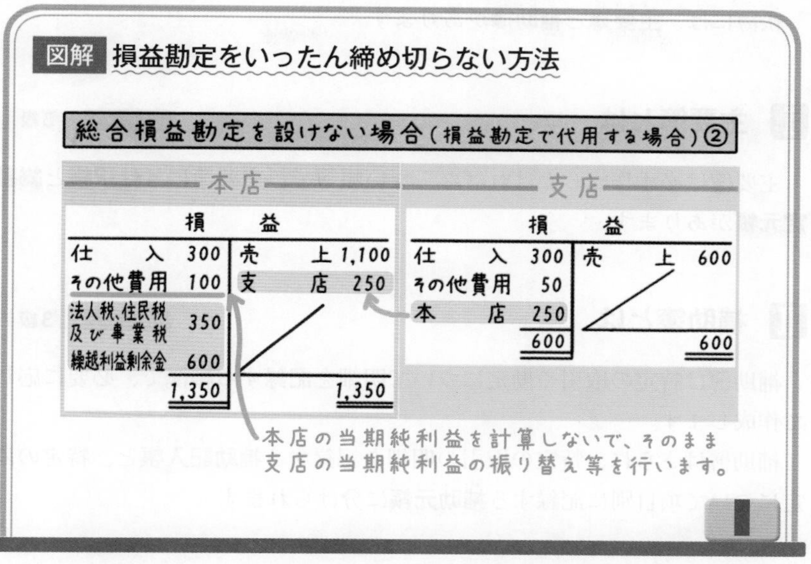

13 主要簿と補助簿（関連テーマ…なし）

取引が発生したら、仕訳帳などの帳簿に記録します。

帳簿には、**主要簿**（しゅようぼ）と**補助簿**（ほじょぼ）があります。

I 主要簿とは

Review 3級

主要簿は必ず作成しなければならない帳簿で、主要簿には**仕訳帳**と**総勘定元帳**があります。

II 補助簿とは

Review 3級

補助簿は特定の取引や勘定について明細を記録する帳簿で、必要に応じて作成します。

補助簿はさらに、特定の取引の明細を記録する**補助記入帳**（ほじょきにゅうちょう）と、特定の勘定について項目別に記録する**補助元帳**（ほじょもとちょう）に分けられます。

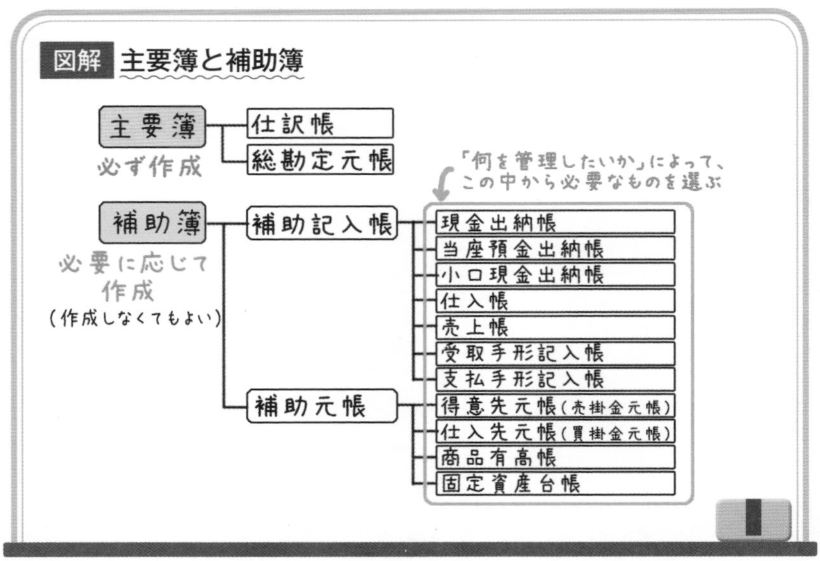

14 タイムテーブルと開始仕訳（関連テーマ…CHAPTER 20 連結会計Ⅰ）

連結会計の開始仕訳は、前期までに行った連結修正仕訳をまとめた仕訳ですが、CHAPTER 20で学習したように、各期の仕訳をしてから開始仕訳をするのは少し面倒です。

そこで、問題を解くさいには、タイムテーブルを使って開始仕訳を行うと便利です。

下記の例題にもとづいて、タイムテーブルの作り方と当期（×1年４月１日から×2年３月31日）の開始仕訳の仕方をみてみましょう。

例14 タイムテーブルと開始仕訳

次の［資料］にもとづき、当期（連結第２年度：×1年４月１日から×2年３月31日）の開始仕訳をしなさい。

［資　料］

(1)　Ｐ社は、前々期末（×0年３月31日）にＳ社の発行済株式（Ｓ社株式）の60％を260円で取得し、実質的に支配した。

(2)　×0年３月31日（支配獲得時）におけるＳ社の資本金は300円、利益剰余金は100円であった。

(3)　連結第１年度末（×1年３月31日）におけるＳ社の資本金は300円、利益剰余金は110円であった。

(4)　連結第１年度におけるＳ社の当期純利益は40円であり、配当額は30円であった。

(5)　のれんは発生年度の翌年度から10年間で均等額を償却する。

I 支配獲得日の状況を記入する STEP 1

まず、タイムテーブルに日付と支配獲得日の状況（取得割合、子会社株式の帳簿価額、子会社の純資産の金額）等を記入します。

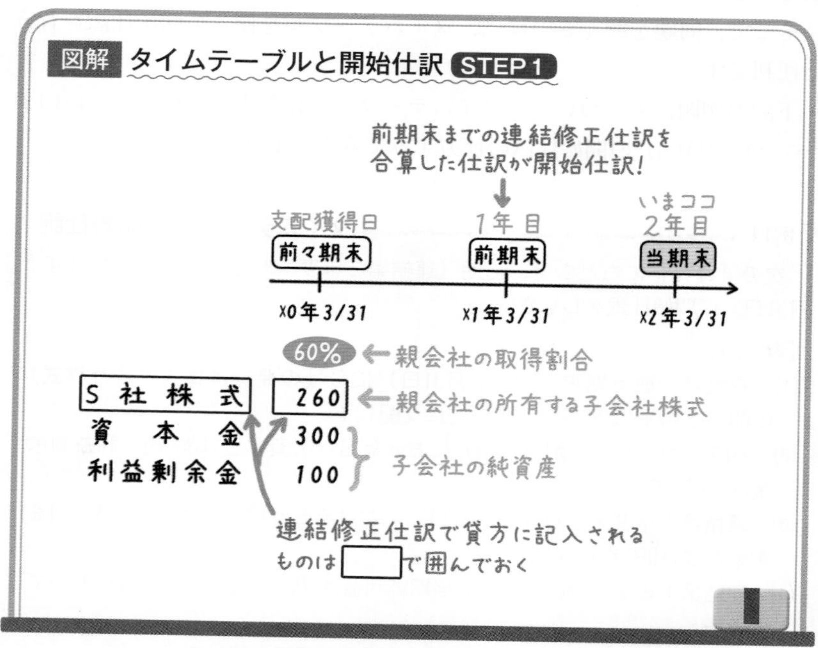

Ⅱ 支配獲得日の非支配株主持分を計算する STEP2

次に、子会社の純資産に非支配株主持分割合（例14では40％）を掛けて、支配獲得日における非支配株主持分を計算します。

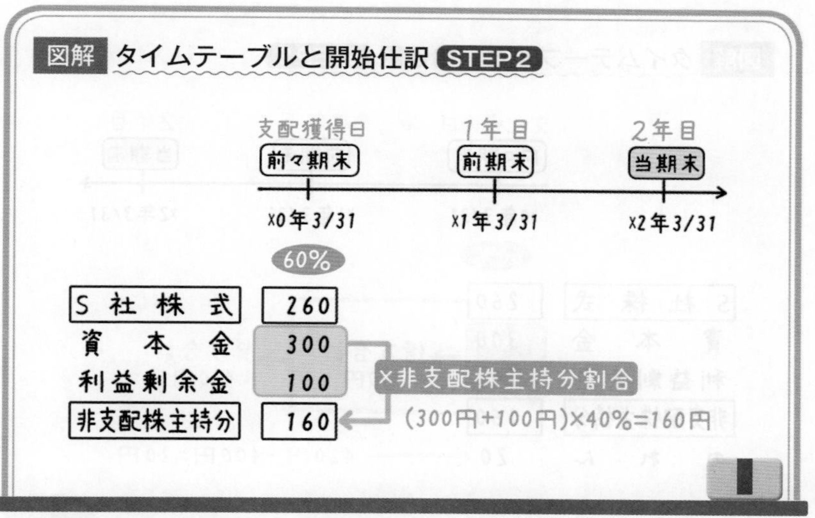

Ⅲ 支配獲得日ののれんを計算する STEP3

次に、投資（S社株式）と非支配株主持分の合計から資本（子会社の純資産）を差し引いてのれんを計算します。

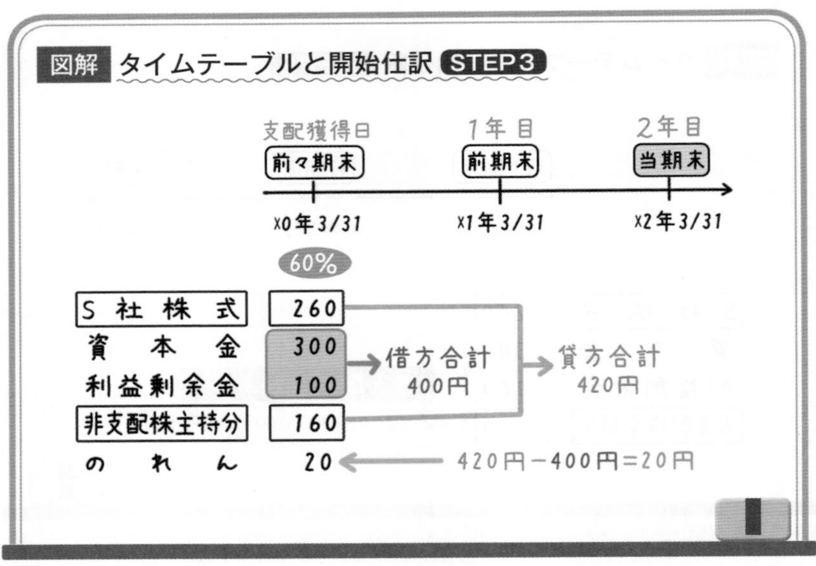

Ⅳ 前期末の状況を記入する STEP4

支配獲得日の状況を記入後、前期末の状況も記入します。なお、のれんは前期に1回目の償却をしているので、償却後の金額を記入します。

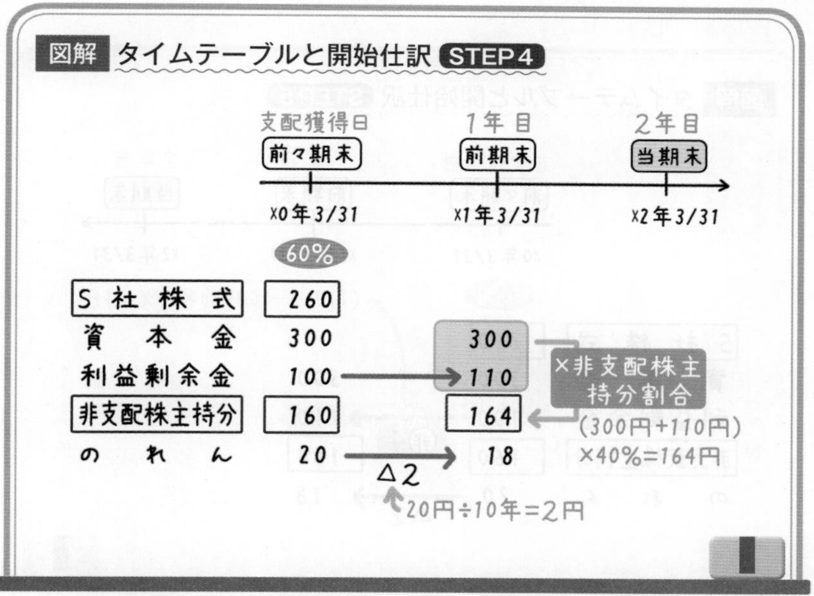

V 利益剰余金の増減額のうち非支配株主持分を計算する STEP5

支配獲得日から前期末までの利益剰余金の増減額のうち、非支配株主の持分（例14では40％）に対応する金額を計算し、タイムテーブルに記入します。

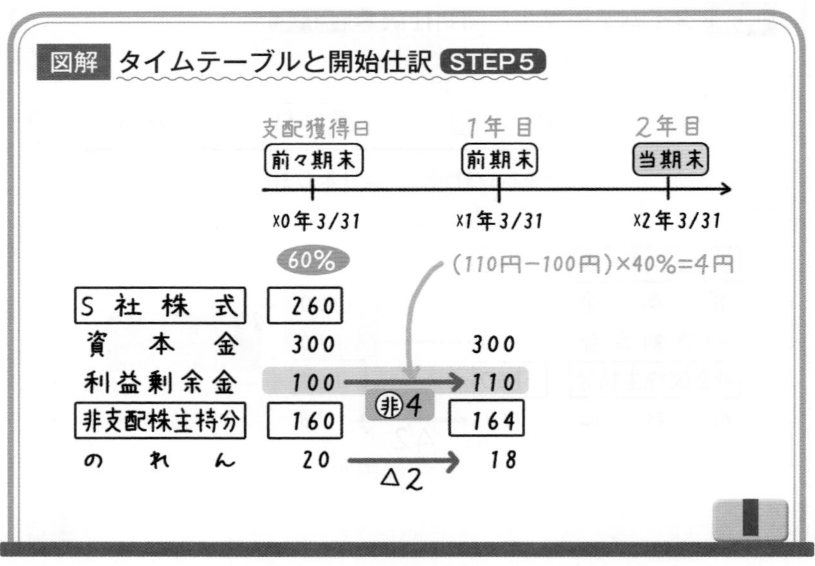

なお、期末の利益剰余金は、期首の利益剰余金に当期純利益を加算し、剰余金の配当額を差し引いた金額となります。

期末の利益剰余金 ＝ 期首の利益剰余金 ＋ 当期純利益 － 剰余金の配当額

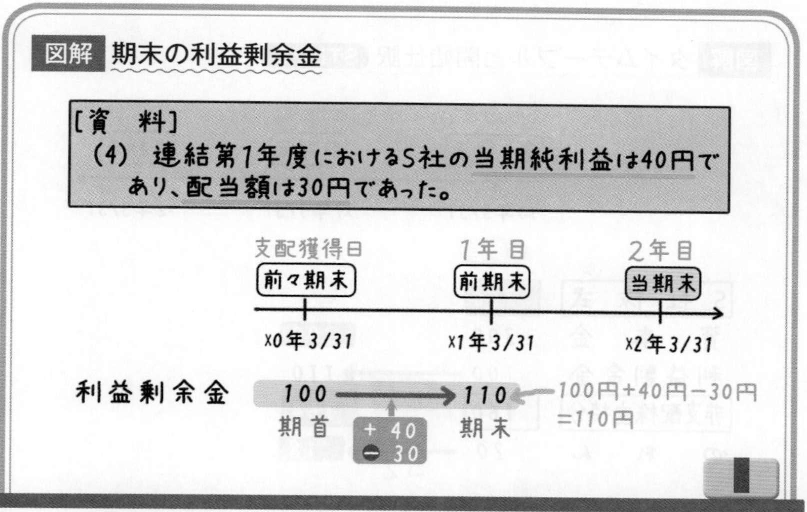

Ⅵ 開始仕訳を作る STEP 6

最後に、タイムテーブルから、直接、開始仕訳を作ります。

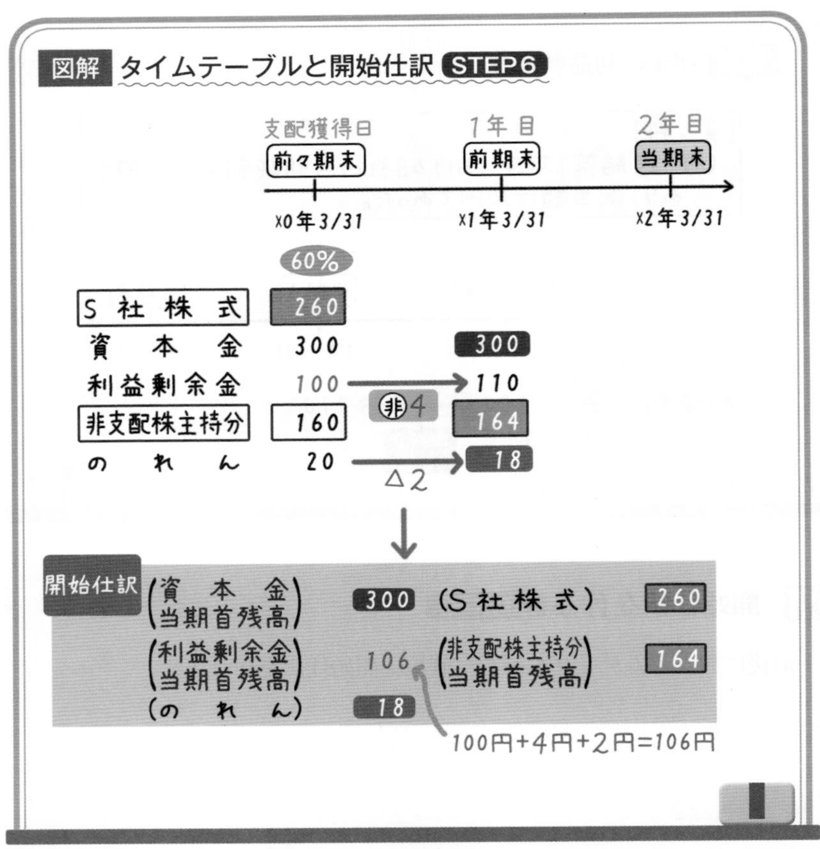

以上より、**例14**の開始仕訳は次のようになります。

例14の仕訳	(資本金 当期首残高)	300	(S社株式)	260
	(利益剰余金 当期首残高)	106	(非支配株主持分 当期首残高)	164
	(のれん)	18		

ひとこと

これを、仕訳で検証してみましょう。

(1) まず、支配獲得日（×0年3月31日）の連結修正仕訳（投資と資本の相殺消去）は次のようになります。

[支配獲得日の連結修正仕訳]

(資本金)	300		(S社株式)	260
(利益剰余金)	100	★1	(非支配株主持分)	160
(のれん)	20			

(2) 次に、連結第1年度の連結修正仕訳（❶のれんの償却、❷子会社の当期純損益の振り替え、❸子会社の配当金の修正）は次のようになります。

[連結第1年度の連結修正仕訳]

❶ のれんの償却

(のれん償却)	2	★2	(のれん)	2*1

＊1 20円÷10年＝2円

❷ 子会社の当期純損益の振り替え

(非支配株主に帰属する当期純損益)	16	★3	(非支配株主持分当期変動額)	16*2

＊2 40円×40%＝16円

❸ 子会社の配当金の修正

(受取配当金)	18*3	★4	(剰余金の配当)	30	★5
(非支配株主持分当期変動額)	12*4				

＊3 30円×60%＝18円
＊4 30円×40%＝12円

(3) (1)と(2)の仕訳を合算して連結第2年度の開始仕訳を作ります。なお、純資産の項目には「当期首残高」をつけ、利益に影響を与える項目（★）は**利益剰余金当期首残高**で仕訳します。

[開始仕訳]

(資本金当期首残高)	300	(S社株式)	260
(利益剰余金当期首残高)	106*1	(非支配株主持分当期首残高)	164*3
(のれん)	18*2		

＊1 100円(★1)＋2円(★2)＋16円(★3)＋18円(★4)－30円(★5)＝106円

＊2 20円－2円＝18円
＊3 160円＋16円－12円＝164円

…タイムテーブルを使った場合の開始仕訳と同じになりましたね。
まずは仕訳で練習し、慣れてきたら問題演習用としてタイムテーブルを使って開始仕訳をしてみてくださいね。

15 連結会社間で振り出した手形の割引き（関連テーマ…CHAPTER 21 連結会計Ⅱ）

連結会社間で振り出した手形を銀行で割り引いた場合、個別会計上では手形の割引きとして処理されています。しかし、連結会計上では企業グループで手形を振り出して、銀行から資金を借り入れたことになります。

そこで、連結会社間で振り出した手形を銀行で割り引いた場合には、**借入金**［負債］で処理します。

☞**負債の増加⇒貸方（右）**

借入金は連結貸借対照表上では、一年基準によって**短期借入金**［負債］または**長期借入金**［負債］で表示します。

図解 手形の割引き

たとえば、S社（子会社）がP社（親会社）に対して約束手形100円を振り出し、P社はこのうち80円を銀行で割り引き（割引料は0円）、残額20円は当期末現在、保有しているという場合は…

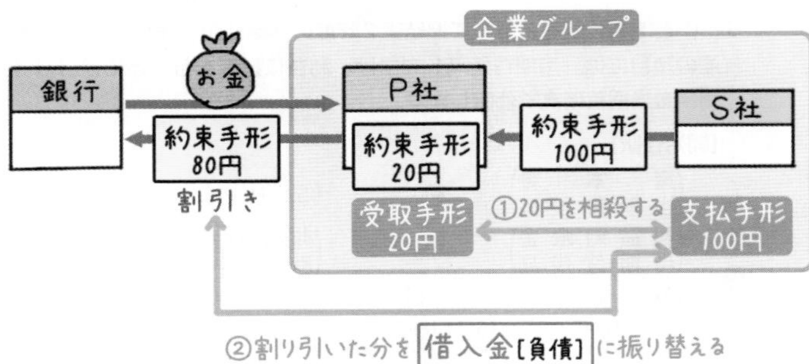

個別会計上

S社が振り出した手形をP社が割り引いている

S社の仕訳:	（買掛金など）	100	（支払手形）	100
P社の仕訳:	（受取手形）	100	（売掛金など）	100
	（当座預金など）	80	（受取手形）	80

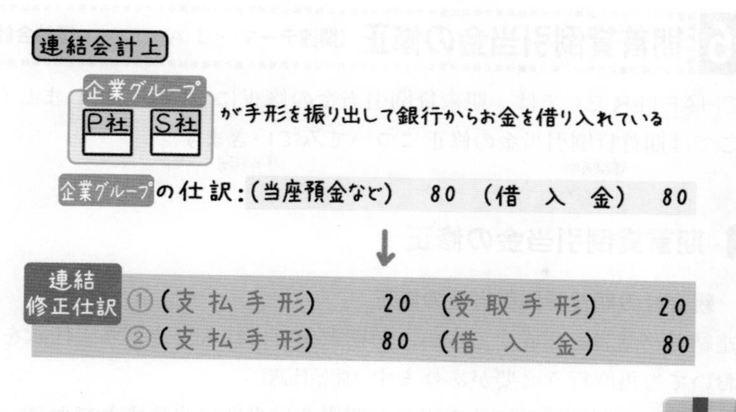

なお、受取手形に貸倒引当金を設定している場合には、連結修正仕訳で貸倒引当金の修正も必要になります。

例15 **連結会社間で振り出した手形の割引き**

P社は、S社の発行済株式（S社株式）の60%を取得し、実質的に支配している。当期において、S社はP社に対して約束手形200円を振り出し、P社はこのうち150円を銀行で割り引き（割引料は0円）、残額50円は当期末現在、保有している。

当期の連結財務諸表を作成するために必要な連結修正仕訳をしなさい。なお、貸倒引当金の修正については考慮しなくてよい。

例15の仕訳				
❶	(支払手形)	50	(受取手形)	50
❷	(支払手形)	150	(借入金)	150

❶ 債権債務の相殺消去
❷ 手形割引の修正

16 期首貸倒引当金の修正（関連テーマ…CHAPTER 21 連結会計Ⅱ）

CHAPTER 21 では、期末貸倒引当金の修正について学習しましたが、ここでは期首貸倒引当金の修正についてみていきます。

Ⅰ 期首貸倒引当金の修正

(1) 親会社の期首貸倒引当金の修正

連結財務諸表を作成するさい、前期末までに行った連結修正仕訳を当期においても再度行う必要があります（開始仕訳）。

ただし、前期末における売掛金と買掛金は当期に決済されており、当期末には残っていないため、前期末に行った売掛金と買掛金の相殺消去の仕訳は当期の連結財務諸表を作成するにあたっては不要です。

そこで、前期末に行った貸倒引当金の修正の処理のみ、当期に再度行います。

このとき、前期末に行った連結修正仕訳のうち、損益項目（貸倒引当金繰入）については、**利益剰余金（当期首残高）**で処理します。

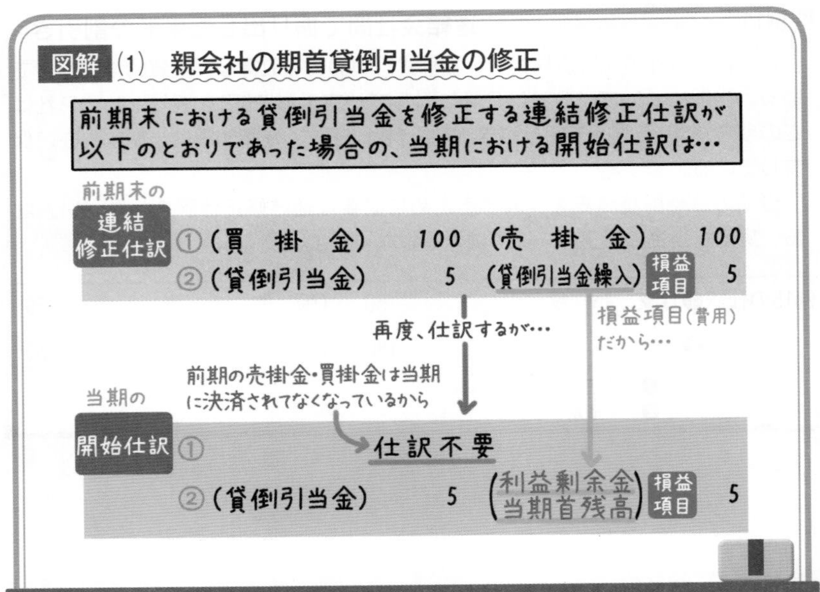

(2) 子会社の期首貸倒引当金の修正

子会社の期首貸倒引当金の修正についても、同様の考え方をします。

ひとこと

前期末の連結修正仕訳を再度行います。なお、損益項目（貸倒引当金繰入、非支配株主に帰属する当期純損益）は**利益剰余金当期首残高**で、**非支配株主持分当期変動額**は**非支配株主持分当期首残高**で処理します。

また、連結株主資本等変動計算書を作成しない場合には、「当期首残高」をつけなくてもかまいません。

図解 (2) 子会社の期首貸倒引当金の修正

前期末における貸倒引当金を修正する連結修正仕訳が以下のとおりであった場合の、当期における開始仕訳は…

前期末の連結修正仕訳

	借方		貸方	
①	(買掛金)	100	(売掛金)	100
②	(貸倒引当金)	5	(貸倒引当金繰入) 損益項目	5
	(非支配株主に帰属する当期純損益) 損益項目	2	(非支配株主持分当期変動額)	2

再度、仕訳するが…

前期の売掛金・買掛金は当期に決済されてなくなっているから

損益項目（費用）だから…

当期の開始仕訳

	借方		貸方	
①	仕訳不要			
②	(貸倒引当金)	5	(利益剰余金当期首残高) 損益項目	5
	(利益剰余金当期首残高) 損益項目	2	(非支配株主持分当期首残高)	2

Ⅱ 期首貸倒引当金の修正＆期末貸倒引当金の修正

期首と期末に貸倒引当金の修正がある場合には、前記のⅠと期末貸倒引当金の修正（CHAPTER21 2）をあわせた処理をします。

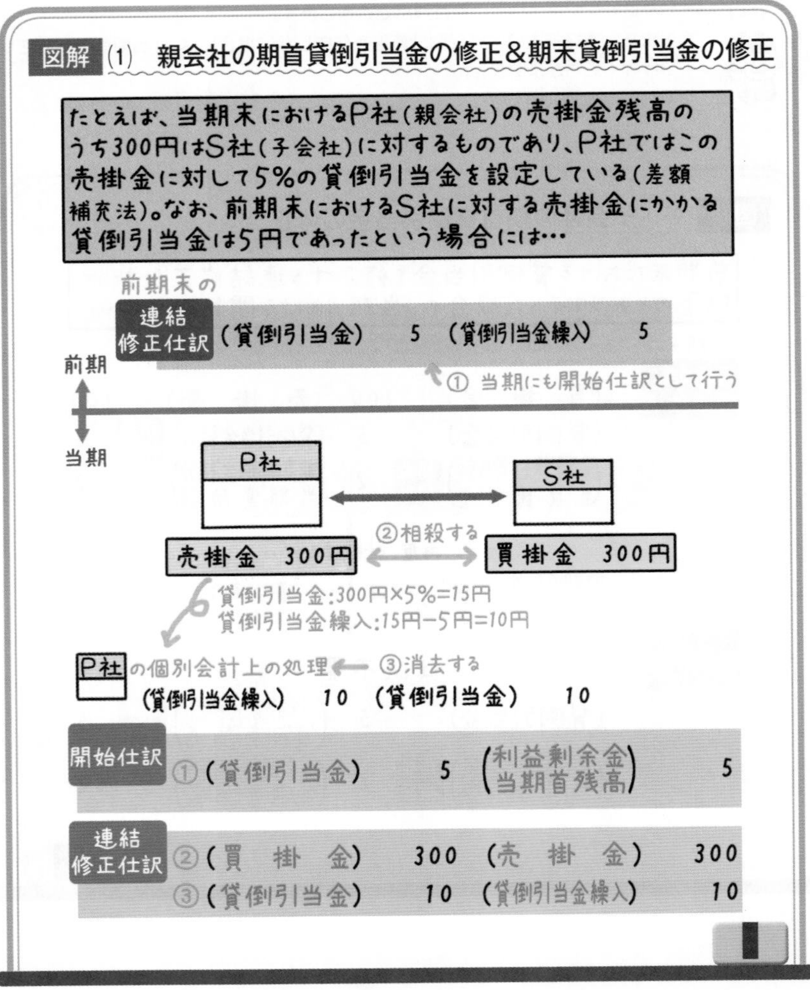

例16　親会社の貸倒引当金の修正

Ｐ社は、前々期末にＳ社の発行済株式（Ｓ社株式）の60%を取得し、実質的に支配している。当期末におけるＰ社の売掛金残高のうち500円はＳ社に対するものであり、Ｐ社ではこの売掛金に対して５％の貸倒引当金を設定している（差額補充法）。なお、前期末におけるＳ社に対する売掛金残高は200円であった。

当期の連結財務諸表を作成するために必要な連結修正仕訳をしなさい。

例16の仕訳				
❶	（買　掛　金）	500	（売　掛　金）	500
❷	（貸 倒 引 当 金）	10*1	（利益剰余金 当期首残高）	10
❸	（貸 倒 引 当 金）	15*2	（貸倒引当金繰入）	15

❶　債権債務の相殺消去

❷　開始仕訳（期首貸倒引当金の修正）
＊1　200円×５％＝10円

❸　期末貸倒引当金の修正
＊２　①貸倒引当金：500円×５％＝25円
②貸倒引当金繰入：25円－10円＝15円

図解 (2) 子会社の期首貸倒引当金の修正&期末貸倒引当金の修正

たとえば、当期末におけるS社(子会社)の売掛金残高のうち300円はP社(親会社)に対するものであり、S社ではこの売掛金に対して5%の貸倒引当金を設定している(差額補充法)。なお、前期末におけるP社に対する売掛金にかかる貸倒引当金は5円であったという場合(非支配株主持分割合は40%とする)には・・・

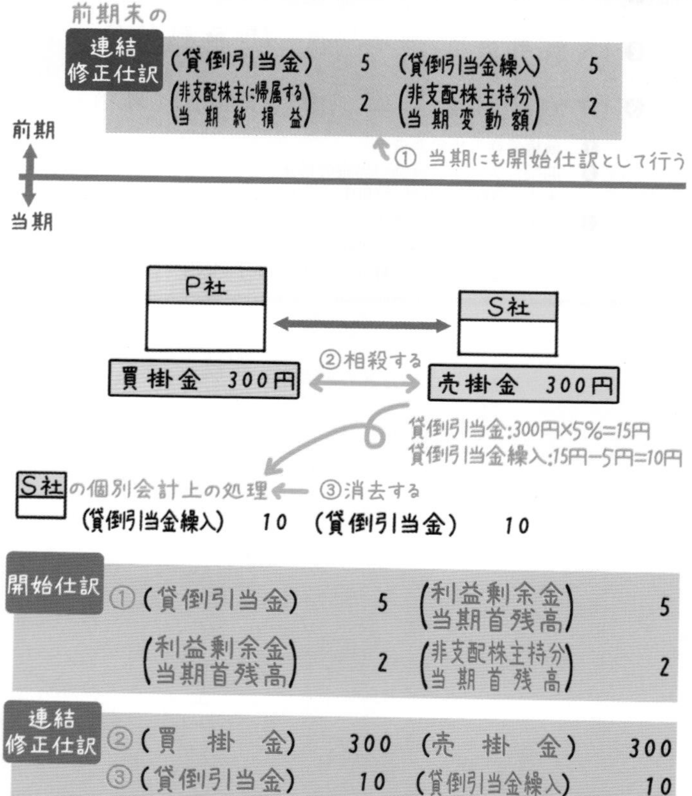

例17　子会社の貸倒引当金の修正

P社は、前々期末にS社の発行済株式（S社株式）の60%を取得し、実質的に支配している。当期末におけるS社の売掛金残高のうち500円はP社に対するものであり、S社ではこの売掛金に対して5%の貸倒引当金を設定している（差額補充法）。なお、前期末におけるP社に対する売掛金残高は200円であった。

当期の連結財務諸表を作成するために必要な連結修正仕訳をしなさい。

例17の仕訳	借方科目	金額	貸方科目	金額
❶	（買掛金）	500	（売掛金）	500
❷	（貸倒引当金）	10*1	（利益剰余金 当期首残高）	10
	（利益剰余金 当期首残高）	4*2	（非支配株主持分 当期首残高）	4
❸	（貸倒引当金）	15*3	（貸倒引当金繰入）	15
	（非支配株主に帰属する当期純損益）	6*4	（非支配株主持分 当期変動額）	6

❶ 債権債務の相殺消去
❷ 開始仕訳（期首貸倒引当金の修正）
　＊1　200円×5%＝10円
　＊2　10円×40%＝4円
❸ 期末貸倒引当金の修正
　＊3　①貸倒引当金：500円×5%＝25円
　　　②貸倒引当金繰入：25円－10円＝15円
　＊4　15円×40%＝6円

17 期首商品に含まれる未実現利益の消去（関連テーマ…CHAPTER 21 連結会計Ⅱ）

CHAPTER21では、期末商品に含まれる未実現利益の消去について学習しましたが、ここでは期首商品に含まれる未実現利益の消去についてみていきます。

Ⅰ 期首商品に含まれる未実現利益

(1) ダウンストリーム

期首商品（前期末の商品）に含まれる未実現利益については、前期の連結財務諸表の作成にあたって消去しています。そこで当期の連結財務諸表を作成するにあたって、前期末に行った連結修正仕訳を再度行います（開始仕訳）。

このとき、前期末に行った連結修正仕訳のうち、損益項目（売上原価）については、**利益剰余金（当期首残高）**で処理します。

なお、前期末の商品は当期には販売されたと考えるので、さらに前期末の連結修正仕訳の逆仕訳をします。

ひとこと

前期末には未実現であった利益が、当期に販売されて現実の利益となったため、当期において、前期末に行った「未実現利益を消去する仕訳」の逆仕訳をします。

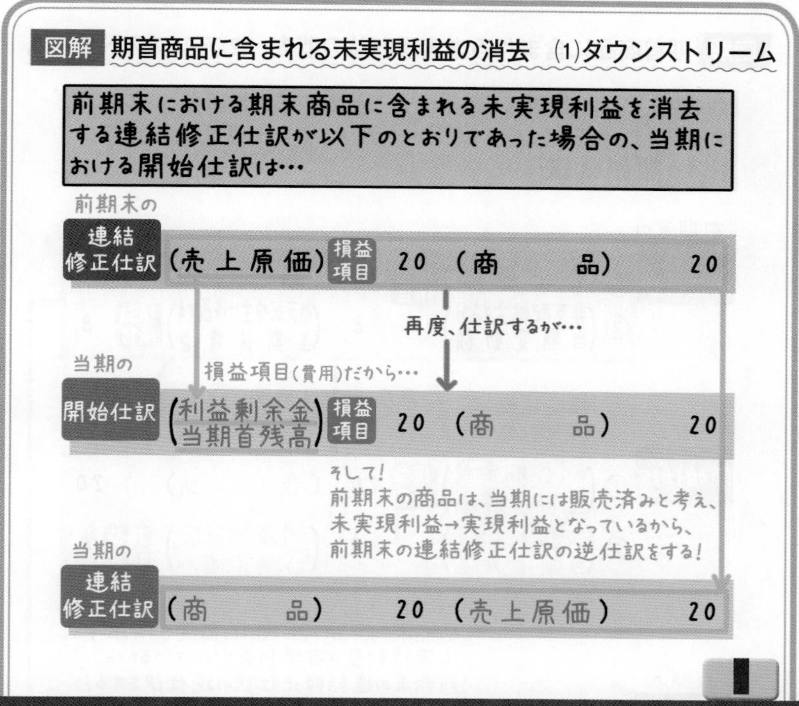

(2) アップストリーム

アップストリームの場合の、期首商品に含まれる未実現利益の処理はダウンストリームの場合と同様です。

なお、純資産項目である**非支配株主持分当期変動額**は、開始仕訳では**非支配株主持分（当期首残高）**で処理します。

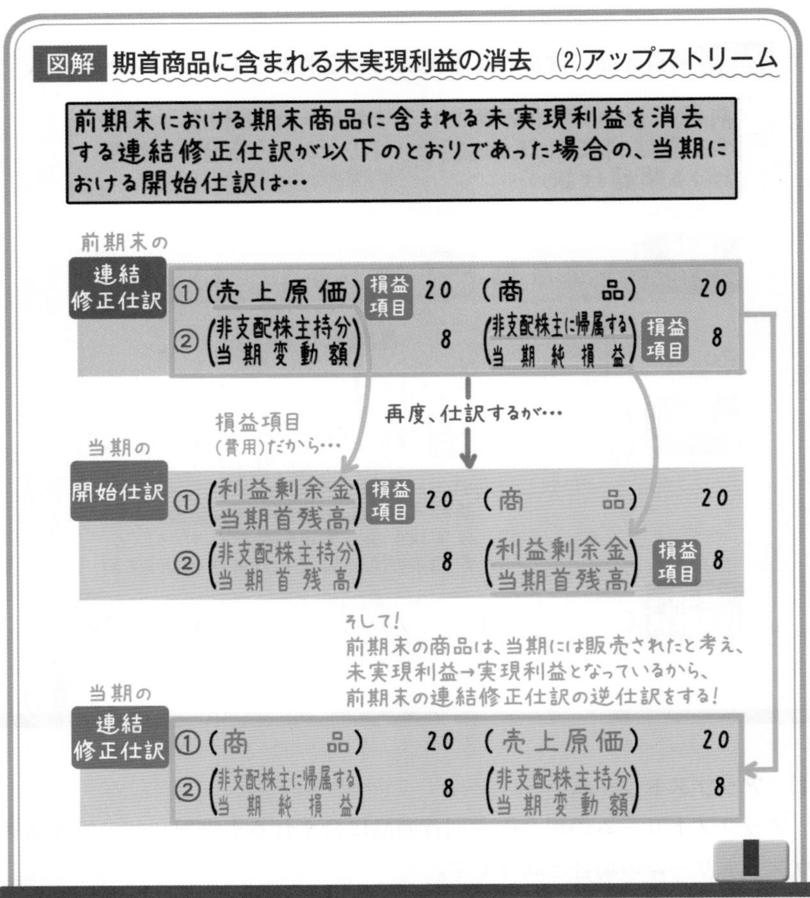

Ⅱ 期首商品&期末商品に含まれる未実現利益の消去

期首商品と期末商品がある場合の未実現利益の消去は、前記のⅠと期末商品に含まれる未実現利益の消去（CHAPTER21 3）をあわせた処理となります。

図解 期首商品＆期末商品に含まれる未実現利益の消去　(1)ダウンストリーム

たとえば、P社(親会社)はS社(子会社)に対して、原価に20%の利益を加算して商品を販売しており、S社の商品棚卸高に含まれるP社からの仕入分が次のとおりであった場合は…

期首商品棚卸高:120円…①②
期末商品棚卸高:240円…③

1｛原価｝1.2
0.2｛利益

前期末の

期首商品に含まれる利益:$120円\times\frac{0.2}{1.2}=20円$

連結修正仕訳				
(売上原価)	20	(商　　品)	20

① 当期にも開始仕訳として行う
② 当期には販売済みと考えるので、当期に逆仕訳を行う

前期
当期

開始仕訳				
①	(利益剰余金 当期首残高)	20	(商　　品)	20

連結修正仕訳				
②	(商　　品)	20	(売上原価)	20
③	(売上原価)	40	(商　　品)	40

期末商品に含まれる利益:$240円\times\frac{0.2}{1.2}=40円$

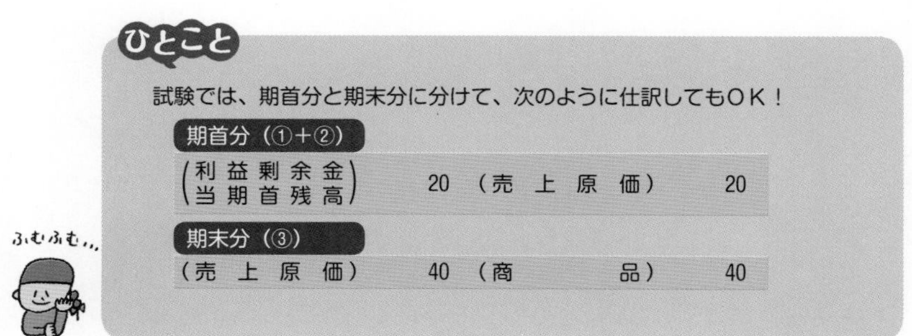

試験では、期首分と期末分に分けて、次のように仕訳してもOK！

期首分（①＋②）

(利益剰余金 当期首残高)	20	(売上原価)	20

期末分（③）

(売上原価)	40	(商　　品)	40

例18 ― 期首商品&期末商品に含まれる未実現利益の消去　⑴ダウンストリーム

Ｐ社は、Ｓ社の発行済株式（Ｓ社株式）の60%を取得し、実質的に支配している。Ｐ社はＳ社に対し、原価に20%の利益を加算して商品を販売しており、Ｓ社の商品棚卸高に含まれるＰ社からの仕入分は次のとおりであった。

期首商品棚卸高：360円

期末商品棚卸高：480円

当期の連結財務諸表を作成するために必要な連結修正仕訳をしなさい。

例18の仕訳				
❶	(利益剰余金／当期首残高)	60	(売上原価)	60[*1]
❷	(売上原価)	80	(商品)	80[*2]

❶ 期首分

＊1　$360円 \times \frac{0.2}{1.2} = 60円$

❷ 期末分

＊2　$480円 \times \frac{0.2}{1.2} = 80円$

図解 期首商品&期末商品に含まれる未実現利益の消去 (2)アップストリーム

たとえば、S社(子会社)はP社(親会社)に対して、原価に20%の利益を加算して商品を販売しており、P社の商品棚卸高に含まれるS社からの仕入分が次のとおりであった場合(非支配株主持分割合は40%とする)は…

期首商品棚卸高:120円…①②
期末商品棚卸高:240円…③

1 {原価} 1.2
0.2 {利益}

期首商品に含まれる利益:120円×$\frac{0.2}{1.2}$=20円

前期末の 連結修正仕訳

(売上原価)	20	(商品)	20
(非支配株主持分当期変動額)	8	(非支配株主に帰属する当期純損益)	8

非支配株主持分への按分:20円×40%=8円

① 当期にも開始仕訳として行う
② 当期には販売済みと考えるので、当期に逆仕訳を行う

前期
当期

開始仕訳 ①

(利益剰余金当期首残高)	20	(商品)	20
(非支配株主持分当期首残高)	8	(利益剰余金当期首残高)	8

連結修正仕訳 ②

(商品)	20	(売上原価)	20
(非支配株主に帰属する当期純損益)	8	(非支配株主持分当期変動額)	8

期末商品に含まれる利益:240円×$\frac{0.2}{1.2}$=40円

連結修正仕訳 ③

(売上原価)	40	(商品)	40
(非支配株主持分当期変動額)	16	(非支配株主に帰属する当期純損益)	16

非支配株主持分への按分:40円×40%=16円

ひとこと

試験では、期首分と期末分に分けて、次のように仕訳してもＯＫ！

期首分（①＋②）

（利益剰余金当期首残高）	20	（売上原価）	20
（非支配株主持分当期首残高）	8	（利益剰余金当期首残高）	8
（非支配株主に帰属する当期純損益）	8	（非支配株主持分当期変動額）	8

期末分（③）

（売上原価）	40	（商品）	40
（非支配株主持分当期変動額）	16	（非支配株主に帰属する当期純損益）	16

ふむふむ…

例19 ― 期首商品＆期末商品に含まれる未実現利益の消去　(2)アップストリーム

Ｐ社は、Ｓ社の発行済株式（Ｓ社株式）の60％を取得し、実質的に支配している。Ｓ社はＰ社に対し、原価に20％の利益を加算して商品を販売しており、Ｐ社の商品棚卸高に含まれるＳ社からの仕入分は次のとおりであった。

期首商品棚卸高：360円

期末商品棚卸高：480円

当期の連結財務諸表を作成するために必要な連結修正仕訳をしなさい。

例19の仕訳

❶	（利益剰余金当期首残高）	60	（売上原価）	60＊1
	（非支配株主持分当期首残高）	24	（利益剰余金当期首残高）	24＊2
	（非支配株主に帰属する当期純損益）	24	（非支配株主持分当期変動額）	24
❷	（売上原価）	80	（商品）	80＊3
	（非支配株主持分当期変動額）	32	（非支配株主に帰属する当期純損益）	32＊4

❶ 期首分

＊１　360円×$\frac{0.2}{1.2}$＝60円

＊２　60円×40％＝24円

❷ 期末分

＊３　480円×$\frac{0.2}{1.2}$＝80円

＊４　80円×40％＝32円

18 連結貸借対照表の利益剰余金の求め方（関連テーマ…CHAPTER 22 連結会計Ⅲ）

CHAPTER 22では、連結会計の問題について、連結精算表の作成をベースにみてきましたが、試験では連結精算表を作成せずに、損益計算書項目や貸借対照表項目の金額のみを答える問題が出題されることもあります。

ひとこと

ふむふむ…

たとえば、「以下の［資料］にもとづいて、連結貸借対照表における①のれん、②非支配株主持分、③利益剰余金の金額を答えなさい」といった問題ですね。

損益計算書項目や貸借対照表項目の金額のみを答える問題であっても、連結修正仕訳をして、親会社と子会社の個別財務諸表の金額に連結修正仕訳の金額を加減すれば答えを求めることができますが、連結貸借対照表の利益剰余金については、当期の連結修正仕訳の損益項目等を加減していかなければなりません。

具体的には、親会社と子会社の個別財務諸表における利益剰余金を合算し、開始仕訳の利益剰余金当期首残高と連結修正仕訳の損益項目（のれん償却、非支配株主に帰属する当期純損益、売上原価、貸倒引当金繰入、受取配当金）および剰余金の配当を加減します。

例20 連結貸借対照表の利益剰余金の金額

次の［資料］にもとづき、P社の当期（×1年4月1日から×2年3月31日）における連結貸借対照表の利益剰余金の金額を求めなさい。

［資　料］

(1)　P社は×0年3月31日にS社の発行済株式総数の60%を取得し、支配を獲得した。

(2)　当期末のP社とS社の個別財務諸表における利益剰余金は、それぞれ600円、570円であった。

(3)　当期の連結財務諸表の作成にあたって必要な開始仕訳および連結修正仕訳は次のとおりである。

[開始仕訳]

(資本金 当期首残高)	700	(S社株式)	720
(利益剰余金 当期首残高)★1	446	(非支配株主持分 当期首残高)	480
(のれん)	54		

[連結修正仕訳]

①のれんの償却

(のれん償却)★2	6	(のれん)	6

②子会社の当期純利益の振り替え

(非支配株主に帰属する 当期純損益)★3	108	(非支配株主持分 当期変動額)	108

③子会社の配当金の修正

(受取配当金)★4	120	(剰余金の配当)★5	200
(非支配株主持分 当期変動額)	80		

④未実現利益の消去

(売上原価)★6	40	(商品)	40

⑤債権債務の相殺消去、貸倒引当金の修正

(買掛金)	300	(売掛金)	300
(貸倒引当金)	15	(貸倒引当金繰入)★7	15

例20の答え　連結貸借対照表の利益剰余金：665円

* 600円(P社)＋570円(S社)＋△446円(★1)＋△6円(★2)＋△108円(★3)＋△120円(★4)＋200円(★5)＋△40円(★6)＋15円(★7)＝665円

利益剰余金は貸方項目なので、連結修正仕訳で貸方の金額は加算し、借方の金額は減算します。

MEMO

補助資料

本書（２級商業簿記）で学習した勘定科目と区分
※　(初)３級…初出は３級

貸借対照表	
資産	**負債**
現金…(初)３級	支払手形…(初)３級
当座預金…CHAPTER 07 2 (初)３級	営業外支払手形…CHAPTER 08 2
別段預金…CHAPTER 01 4	買掛金…(初)３級
受取手形…CHAPTER 06 1 (初)３級	電子記録債務…CHAPTER 06 4 (初)３級
営業外受取手形…CHAPTER 08 2	未払配当金…CHAPTER 02 3 (初)３級
不渡手形…CHAPTER 06 3	未払法人税等…CHAPTER 04 1 (初)３級
売掛金…(初)３級	未払消費税…CHAPTER 04 3 (初)３級
クレジット売掛金…CHAPTER 05 3 (初)３級	仮受消費税…CHAPTER 04 3 (初)３級
契約資産…CHAPTER 14 3	契約負債…CHAPTER 14 3
電子記録債権…CHAPTER 06 4 (初)３級	返金負債…CHAPTER 14 4
△貸倒引当金…CHAPTER 12 1 (初)３級	修繕引当金…CHAPTER 12 2
貯蔵品…CHAPTER 08 6 (初)３級	商品保証引当金…CHAPTER 12 3
未収還付消費税…CHAPTER 04 3	賞与引当金…CHAPTER 12 5
仮払法人税等…CHAPTER 04 1 (初)３級	役員賞与引当金…参考 8
仮払消費税…CHAPTER 04 3 (初)３級	リース債務…CHAPTER 09 3
売買目的有価証券…CHAPTER 11 2	退職給付引当金…CHAPTER 12 4
満期保有目的債券…CHAPTER 11 2	繰延税金負債…CHAPTER 17 2
その他有価証券…CHAPTER 11 2	**純資産**
子会社株式…CHAPTER 11 2	資本金…CHAPTER 01 3 (初)３級
関連会社株式…CHAPTER 11 2	株式申込証拠金…CHAPTER 01 4
商品…CHAPTER 05 1	資本準備金…CHAPTER 01 3
(繰越商品)…CHAPTER 05 4 (初)３級	利益準備金…CHAPTER 02 1 (初)３級
仕掛品…CHAPTER 13 2	新築積立金…CHAPTER 02 1
未決算…CHAPTER 08 9	別途積立金…CHAPTER 02 1
(火災未決算)…CHAPTER 08 9	繰越利益剰余金…CHAPTER 02 2 (初)３級
土地…(初)３級	その他有価証券評価差額金…CHAPTER 11 8
建物…(初)３級	
備品…(初)３級	
車両運搬具…(初)３級	
リース資産…CHAPTER 09 3	
△減価償却累計額…CHAPTER 08 3 (初)３級	
建設仮勘定…CHAPTER 08 7	
のれん…CHAPTER 01 5	
特許権…CHAPTER 10 2	
ソフトウェア…CHAPTER 10 3	
ソフトウェア仮勘定…CHAPTER 10 3	
繰延税金資産…CHAPTER 17 2	
資産合計　×××	負債・純資産合計　×××

上記以外：本店…CHAPTER 19 2　　非支配株主持分 連結…CHAPTER 20 2
　　　　　支店…CHAPTER 19 2

損益計算書	
費用	**収益**
仕入…CHAPTER 05 1 初3級	売上…CHAPTER 05 1 初3級
役務原価…CHAPTER 13 2	役務収益…CHAPTER 13 2
棚卸減耗損…CHAPTER 05 4	受取手数料…初3級
商品評価損…CHAPTER 05 4	受取配当金…CHAPTER 11 3
貸倒引当金繰入…CHAPTER 12 1 初3級	有価証券利息…CHAPTER 11 3
修繕引当金繰入…CHAPTER 12 2	雑益…初3級
商品保証引当金繰入…CHAPTER 12 3	有価証券評価益…CHAPTER 11 5
賞与引当金繰入…CHAPTER 12 5	有価証券売却益…CHAPTER 11 2
役員賞与引当金繰入…参考 8	為替差益…CHAPTER 15 4
貸倒損失…CHAPTER 12 1 初3級	固定資産売却益…CHAPTER 08 4 初3級
賞与…CHAPTER 12 5	保険差益…CHAPTER 08 9
退職給付費用…CHAPTER 12 4	償却債権取立益…初3級
減価償却費…CHAPTER 08 3 初3級	負ののれん発生益…CHAPTER 01 5
修繕費…CHAPTER 08 8 初3級	国庫補助金受贈益…CHAPTER 08 10
支払リース料…CHAPTER 09 4	工事負担金受贈益…CHAPTER 08 10
のれん償却…CHAPTER 10 2	
特許権償却…CHAPTER 10 2	
創立費…CHAPTER 01 3	
株式交付費…CHAPTER 01 3	
開業費…参考 1	
ソフトウェア償却…CHAPTER 10 3	
研究開発費…CHAPTER 10 1	
手形売却損…CHAPTER 06 2	
電子記録債権売却損…CHAPTER 06 4	
債権売却損…CHAPTER 06 5	
有価証券評価損…CHAPTER 11 5	
有価証券売却損…CHAPTER 11 2	
為替差損…CHAPTER 15 4	
固定資産売却損…CHAPTER 08 4 初3級	
固定資産除却損…CHAPTER 08 6	
固定資産廃棄損…CHAPTER 08 6	
火災損失…CHAPTER 08 9	
(災害損失)…CHAPTER 08 9	
固定資産圧縮損…CHAPTER 08 10	
法人税、住民税及び事業税…CHAPTER 04 1 初3級	
法人税等調整額…CHAPTER 17 2	
当期純利益	
合計 ×××	合計 ×××

上記以外：非支配株主に帰属する当期純損益 連結 …CHAPTER 20 3

索引

ア行

カ行

サ行

タ行

ナ行

ハ行

マ行

ヤ行

ラ行

ワ行

【著　者】
滝澤ななみ（たきざわ・ななみ）

簿記、ＦＰ、宅建士など多くの資格書を執筆している。主な著書は『スッキリわかる日商簿記』１～３級（15年連続全国チェーン売上第１位[※1]）、『みんなが欲しかった！簿記の教科書・問題集』日商２・３級、『みんなが欲しかった！ＦＰの教科書』２・３級（10年連続売上第１位[※2]）、『みんなが欲しかった！ＦＰの問題集』２・３級など。

※１　紀伊國屋書店PubLine/三省堂書店/丸善ジュンク堂書店　2009年1月～2023年12月（各社調べ、50音順）

※２　紀伊國屋書店PubLine調べ　2014年１月～2023年12月

〈ホームページ〉『滝澤ななみのすすめ！』
著者が運営する簿記・ＦＰ・宅建士に関する情報サイト。
ネット試験対応の練習問題も掲載しています。
URL：https://takizawananami-susume.jp/

・装丁：Malpu Design ／装画：matsu（マツモト　ナオコ）

みんなが欲しかったシリーズ

みんなが欲しかった！
簿記の教科書　日商２級　商業簿記　第13版

2012年３月８日　初　版　第１刷発行
2024年２月26日　第13版　第１刷発行
2024年10月12日　　　　　第３刷発行

著　　者　滝　澤　な　な　み
発 行 者　多　田　敏　男
発 行 所　TAC株式会社　出版事業部
　　　　　(TAC出版)

〒101-8383
東京都千代田区神田三崎町3-2-18
電 話 03(5276)9492(営業)
FAX 03(5276)9674
https://shuppan.tac-school.co.jp

組　　版　有限会社　マーリンクレイン
印　　刷　株式会社　光　　邦
製　　本　東京美術紙工協業組合

ISBN 978-4-300-11007-2
N.D.C. 336

資格の学校 TAC

簿記検定講座

お手持ちの教材がそのまま使用可能!

【テキストなしコース】のご案内

TAC簿記検定講座のカリキュラムは市販の教材を使用しておりますので、こちらのテキストを使ってそのまま受講することができます。独学では分かりにくかった論点や本試験対策も、TAC講師の詳しい解説で理解度も120％UP！ 本試験合格に必要なアウトプット力が身につきます。独学との差を体感してください。

左記の各メディアが【テキストなしコース】でお得に受講可能!

こんな人にオススメ!

- ●テキストにした書き込みをそのまま活かしたい!
- ●これ以上テキストを増やしたくない!
- ●とにかく受講料を安く抑えたい!

※お申込前に必ずお手持ちのバージョンをご確認ください。場合によっては最新のものに買い直していただくことがございます。詳細はお問い合わせください。

お手持ちの教材をフル活用!!

会計業界への就職・転職支援サービス

TACの100%出資子会社であるTACプロフェッションバンク（TPB）は、会計・税務分野に特化した転職エージェントです。
勉強された知識とご希望に合ったお仕事を一緒に探しませんか？ 相談だけでも大歓迎です！ どうぞお気軽にご利用ください。

人材コンサルタントが無料でサポート

Step1 相談受付 完全予約制です。HPからご登録いただくか、各オフィスまでお電話ください。

Step2 面談 ご経験やご希望をお聞かせください。あなたの将来について一緒に考えましょう。

Step3 情報提供 ご希望に適うお仕事があれば、その場でご紹介します。強制はいたしませんのでご安心ください。

正社員で働く

- 安定した収入を得たい
- キャリアプランについて相談したい
- 面接日程や入社時期などの調整をしてほしい
- 今就職すべきか、勉強を優先すべきか迷っている
- 職場の雰囲気など、求人票でわからない情報がほしい

TACキャリアエージェント

https://tacnavi.com/

派遣で働く（関東のみ）

- 勉強を優先して働きたい
- 将来のために実務経験を積んでおきたい
- まずは色々な職場や職種を経験したい
- 家庭との両立を第一に考えたい
- 就業環境を確認してから正社員で働きたい

TACの経理・会計派遣

https://tacnavi.com/haken/

※ご経験やご希望内容によってはご支援が難しい場合がございます。予めご了承ください。 ※面談時間は原則お一人様30分とさせていただきます。

自分のペースでじっくりチョイス

正社員 アルバイトで働く

- 自分の好きなタイミングで就職活動をしたい
- どんな求人案件があるのか見たい
- 企業からのスカウトを待ちたい
- WEB上で応募管理をしたい

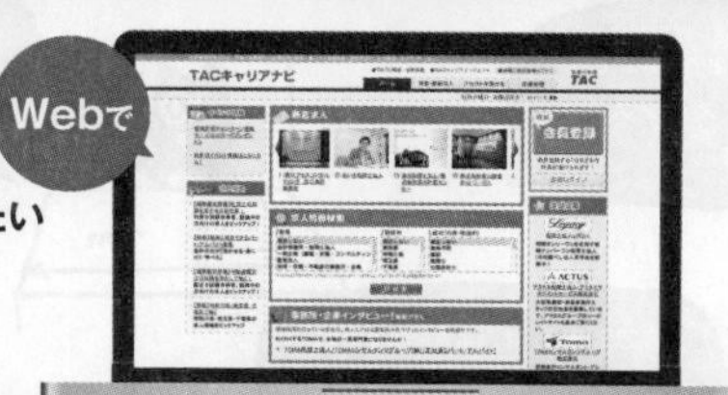

TACキャリアナビ

https://tacnavi.com/kyujin/

就職・転職・派遣就労の強制は一切いたしません。会計業界への就職・転職を希望される方への無料支援サービスです。どうぞお気軽にお問い合わせください。

TACプロフェッションバンク

- 有料職業紹介事業 許可番号13-ユ-010678
- 一般労働者派遣事業 許可番号（派）13-010932
- 特定募集情報等提供事業 届出受理番号51-募-000541

東京オフィス	大阪オフィス	名古屋 登録会場
〒101-0051 東京都千代田区神田神保町 1-103 東京パークタワー 2F TEL.03-3518-6775	〒530-0013 大阪府大阪市北区茶屋町 6-20 吉田茶屋町ビル 5F TEL.06-6371-5851	〒453-0014 愛知県名古屋市中村区則武 1-1-7 NEWNO 名古屋駅西 8F TEL.0120-757-655

TAC出版の書籍をご利用の皆様

日商簿記 3級 2級 ネット試験の受験なら TACテストセンターの受験がおススメ!

資格の学校TACの校舎は「CBTテストセンター」を併設しており、日商簿記検定試験のネット試験をはじめ、各種CBT試験を受験することができます。

TACの校舎は公共交通機関の駅などからも近く、アクセスが非常に容易です。またテストセンター設置にあたり、「3つのコダワリ」をもち、皆さんが受験に集中できるように心掛けております。

TACのコンピューターブースなら受験に集中できます!

TACテストセンターでの受験は、日商簿記ネット試験の受験申込手続時に、TACの校舎をご選択いただくだけです。ぜひお近くのTACテストセンターをご利用ください!

1. 明るく清潔で安心感がある会場
2. 静かで周囲が気にならないコンピューターブース
3. メモなども取りやすい余裕のデスクスペース

TAC出版 書籍のご案内

TAC出版では、資格の学校TAC各講座の定評ある執筆陣による資格試験の参考書をはじめ、資格取得者の開業法や仕事術、実務書、ビジネス書、一般書などを発行しています！

TAC出版の書籍

＊一部書籍は、早稲田経営出版のブランドにて刊行しております。

資格・検定試験の受験対策書籍

- 日商簿記検定
- 建設業経理士
- 全経簿記上級
- 税　理　士
- 公認会計士
- 社会保険労務士
- 中小企業診断士
- 証券アナリスト
- ファイナンシャルプランナー(FP)
- 証券外務員
- 貸金業務取扱主任者
- 不動産鑑定士
- 宅地建物取引士
- 賃貸不動産経営管理士
- マンション管理士
- 管理業務主任者
- 司法書士
- 行政書士
- 司法試験
- 弁理士
- 公務員試験(大卒程度・高卒者)
- 情報処理試験
- 介護福祉士
- ケアマネジャー
- 電験三種　ほか

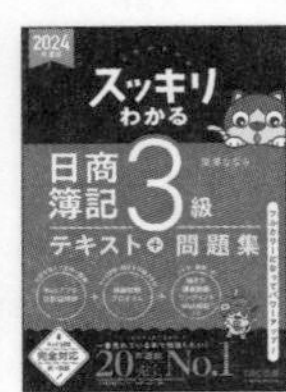

実務書・ビジネス書

- 会計実務、税法、税務、経理
- 総務、労務、人事
- ビジネススキル、マナー、就職、自己啓発
- 資格取得者の開業法、仕事術、営業術

一般書・エンタメ書

- ファッション
- エッセイ、レシピ
- スポーツ
- 旅行ガイド（おとな旅プレミアム/旅コン）

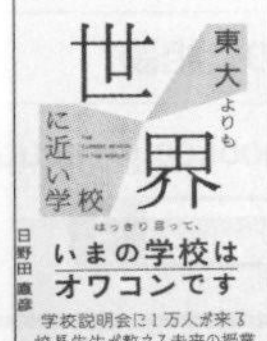

(2024年2月現在)

書籍のご購入は

1 全国の書店、大学生協、ネット書店で

2 TAC各校の書籍コーナーで

資格の学校TACの校舎は全国に展開!
校舎のご確認はホームページにて

資格の学校TAC ホームページ
https://www.tac-school.co.jp

3 TAC出版書籍販売サイトで

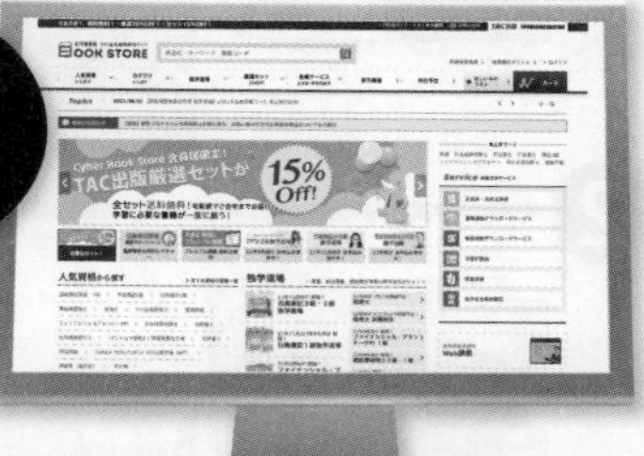

https://bookstore.tac-school.co.jp/

新刊情報をいち早くチェック!

たっぷり読める立ち読み機能

学習お役立ちの特設ページも充実!

TAC出版書籍販売サイト「サイバーブックストア」では、TAC出版および早稲田経営出版から刊行されている、すべての最新書籍をお取り扱いしています。

また、会員登録(無料)をしていただくことで、会員様限定キャンペーンのほか、送料無料サービス、メールマガジン配信サービス、マイページのご利用など、うれしい特典がたくさん受けられます。

サイバーブックストア会員は、特典がいっぱい! (一部抜粋)

通常、1万円(税込)未満のご注文につきましては、送料・手数料として500円(全国一律・税込)頂戴しておりますが、1冊から無料となります。

専用の「マイページ」は、「購入履歴・配送状況の確認」のほか、「ほしいものリスト」や「マイフォルダ」など、便利な機能が満載です。

メールマガジンでは、キャンペーンやおすすめ書籍、新刊情報のほか、「電子ブック版TACNEWS(ダイジェスト版)」をお届けします。

書籍の発売を、販売開始当日にメールにてお知らせします。これなら買い忘れの心配もありません。

日商簿記検定試験対策書籍のご案内

TAC出版の日商簿記検定試験対策書籍は、学習の各段階に対応していますので、あなたのステップに応じて、合格に向けてご活用ください！

3タイプのインプット教材

①

簿記を専門的な知識にしていきたい方向け

満点合格を目指し 次の級への土台を築く

「合格テキスト」

「合格トレーニング」

- 大判のB5判、3級～1級累計300万部超の、信頼の定番テキスト&トレーニング！ TACの教室でも使用している公式テキストです。3級のみオールカラー。
- 出題論点はすべて網羅しているので、簿記をきちんと学んでいきたい方にぴったりです！

◆3級　□2級 商簿、2級 工簿　■1級 商・会 各3点、1級 工・原 各3点

②

スタンダードにメリハリつけて学びたい方向け

教室講義のような わかりやすさでしっかり学べる

「簿記の教科書」

「簿記の問題集」　滝澤 ななみ 著

- A5判、4色オールカラーのテキスト(2級・3級のみ)&模擬試験つき問題集！
- 豊富な図解と実例つきのわかりやすい説明で、もうモヤモヤしない!!

◆3級　□2級 商簿、2級 工簿　■1級 商・会 各3点、1級 工・原 各3点

③

気軽に始めて、早く全体像をつかみたい方向け

初学者でも楽しく続けられる！

「スッキリわかる」

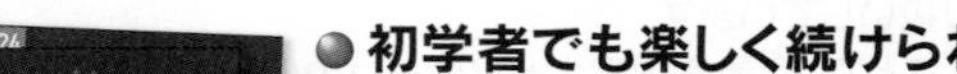

滝澤 ななみ 著（1級は商・会のみ）

- 小型のA5判(4色オールカラー)によるテキスト／問題集一体型。これ一冊でOKの、圧倒的に人気の教材です。
- 豊富なイラストとわかりやすいレイアウト！かわいいキャラの「ゴエモン」と一緒に楽しく学べます。

◆3級　□2級 商簿、2級 工簿

■1級 商・会 4点、1級 工・原 4点

「スッキリうかる本試験予想問題集」 

滝澤 ななみ 監修　TAC出版開発グループ 編著

- 本試験タイプの予想問題9回分を掲載

◆3級　□2級

コンセプト問題集

● 得点力をつける!

『みんなが欲しかった! やさしすぎる解き方の本』 

B5判 滝澤 ななみ 著

● 授業で解き方を教わっているような新感覚問題集。再受験にも有効。

◆3級 □2級

本試験対策問題集

直前予想

● 本試験タイプの問題集

『合格するための本試験問題集』

(1級は過去問題集)

B5判

● 12回分 (1級は14回分) の問題を収載。ていねいな「解答への道」、各問対策が充実

● 年2回刊行。

◆3級 □2級 ■1級

● 知識のヌケをなくす!

『まるっと完全予想問題集』 

(1級は網羅型完全予想問題集)

A4判

● オリジナル予想問題(3級10回分、2級12回分、1級8回分)で本試験の重要出題パターンを網羅。

● 実力養成にも直前の本試験対策にも有効。

◆3級 □2級 ■1級

『○年度試験をあてる TAC予想模試 +解き方テキスト ○~○月試験対応』

(1級は第○回試験をあてるTAC直前予想模試)

A4判

● TAC講師陣による4回分の予想問題で最終仕上げ。

● 2級・3級は、第1部解き方テキスト編、第2部予想模試編の2部構成。

● 年3回(1級は年2回)、各試験に向けて発行します。

◆3級 □2級 ■1級

あなたに合った合格メソッドをもう一冊!

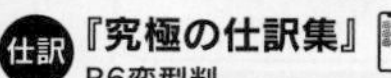

仕訳『究極の仕訳集』

B6変型判

● 悩む仕訳をスッキリ整理。ハンディサイズ、一問一答式で基本の仕訳を一気に覚える。

◆3級 □2級

仕訳『究極の計算と仕訳集』

B6変型判 境 浩一朗 著

● 1級商会で覚えるべき計算と仕訳がすべてつまった1冊!

■1級 商・会

理論『究極の会計学理論集』

B6変型判

● 会計学の理論問題を論点別に整理、手軽なサイズが便利です。

■1級 商・会、全経上級

電卓『カンタン電卓操作術』

A5変型判 TAC電卓研究会 編

● 実践的な電卓の操作方法について、丁寧に説明します!

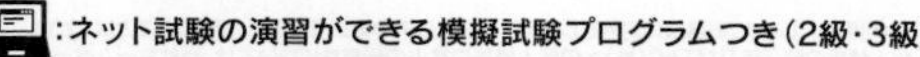

:ネット試験の演習ができる模擬試験プログラムつき(2級・3級)

:スマホで使える仕訳Webアプリつき(2級・3級)

・2024年2月現在 ・刊行内容、表紙等は変更することがあります ・とくに記述がある商品以外は、TAC簿記検定講座編です

書籍の正誤に関するご確認とお問合せについて

書籍の記載内容に誤りではないかと思われる箇所がございましたら、以下の手順にてご確認とお問合せをしてくださいますよう、お願い申し上げます。
なお、正誤のお問合せ以外の**書籍内容に関する解説および受験指導などは、一切行っておりません。**
そのようなお問合せにつきましては、お答えいたしかねますので、あらかじめご了承ください。

1 「Cyber Book Store」にて正誤表を確認する

TAC出版書籍販売サイト「Cyber Book Store」の
トップページ内「正誤表」コーナーにて、正誤表をご確認ください。

CYBER BOOK STORE TAC出版書籍販売サイト

URL:https://bookstore.tac-school.co.jp/

2 1の正誤表がない、あるいは正誤表に該当箇所の記載がない ⇒ 下記①、②のどちらかの方法で文書にて問合せをする

★ご注意ください★

お電話でのお問合せは、お受けいたしません。
①、②のどちらの方法でも、お問合せの際には、「お名前」とともに、
「対象の書籍名(○級・第○回対策も含む)およびその版数(第○版・○○年度版など)」
「お問合せ該当箇所の頁数と行数」
「誤りと思われる記載」
「正しいとお考えになる記載とその根拠」
を明記してください。
なお、回答までに1週間前後を要する場合もございます。あらかじめご了承ください。

① ウェブページ「Cyber Book Store」内の「お問合せフォーム」より問合せをする

【お問合せフォームアドレス】

https://bookstore.tac-school.co.jp/inquiry/

② メールにより問合せをする

【メール宛先 TAC出版】

syuppan-h@tac-school.co.jp

※土日祝日はお問合せ対応をおこなっておりません。
※正誤のお問合せ対応は、該当書籍の改訂版刊行月末日までといたします。

乱丁・落丁による交換は、該当書籍の改訂版刊行月末日までといたします。なお、書籍の在庫状況等により、お受けできない場合もございます。
また、各種本試験の実施の延期、中止を理由とした本書の返品はお受けいたしません。返金もいたしかねますので、あらかじめご了承くださいますようお願い申し上げます。

(2022年7月現在)

簿記の教科書　日商２級　商業簿記

別　冊

○SIWAKE−187 ～仕訳187～
○基本問題解答用紙

この冊子には、重要仕訳を集めた「SIWAKE−187 ～仕訳187～」と、基本問題（解答用紙ありの問題）の解答用紙がとじこまれています。

〈別冊ご利用時の注意〉

この色紙を残したまま冊子をていねいに抜き取り、ご利用ください。
また、抜き取りのさいの損傷についてのお取替えはご遠慮願います。

別冊の使い方

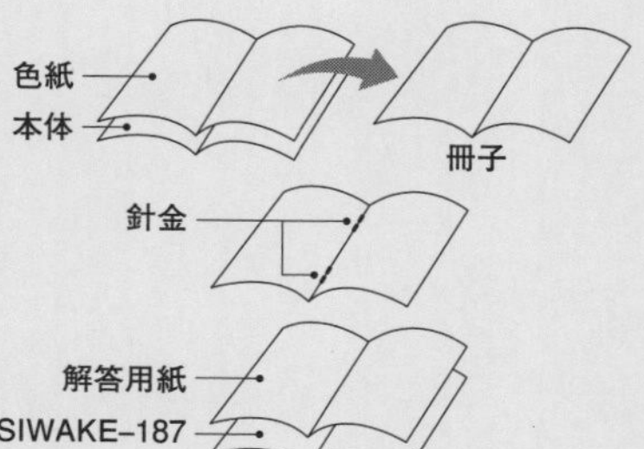

Step 1 この色紙を残したまま、ていねいに抜き取ってください。色紙は、本体からとれませんので、ご注意ください。

Step 2 抜き取った用紙を針金のついているページでしっかりと開き、工具を使用して、針金を外してください。針金で負傷しないよう、お気をつけください。

Step 3 アイテムごとに分けて、お使いください。

★取りはずし動画はこちらから！
https://bookstore.tac-school.co.jp/min20240201/

SIWAKE-187

～仕訳 187～

教科書の中で登場する重要な仕訳を集めました。
試験直前の復習に活用してください。

1 株式の発行

CHAPTER 01

A株式会社は、会社の設立にあたり、株式100株を1株あたり500円で発行し、全株式の払い込みを受け、払込金額は普通預金とした。

(普通預金)	50,000	(資本金)	50,000 *

＊　@500円×100株＝50,000円

2 株式の発行

CHAPTER 01

A株式会社は、取締役会により増資を決議し、新たに株式20株を1株あたり600円で発行し、全株式の払い込みを受け、払込金額は当座預金とした。

(当座預金)	12,000	(資本金)	12,000 *

＊　@600円×20株＝12,000円

3 株式の発行

CHAPTER 01

A株式会社は、会社の設立にあたり、株式100株を1株あたり500円で発行し、全株式の払い込みを受け、払込金額は普通預金とした。なお、払込金額のうち「会社法」で認められる最低額を資本金として処理する。

(普通預金)	50,000 *1	(資本金)	25,000 *2
		(資本準備金)	25,000 *3

＊1　@500円×100株＝50,000円　＊2　50,000円×$\frac{1}{2}$＝25,000円
＊3　50,000円－25,000円＝25,000円

4 株式の発行

CHAPTER 01

A株式会社は、取締役会により増資を決議し、新たに株式20株を1株あたり600円で発行し、全株式の払い込みを受け、払込金額は当座預金とした。なお、払込金額のうち「会社法」で認められる最低額を資本金として処理する。

(当座預金)	12,000 *1	(資本金)	6,000 *2
		(資本準備金)	6,000 *3

＊1　@600円×20株＝12,000円　＊2　12,000円×$\frac{1}{2}$＝6,000円
＊3　12,000円－6,000円＝6,000円

5 株式の発行

CHAPTER 01

Ａ株式会社は、会社の設立にあたり、株式100株を１株あたり500円で発行し、全株式の払い込みを受け、払込金額は普通預金とした。なお、株式発行費用1,000円は現金で支払った。

借方		貸方	
（普通預金）	50,000	（資本金）	50,000 *
（創立費）	1,000	（現金）	1,000

＊　@500円×100株＝50,000円

6 株式の発行

CHAPTER 01

Ａ株式会社は、取締役会により増資を決議し、新たに株式20株を１株あたり600円で発行し、全株式の払い込みを受け、払込金額は当座預金とした。なお、株式発行費用180円は現金で支払った。

借方		貸方	
（当座預金）	12,000	（資本金）	12,000 *
（株式交付費）	180	（現金）	180

＊　@600円×20株＝12,000円

7 新株発行（増資）の手続き

CHAPTER 01

Ａ株式会社は、取締役会の決議により、新たに株式20株を１株あたり600円で募集したところ、申込期日までに全株式が申し込まれ、払込金額の全額を申込証拠金として受け入れ、別段預金とした。

借方		貸方	
（別段預金）	12,000	（株式申込証拠金）	12,000 *

＊　@600円×20株＝12,000円

8 新株発行（増資）の手続き

CHAPTER 01

払込期日となり、申込証拠金12,000円を資本金に振り替え、同時に別段預金を当座預金とした。なお、払込金額のうち「会社法」で認められる最低額を資本金として処理する。

借方		貸方	
（株式申込証拠金）	12,000	（資本金）	6,000 *1
		（資本準備金）	6,000 *2
（当座預金）	12,000	（別段預金）	12,000

＊1　12,000円×$\frac{1}{2}$＝6,000円　＊2　12,000円－6,000円＝6,000円

9 合　併

CHAPTER 01

A社はB社を吸収合併し、株式10株を@80円で発行した。なお、増加する株主資本は全額資本金とした。B社の諸資産は1,000円（時価）、諸負債は400円（時価）である。

（諸　資　産）	1,000	（諸　負　債）	400
（の　れ　ん）	200 *2	（資　本　金）	800 *1

＊1　@80円×10株＝800円　＊2　貸借差額

10 損益勘定からの振り替え

CHAPTER 02

A株式会社は、決算において10,000円の当期純利益を計上した。

（損　　益）	10,000	（繰越利益剰余金）	10,000

11 損益勘定からの振り替え

CHAPTER 02

A株式会社は、決算において5,000円の当期純損失を計上した。

（繰越利益剰余金）	5,000	（損　　益）	5,000

12 剰余金の配当と処分の処理

CHAPTER 02

A株式会社の株主総会において、繰越利益剰余金を財源とした剰余金の配当等が次のように決定した。

株主配当金1,000円、利益準備金100円、別途積立金300円

（繰越利益剰余金）	1,400	（未　払　配　当　金）	1,000
		（利　益　準　備　金）	100
		（別　途　積　立　金）	300

13 剰余金の配当と処分の処理 CHAPTER 02

Ａ株式会社の株主総会において、その他資本剰余金を財源とした剰余金の配当等が次のように決定した。

株主配当金800円、資本準備金80円

（その他資本剰余金）	880	（未払配当金）	800
		（資本準備金）	80

14 剰余金の配当と処分の処理 CHAPTER 02

Ａ株式会社は、未払いだった株主配当金800円を当座預金口座から支払った。

（未払配当金）	800	（当座預金）	800

15 準備金積立額の計算 CHAPTER 02

Ａ株式会社の株主総会において、繰越利益剰余金を財源とした剰余金の配当等が次のように決定した。

株主配当金5,000円、利益準備金？円（各自計算）

なお、資本金、資本準備金、利益準備金の残高は、それぞれ60,000円、4,000円、3,000円であった。

（繰越利益剰余金）	5,500	（未払配当金）	5,000
		（利益準備金）	500 *

＊ ① 5,000円×$\frac{1}{10}$＝500円

② 60,000円×$\frac{1}{4}$－(4,000円＋3,000円)＝8,000円

③ ①＜②より①500円

16 準備金積立額の計算　CHAPTER 02

A株式会社の株主総会において、その他資本剰余金を財源とした剰余金の配当等が次のように決定した。

株主配当金2,000円、資本準備金？円（各自計算）

なお、資本金、資本準備金、利益準備金の残高は、それぞれ60,000円、4,000円、3,000円であった。

（その他資本剰余金）	2,200	（未払配当金）	2,000
		（資本準備金）	200 *

＊ ① $2{,}000\text{円}\times\frac{1}{10}=200\text{円}$

② $60{,}000\text{円}\times\frac{1}{4}-(4{,}000\text{円}+3{,}000\text{円})=8{,}000\text{円}$

③ ①<②より①200円

17 株主資本の計数変動　CHAPTER 03

(1) 資本準備金1,000円を資本金に振り替えた。

(2) 利益準備金500円を取り崩して繰越利益剰余金に振り替えた。

（資本準備金）	1,000	（資本金）	1,000
（利益準備金）	500	（繰越利益剰余金）	500

18 法人税等　CHAPTER 04

A株式会社（決算年1回、3月31日）は、法人税の中間申告を行い、税額1,000円を現金で納付した。

（仮払法人税等）	1,000	（現金）	1,000

19 法人税等

CHAPTER 04

A株式会社では、決算の結果、当期の法人税が2,500円と確定した。なお、中間納付額1,000円は仮払法人税等として処理している。

(法人税、住民税及び事業税)	2,500	(仮払法人税等)	1,000
		(未払法人税等)	1,500

20 法人税等

CHAPTER 04

A株式会社は、未払法人税等1,500円を現金で納付した。

(未払法人税等)	1,500	(現金)	1,500

21 消費税

CHAPTER 04

商品110円（税込価額）を仕入れ、代金は現金で支払った。なお、消費税率は10%である。

(仕入)	100 *1	(現金)	110
(仮払消費税)	10 *2		

＊1　仕入価額（税抜価額）：110円×$\frac{100\%}{100\%+10\%}$＝100円

＊2　支払った消費税額：100円×10%＝10円

22 消費税

CHAPTER 04

商品330円（税込価額）を売り上げ、代金は現金で受け取った。なお、消費税率は10%である。

(現金)	330	(売上)	300 *1
		(仮受消費税)	30 *2

＊1　売上価額（税抜価額）：330円×$\frac{100\%}{100\%+10\%}$＝300円

＊2　受け取った消費税額：300円×10%＝30円

23 消費税　CHAPTER 04

決算において、消費税の納付額を計算する。なお、当期の取引は仕入高110円（税込価額）、売上高330円（税込価額）のみである。

借方	金額	貸方	金額
（仮受消費税）	30	（仮払消費税）	10
		（未払消費税）	20 *

＊　消費税の納付額：30円－10円＝20円

24 消費税　CHAPTER 04

未払消費税20円を現金で納付した。

借方	金額	貸方	金額
（未払消費税）	20	（現金）	20

25 売上原価対立法　CHAPTER 05

次の一連の取引について、売上原価対立法によって仕訳しなさい。

(1)　商品2,000円を掛けで仕入れた。

(2)　商品（売価2,100円、原価1,500円）を掛けで売り上げた。

(3)　決算日を迎えた。

	借方	金額	貸方	金額
(1)	（商品）	2,000	（買掛金）	2,000
(2)	（売掛金）	2,100	（売上）	2,100
	（売上原価）	1,500	（商品）	1,500
(3)	仕訳なし			

26 仕入割戻し
CHAPTER 05

仕入先から10円の割戻しを受け、買掛金と相殺した。

（買　掛　金）	10	（仕　入）	10

27 クレジット売掛金
CHAPTER 05

商品1,000円をクレジット払いの条件で販売した。なお、信販会社への手数料（販売代金の２％）は販売時に計上する。

（支払手数料）	20 *1	（売　上）	1,000
（クレジット売掛金）	980 *2		

＊1　1,000円×２％＝20円
＊2　1,000円－20円＝980円

28 クレジット売掛金
CHAPTER 05

信販会社より決済手数料を差し引かれた残額980円が当座預金口座へ入金された。

（当　座　預　金）	980	（クレジット売掛金）	980

29 売上原価の算定と期末商品の評価

CHAPTER 05

決算において、売上原価を算定する。期首商品棚卸高は100円、期末商品棚卸高は200円、棚卸減耗損は20円、商品評価損は54円であり、売上原価は「仕入」の行で算定する。なお、棚卸減耗損および商品評価損は売上原価に含めるものとする。

借方科目	金額	貸方科目	金額
(仕入)	100	(繰越商品)	100
(繰越商品)	200	(仕入)	200
(棚卸減耗損)	20	(繰越商品)	20
(仕入)	20	(棚卸減耗損)	20
(商品評価損)	54	(繰越商品)	54
(仕入)	54	(商品評価損)	54

30 売上原価の算定と期末商品の評価

CHAPTER 05

決算において、売上原価を算定する。期首商品棚卸高は100円、期末商品棚卸高は200円、棚卸減耗損は20円、商品評価損は54円であり、売上原価は「仕入」の行で算定する。なお、棚卸減耗損および商品評価損は、精算表上、独立の科目として表示する。

借方科目	金額	貸方科目	金額
(仕入)	100	(繰越商品)	100
(繰越商品)	200	(仕入)	200
(棚卸減耗損)	20	(繰越商品)	20
(商品評価損)	54	(繰越商品)	54

31 手形の裏書き

CHAPTER 06

Ａ社はＢ社より商品100円を仕入れ、代金は以前にＣ社から受け取っていた約束手形を裏書きして渡した。

（仕　入）	100	（受 取 手 形）	100

32 手形の裏書き

CHAPTER 06

Ｂ社はＡ社に商品100円を売り上げ、代金はＣ社振出、Ａ社宛の約束手形を裏書譲渡された。

（受 取 手 形）	100	（売　上）	100

33 手形の割引き

CHAPTER 06

Ａ社は所有するＣ社振出の約束手形100円を銀行で割り引き、割引料10円を差し引かれた残額（90円）を当座預金口座に入金した。

（手 形 売 却 損）	10	（受 取 手 形）	100
（当 座 預 金）	90		

34 手形の不渡り

CHAPTER 06

所有する手形（得意先Ｂ社から受け取ったＢ社振出の約束手形）1,000円が不渡りとなった。

（不 渡 手 形）	1,000	（受 取 手 形）	1,000

35 手形の不渡り

CHAPTER 06

不渡りとなった手形の代金（1,000円）を現金で回収した。

（現　　　　　金）	1,000	（不　渡　手　形）	1,000

36 手形の不渡り

CHAPTER 06

不渡りとなった手形の代金（1,000円）が回収不能となった。なお、貸倒引当金の残高は０円である。

（貸　倒　損　失）	1,000	（不　渡　手　形）	1,000

37 電子記録債権（債務）

CHAPTER 06

Ａ社は、Ｂ社に対する買掛金1,000円の支払いに電子記録債務を用いることとし、取引銀行を通じて債務の発生記録を行った。また、Ｂ社（Ａ社に対する売掛金がある）は取引銀行よりその通知を受けた。Ａ社（債務者）とＢ社（債権者）の仕訳をしなさい。

Ａ社	（買　　掛　　金）	1,000	（電子記録債務）	1,000
Ｂ社	（電子記録債権）	1,000	（売　　掛　　金）	1,000

38 電子記録債権（債務）

CHAPTER 06

Ａ社は、Ｂ社に対する買掛金1,000円の支払いに用いた電子記録債務について、取引銀行の当座預金口座からＢ社の取引銀行の当座預金口座に払い込みを行った。Ａ社（債務者）とＢ社（債権者）の仕訳をしなさい。

Ａ社	（電子記録債務）	1,000	（当　座　預　金）	1,000
Ｂ社	（当　座　預　金）	1,000	（電子記録債権）	1,000

39 電子記録債権（債務）

CHAPTER 06

Ｂ社はＣ社に対する買掛金の決済のため、所有する電子記録債権1,000円を譲渡することとし、取引銀行を通じて譲渡記録を行った。Ｂ社（譲渡人）とＣ社（譲受人）の仕訳をしなさい。

Ｂ社	（買　掛　金）	1,000	（電子記録債権）	1,000
Ｃ社	（電子記録債権）	1,000	（売　掛　金）	1,000

40 電子記録債権（債務）

CHAPTER 06

Ｂ社は所有する電子記録債権1,000円を取引先に950円で譲渡し、代金は当座預金口座に入金された。

（当　座　預　金）	950	（電子記録債権）	1,000
（電子記録債権売却損）	50 *		

＊　1,000円－950円＝50円

41 その他の債権の譲渡

CHAPTER 06

Ａ社はＣ社に対する買掛金1,000円を支払うため、Ｂ社に対する売掛金1,000円を、Ｂ社の承諾を得て、Ｃ社に譲渡した。

（買　掛　金）	1,000	（売　掛　金）	1,000

42 その他の債権の譲渡

CHAPTER 06

Ａ社はＢ社に対する売掛金1,000円を、Ｂ社の承諾を得て、Ｄ社に950円で譲渡し、代金は普通預金口座に入金された。

（普　通　預　金）	950	（売　掛　金）	1,000
（債　権　売　却　損）	50 *		

＊　1,000円－950円＝50円

43 銀行勘定調整表（不一致が生じる原因） CHAPTER 07

決算日に、現金100円を当座預金口座に預け入れたが、営業時間外のため銀行で翌日付けの入金として処理された。

仕　訳　な　し

44 銀行勘定調整表（不一致が生じる原因） CHAPTER 07

得意先Ｃ社から受け取った小切手200円を銀行に持ち込み、取り立てを依頼していたが、決算日において、まだ銀行が取り立てを行っていなかった。

仕　訳　な　し

45 銀行勘定調整表（不一致が生じる原因） CHAPTER 07

仕入先Ｂ社に振り出した小切手150円が、決算日において、まだ銀行に呈示されていなかった。

仕　訳　な　し

46 銀行勘定調整表（不一致が生じる原因） CHAPTER 07

決算日において、得意先Ｃ社から売掛金300円について当座預金口座に振り込みがあったが、この通知が当社に未達であった。

(当　座　預　金)	300	(売　掛　金)	300

47 銀行勘定調整表（不一致が生じる原因） CHAPTER 07

得意先C社から売掛金200円を回収したさい、誤って250円で処理していた。

（売　　掛　　金）	50	（当　座　預　金）	50

48 銀行勘定調整表（不一致が生じる原因） CHAPTER 07

買掛金400円の支払いのため小切手を作成したが、決算日において未渡しであった。

（当　座　預　金）	400	（買　　掛　　金）	400

49 銀行勘定調整表（不一致が生じる原因） CHAPTER 07

広告宣伝費1,000円の支払いのため小切手を作成したが、決算日において未渡しであった。

（当　座　預　金）	1,000	（未　　払　　金）	1,000

50 固定資産の購入 CHAPTER 08

A社は、B社から備品850円を購入し、代金は約束手形を振り出して支払った。

（備　　　　品）	850	（営業外支払手形）	850

51 固定資産の購入 CHAPTER 08

B社は、A社に備品（帳簿価額800円、直接法で記帳）を850円で売却し、代金は約束手形で受け取った。

（営業外受取手形）	850	（備　　　　品）	800
		（固定資産売却益）	50

52 固定資産の購入 CHAPTER 08

備品60,000円を6か月の分割払い（月々の支払額は10,500円）の契約で購入した。なお、利息分については前払利息で処理する。

（備　　　　品）	60,000	（未　払　金）	63,000 *1
（前　払　利　息）	3,000 *2		

＊1　10,500円×6か月＝63,000円
＊2　63,000円－60,000円＝3,000円

53 固定資産の購入 CHAPTER 08

備品（現金正価60,000円、6か月の分割払い。月々の支払額は10,500円）について、第1回目の割賦金10,500円を銀行の普通預金口座から支払った。なお、前払利息は定額法により配分する。

（未　払　金）	10,500	（普　通　預　金）	10,500
（支　払　利　息）	500 *	（前　払　利　息）	500

＊　①総利息：10,500円×6か月－60,000円＝3,000円
②支払った分の利息：3,000円÷6か月＝500円

54 直接法による減価償却

CHAPTER 08

決算において、当期首に購入した建物（取得原価10,000円、残存価額は０円、耐用年数20年）について、定額法により減価償却を行う。なお、記帳方法は直接法である。

（減価償却費）	500＊	（建　物）	500

＊　(10,000円－0円)÷20年＝500円

55 間接法による減価償却

CHAPTER 08

決算において、前期首に購入した建物（取得原価10,000円、残存価額は０円、耐用年数20年）について、定額法により減価償却を行う。なお、記帳方法は間接法である。

（減価償却費）	500＊	（建物減価償却累計額）	500

＊　(10,000円－0円)÷20年＝500円

56 固定資産の減価償却

CHAPTER 08

決算において、当期の12月１日に購入した備品（取得原価30,000円）について、定率法（償却率20%）により減価償却を行う。取得後１年目、２年目、３年目の決算整理仕訳をしなさい。なお、決算日は３月31日、記帳方法は間接法である。

１年目	（減価償却費）	2,000＊1	（備品減価償却累計額）	2,000
２年目	（減価償却費）	5,600＊2	（備品減価償却累計額）	5,600
３年目	（減価償却費）	4,480＊3	（備品減価償却累計額）	4,480

＊１　30,000円×20%×$\frac{4か月}{12か月}$＝2,000円

＊２　(30,000円－2,000円)×20%＝5,600円

＊３　(30,000円－2,000円－5,600円)×20%＝4,480円

57 固定資産の減価償却 CHAPTER 08

決算において、当期の10月１日に購入した車両（取得原価200,000円）について、生産高比例法（残存価額は取得原価の10%、総走行可能距離は10,000㎞）により減価償却を行う。なお、当期の走行距離は1,000㎞、決算日は３月31日、記帳方法は間接法である。

（減価償却費）	18,000 *	（車両運搬具減価償却累計額）	18,000

＊　$200{,}000円 \times 0.9 \times \frac{1{,}000km}{10{,}000km} = 18{,}000円$

58 固定資産の買換え CHAPTER 08

当期首において、車両（取得原価200,000円、期首減価償却累計額108,000円、記帳方法は間接法）を下取りに出し、新車両300,000円を購入した。旧車両の下取価額は85,000円であり、新車両の購入価額との差額は翌月末に支払うことにした。

（車両運搬具）	300,000	（車両運搬具）	200,000
（車両運搬具減価償却累計額）	108,000	（未払金）	215,000 *
（固定資産売却損）	7,000		

＊　300,000円－85,000円＝215,000円

59 固定資産の除却・廃棄 CHAPTER 08

当期首において、不用となった備品（取得原価60,000円、期首減価償却累計額36,000円、記帳方法は間接法）を除却した。なお、除却資産の見積処分価額は18,000円である。

（備品減価償却累計額）	36,000	（備品）	60,000
（貯蔵品）	18,000		
（固定資産除却損）	6,000 *		

＊　貸借差額

60 固定資産の除却・廃棄 CHAPTER 08

当期首において、不用となった備品（取得原価60,000円、期首減価償却累計額36,000円、記帳方法は間接法）を廃棄した。なお、廃棄費用500円を現金で支払った。

（備品減価償却累計額）	36,000	（備品）	60,000
（固定資産廃棄損）	24,500 *	（現金）	500

＊　貸借差額

61 建設仮勘定

CHAPTER 08

本社ビルの新築のため、建設会社と請負契約（請負金額500,000円）を結び、手付金として100,000円を小切手を振り出して支払った。

（建設仮勘定）	100,000	（当座預金）	100,000

62 建設仮勘定

CHAPTER 08

工事（請負金額500,000円、手付金100,000円を支払済み）が完成し、引き渡しを受けた。請負金額の残額400,000円は小切手を振り出して支払った。

（建物）	500,000	（建設仮勘定）	100,000
		（当座預金）	400,000

63 固定資産の改良・修繕

CHAPTER 08

建物の改良を行い、50,000円を現金で支払った。

（建物）	50,000	（現金）	50,000

64 固定資産の改良・修繕

CHAPTER 08

建物の修繕を行い、20,000円を現金で支払った。

（修繕費）	20,000	（現金）	20,000

65 固定資産の滅失 CHAPTER 08

当期首において、建物（取得原価300,000円、期首減価償却累計額162,000円、記帳方法は間接法）が火災により焼失した。なお、この建物には保険を掛けていない。

（建物減価償却累計額）	162,000	（建　　　　　物）	300,000
（火　災　損　失）	138,000		

66 固定資産の滅失 CHAPTER 08

当期首において、建物（取得原価300,000円、期首減価償却累計額162,000円、記帳方法は間接法）が火災により焼失した。なお、この建物には200,000円の保険を掛けているため、ただちに保険会社に連絡をした。

（建物減価償却累計額）	162,000	（建　　　　　物）	300,000
（未　　決　　算）	138,000		

67 固定資産の滅失 CHAPTER 08

火災について、保険金100,000円を支払う旨の連絡が保険会社からあった。なお、固定資産の焼失時に未決算138,000円を計上している。

（未　収　入　金）	100,000	（未　　決　　算）	138,000
（火　災　損　失）	38,000		

68 固定資産の滅失 CHAPTER 08

火災について、保険金200,000円を支払う旨の連絡が保険会社からあった。なお、固定資産の焼失時に未決算138,000円を計上している。

（未　収　入　金）	200,000	（未　　決　　算）	138,000
		（保　険　差　益）	62,000

69 固定資産の滅失

CHAPTER 08

火災について、保険会社から保険金200,000円が当座預金口座に入金された。

(当座預金)	200,000	(未収入金)	200,000

70 圧縮記帳

CHAPTER 08

A社は、国から国庫補助金5,000円を受け取り、当座預金口座に入金した。

(当座預金)	5,000	(国庫補助金受贈益)	5,000

71 圧縮記帳

CHAPTER 08

A社は、受け取った国庫補助金5,000円に自己資金10,000円を加えて建物15,000円を購入し、代金は当座預金口座から支払った。なお、この建物については補助金に相当する額の圧縮記帳（直接減額方式）を行った。

(建物)	15,000	(当座預金)	15,000
(固定資産圧縮損)	5,000	(建物)	5,000

72 圧縮記帳

CHAPTER 08

決算において、A社は当期首に取得した建物（購入価額15,000円、圧縮記帳額5,000円、直接減額方式）について、定額法（耐用年数20年、残存価額は0円、間接法で記帳）により減価償却を行う。

(減価償却費)	500 *	(建物減価償却累計額)	500

* ①圧縮記帳後の帳簿価額：15,000円－5,000円＝10,000円
②減価償却費：10,000円÷20年＝500円

73 ファイナンス・リース取引の処理（利子込み法）

以下の条件で契約したリース取引（ファイナンス・リース取引に該当）について、利子込み法（利息相当額を控除しない方法）によって、下記の(1)～(4)の日付の仕訳をしなさい。なお、決算日は毎年３月31日である。

［条　件］

リース契約日：×1年７月１日

リース期間：５年

見積現金購入価額：8,800円

年間リース料：2,000円（毎年６月30日に現金で後払い）

減価償却：残存価額を０円、耐用年数をリース期間とした定額法により行う。記帳方法は間接法

(1)　×1年７月１日（リース契約日）の仕訳

(2)　×2年３月31日（決算日）の仕訳

(3)　×2年４月１日（翌期首）の仕訳

(4)　×2年６月30日（リース料支払日）の仕訳

	借方科目	金額	貸方科目	金額
(1)	（リース資産）	10,000 *1	（リース債務）	10,000
(2)	（減価償却費）	1,500 *2	（リース資産減価償却累計額）	1,500
(3)	仕訳なし			
(4)	（リース債務）	2,000	（現　金）	2,000

＊1　2,000円×５年＝10,000円

＊2　10,000円÷５年×$\frac{9\text{か月}(×1年7/1～×2年3/31)}{12\text{か月}}$＝1,500円

74 ファイナンス・リース取引の処理（利子抜き法）

以下の条件で契約したリース取引（ファイナンス・リース取引に該当）について、利子抜き法（利息相当額を定額法で配分する方法）によって、下記の(1)～(4)の日付の仕訳をしなさい。なお、決算日は毎年３月31日である。

［条　件］

リース契約日：×1年７月１日

リース期間：５年

見積現金購入価額：8,800円

年間リース料：2,000円（毎年６月30日に現金で後払い）

減価償却：残存価額を０円、耐用年数をリース期間とした定額法により行う。記帳方法は間接法

(1)　×1年７月１日（リース契約日）の仕訳

(2)　×2年３月31日（決算日）の仕訳

(3)　×2年４月１日（翌期首）の仕訳

(4)　×2年６月30日（リース料支払日）の仕訳

	借方科目	金額	貸方科目	金額
(1)	（リース資産）	8,800 *1	（リース債務）	8,800
(2)	（減価償却費）	1,320 *2	（リース資産減価償却累計額）	1,320
	（支払利息）	180 *3	（未払利息）	180
(3)	（未払利息）	180	（支払利息）	180
(4)	（リース債務）	1,760 *4	（現金）	2,000
	（支払利息）	240 *5		

＊１　見積現金購入価額

＊２　8,800円÷５年× $\frac{9\text{か月}(\times1\text{年}7/1\sim\times2\text{年}3/31)}{12\text{か月}}$ ＝1,320円

＊３　①リース料総額：2,000円×５年＝10,000円

②支払利息総額：10,000円－8,800円＝1,200円

③当期分の支払利息：1,200円÷５年× $\frac{9\text{か月}(\times1\text{年}7/1\sim\times2\text{年}3/31)}{12\text{か月}}$ ＝180円

＊４　8,800円÷５年＝1,760円

＊５　1,200円÷５年＝240円

75 オペレーティング・リース取引の処理 CHAPTER 09

×1年4月1日（期首）において、リース契約（オペレーティング・リース取引に該当）を締結し、リース期間5年、年間リース料2,000円（毎年3月31日に後払い）で備品を取得した。

仕　訳　な　し

76 オペレーティング・リース取引の処理 CHAPTER 09

75のリース契約について、×2年3月31日において、リース料2,000円を現金で支払った。

(支払リース料)	2,000	(現　　　金)	2,000

77 オペレーティング・リース取引の処理 CHAPTER 09

×2年3月31日（決算日）において、×1年7月1日に締結したリース契約（オペレーティング・リース取引に該当）について、リース料の未払計上を行った。なお、リース期間は5年、年間リース料は2,000円（毎年6月30日に後払い）である。

(支払リース料)	1,500 *	(未払リース料)	1,500

＊ $2{,}000円 \times \frac{9か月（×1年7/1\sim×2年3/31）}{12か月} = 1{,}500円$

78 オペレーティング・リース取引の処理 CHAPTER 09

×2年4月1日（翌期首）において、77で行ったリース料の未払計上の再振替仕訳を行う。

(未払リース料)	1,500	(支払リース料)	1,500

79 研究開発費

CHAPTER 10

研究開発目的にのみ使用する実験装置10,000円を購入し、代金は小切手を振り出して支払った。

(研究開発費)	10,000	(当座預金)	10,000

80 無形固定資産

CHAPTER 10

特許権を8,000円で取得し、代金は小切手を振り出して支払った。

(特許権)	8,000	(当座預金)	8,000

81 無形固定資産

CHAPTER 10

決算において、当期首に発生した特許権8,000円（償却期間８年）とのれん20,000円（償却期間10年）を償却する。

(特許権償却)	1,000 *1	(特許権)	1,000
(のれん償却)	2,000 *2	(のれん)	2,000

＊1　8,000円÷８年＝1,000円
＊2　20,000円÷10年＝2,000円

82 ソフトウェア

CHAPTER 10

Ａ社は、当期首において、自社利用のソフトウェアを10,000円で購入し、代金は現金で支払った。

(ソフトウェア)	10,000	(現金)	10,000

83 ソフトウェア CHAPTER 10

決算において、当期首に購入したソフトウェア（購入原価10,000円）を利用可能期間５年で償却する。

（ソフトウェア償却）	2,000 *	（ソ フ ト ウ ェ ア）	2,000

＊　10,000円÷５年＝2,000円

84 有価証券の購入と売却 CHAPTER 11

(1)　売買目的で、Ａ社株式10株を@100円で購入し、代金は購入手数料100円とともに３営業日後に支払うこととした。

(2)　満期保有目的で、Ｂ社社債（額面総額1,000円）を額面100円につき96円で購入し、代金は売買手数料30円とともに普通預金口座から支払った。

(3)　Ｃ社株式80株を@50円で購入し、購入手数料100円とともに普通預金口座から支払った。なお、C社の発行済株式総数は100株である。

(4)　Ｄ社株式（その他有価証券）10株を@200円で購入し、代金は購入手数料100円とともに３営業日後に支払うこととした。

(1)	（売買目的有価証券）	1,100 *1	（未　　払　　金）	1,100
(2)	（満期保有目的債券）	990 *2	（普　通　預　金）	990
(3)	（子 会 社 株 式）	4,100 *3	（普　通　預　金）	4,100
(4)	（その他有価証券）	2,100 *4	（未　　払　　金）	2,100

＊１　@100円×10株＋100円＝1,100円

＊２　$96円\times\frac{1,000円}{100円}+30円=990円$

＊３　C社の発行済株式100株のうち80株（過半数）を取得しているので、子会社株式に分類される。
@50円×80株＋100円＝4,100円

＊４　@200円×10株＋100円＝2,100円

85 有価証券の購入と売却

CHAPTER 11

売買目的で保有するＸ社株式10株（帳簿価額2,100円）を１株あたり230円で売却し、代金は現金で受け取った。

（現　　　　金）	2,300 ＊1	（売買目的有価証券）	2,100
		（有価証券売却益）	200 ＊2

＊１　@230円×10株＝2,300円　＊２　2,300円－2,100円＝200円
売却価額＞帳簿価額→売却益

86 有価証券の購入と売却

CHAPTER 11

売買目的で保有するＹ社社債（額面総額1,000円、帳簿価額970円）を額面100円につき95円で売却し、代金は現金で受け取った。

（現　　　　金）	950 ＊1	（売買目的有価証券）	970
（有価証券売却損）	20 ＊2		

＊１　$95円 \times \frac{1,000円}{100円} = 950円$　＊２　950円－970円＝△20円
売却価額＜帳簿価額→売却損

87 有価証券の購入と売却

CHAPTER 11

当期中に２回にわたって売買目的で購入したＺ社株式200株のうち、150株を１株あたり525円で売却し、代金は月末に受け取ることとした。なお、Ｚ社株式は１回目に１株あたり500円で100株を、２回目に１株あたり520円で100株を購入している。当社は平均原価法で記帳している。

（未　収　入　金）	78,750 ＊1	（売買目的有価証券）	76,500 ＊2
		（有価証券売却益）	2,250 ＊3

＊１　@525円×150株＝78,750円

＊２　平均単価：$\frac{@500円 \times 100株 + @520円 \times 100株}{100株 + 100株} = @510円$

売却株式の帳簿価額：@510円×150株＝76,500円

＊３　貸借差額

88 配当金・利息の受け取り　CHAPTER 11

保有するＸ社株式について、配当金領収証100円を受け取った。

（現　　　金）	100	（受 取 配 当 金）	100

89 配当金・利息の受け取り　CHAPTER 11

保有するＹ社社債について、半年分の利息100円の利払日が到来した。

（現　　　金）	100	（有 価 証 券 利 息）	100

90 端数利息の処理　CHAPTER 11

×1年８月10日　Ａ社は売買目的で購入したＹ社社債（額面金額50,000円、年利率7.3％、利払日は６月末日と12月末日、帳簿価額48,000円）を、額面100円につき97円でＢ社に売却し、代金は端数利息とともに現金で受け取った。

（現　　　金）	48,910 *2	（売買目的有価証券）	48,000
		（有価証券売却益）	500
		（有 価 証 券 利 息）	410 *1

＊１　$50,000円 \times 7.3\% \times \frac{41日}{365日} = 410円$

＊２　$50,000円 \times \frac{97円}{100円} = 48,500円$

48,500円＋410円＝48,910円

91 端数利息の処理 CHAPTER 11

×1年８月10日　Ｂ社はＡ社から売買目的でＹ社社債（額面金額50,000円、年利率7.3％、利払日は６月末日と12月末日）を、額面100円につき97円で購入し、代金は端数利息とともに現金で支払った。

（売買目的有価証券）	48,500 *2	（現　　　金）	48,910
（有価証券利息）	410 *1		

＊1　50,000円×7.3％×$\frac{41日}{365日}$＝410円

＊2　50,000円×$\frac{97円}{100円}$＝48,500円

92 売買目的有価証券の評価替え CHAPTER 11

決算において、売買目的有価証券の時価は980円であった。なお、帳簿価額は1,100円である。

（有価証券評価損）	120	（売買目的有価証券）	120 *

＊　980円－1,100円＝△120円（評価損）

93 売買目的有価証券の評価替え CHAPTER 11

決算において、売買目的有価証券の時価は1,150円であった。なお、帳簿価額は1,100円である。

（売買目的有価証券）	50 *	（有価証券評価益）	50

＊　1,150円－1,100円＝50円（評価益）

94 満期保有目的債券の評価

CHAPTER 11

(1) ×1年7月1日　満期保有目的で、Y社の社債（額面総額10,000円、満期日は×6年6月30日）を額面100円につき96円で購入し、代金は現金で支払った。
(2) ×2年3月31日　決算において、(1)の満期保有目的債券について償却原価法（定額法）により評価する。

(1)	（満期保有目的債券）	9,600 *1	（現　　　金）	9,600
(2)	（満期保有目的債券）	60 *2	（有 価 証 券 利 息）	60

＊1　$10{,}000円 \times \frac{96円}{100円} = 9{,}600円$

＊2　$(10{,}000円 - 9{,}600円) \times \frac{9か月}{60か月(5年 \times 12か月)} = 60円$

95 子会社株式・関連会社株式の評価

CHAPTER 11

決算において、子会社株式の時価は4,200円であった。なお、帳簿価額は4,100円である。

仕　訳　な　し

96 その他有価証券の評価

CHAPTER 11

⑴ 決算において、D社株式（その他有価証券）の時価は2,200円であった。なお、帳簿価額は2,000円である。

⑵ 決算において、E社株式（その他有価証券）の時価は1,300円であった。なお、帳簿価額は1,450円である。

⑴	（その他有価証券）	200 *1	（その他有価証券評価差額金）	200
⑵	（その他有価証券評価差額金）	150	（その他有価証券）	150 *2

＊1　2,200円－2,000円＝200円（評価益）

＊2　1,300円－1,450円＝△150円（評価損）

97 貸倒引当金

CHAPTER 12

決算において、売掛金の期末残高10,000円に対し、下記のように貸倒引当金を設定する。なお、貸倒引当金の期末残高は120円である。

⑴ A社に対する売掛金2,000円については、債権額から担保処分見込額400円を控除した残高に対して50％を貸倒引当金として設定する。

⑵ B社に対する売掛金1,000円については、債権額の4％を貸倒引当金として設定する。

⑶ その他の売掛金に対しては、貸倒実績率2％として貸倒引当金を設定する。

（貸倒引当金繰入）	860 *	（貸倒引当金）	860

＊　⑴に対する貸倒引当金（個別評価）：(2,000円－400円)×50％＝800円
⑵に対する貸倒引当金（個別評価）：1,000円×4％＝40円
⑶に対する貸倒引当金（一括評価）：(10,000円－2,000円－1,000円)×2％＝140円
貸倒引当金の合計：800円＋40円＋140円＝980円
貸倒引当金繰入：980円－120円＝860円

98 修繕引当金

CHAPTER 12

決算において、修繕引当金を設定する。当期の繰入額は1,000円である。

(修繕引当金繰入)	1,000	(修繕引当金)	1,000

99 修繕引当金

CHAPTER 12

建物の定期修繕を行い、修繕費1,500円を現金で支払った。なお、修繕引当金の残高は1,000円である。

(修繕引当金)	1,000	(現金)	1,500
(修繕費)	500		

100 修繕引当金

CHAPTER 12

建物の定期修繕と改良を行い、3,500円を現金で支払った。このうち、2,000円は資本的支出である。なお、修繕引当金の残高は1,000円である。

(建物)	2,000	(現金)	3,500
(修繕引当金)	1,000		
(修繕費)	500		

101 商品保証引当金

CHAPTER 12

決算において、商品保証引当金を設定する。当期の繰入額は1,000円である。

(商品保証引当金繰入)	1,000	(商品保証引当金)	1,000

102 商品保証引当金

CHAPTER 12

前期に販売した商品について、修理の申し出があったため、無料修理に応じた。この修理にかかった費用700円は現金で支払った。なお、商品保証引当金の残高は1,000円である。

(商品保証引当金)	700	(現　　　金)	700

103 退職給付引当金

CHAPTER 12

決算において、退職給付引当金を設定する。当期の繰入額は1,000円である。

(退職給付費用)	1,000	(退職給付引当金)	1,000

104 退職給付引当金

CHAPTER 12

従業員が退職し、退職金400円を当座預金口座から支払った。なお、退職給付引当金の残高は1,000円である。

(退職給付引当金)	400	(当座預金)	400

105 賞与引当金

CHAPTER 12

決算において、賞与引当金を設定する。当期の繰入額は1,000円である。

(賞与引当金繰入)	1,000	(賞与引当金)	1,000

106 賞与引当金

CHAPTER 12

賞与支給日において、賞与1,500円を当座預金口座から支払った。なお、賞与引当金の残高は1,000円である。

（賞 与 引 当 金）	1,000	（当 座 預 金）	1,500
（賞 与）	500		

107 サービス業の処理

CHAPTER 13

資格の学校Ｔ社は、来月実施予定の模擬試験の受験料10,000円を現金で受け取った。

（現 金）	10,000	（前 受 金）	10,000

108 サービス業の処理

CHAPTER 13

107の模擬試験の作成にかかったスタッフの給料4,000円を、当該サービスにかかるものとして仕掛品勘定に振り替えた。

（仕 掛 品）	4,000	（給 料）	4,000

109 サービス業の処理

CHAPTER 13

本日、模擬試験を実施し、サービスを提供した。なお、模擬試験の受講料10,000円は先に受け取っており、前受金で処理している（107）。また、模擬試験の作成にかかった費用4,000円は仕掛品勘定で処理している（108）。

（前 受 金）	10,000	（役 務 収 益）	10,000
（役 務 原 価）	4,000	（仕 掛 品）	4,000

110 サービス業の処理

CHAPTER 13

(1) 資格の学校T社は来月開講予定の講座（受講期間1年）の受講料20,000円を現金で受け取った。

(2) 教材の作成費10,000円を現金で支払った。なお、全額が(1)の講座に直接かかるものであるため、仕掛品勘定で処理した。

(3) 決算日現在、講座の40%が終了している。

	借方科目	金額	貸方科目	金額
(1)	（現　　　　金）	20,000	（前　受　金）	20,000
(2)	（仕　掛　品）	10,000	（現　　　　金）	10,000
(3)	（前　受　金）	8,000	（役　務　収　益）	8,000 *1
	（役　務　原　価）	4,000 *2	（仕　掛　品）	4,000

＊1　役務収益：20,000円×40%＝8,000円
＊2　役務原価：10,000円×40%＝4,000円

111 サービス業の処理

CHAPTER 13

(1) 旅行業を営むABCトラベル㈱が企画したパッケージツアーについて、顧客からの申し込みがあり、旅行代金10,000円を現金で受け取った。

(2) ABCトラベル㈱は、(1)のツアーを催行した。なお、移動のための交通費など4,000円を現金で支払った。

	借方科目	金額	貸方科目	金額
(1)	（現　　　　金）	10,000	（前　受　金）	10,000
(2)	（前　受　金）	10,000	（役　務　収　益）	10,000
	（役　務　原　価）	4,000	（現　　　　金）	4,000

112 収益の認識と契約負債 CHAPTER 14

×1年4月1日（期首）に、当社はB社と商品の販売と2年間の保守サービスの提供を1つの契約で締結した。下記の契約の内容にもとづき、(1)～(3)の日付の仕訳をしなさい。なお、決算日は3月31日である。

[契約の内容]

① 契約と同時（×1年4月1日）に商品の引き渡しを行う。

② 保守サービスの期間は×1年4月1日から×3年3月31日までである。

③ 契約書に記載された対価の額は100円（商品の対価は80円、保守サービスの対価は20円）で、商品の引渡時に対価100円を現金で受け取る。

(1) ×1年4月1日（商品の引渡時、対価の受取時）の仕訳

(2) ×2年3月31日（決算日）の仕訳

(3) ×3年3月31日（決算日、保守サービス期間終了時）の仕訳

	借方科目	金額	貸方科目	金額
(1)	(現　　金)	100	(売　　上)	80 *1
			(契約負債)	20 *2
(2)	(契約負債)	10	(売　　上)	10 *3
(3)	(契約負債)	10	(売　　上)	10 *3

＊1　商品の引渡し義務は果たしているので、商品の対価で「売上」を計上する。

＊2　保守サービスの提供義務はまだ果たしていないので「契約負債」で処理する。

＊3　1年分の保守サービスの提供義務を果たしているので、1年分の「売上（または役務収益）」を計上するとともに、その分の「契約負債」を減少させる。

簿記の教科書　日商２級　商業簿記
基本問題　解答用紙

解答用紙はダウンロードでもご利用いただけます。
TAC出版書籍販売サイト・サイバーブックストアにアクセスしてください。
https://bookstore.tac-school.co.jp/

問4　売上原価の算定と期末商品の評価

(1)　決算整理仕訳

借方科目	金　額	貸方科目	金　額

(2)　精算表

精　算　表

勘定科目	試算表		修正記入		損益計算書		貸借対照表	
	借方	貸方	借方	貸方	借方	貸方	借方	貸方
繰越商品	9,000							
仕入	80,000							
棚卸減耗損								
商品評価損								

問１　精算表の作成

精　算　表

勘定科目	試算表		修正記入		損益計算書		貸借対照表	
	借方	貸方	借方	貸方	借方	貸方	借方	貸方
現　　金	21,400							
当座預金	38,060							
受取手形	48,000							
売 掛 金	57,000							
売買目的有価証券	42,500							
繰越商品	14,000							
建　　物	145,000							
備　　品	45,000							
満期保有目的債券	38,800							
長期貸付金	40,000							
買 掛 金		44,140						
貸倒引当金		860						
建物減価償却累計額		45,000						
備品減価償却累計額		9,000						
資 本 金		345,000						
利益準備金		6,000						
繰越利益剰余金		5,000						
売　　上		510,000						
受取利息		500						
有価証券利息		960						
仕　　入	382,000							
給　　料	76,000							
保 険 料	8,700							
水道光熱費	10,000							
	966,460	966,460						
貸倒引当金(　　)								
棚卸減耗損								
商品評価損								
有価証券評価(　)								
減価償却費								
(　　　) 保険料								
(　　　) 利　息								
当期純(　　　)								

問2　財務諸表の作成

損益計算書

自×4年4月1日　至×5年3月31日　　　　(単位：円)

Ⅰ 売上高		(　　　)
Ⅱ 売上原価		
1．期首商品棚卸高	(　　　)	
2．当期商品仕入高	(　　　)	
合計	(　　　)	
3．期末商品棚卸高	(　　　)	
差引	(　　　)	
4．(　　　)	(　　　)	(　　　)
売上総利益		(　　　)
Ⅲ 販売費及び一般管理費		
1．給料	(　　　)	
2．保険料	(　　　)	
3．貸倒引当金繰入	(　　　)	
4．退職給付費用	(　　　)	
5．(　　　)	(　　　)	
6．減価償却費	(　　　)	(　　　)
(　　　)		(　　　)
Ⅳ 営業外収益		
1．受取利息		(　　　)
Ⅴ 営業外費用		
1．有価証券評価損	(　　　)	
2．貸倒引当金繰入	(　　　)	(　　　)
経常利益		(　　　)
Ⅵ 特別損失		
1．(　　　)		(　　　)
税引前当期純利益		(　　　)
法人税、住民税及び事業税		(　　　)
当期純利益		(　　　)

貸借対照表

×5年３月31日　　　　　　　　　　　　　　　　　　　　　　　　（単位：円）

資産の部			負債の部	
Ⅰ 流動資産			Ⅰ 流動負債	
1 現金預金		（　　）	1 買掛金	（　　）
2 受取手形	（　　）		2 未払法人税等	（　　）
3 売掛金	（　　）		流動負債合計	（　　）
貸倒引当金	（　　）	（　　）	Ⅱ 固定負債	
4（　　　）	（　　）		1 退職給付引当金	（　　）
貸倒引当金	（　　）	（　　）	固定負債合計	（　　）
5 有価証券		（　　）	負債合計	（　　）
6 商品		（　　）	純資産の部	
7 前払費用		（　　）	Ⅰ 株主資本	
流動資産合計		（　　）	1 資本金	（　　）
Ⅱ 固定資産			2 利益剰余金	
1 有形固定資産			(1)利益準備金（　　）	
(1)建物	（　　）		(2)別途積立金（　　）	
減価償却累計額	（　　）	（　　）	(3)繰越利益剰余金（　　）	（　　）
(2)備品	（　　）		Ⅱ 評価・換算差額等	
減価償却累計額	（　　）	（　　）	1 その他有価証券評価差額金	（　　）
2 投資その他の資産			純資産合計	（　　）
(1)投資有価証券		（　　）		
固定資産合計		（　　）		
資産合計		（　　）	負債および純資産合計	（　　）

損　　益

9/30	仕　　入	(　　)	9/30	売　　上	(　　)
〃	給　　料	(　　)	〃	受取家賃	(　　)
〃	保険料	(　　)	〃	(　　)	(　　)
〃	棚卸減耗損	(　　)	〃	有価証券(　　)	(　　)
〃	貸倒引当金繰入	(　　)			
〃	減価償却費	(　　)			
〃	手形売却損	(　　)			
〃	法人税、住民税及び事業税	(　　)			
〃	(　　)	(　　)			
		(　　)			(　　)

繰越利益剰余金

12/20	利益準備金	2,000	10/1	前期繰越	(　　)
〃	未払配当金	20,000	9/30	(　　)	(　　)
〃	別途積立金	4,000			
9/30	次期繰越	(　　)			
		(　　)			(　　)

問2　本支店合併財務諸表の作成

本支店合併損益計算書

費用	金額	収益	金額
期首商品棚卸高	(　　)	売上高	(　　)
当期商品仕入高	(　　)	期末商品棚卸高	(　　)
貸倒引当金繰入	(　　)		
営業費	(　　)		
減価償却費	(　　)		
支払利息	(　　)		
当期純利益	(　　)		
	(　　)		(　　)

本支店合併貸借対照表

資産	金額		負債・純資産	金額
現金預金		(　　)	買掛金	(　　)
売掛金	(　　)		資本金	(　　)
貸倒引当金	(　　)	(　　)	繰越利益剰余金	(　　)
前払営業費		(　　)		
商品		(　　)		
備品	(　　)			
減価償却累計額	(　　)	(　　)		
		(　　)		(　　)

問１　連結精算表の作成

〈消去・振替欄がある連結精算表〉

連　結　精　算　表　（単位：円）

科　目	個別財務諸表		消去・振替		連結財務諸表
	Ｐ　社	Ｓ　社	借　方	貸　方	
貸借対照表					
現金預金	50,400	71,100			
売掛金	120,000	55,000			
貸倒引当金	△ 2,400	△ 1,100			△
商品	72,000	25,000			
土地	40,000				
建物	20,000				
建物減価償却累計額	△ 6,000				△
（　　　）					
Ｓ社株式	40,000				
資産合計	334,000	150,000			
買掛金	72,000	65,000			
資本金	60,000	40,000			
資本剰余金	32,000	14,000			
利益剰余金	170,000	31,000			
非支配株主持分					
負債・純資産合計	334,000	150,000			
損益計算書					
売上高	352,000	258,000			
売上原価	230,000	180,000			
貸倒引当金繰入	2,000	800			
販売費及び一般管理費	85,000	66,200			
（　　　）償却					
土地売却益		2,000			
当期純利益	35,000	13,000			
非支配株主に帰属する当期純利益					
親会社株主に帰属する当期純利益	35,000	13,000			

〈消去・振替欄がない連結精算表〉

連結精算表 (単位：円)

科目	個別財務諸表		連結財務諸表
	P社	S社	
貸借対照表			
現金預金	50,400	71,100	
売掛金	120,000	55,000	
貸倒引当金	△ 2,400	△ 1,100	△
商品	72,000	25,000	
土地	40,000		
建物	20,000		
建物減価償却累計額	△ 6,000		△
(　　　)			
S社株式	40,000		
資産合計	334,000	150,000	
買掛金	72,000	65,000	
資本金	60,000	40,000	
資本剰余金	32,000	14,000	
利益剰余金	170,000	31,000	
非支配株主持分			
負債・純資産合計	334,000	150,000	
損益計算書			
売上高	352,000	258,000	
売上原価	230,000	180,000	
貸倒引当金繰入	2,000	800	
販売費及び一般管理費	85,000	66,200	
(　　　)償却			
土地売却益		2,000	
当期純利益	35,000	13,000	
非支配株主に帰属する当期純利益			
親会社株主に帰属する当期純利益	35,000	13,000	

問2　連絡財務諸表の作成

連結損益計算書

自×1年4月1日　至×2年3月31日　（単位：円）

Ⅰ　売上高	（　　）
Ⅱ　売上原価	（　　）
売上総利益	（　　）
Ⅲ　販売費及び一般管理費	（　　）
（うち、「のれん償却」額）	（　　）
営業利益	（　　）
Ⅳ　営業外収益	（　　）
Ⅴ　営業外費用	（　　）
当期純利益	（　　）
非支配株主に帰属する当期純利益	（　　）
親会社株主に帰属する当期純利益	（　　）

［連結貸借対照表の金額］

商品	円
のれん	円
非支配株主持分	円

問2　製造業会計－Ⅱ

損　益　計　算　書

自×1年4月1日　至×2年3月31日　(単位：円)

Ⅰ　売　上　高	(　　　)
Ⅱ　売　上　原　価	(　　　)
売上総利益	(　　　)
Ⅲ　販売費及び一般管理費	(　　　)
営　業　利　益	(　　　)
Ⅳ　営業外費用	
1．支　払　利　息	(　　　)
経　常　利　益	(　　　)
Ⅴ　特　別　利　益	
1．固定資産売却益	(　　　)
税引前当期純利益	(　　　)
法人税、住民税及び事業税	(　　　)
当　期　純　利　益	(　　　)

貸　借　対　照　表

×2年3月31日　(単位：円)

資　産　の　部			負　債　の　部	
Ⅰ　流　動　資　産			Ⅰ　流　動　負　債	
現　金　預　金		(　　　)	支　払　手　形	(　　　)
受　取　手　形	(　　　)		買　掛　金	(　　　)
売　掛　金	(　　　)		未払法人税等	(　　　)
貸　倒　引　当　金	(　　　)	(　　　)	流動負債合計	(　　　)
製　品		(　　　)	Ⅱ　固　定　負　債	
材　料		(　　　)	退職給付引当金	(　　　)
仕　掛　品		(　　　)	固定負債合計	(　　　)
流動資産合計		(　　　)	負債の部合計	(　　　)
Ⅱ　固　定　資　産			純資産の部	
建　物	(　　　)		資　本　金	(　　　)
減価償却累計額	(　　　)	(　　　)	利　益　準　備　金	(　　　)
機　械　装　置	(　　　)		繰越利益剰余金	(　　　)
減価償却累計額	(　　　)	(　　　)	純資産の部合計	(　　　)
固定資産合計		(　　　)		
資　産　合　計		(　　　)	負債・純資産合計	(　　　)

113 収益の認識と契約資産

×1年4月1日（期首）に、当社はB社と商品Xおよび商品Yを販売する契約を締結した。下記の契約の内容等にもとづき、(1)〜(3)の日付の仕訳をしなさい。なお、決算日は3月31日である。

[契約の内容等]

① 商品Xの対価は60円、商品Yの対価は100円である。
② 商品Xは×1年4月30日に引き渡し、商品Yは5月31日に引き渡す。
③ 商品Xの対価の支払いは商品Yの引き渡しが完了するまで留保される（商品Xと商品Yの両方の引き渡しが完了するまで、対価に関する無条件の権利はない）。
④ ×1年6月30日に上記契約の対価が当座預金口座に入金された。

(1) ×1年4月30日（商品Xの引渡時）の仕訳
(2) ×1年5月31日（商品Yの引渡時）の仕訳
(3) ×1年6月30日（対価の入金時）の仕訳

	借方	金額	貸方	金額
(1)	(契約資産)	60	(売上)	60
(2)	(売掛金)	160	(売上)	100
			(契約資産)	60
(3)	(当座預金)	160	(売掛金)	160

(1) 商品Xを引き渡したので「売上」を計上するが、対価の支払いは商品Yの引き渡しまで留保されるので「契約資産」で処理する。
(2) 商品Yを引き渡したので、商品Y分の「売上」を計上するとともに、商品Yの引き渡しにより法的請求権が生じるため、「売掛金」で処理する。

114 変動対価と売上割戻し

当社は、以下の条件でＢ社に商品Ｘを販売している。なお、決算日は毎年３月31日である。

［条　件］

(1) 商品Ｘの販売単価は100円である。

(2) 当期中のＢ社に対する商品Ｘの販売個数が300個に達した場合、１個あたり10円をリベートとして現金で支払う。

(3) 当期におけるＢ社に対する商品Ｘの販売個数は400個と予想している。

８月１日に、Ｂ社に対し商品Ｘを200個販売し、現金を受け取った。このときの仕訳をしなさい。

（現　　金）	20,000 *1	（返 金 負 債）	2,000 *2
		（売　　上）	18,000 *3

＊1　@100円×200個＝20,000円
＊2　@10円×200個＝2,000円
＊3　(@100円－@10円)×200個＝18,000円

115 変動対価と売上割戻し　CHAPTER 14

当社は、以下の条件でB社に商品Xを販売している。なお、決算日は毎年３月31日である。

［条　件］

(1) 商品Xの販売単価は100円である。

(2) 当期中のB社に対する商品Xの販売個数が300個に達した場合、１個あたり10円をリベートとして現金で支払う。

(3) 当期におけるB社に対する商品Xの販売個数は400個と予想している。

12月１日に、B社に対し商品Xを100個販売し、現金を受け取った。この取引により当期の販売個数が300個となった（８月１日に200個を販売し、返金負債2,000円を計上している…114）ため、割戻しを行い、現金で支払った。このときの仕訳をしなさい。

借方科目	金額	貸方科目	金額
（現　　　　金）	10,000 *1	（返　金　負　債）	1,000 *2
		（売　　　　上）	9,000 *3

借方科目	金額	貸方科目	金額
（返　金　負　債）	3,000 *4	（現　　　　金）	3,000

＊1　@100円×100個＝10,000円
＊2　@10円×100個＝1,000円
＊3　（@100円－@10円）×100個＝9,000円
＊4　2,000円＋1,000円＝3,000円

116 変動対価と売上割戻し　CHAPTER 14

当社は、B社に対する売上のリベート分として返金負債2,000円を計上していたが、当期末までに割戻しが適用される販売個数に達しなかったため、返金負債を適切な勘定に振り替えた。

借方科目	金額	貸方科目	金額
（返　金　負　債）	2,000	（売　　　　上）	2,000

117 外貨建取引（輸入時の処理） CHAPTER 15

×1年４月20日、アメリカのＡ社から商品100ドルを輸入し、代金は翌月末日に支払うこととした。

［為替相場］ ×1年４月20日：１ドル110円

（仕　入）	11,000 *	（買　掛　金）	11,000

＊　100ドル×110円＝11,000円

118 外貨建取引（輸入時の処理） CHAPTER 15

×1年４月10日、アメリカのＢ社から商品100ドルを輸入する契約をし、前払金10ドルを現金で支払った。

［為替相場］ ×1年４月10日：１ドル100円

（前　払　金）	1,000 *	（現　金）	1,000

＊　10ドル×100円＝1,000円

119 外貨建取引（輸入時の処理） CHAPTER 15

×1年４月20日、アメリカのＢ社から商品100ドルを輸入し、×1年４月10日に支払った前払金10ドル（1,000円で計上）との差額90ドルは翌月末日に支払うこととした。

［為替相場］ ×1年４月10日：１ドル100円
×1年４月20日：１ドル110円

（仕　入）	10,900 *2	（前　払　金）	1,000
		（買　掛　金）	9,900 *1

＊1　90ドル×110円＝9,900円
＊2　1,000円＋9,900円＝10,900円

120 外貨建取引（輸出時の処理） CHAPTER 15

×1年４月20日、アメリカのＣ社に商品200ドルを輸出し、代金は翌月末日に受け取ることとした。

［為替相場］ ×1年４月20日：１ドル110円

（売掛金）	22,000 *	（売上）	22,000

＊ 200ドル×110円＝22,000円

121 外貨建取引（輸出時の処理） CHAPTER 15

×1年４月10日、アメリカのＤ社に商品200ドルを輸出する契約をし、前受金20ドルを現金で受け取った。

［為替相場］ ×1年４月10日：１ドル100円

（現金）	2,000	（前受金）	2,000 *

＊ 20ドル×100円＝2,000円

122 外貨建取引（輸出時の処理） CHAPTER 15

×1年４月20日、アメリカのＤ社に商品200ドルを輸出し、×1年４月10日に受け取った前受金20ドル（2,000円で計上）との差額180ドルは翌月末日に受け取ることとした。

［為替相場］ ×1年４月10日：１ドル100円
×1年４月20日：１ドル110円

（前受金）	2,000	（売上）	21,800 *2
（売掛金）	19,800 *1		

＊1 180ドル×110円＝19,800円
＊2 2,000円＋19,800円＝21,800円

123 外貨建取引（決算時の処理） CHAPTER 15

次の資料にもとづき、決算時に必要な換算替えの仕訳をしなさい。なお、決算時の為替相場は１ドル105円である。

［資　料］

(1) 売掛金期末残高のうち、期中にドル建てで生じた売掛金30ドル（輸出時の為替相場は１ドル110円）がある。

(2) 買掛金期末残高のうち、期中にドル建てで生じた買掛金20ドル（輸入時の為替相場は１ドル100円）がある。

	借方科目	金額	貸方科目	金額
(1)	（為替差損益）	150	（売掛金）	150 *1
(2)	（為替差損益）	100	（買掛金）	100 *2

＊1 ① 帳簿上の金額：30ドル×110円＝3,300円
② CRで換算した金額：30ドル×105円＝3,150円
③ ②－①＝△150円　→売掛金が150円減少

＊2 ① 帳簿上の金額：20ドル×100円＝2,000円
② CRで換算した金額：20ドル×105円＝2,100円
③ ②－①＝100円　→買掛金が100円増加

124 外貨建取引（為替予約） CHAPTER 15

×2年２月10日、アメリカのＡ社から商品100ドルを輸入し、代金は３か月後（５月10日）に支払うこととした。また、取引と同時に為替予約を行った。

［為替相場］

×2年２月10日の直物為替相場：１ドル100円

先物為替相場：１ドル105円

借方科目	金額	貸方科目	金額
（仕入）	10,500	（買掛金）	10,500 *

＊ 100ドル×105円＝10,500円

125 外貨建取引（為替予約） CHAPTER 15

決算日において、124の買掛金100ドルがある。

［為替相場］

決算日の直物為替相場：１ドル108円

仕訳なし

126 外貨建取引（為替予約）

CHAPTER 15

×2年５月10日、124の買掛金100ドル（為替予約を付している。帳簿価額は10,500円）について、現金で決済した。

［為替相場］

×2年２月10日の先物為替相場（予約レート）：１ドル105円

×2年５月10日の直物為替相場：１ドル120円

（買　掛　金）	10,500	（現　　金）	10,500

127 外貨建取引（為替予約）

CHAPTER 15

×2年２月10日、アメリカのＡ社から商品100ドルを輸入し、代金は３か月後（５月10日）に支払うこととした。

［為替相場］

×2年２月10日の直物為替相場：１ドル100円

（仕　　入）	10,000	（買　掛　金）	10,000 *

＊ 100ドル×100円＝10,000円

128 外貨建取引（為替予約）

CHAPTER 15

×2年３月10日、127の買掛金100ドル（×2年２月10日に発生）について、為替予約を付した。

［為替相場］

×2年２月10日（取引発生時）の直物為替相場：１ドル100円

×2年３月10日（為替予約時）の直物為替相場：１ドル103円

先物為替相場：１ドル106円

（為替差損益）	600	（買　掛　金）	600 *

＊ ① 買掛金の帳簿価額：100ドル×100円＝10,000円

② 為替予約を付したときの買掛金の価額：100ドル×106円＝10,600円

③ ②－①＝600円　→買掛金が600円増加

129 外貨建取引（為替予約） CHAPTER 15

決算日において、127の買掛金100ドルがある。

［為替相場］

決算日の直物為替相場：１ドル108円

仕　訳　な　し

130 外貨建取引（為替予約） CHAPTER 15

×2年５月10日、127の買掛金100ドル（為替予約を付している。帳簿価額は10,600円）について、現金で決済した。

［為替相場］

×2年２月10日（取引発生時）の直物為替相場：１ドル100円

×2年３月10日（為替予約時）の直物為替相場：１ドル103円

先物為替相場：１ドル106円（予約レート）

×2年５月10日の直物為替相場：１ドル120円

（買　掛　金）	10,600	（現　　金）	10,600

131 貸借対照表 CHAPTER 16

(1)　×1年12月１日に建物が完成したとき、２年分の火災保険料2,400円を現金で支払った。

(2)　×2年３月31日、決算において(1)の保険料のうち、次期分を前払処理する。なお、当期は×1年４月１日から×2年３月31日までの１年である。

(1)	（保　険　料）	2,400	（現　　金）	2,400
(2)	（前 払 保 険 料）	1,200 *1	（保　険　料）	2,000
	（長期前払保険料）	800 *2		

＊１　$2{,}400\text{円}\times\dfrac{12\text{か月}(\times 2\text{年}4/1\sim\times 3\text{年}3/31)}{24\text{か月}}=1{,}200\text{円}$

＊２　$2{,}400\text{円}\times\dfrac{8\text{か月}(\times 3\text{年}4/1\sim 11/30)}{24\text{か月}}=800\text{円}$

132 税効果会計（貸倒引当金の繰入限度超過額） CHAPTER 17

第１期末において、貸倒引当金300円を繰り入れたが、そのうち100円については損金不算入となった。なお、法人税等の実効税率は40%とする。

(繰延税金資産)	40	(法人税等調整額)	40

会計上の仕訳：（貸倒引当金繰入） 300 （貸倒引当金） 300

損益項目

税効果の仕訳：（繰延税金資産） 40 （法人税等調整額） 40*

＊ 100円×40%＝40円

133 税効果会計（貸倒引当金の繰入限度超過額） CHAPTER 17

第２期において、貸倒引当金350円を繰り入れたが、そのうち150円については損金不算入となった（法人税等の実効税率は40%とする）。なお、第１期に発生した売掛金が貸し倒れたため、貸倒引当金を全額取り崩している。第１期末に設定した貸倒引当金にかかる税効果会計の仕訳は上記132のとおりである。

(繰延税金資産)	20	(法人税等調整額)	20

① 第１期に発生した差異の解消（貸倒れの発生）

（法人税等調整額） 40 （繰延税金資産） 40

② 第２期に発生した差異

（繰延税金資産） 60 （法人税等調整額） 60*

＊ 150円×40%＝60円

③ 第２期の仕訳（①＋②）

（繰延税金資産） 20 （法人税等調整額） 20

134 税効果会計（減価償却費の償却限度超過額） CHAPTER 17

第１期末において、備品1,000円について定額法（耐用年数４年、残存価額は０円）により減価償却を行った。なお、備品の法定耐用年数（税法上の耐用年数）は５年であり、法人税等の実効税率は40%とする。

(繰延税金資産)	20	(法人税等調整額)	20

会計上の仕訳：（減価償却費） 250*1 （備品減価償却累計額） 250

損益項目

税効果の仕訳：（繰延税金資産） 20 （法人税等調整額） 20*2

＊１　会計上の減価償却費：1,000円÷４年＝250円
＊２　税法上の減価償却費：1,000円÷５年＝200円
　　　法人税等調整額：（250円－200円）×40%＝20円

135 税効果会計（減価償却費の償却限度超過額） CHAPTER 17

第２期末において、第１期末（134）と同様の減価償却を行った。なお、当期に売却等した備品はない。

(繰延税金資産)	20	(法人税等調整額)	20

① 第１期に発生した差異の解消…売却等していないので差異は解消していない
仕訳なし

② 第２期に発生した差異
（繰延税金資産） 20 （法人税等調整額） 20*

＊　計算式は134と同じ

③ 第２期の仕訳（①＋②）
（繰延税金資産） 20 （法人税等調整額） 20

136 税効果会計（その他有価証券の評価差額） CHAPTER 17

決算において、その他有価証券（取得原価1,000円）を時価800円に評価替えした（全部純資産直入法）が、税法上では、その他有価証券の評価替えは認められていない。なお、法人税等の実効税率は40%とする。

（繰延税金資産）	80	（その他有価証券評価差額金）	80

会計上の仕訳：（その他有価証券評価差額金） 200*1 （その他有価証券） 200

純資産項目

税効果の仕訳：（繰延税金資産） 80 （その他有価証券評価差額金） 80*2

＊1　800円－1,000円＝△200円

＊2　200円×40%＝80円

137 税効果会計（その他有価証券の評価差額） CHAPTER 17

決算において、その他有価証券（取得原価1,000円）を時価1,100円に評価替えした（全部純資産直入法）が、税法上では、その他有価証券の評価替えは認められていない。なお、法人税等の実効税率は40%とする。

（その他有価証券評価差額金）	40	（繰延税金負債）	40

会計上の仕訳：（その他有価証券） 100*1 （その他有価証券評価差額金） 100

純資産項目

税効果の仕訳：（その他有価証券評価差額金） 40*2 （繰延税金負債） 40

＊1　1,100円－1,000円＝100円

＊2　100円×40%＝40円

138 税効果会計（その他有価証券の評価差額）　CHAPTER 17

前期末の決算において、その他有価証券（取得原価1,000円）を時価800円に評価替えした（全部純資産直入法）さい、以下の仕訳を行っている。

	借方	金額	貸方	金額
評価替えの仕訳：	（その他有価証券評価差額金）	200	（その他有価証券）	200
税効果の仕訳：	（繰延税金資産）	80	（その他有価証券評価差額金）	80

当期首における仕訳をしなさい。

借方	金額	貸方	金額
（その他有価証券）	200	（その他有価証券評価差額金）	200
（その他有価証券評価差額金）	80	（繰延税金資産）	80

139 本支店間の取引　CHAPTER 19

本店は支店に現金1,000円を送付し、支店はこれを受け取った。

	借方	金額	貸方	金額
本店	（支店）	1,000	（現金）	1,000
支店	（現金）	1,000	（本店）	1,000

140 本支店間の取引　CHAPTER 19

支店は本店の買掛金100円を現金で支払った。

	借方	金額	貸方	金額
本店	（買掛金）	100	（支店）	100
支店	（本店）	100	（現金）	100

141 本支店間の取引

CHAPTER 19

本店は支店の営業費200円を現金で支払った。

本店	（支　　　店）	200	（現　　　金）	200
支店	（営　業　費）	200	（本　　　店）	200

142 本支店間の取引

CHAPTER 19

本店は商品1,200円（原価）を支店へ送付し、支店はこれを受け取った。

本店	（支　　　店）	1,200	（仕　　　入）	1,200
支店	（仕　　　入）	1,200	（本　　　店）	1,200

143 本支店合併財務諸表の作成

CHAPTER 19

決算において、下記の備品について定率法（償却率20%）により減価償却を行う。なお、記帳方法は間接法による。

本店：取得原価　5,000円　減価償却累計額　1,000円

支店：取得原価　3,000円　減価償却累計額　600円

本店	（減　価　償　却　費）	800 *1	（備品減価償却累計額）	800
支店	（減　価　償　却　費）	480 *2	（備品減価償却累計額）	480

＊1　(5,000円－1,000円)×20%＝800円

＊2　(3,000円－600円)×20%＝480円

144 連結会計Ⅰ（支配獲得日の連結） CHAPTER 20

Ｐ社は、×0年３月31日にＳ社の発行済株式（Ｓ社株式）の100％を400円で取得し、実質的に支配した。このときの連結修正仕訳をしなさい。

［資　料］ 貸借対照表

貸借対照表
×0年３月31日 （単位：円）

借　方	Ｐ社	Ｓ社	貸　方	Ｐ社	Ｓ社
諸 資 産	1,000	800	諸 負 債	600	400
Ｓ社株式	400	―	資 本 金	500	300
			利益剰余金	300	100
	1,400	800		1,400	800

（資　本　金）	300	（Ｓ　社　株　式）	400
（利 益 剰 余 金）	100		

145 連結会計Ⅰ（支配獲得日の連結） CHAPTER 20

Ｐ社は、×0年３月31日にＳ社の発行済株式（Ｓ社株式）の60％を240円で取得し、実質的に支配した。このときの連結修正仕訳をしなさい。

［資　料］貸借対照表

貸借対照表
×0年３月31日 （単位：円）

借　方	Ｐ社	Ｓ社	貸　方	Ｐ社	Ｓ社
諸 資 産	1,160	800	諸 負 債	600	400
Ｓ社株式	240	―	資 本 金	500	300
			利益剰余金	300	100
	1,400	800		1,400	800

（資　本　金）	300	（Ｓ　社　株　式）	240
（利 益 剰 余 金）	100	（非支配株主持分）	160 *

＊ （300円＋100円）×40％＝160円

146 連結会計Ⅰ（支配獲得日の連結） CHAPTER 20

P社は、×0年３月31日にS社の発行済株式（S社株式）の60%を260円で取得し、実質的に支配した。このときの連結修正仕訳をしなさい。

［資　料］貸借対照表

貸借対照表
×0年３月31日 （単位：円）

借　方	P社	S社	貸　方	P社	S社
諸資産	1,140	800	諸負債	600	400
S社株式	260	—	資本金	500	300
			利益剰余金	300	100
	1,400	800		1,400	800

（資本金）	300	（S社株式）	260
（利益剰余金）	100	（非支配株主持分）	160 *1
（のれん）	20 *2		

＊１　(300円＋100円)×40%＝160円
＊２　貸借差額

147 連結会計Ⅰ（支配獲得日後１年目の連結） CHAPTER 20

P社は、前期末（×0年３月31日）にS社の発行済株式（S社株式）の60%を260円で取得し、実質的に支配した。前期末のS社の貸借対照表は［資料］のとおりである。当期末（×1年３月31日）における開始仕訳をしなさい。

［資　料］S社の貸借対照表

S社の個別貸借対照表
×0年３月31日 （単位：円）

諸資産	800	諸負債	400
		資本金	300
		利益剰余金	100
	800		800

（資本金当期首残高）	300	（S社株式）	260
（利益剰余金当期首残高）	100	（非支配株主持分当期首残高）	160 *1
（のれん）	20 *2		

＊１　(300円＋100円)×40%＝160円
＊２　貸借差額

148 連結会計Ⅰ（支配獲得日後1年目の連結） CHAPTER 20

Ｐ社は、前期末（×0年３月31日）にＳ社の発行済株式（Ｓ社株式）の60％を260円で取得し、実質的に支配した。支配獲得日にのれん20円が生じている。当期末（×1年３月31日）における連結修正仕訳で必要なのれんの償却の仕訳をしなさい。なお、のれんは発生年度の翌年度（当期）から10年間で均等額を償却する。

（の れ ん 償 却）	2*	（の れ ん）	2

＊ 20円÷10年＝２円

149 連結会計Ⅰ（支配獲得日後1年目の連結） CHAPTER 20

Ｐ社は、前期末（×0年３月31日）にＳ社の発行済株式（Ｓ社株式）の60％を260円で取得し、実質的に支配した。Ｓ社の当期純利益は40円であった。当期末（×1年３月31日）における連結修正仕訳で必要な子会社の当期純損益の振り替えの仕訳をしなさい。

（非支配株主に帰属する当期純損益）	16	（非支配株主持分当期変動額）	16*

＊ 40円×40％＝16円

150 連結会計Ⅰ（支配獲得日後1年目の連結） CHAPTER 20

Ｐ社は、前期末（×0年３月31日）にＳ社の発行済株式（Ｓ社株式）の60％を260円で取得し、実質的に支配した。Ｓ社は当期中に30円の配当をしている。当期末（×1年３月31日）における連結修正仕訳で必要な子会社の配当金の修正の仕訳をしなさい。

（受 取 配 当 金）	18*1	（剰 余 金 の 配 当）	30
（非支配株主持分当期変動額）	12*2		

＊1 30円×60％＝18円
＊2 30円×40％＝12円

151 連結会計Ⅰ（支配獲得日後２年目の連結）

前期末（×1年３月31日）の連結財務諸表を作成するさいに行った連結修正仕訳は以下のとおりであった。当期末（×2年３月31日）における開始仕訳をしなさい。

[前期末の連結修正仕訳]

①開始仕訳

（資本金当期首残高）	300	（S　社　株　式）	260
（利益剰余金当期首残高）	100	（非支配株主持分当期首残高）	160
（の　れ　ん）	20		

②のれんの償却

（の れ ん 償 却）	2	（の　れ　ん）	2

③子会社の当期純損益の振り替え

（非支配株主に帰属する当期純損益）	16	（非支配株主持分当期変動額）	16

④子会社の配当金の修正

（受 取 配 当 金）	18	（剰 余 金 の 配 当）	30
（非支配株主持分当期変動額）	12		

（資本金当期首残高）	300	（S　社　株　式）	260
（利益剰余金当期首残高）	106 *1	（非支配株主持分当期首残高）	164 *3
（の　れ　ん）	18 *2		

＊1　100円＋２円＋16円＋18円－30円＝106円
＊2　20円－２円＝18円
＊3　160円＋16円－12円＝164円

152 連結会計Ⅱ（内部取引高と債権債務の相殺消去） CHAPTER 21

Ｐ社は、Ｓ社の発行済株式（Ｓ社株式）の60％を取得し、実質的に支配している。次の各取引について、当期の連結財務諸表を作成するために必要な連結修正仕訳をしなさい。

(1)　Ｐ社は当期においてＳ社に商品200円を売り上げている。

(2)　Ｐ社はＳ社に対する短期貸付金100円があり、この短期貸付金にかかる受取利息10円を計上している。

	借方科目	金額	貸方科目	金額
(1)	（売上高）	200	（売上原価）	200
(2)	（短期借入金）	100	（短期貸付金）	100
	（受取利息）	10	（支払利息）	10

153 連結会計Ⅱ（親会社の期末貸倒引当金の修正） CHAPTER 21

Ｐ社は、前期末にＳ社の発行済株式（Ｓ社株式）の60％を取得し、実質的に支配している。当期末におけるＰ社の売掛金残高のうち500円はＳ社に対するものであり、Ｐ社ではこの売掛金に対して５％の貸倒引当金を設定している。

当期の連結財務諸表を作成するために必要な連結修正仕訳をしなさい。

	借方科目	金額	貸方科目	金額
❶	（買掛金）	500	（売掛金）	500
❷	（貸倒引当金）	25＊	（貸倒引当金繰入）	25

❶ 債権債務の相殺消去

❷ 期末貸倒引当金の修正

＊ 500円×５％＝25円

154 連結会計Ⅱ（子会社の期末貸倒引当金の修正） CHAPTER 21

P社は、前期末にS社の発行済株式（S社株式）の60%を取得し、実質的に支配している。当期末におけるS社の売掛金残高のうち500円はP社に対するものであり、S社ではこの売掛金に対して5%の貸倒引当金を設定している。
当期の連結財務諸表を作成するために必要な連結修正仕訳をしなさい。

	借方科目	金額	貸方科目	金額
❶	（買掛金）	500	（売掛金）	500
❷	（貸倒引当金）	25 *1	（貸倒引当金繰入）	25
	（非支配株主に帰属する当期純損益）	10 *2	（非支配株主持分当期変動額）	10

❶ 債権債務の相殺消去
❷ 期末貸倒引当金の修正
＊1　500円×5%＝25円
＊2　25円×40%＝10円

155 連結会計Ⅱ（期末商品に含まれる未実現利益の消去 ⑴ダウンストリーム） CHAPTER 21

P社は、S社の発行済株式（S社株式）の60%を取得し、実質的に支配している。P社はS社に対し、原価に20%の利益を加算して商品を販売しており、当期末におけるS社の商品棚卸高に含まれるP社からの仕入分は480円であった。
当期の連結財務諸表を作成するために必要な連結修正仕訳をしなさい。

借方科目	金額	貸方科目	金額
（売上原価）	80	（商品）	80 *

＊　480円×$\frac{0.2}{1.2}$＝80円

156 連結会計Ⅱ（期末商品に含まれる未実現利益の消去　⑵アップストリーム）　CHAPTER 21

P社は、S社の発行済株式（S社株式）の60%を取得し、実質的に支配している。S社はP社に対し、原価に20%の利益を加算して商品を販売しており、当期末におけるP社の商品棚卸高に含まれるS社からの仕入分は480円であった。
当期の連結財務諸表を作成するために必要な連結修正仕訳をしなさい。

借方科目	金額	貸方科目	金額
（売上原価）	80	（商品）	80 *1
（非支配株主持分当期変動額）	32	（非支配株主に帰属する当期純損益）	32 *2

＊1　$480円\times\frac{0.2}{1.2}=80円$

＊2　80円×40%＝32円

157 連結会計Ⅱ（非償却性固定資産の未実現利益の消去　⑴ダウンストリーム）　CHAPTER 21

P社は、S社の発行済株式（S社株式）の60%を取得し、実質的に支配している。当期において、P社はS社に対し、土地（帳簿価額700円）を850円で売却し、S社はこの土地を当期末現在保有している。
当期の連結財務諸表を作成するために必要な連結修正仕訳をしなさい。

借方科目	金額	貸方科目	金額
（固定資産売却益）	150	（土地）	150 *

＊　850円－700円＝150円

①　P社の個別会計上の仕訳

借方科目	金額	貸方科目	金額
（現金など）	850	（土地）	700
		（固定資産売却益）	150

②　S社の個別会計上の仕訳

借方科目	金額	貸方科目	金額
（土地）	850	（現金など）	850

158 連結会計Ⅱ（非償却性固定資産の未実現利益の消去 (2)アップストリーム） CHAPTER 21

P社は、S社の発行済株式（S社株式）の60%を取得し、実質的に支配している。当期において、S社はP社に対し、土地（帳簿価額700円）を850円で売却し、P社はこの土地を当期末現在保有している。
当期の連結財務諸表を作成するために必要な連結修正仕訳をしなさい。

（固定資産売却益）	150	（土　　　地）	150 *1

（非支配株主持分当期変動額）	60	（非支配株主に帰属する当期純損益）	60 *2

＊1　850円－700円＝150円

①　P社の個別会計上の仕訳

（土　　　地）	850	（現　金　な　ど）	850

②　S社の個別会計上の仕訳

（現　金　な　ど）	850	（土　　　地）	700
		（固定資産売却益）	150

＊2　150円×40%＝60円

159 製造業会計（材料費） CHAPTER 23

材料1,000円を仕入れ、代金は掛けとした。なお、引取運賃100円は現金で支払った。

（材　　　料）	1,100 *	（買　掛　金）	1,000
		（現　　　金）	100

＊　1,000円＋100円＝1,100円

160 製造業会計（材料費） CHAPTER 23

材料500円を消費した。このうち300円は直接材料費で、200円は間接材料費である。

（仕　掛　品）	300	（材　　　料）	500
（製造間接費）	200		

161 製造業会計（材料費） CHAPTER 23

月末において材料の棚卸減耗損（すべて正常な範囲内のもの）が240円生じた。

（棚卸減耗損）	240	（材料）	240

（製造間接費）	240	（棚卸減耗損）	240

162 製造業会計（労務費） CHAPTER 23

当月の賃金支給額1,000円を現金で支払った。

（賃金）	1,000	（現金）	1,000

163 製造業会計（労務費） CHAPTER 23

当月の賃金消費額は1,100円であった。そのうち、880円は直接工直接作業賃金で、220円は間接工賃金であった。

（仕掛品）	880	（賃金）	1,100
（製造間接費）	220		

164 製造業会計（経費） CHAPTER 23

工場の減価償却費100円を計上した（記帳方法は間接法）。

（減価償却費）	100	（減価償却累計額）	100

（製造間接費）	100	（減価償却費）	100

165 製造業会計（製造間接費の配賦） CHAPTER 23

当月の製造間接費の予定配賦額は1,200円である。

(仕　掛　品)	1,200	(製 造 間 接 費)	1,200

166 製造業会計（製造間接費の配賦） CHAPTER 23

当月の製造間接費の実際発生額は1,300円であった。なお、製造間接費は予定配賦をしており、予定配賦額は1,200円である。

(製造間接費配賦差異)	100 *	(製 造 間 接 費)	100

* 1,200円（予定配賦額）－1,300円（実際発生額）＝△100円（不利差異・借方差異）

167 製造業会計（製品の完成） CHAPTER 23

製品2,000円が完成した。

(製　　品)	2,000	(仕　掛　品)	2,000

168 製造業会計（製品の販売） CHAPTER 23

製品1,500円（原価）を1,800円（売価）で販売し、代金は掛けとした。

(売　掛　金)	1,800	(売　　上)	1,800
(売 上 原 価)	1,500	(製　　品)	1,500

169 製造業会計（製品の棚卸減耗） CHAPTER 23

決算において、製品の実地棚卸をしたところ、200円の棚卸減耗（すべて正常な範囲のもの）があった。なお、製品の棚卸減耗損は売上原価に賦課する。

（売　上　原　価）	200	（製　　　　品）	200

170 製造業会計（会計年度末の処理） CHAPTER 23

① 決算において、製造間接費配賦差異勘定の残高200円（借方残高）を売上原価勘定に振り替える。

② 決算において、製造間接費配賦差異勘定の残高100円（貸方残高）を売上原価勘定に振り替える。

①	（売　上　原　価）	200	（製造間接費配賦差異）	200
②	（製造間接費配賦差異）	100	（売　上　原　価）	100

171 開業費の処理 参考

A株式会社は、開業費1,000円を現金で支払った。

（開　業　費）	1,000	（現　　　　金）	1,000

172 配当財源が繰越利益剰余金とその他資本剰余金の場合　参考

Ａ株式会社の株主総会において、繰越利益剰余金とその他資本剰余金を財源とした剰余金の配当等が次のように決定した。

繰越利益剰余金を財源とした株主配当金5,000円、

その他資本剰余金を財源とした株主配当金2,000円、

利益準備金？円（各自計算）、資本準備金？円（各自計算）

なお、資本金、資本準備金、利益準備金の残高は、それぞれ60,000円、4,000円、3,000円であった。

（繰越利益剰余金）	5,500 *3	（未払配当金）	7,000
（その他資本剰余金）	2,200 *4	（利益準備金）	500 *1
		（資本準備金）	200 *2

＊1、＊2［準備金要積立額］

① $(5{,}000円+2{,}000円)\times\frac{1}{10}=700円$

② $60{,}000円\times\frac{1}{4}-(4{,}000円+3{,}000円)=8{,}000円$

③ ①<②より①700円

［利益準備金、資本準備金の積み立て］

上記の要積立額（合計額）700円を、配当財源の割合によって利益準備金と資本準備金に配分します。

① 利益準備金：$700円\times\frac{5{,}000円}{5{,}000円+2{,}000円}=500円$

② 資本準備金：$700円\times\frac{2{,}000円}{5{,}000円+2{,}000円}=200円$

＊3　繰越利益剰余金：5,000円（株主配当金）＋500円（利益準備金積立額）＝5,500円

＊4　その他資本剰余金：2,000円（株主配当金）＋200円（資本準備金積立額）＝2,200円

173 手形の更改

参考

Ａ社はさきにＢ社に対して振り出した約束手形1,000円について、Ｂ社の了承を得て、手形の更改をした。なお、これにともなう利息は50円である。

(1)利息を現金で支払う場合と、(2)利息を新手形の額面に含める場合の仕訳を示しなさい。

(1)

(支払手形)	1,000	(支払手形)	1,000
(支払利息)	50	(現金)	50

(2)

(支払手形)	1,000	(支払手形)	1,050
(支払利息)	50		

174 手形の更改

参考

Ｂ社は、さきにＡ社から受け取っていた約束手形1,000円についてA社より手形の更改の申し入れを受けたため、これに同意し、新手形と旧手形を交換した。なお、これにともなう利息は50円である。

(1)利息を現金で受け取る場合と、(2)利息を新手形の額面に含める場合の仕訳を示しなさい。

(1)

(受取手形)	1,000	(受取手形)	1,000
(現金)	50	(受取利息)	50

(2)

(受取手形)	1,050	(受取手形)	1,000
		(受取利息)	50

175 定率法の改定償却率と償却保証額

参考

決算において、4年前（当期首より3年前）に取得した備品（取得原価3,000円、減価償却累計額2,352円）について200%定率法（耐用年数は5年、残存価額は0円、償却率は0.4、保証率は0.10800、改定償却率は0.500）によって減価償却を行う。なお、記帳方法は間接法による。

（減価償却費）	324 *	（備品減価償却累計額）	324

＊ ① 通常の償却率で計算した減価償却費：(3,000円－2,352円)×0.4≒259円
② 償却保証額：3,000円×0.10800＝324円
③ ①<② →減価償却費：(3,000円－2,352円)×0.500＝324円

176 有価証券の売却時の手数料の処理

参考

売買目的で保有するX社株式10株（帳簿価額2,100円）を1株あたり230円で売却し、代金は売却手数料80円を差し引いた金額を現金で受け取った。なお、売却手数料については支払手数料で処理する。

（現金）	2,220 *1	（売買目的有価証券）	2,100
（支払手数料）	80	（有価証券売却益）	200 *2

＊1 売却価額：@230円×10株＝2,300円
現金受取額：2,300円－80円＝2,220円

＊2 2,300円－2,100円＝200円
売却価額＞帳簿価額→売却益

177 有価証券の売却時の手数料の処理

参考

売買目的で保有するX社株式10株（帳簿価額2,100円）を１株あたり230円で売却し、代金は売却手数料80円を差し引いた金額を現金で受け取った。なお、売却手数料については有価証券売却損益に加減する。

（現　　　　　金）	2,220 *1	（売買目的有価証券）	2,100
		（有価証券売却益）	120 *2

＊１　売却価額：@230円×10株＝2,300円
　　　現金受取額：2,300円－80円＝2,220円
＊２　①2,300円－2,100円＝200円
　　　　売却価額＞帳簿価額→売却益
　　　②200円－80円＝120円
　　　　　売却手数料

178 洗替法と切放法

参考

(1)　決算において、売買目的有価証券の帳簿価額1,000円を時価900円に評価替えする（洗替法）。
(2)　翌期首において、必要な処理を行う。

(1)	（有価証券評価損）	100	（売買目的有価証券）	100
(2)	（売買目的有価証券）	100	（有価証券評価損）	100

179 洗替法と切放法

参考

(1)　決算において、売買目的有価証券の帳簿価額1,000円を時価900円に評価替えする（切放法）。
(2)　翌期首において、必要な処理を行う。

(1)	（有価証券評価損）	100	（売買目的有価証券）	100
(2)	仕　訳　な　し			

180 役員賞与引当金

参考

(1) 決算において、役員賞与引当金を設定する。当期の繰入額は100円である。

(2) 役員に対して賞与100円を当座預金口座から支払った。なお、役員賞与引当金の残高は100円である。

(1)	(役員賞与引当金繰入)	100	(役員賞与引当金)	100
(2)	(役員賞与引当金)	100	(当座預金)	100

181 支店が複数ある場合の処理

参考

埼玉支店は千葉支店に現金1,000円を送付し、千葉支店はこれを受け取った（支店分散計算制度）。

東京本店	仕訳なし			
埼玉支店	(千葉支店)	1,000	(現金)	1,000
千葉支店	(現金)	1,000	(埼玉支店)	1,000

182 支店が複数ある場合の処理

参考

埼玉支店は千葉支店に現金1,000円を送付し、千葉支店はこれを受け取った（本店集中計算制度）。

東京本店	(千葉支店)	1,000	(埼玉支店)	1,000
埼玉支店	(本店)	1,000	(現金)	1,000
千葉支店	(現金)	1,000	(本店)	1,000

183 連結会社間で振り出した手形の割引き

参考

P社は、S社の発行済株式（S社株式）の60%を取得し、実質的に支配している。当期において、S社はP社に対して約束手形200円を振り出し、P社はこのうち150円を銀行で割り引き（割引料は0円)、残額50円は当期末現在、保有している。
当期の連結財務諸表を作成するために必要な連結修正仕訳をしなさい。なお、貸倒引当金の修正については考慮しなくてよい。

❶	（支払手形）	50	（受取手形）	50
❷	（支払手形）	150	（借入金）	150

❶ 債権債務の相殺消去
❷ 手形割引の修正

184 親会社の期首貸倒引当金の修正

参考

P社は、前々期末にS社の発行済株式（S社株式）の60%を取得し、実質的に支配している。当期末におけるP社の売掛金残高のうち500円はS社に対するものであり、P社ではこの売掛金に対して5%の貸倒引当金を設定している（差額補充法)。なお、前期末におけるS社に対する売掛金残高は200円であった。
当期の連結財務諸表を作成するために必要な連結修正仕訳をしなさい。

❶	（買掛金）	500	（売掛金）	500
❷	（貸倒引当金）	10 *1	（利益剰余金当期首残高）	10
❸	（貸倒引当金）	15 *2	（貸倒引当金繰入）	15

❶ 債権債務の相殺消去
❷ 開始仕訳（期首貸倒引当金の修正）
　＊1　200円×5％＝10円
❸ 期末貸倒引当金の修正
　＊2　① 貸倒引当金：500円×5％＝25円
　　　② 貸倒引当金繰入：25円－10円＝15円

185 子会社の期首貸倒引当金の修正

参考

P社は、前々期末にS社の発行済株式（S社株式）の60%を取得し、実質的に支配している。当期末におけるS社の売掛金残高のうち500円はP社に対するものであり、S社ではこの売掛金に対して5%の貸倒引当金を設定している（差額補充法）。なお、前期末におけるP社に対する売掛金残高は200円であった。
当期の連結財務諸表を作成するために必要な連結修正仕訳をしなさい。

	借方	金額	貸方	金額
❶	（買掛金）	500	（売掛金）	500
❷	（貸倒引当金）	10 *1	（利益剰余金当期首残高）	10
	（利益剰余金当期首残高）	4 *2	（非支配株主持分当期首残高）	4
❸	（貸倒引当金）	15 *3	（貸倒引当金繰入）	15
	（非支配株主に帰属する当期純損益）	6 *4	（非支配株主持分当期変動額）	6

❶ 債権債務の相殺消去
❷ 開始仕訳（期首貸倒引当金の修正）
＊1 200円×5%＝10円
＊2 10円×40%＝4円
❸ 期末貸倒引当金の修正
＊3 ① 貸倒引当金：500円×5%＝25円
② 貸倒引当金繰入：25円－10円＝15円
＊4 15円×40%＝6円

186 期首商品に含まれる未実現利益の消去　(1)ダウンストリーム　参考

Ｐ社は、Ｓ社の発行済株式（Ｓ社株式）の60%を取得し、実質的に支配している。Ｐ社はＳ社に対し、原価に20%の利益を加算して商品を販売しており、Ｓ社の商品棚卸高に含まれるＰ社からの仕入分は次のとおりであった。

期首商品棚卸高：360円

期末商品棚卸高：480円

当期の連結財務諸表を作成するために必要な連結修正仕訳をしなさい。

	借方	金額	貸方	金額
❶	(利益剰余金当期首残高)	60	(売　上　原　価)	60 *1
❷	(売　上　原　価)	80	(商　　　　品)	80 *2

❶ 期首分

＊1　$360円 \times \frac{0.2}{1.2} = 60円$

❷ 期末分

＊2　$480円 \times \frac{0.2}{1.2} = 80円$

187 期首商品に含まれる未実現利益の消去 (2)アップストリーム　参考

P社は、S社の発行済株式（S社株式）の60%を取得し、実質的に支配している。S社はP社に対し、原価に20%の利益を加算して商品を販売しており、P社の商品棚卸高に含まれるS社からの仕入分は次のとおりであった。

期首商品棚卸高：360円

期末商品棚卸高：480円

当期の連結財務諸表を作成するために必要な連結修正仕訳をしなさい。

❶

借方	金額	貸方	金額
(利益剰余金当期首残高)	60	(売上原価)	60 *1
(非支配株主持分当期首残高)	24	(利益剰余金当期首残高)	24 *2
(非支配株主に帰属する当期純損益)	24	(非支配株主持分当期変動額)	24

❷

借方	金額	貸方	金額
(売上原価)	80	(商品)	80 *3
(非支配株主持分当期変動額)	32	(非支配株主に帰属する当期純損益)	32 *4

❶ 期首分

＊1　360円×$\frac{0.2}{1.2}$＝60円

＊2　60円×40%＝24円

❷ 期末分

＊3　480円×$\frac{0.2}{1.2}$＝80円

＊4　80円×40%＝32円